rororo

Jay Shetty, geboren 1987, ist ein ehemaliger hinduistischer Mönch und preisgekrönter Digitalstratege, der als Social-Media-Influencer bekannt wurde. Seit dem Start seines Videokanals im Jahr 2016 haben Jays virale Weisheitsvideos mehr als 8 Milliarden Aufrufe erzielt und weltweit über 38,5 Millionen Follower gewonnen. Dies macht ihn zu einem der international meistgesehenen Menschen im Internet. Jay Shetty lebt in Los Angeles.

«Das Think like a Monk-Prinzip» jetzt in neuer Ausstattung und mit neuem Titel im Taschenbuch.

«Jay Shetty zeigt dir, wie du Schritt für Schritt innere Stärke aufbaust, indem du dich nicht mehr auf dein Selbstbild, sondern immer mehr auf dein Selbstwertgefühl konzentrierst. Dieses Buch befreit dich von der hypnotisierenden sozialen Konditionierung und hilft dir, selbst Architekt deines Lebens zu werden.» *Deepak Chopra*

«Jay Shetty besitzt die seltene Gabe, die zeitlosen Weisheiten verschiedener Kulturen zu erschließen und ihnen Aktualität zu verleihen, indem er alltägliche Momente mit Bedeutung und Schönheit füllt. Eine Kostprobe dieser Weisheiten hat er bereits in den sozialen Medien mit Millionen von Followern geteilt, aber hier versammelt er sie alle in einem Buch, das dein Leben verändern wird. Lies dieses Buch, um deinen Horizont zu erweitern, dein Herz zu erfreuen, Erfolg neu zu definieren und deine tiefere Bestimmung zu erkennen.» *Arianna Huffington*

JAY SHETTY

Ruhe in dir

ZEITLOSE WEISHEIT FÜR EIN
SELBSTBESTIMMTES LEBEN

Aus dem Englischen von
Viola Krauß und Sabine Schulte

Rowohlt Taschenbuch Verlag

Die amerikanische Originalausgabe erschien 2020
unter dem Titel «Think Like a Monk»
bei HarperCollins, New York.

5. Auflage November 2025
Veröffentlicht im Rowohlt Taschenbuch Verlag,
Rowohlt Verlag GmbH, Kirchenallee 19,
20099 Hamburg, Dezember 2022

Covergestaltung zero-media.net, München
Coverabbildung Shutterstock
Satz aus der Mercury Text bei CPI books GmbH, Leck
Druck und Bindung CPI books GmbH, Leck
ISBN 978-3-499-00226-7

Kontaktadresse nach EU-Produktsicherheitsverordnung:
produktsicherheit@rowohlt.de

FSC www.fsc.org MIX Papier | Fördert gute Waldnutzung FSC® C083411

INHALT

ANHANG

Für meine Frau, die mehr Mönch ist,
als ich es jemals sein werde

EINLEITUNG

Brauchst du eine neue Idee? Lies ein altes Buch!

u. a. Iwan Pawlow zugeschrieben

In meinem ersten Studienjahr an der Cass Business School in London – damals war ich achtzehn Jahre alt – fragte mich einer meiner Freunde, ob ich ihn zum Vortrag eines Mönchs begleiten wolle.

Ich lehnte ab. «Wieso sollte ich mir das anhören wollen?»

Zu den Uni-Vorträgen von Firmenchefs, Prominenten und anderen Erfolgsmenschen ging ich regelmäßig, aber was ein Mönch zu sagen hatte, interessierte mich null. Ich bevorzugte Menschen, die etwas *erreicht* hatten in ihrem Leben.

Mein Freund ließ allerdings nicht locker, und schließlich meinte ich: «Meinetwegen, wenn wir danach noch in die Kneipe gehen, bin ich dabei.»

Den Ausdruck «sich verlieben» verwenden wir fast ausschließlich im Kontext von Romanzen, doch als ich an jenem Abend den Mönch erzählen hörte, verliebte ich mich. Bei dem Mann auf der Bühne handelte es sich um einen Inder Anfang dreißig. Sein Kopf war kahlgeschoren, und er trug ein safrangelbes Gewand. Er war intelligent, wortgewandt und charismatisch. Er sprach vom Prinzip der «selbstlosen Aufopferung». Und als er meinte, wir sollen Bäumen pflanzen, in deren Schatten wir nicht sitzen werden[1], machte sich in meinem Körper ein ungewohntes Kribbeln breit.

Besonders beeindruckend fand ich die Tatsache, dass er am IIT Bombay studiert hatte, dem MIT von Indien, an dem kein Normalsterblicher aufgenommen wird. Die Möglichkeiten, die so ein Abschluss bietet, hatte er also sausenlassen, um Mönch zu werden, hatte allem den Rücken gekehrt, wonach meine Freunde und ich strebten. Entweder er hatte einen Knall, oder er hatte irgendetwas ganz Besonderes entdeckt.

Mein Leben lang war ich fasziniert gewesen von Menschen, die sich von ganz unten nach ganz oben hochgearbeitet hatten, die vom Tellerwäscher zum Millionär geworden sind. Nun stand zum allerersten Mal jemand vor mir, der absichtlich genau das Gegenteil getan hatte. Dieser Mann hatte das Leben hinter sich gelassen, von dem alle Welt behauptet, es sei das erstrebenswerteste. Und doch wirkte er überhaupt nicht wie ein verbitterter Versager, sondern fröhlich, selbstbewusst und mit sich und der Welt im Reinen. Genau genommen kam er mir glücklicher und zufriedener vor als irgendjemand sonst. Mit meinen achtzehn Jahren hatte ich bereits eine Menge reiche Leute kennengelernt. Ich hatte mir eine Menge Leute angehört, die stark, schön oder berühmt oder alles drei auf einmal waren. Aber ein wirklich glücklicher und zufriedener Mensch war mir bislang noch nicht untergekommen.

Nach dem Vortrag drängelte ich mich durch den Pulk, um ihm mitzuteilen, wie toll ich ihn fand und wie sehr er mich inspiriert hatte. «Kann ich irgendwie noch mehr Zeit mit Ihnen verbringen?», hörte ich mich sagen. Ich verspürte den inneren Drang, mich mit Menschen zu umgeben, die die von mir ersehnten Werte besaßen, nicht die von mir ersehnten Dinge.

Der Mönch meinte zu mir, er sei noch die ganze restliche Woche im Vereinigten Königreich unterwegs, und ich könne ihn gern auf die Veranstaltungen begleiten. Und das tat ich dann auch.

Mein erster Eindruck von diesem Mönch, dessen Name Gauranga Das lautete, war, dass er irgendetwas richtig machte, und wie sich später herausstellte, stimmt die Wissenschaft dem zu. 2002 begab sich ein tibetischer Mönch namens Yongey Mingyur Rinpoche aus dem Randgebiet des nepalesischen Kathmandu zur Universität von Wisconsin-Madison, damit Forscher seine Gehirnaktivitäten während des Meditierens beobachten konnten. Man setzte ihm eine Badekappen-ähnliche Vorrichtung auf den Kopf (einen Elektroenzephalographen, kurz EEG), aus der über 250 winzige Drähte herausragten, deren Sensoren an seiner Kopfhaut befestigt wurden. Zum Zeitpunkt dieser Studie hatte der Mönch zweiundsechzigtausend Stunden Meditationspraxis auf dem Buckel.

Während ihm das Team von Wissenschaftlern, einige von ihnen selbst auch erfahren im Meditieren, vom Kontrollraum aus zusah, begann der Mönch zu tun, wie ihm geheißen wurde: eine Minute Meditation über Mitgefühl und dreißig Sekunden Pause im Wechsel. Auf das Zeichen einer Übersetzerin hin machte er das in rascher Folge insgesamt vier Mal; die Forscher schauten ihm voller Ehrfurcht dabei zu. Wenn der Mönch mit dem Meditieren begann, verzeichnete der EEG fast zeitgleich einen enormen Anstieg, weshalb die Wissenschaftler vermuteten, er habe seine Position geändert oder sich sonst wie bewegt. Doch er war regungslos sitzen geblieben.

Erstaunlich war dabei nicht nur, wie beständig sich die Hirnaktivität «an-» und «ausschaltete», wenn der Mönch zwischen Meditieren und Pausieren wechselte. Verblüffend war auch die Tatsache, dass er keinerlei «Aufwärmzeit» benötigte. Jeder, der schon mal meditiert oder wenigstens versucht hat, innerlich zur Ruhe zu kommen, weiß, dass es normalerweise einige Zeit dauert, bis die Gedanken nicht mehr andauernd auf Wanderschaft gehen. Rinpoche aber schien sich tatsächlich auf Knopfdruck in einen meditativen Zustand versetzen zu können. Als man zehn Jahre nach dieser Anfangsstudie das Gehirn des Einundvierzigjährigen scannte, waren weit weniger Alterspuren als bei seinen Altersgenossen zu erkennen. Die Wissenschaftler meinten, sein Gehirn sei das eines zehn Jahre jüngeren Mannes.[2]

Die Forscher, die Hirnscans des buddhistischen Mönchs Matthieu Ricard anfertigten, nannten diesen später «den glücklichsten Menschen der Welt». Sie hatten entdeckt, dass er die höchste Anzahl Gammawellen – die mit Aufmerksamkeit, Erinnerungsvermögen, Lernen und Glücksgefühlen in Verbindung gebracht werden – produzierte, die *jemals gemessen wurde*.[3] Und Ricard ist bei weitem keine Ausnahmeerscheinung. Bei einundzwanzig weiteren Mönchen, deren Gehirn während verschiedener Meditationsübungen gescannt wurde, stiegen die Gammawellen ebenfalls stärker an und waren länger präsent (sogar im Schlaf[4]) als bei den Probanden ohne Meditationspraxis.[5]

Warum sollten wir denken wie ein Mönch? Wenn man wissen möchte, wie man ein Basketballfeld beherrscht, wendet man sich am besten an Michael Jordan; wenn man anstrebt, ein visionärer Unternehmer zu werden, beschäftigt man sich mit jemandem wie Elon Musk; und von Beyoncé kann man sich abschauen, wie man die Bühne erobert. Was, wenn man Seelenfrieden, innere Ruhe erreichen und seine Bestimmung finden möchte? Die Spezialisten dafür sind die Mönche. Bruder David Steindl-Rast, der Benediktinermönch, der das Centre for Spiritual Studies in Kalifornien mitbegründet hat, das so unterschiedliche Religionen wie Judentum, Hinduismus, Christentum und Islam zusammenführt, schreibt: «Ein Laie, der sich ständig bewusst darin übt, im Jetzt zu leben, ist ein Mönch.»[6]

Mönche können Versuchungen widerstehen, vom Kritisieren Abstand nehmen, mit Schmerz und Angstgefühlen umgehen, das

Ego besänftigen und ein Leben führen, das erfüllt ist von Sinn und Bedeutung. Warum also nicht von den ruhigsten, glücklichsten und zielbewusstesten Menschen der Welt lernen? Ihr mögt denken, für Mönche sei es einfach, ruhig, gelassen und entspannt zu sein. Schließlich leben sie zurückgezogen an beschaulichen Orten, wo sie sich nicht mit der Arbeit, der Beziehung und, na ja, der Rushhour herumplagen müssen. Vielleicht fragst du dich: Warum sollte es mir in der modernen Welt helfen, wie ein Mönch zu denken?

Zuallererst: Mönche kommen nicht als Mönche auf die Welt. Jeder von ihnen hat einen anderen Hintergrund, aber alle haben sie irgendwann beschlossen, sich zu verändern. Matthieu Ricard, der «glücklichste Mensch der Welt», war in seinem früheren Leben Biologe; Andy Puddicombe, Mitbegründer der Meditations-App Headspace, hatte eine Zirkusausbildung absolviert; ich kenne Mönche, die in der Finanzwirtschaft gearbeitet oder in einer Rockband gespielt haben. Sie wachsen in Städten und Gemeinden und in Schulen auf wie du. Du brauchst daheim keine Kerzen anzünden, musst nicht den ganzen Tag barfuß herumlaufen und auch keine Fotos davon posten, wie du auf einem Berggipfel die Baum-Yogapose machst. Das Mönchsein ist eine Geisteshaltung, die sich jeder zulegen kann.

Wie die meisten Mönche heutzutage bin auch ich nicht in einem Aschram aufgewachsen. Den Großteil meiner Kindheit habe ich mit Mönch-untypischen Dingen verbracht. Bis zum Alter von vierzehn Jahren war ich ein folgsames Kind. Ich bin in Nordlondon groß geworden, zusammen mit meinen Eltern und meiner jüngeren Schwester. Ich stamme aus der Mittelschicht. Wie in vielen anderen Familien auch, legten meine Eltern Wert auf meine Schulbildung, die mir eine rosige Zukunft ermöglichen sollte. Ich war anständig, hatte gute Noten und gab mein Bestes, es allen recht zu machen.

Doch als ich auf die weiterführende Schule kam, schlug ich die andere Richtung ein. Als Kind war ich dick gewesen und bin dafür gehänselt worden, nun aber war der Speck weg, und ich fing mit Fußball und Rugby an. Ich wendete mich Themen zu, die traditionellen indischen Familien nicht unbedingt behagen, so wie Kunst, Design und Philosophie. Das wäre an sich nicht schlimm gewesen, hätte ich nicht auch noch begonnen, mich mit den falschen Leuten anzufreunden. Ich habe eine Menge üble Sachen getan. Habe mit Drogen herumexperimentiert. Mich geprügelt. Zu viel getrunken. Das ging nicht gut. Auf der Highschool bin ich dreimal vom Unterricht ausgeschlossen worden. Irgendwann wurde ich gebeten, die Schule zu verlassen.

«Ich werde mich bessern», versprach ich. «Wenn ich bleiben darf, werde ich mich bessern.» Ich durfte bleiben und brachte mein Leben wieder auf die Reihe.

Als ich schließlich auf die Uni ging, wurde mir bewusst, dass harte Arbeit, Aufopferung, Disziplin und Durchhaltevermögen für das Erreichen der persönlichen Ziele durchaus wertvolle Eigenschaften darstellen. Das Problem war nur, dass ich damals noch keine Ziele hatte, bis auf das Übliche – ein guter Job, irgendwann mal heiraten und vielleicht auch Kinder kriegen. Ich hatte zwar eine vage Ahnung, dass es da noch etwas anderes geben musste, aber keinen blassen Schimmer, was das sein sollte.

Als Gauranga Das seinen Vortrag an meiner Uni hielt, beschäftigte ich mich gerade mit neuen Ideen, neuen Lebensmodellen, mit Wegen abseits der ausgelatschten Pfade, die für mich vorherbestimmt zu sein schienen. Ich wollte mich weiterentwickeln. Demut oder Mitgefühl und Empathie sollten nicht bloß abstrakte Konzepte für mich sein, Disziplin, Charakter und Integrität nicht allein Dinge, über die ich las. Ich wollte sie leben.

In den darauffolgenden vier Jahren versuchte ich, zwei Welten unter einen Hut zu bringen, pendelte zwischen Kneipen und Restaurants auf der einen und Meditieren und auf dem Boden schlafen auf der anderen Seite. In London studierte ich Management mit Schwerpunkt Verhaltenswissenschaften, absolvierte ein Praktikum in einer großen Consultingfirma und verbrachte Zeit mit Familie und Freunden. Den Großteil meiner Weihnachts- und Sommerferien hingegen beschäftigte ich mich in einem Aschram in Mumbai mit uralten Schriften und blieb unter Mönchen. Stück für Stück verlagerten sich meine Wertvorstellungen. Ich stellte fest, dass ich *umgeben* sein wollte von Mönchen. Genau genommen wollte ich in die geistige Welt der Mönche *eintauchen*. Meine Arbeit in der Businesswelt kam mir immer bedeutungsloser vor. Was sollte das alles, wenn es niemandem etwas wirklich Positives brachte?

Als ich meinen Uniabschluss in der Tasche hatte, tauschte ich meine Anzüge gegen Gewänder und ging in den Aschram, wo unsere gesamten Habseligkeiten in einen Kleiderspind passten. Ich reiste und lebte in Indien, dem Vereinigten Königreich und Europa. Ich meditierte jeden Tag mehrere Stunden lang und vertiefte mein Studium uralter heiliger Schriften. Ich durfte gemeinsam mit den anderen Mönchen dienen, bei den laufenden Arbeiten zur Umgestaltung des Aschrams in ein Öko-Dorf am Rande von Mumbai mitwirken (das Govardhan Ecovillage) und ehrenamtlich in einer gemeinnützigen Organisation aktiv sein, die über eine Million Mahlzeiten pro Tag an unterprivilegierte Schüler ausgibt (Annamrita).

Wenn ich lernen kann, wie ein Mönch zu denken, dann kannst du das auch.

Die hinduistischen Mönche, mit denen ich lernte, betrachten die Veden als Grundlagentexte ihres Glaubens. (*Veda* ist Sanskrit und bedeutet Wissen. Sanskrit ist die altindische Sprache, aus der die meisten heutigen Sprachen Südasiens hervorgingen.)

Es lässt sich durchaus behaupten, dass die Philosophie ihren Ursprung in dieser Sammlung von Schriften hat, die vor mindestens dreitausend Jahren in Teilen von Pakistan und Nordwest-Indien entstanden sind; sie bilden die Basis der hinduistischen Religionen.

Wie die Heldenepen von Homer sind die Veden zunächst mündlich überliefert und erst viel später niedergeschrieben worden. Da die Materialien aber alles andere als robust waren (Palmenblätter und Birkenrinde!), sind die meisten Schriftstücke nicht älter als ein paar hundert Jahre. Die Veden beinhalten Hymnen, Geschichten mit historischem Hintergrund, Gedichte, Gebete, Gesänge, zeremonielle Rituale und Ratschläge für den Alltag.

In meinem Leben und in diesem Buch beziehe ich mich häufig auf die Bhagavad Gita («der Gesang des Erhabenen»). Sie entstammt den Upanishaden, Schriften aus den Jahren 800 bis 400 vor Christus. Die Bhagavad Gita gilt als eine Art universeller und zeitloser Lebensratgeber. Weder handelt sie von einem Mönch, noch ist sie für einen spirituellen Kontext gedacht. Sie wird einem verheirateten Mann erzählt, der zufällig ein begnadeter Bogenschütze ist. Auch richtet sie sich nicht an eine bestimmte Religion oder Region – sie richtet sich an die gesamte Menschheit. Der spirituelle Autor und Literaturprofessor Eknath Easwaran, der viele von Indiens heiligen Schriften ins Englische übersetzt hat, darunter auch die Bhagavad Gita, nennt diese «Indiens bedeutsamstes Geschenk an die Welt»[7]. Ralph Waldo Emerson schrieb in seinem Tagebuch von 1848: «Ich verdanke [...] der *Bhagavad Gita* einen großartigen Tag. Es war das Urbuch, es ist, als spräche ein Imperium zu uns, nichts Kleines oder Unwertes, nur Größe, Gelassenheit, Beständigkeit, die Stimme einer alten Intelligenz, welche in einem anderen Zeitalter und Klima ihren Gedanken nachhing und sich dabei derselben Fragen entsorgte, welche uns bewegen.»[8] Es heißt, über keine andere heilige Schrift seien so viele Kommentare verfasst worden wie über die Gita.

Eins meiner Ziele ist es, euch mit diesen zeitlosen Weisheiten vertraut zu machen, neben anderen Lehren, die die Grundlagen meiner Ausbildung zum Mönch darstellten – und uns bei den Herausforderungen, mit denen wir heutzutage konfrontiert sind, ganz besonders weiterhelfen können.

Was mich bei meinem Studium der Mönch-Philosophie am meisten verblüffte, war die Tatsache, dass sich die Menschheit in den vergangenen dreitausend Jahren kaum verändert hat. Klar sind wir heute größer und leben meistens länger, aber es überraschte und beeindruckte mich zutiefst, dass diese Lehren von Vergebung, Energie, Intention, einem sinnerfüllten Leben und anderen Themen handelten, die heute noch genauso relevant sind wie zu der Zeit, als sie geschrieben wurden.

Noch erstaunlicher ist allerdings die Tatsache, dass sich die Weisheiten der Mönche größtenteils wissenschaftlich belegen lassen, wie du im Laufe dieses Buchs noch sehen wirst. Seit Jahrtausenden glauben Mönche daran, dass Meditation und Achtsamkeit heilsam sind, dass uns Dankbarkeit guttut, dass uns der Dienst am Nächsten zufriedener macht und vieles mehr, was du in diesem Buch erfahren wirst. Lange bevor die Wissenschaft sie abbilden oder belegen konnte, haben die Mönche Wege gefunden, wie sich diese Ideen in die Praxis umsetzen lassen.

Es heißt: «Wenn man etwas nicht einfach erklären kann, hat man es nicht verstanden.» Als mir klarwurde, wie wichtig diese Lehren für unser Zeitalter sind, wollte ich noch tiefer in sie eintauchen, damit ich sie auch anderen würde vermitteln können.

Nach drei Jahren in Mumbai meinte mein Lehrmeister Gauranga Das zu mir, ich würde den Menschen einen größeren Dienst erweisen, wenn ich den Aschram verließe und mein Wissen in die Welt hinaustrüge. Meine drei Jahre als Mönch waren eine Schule des Lebens gewesen. Ein Mönch zu werden, hatte mich viel Überwindung gekostet, doch das Gehen fiel mir noch schwerer. Dieser letzte Teil, die Weisheiten der Mönche auf das Leben außerhalb des Aschrams zu übertragen, fühlte sich an wie meine Abschlussprüfung. Tag für Tag stelle ich aufs Neue fest, dass diese geistige Haltung funktioniert – dass diese uralten Lehren hochaktuell sind. Genau deshalb teile ich sie mit dir.

Als Mönch betrachte ich mich eigentlich noch immer, auch wenn ich mich meistens als «ehemaliger» Mönch beschreibe, weil ich verheiratet bin, was Mönche nicht sein dürfen. Ich lebe in Los Angeles, einer Stadt, von der man sagt, sie sei eine der materiellsten, oberflächlichsten, illusionistischsten und generell zwielichtigsten Städte der Welt. Aber warum sollte ich in einer Stadt leben, die sowieso schon erhellt ist? Hier in diesem Buch möchte ich jetzt also teilen, was ich aus dem Leben im Aschram mitgenommen habe. Und das ist absolut nicht konfessionsgebunden. Es soll dich nicht heimlich zu irgendetwas bekehren, ich schwöre! Außerdem kann ich guten Gewissens versprechen, dass du echte Sinnhaftigkeit und Begeisterung für dein Leben entdecken wirst, wenn du dich auf die Inhalte einlässt und sie in die Praxis umsetzt.

Nie zuvor sind so viele Menschen unzufrieden gewesen – beziehungsweise so sehr damit beschäftigt, dem «Glück» hinterherzujagen. Von Medien und Kultur werden wir mit Bildern und Vorstellungen davon bombardiert, wie und was wir sein sollen, während sie uns vor der Nase herumwedeln mit Vorbildern in Sachen Errungenschaften und Erfolge. Ruhm, Geld, Glamour, Sex – letzten Endes macht uns das nicht wirklich zufrieden. Wir wollen einfach nur ständig mehr davon und enden irgendwann in einem Teufelskreis, der zu Frust, Ernüchterung, Unzufriedenheit, Unglücklichsein und Erschöpfung führt.

Ich möchte dir an dieser Stelle gerne den Unterschied zwischen der Geisteshaltung eines Mönchs und etwas, das gerne «Affengeist» genannt wird, aufzeigen. Unser Geist kann uns entweder aufbauen oder herunterziehen. Heutzutage geben wir uns alle viel zu sehr dem Affengeist hin und haben demzufolge mit Grübelzwang, Aufschieberitis und ängstlicher Besorgnis zu kämpfen. Der Affengeist hüpft wahllos von Gedanke zu Gedanke, Problem zu Problem, ohne irgendwelche Lösungen zu finden. Dabei können wir uns zum Geist des Mönchs erheben, indem wir bis zur Wurzel unserer Wünsche graben und machbare Schritte für unser persönliches Wachstum entwerfen. Die Geisteshaltung des Mönchs führt uns aus Verwirrung und Zerfahrenheit hin zu Klarheit, Sinn und Orientiertheit.

Affengeist	**Mönchsgeist**
überfordert mit mannigfaltigen Themenzweigen	fokussiert auf die Wurzel einer Angelegenheit
lebt im Leerlauf auf dem Beifahrersitz	lebt zielgerichtet und bewusst
beschwert sich, vergleicht sich, krittelt ständig herum	mitfühlend, fürsorglich, gemeinschaftlich
denkt zu viel nach und schiebt alles auf die lange Bank	analysiert die Dinge und artikuliert sie
lässt sich von Kleinigkeiten ablenken	diszipliniert
ist auf kurzzeitige Genugtuung aus	strebt langfristigen Ertrag an
fordernd und anmaßend	begeisterungsfähig, entschlossen, geduldig

ändert die Meinung in Sekundenschnelle	legt sich auf eine Mission, Vision oder ein Ziel fest
verstärkt alle Ängste und alles Negative	arbeitet daran, die Ängste und das Negative aufzuschlüsseln
Egozentrik und Besessenheit	Selbstfürsorge im Dienste anderer
macht mehrere Dinge gleichzeitig	macht eins nach dem anderen
von Wut, Sorge und Angst beherrscht	beherrscht die eigene Energie und macht klugen Gebrauch von ihr
macht, was sich gut anfühlt	strebt Selbstdisziplin und Selbstbeherrschung an
hat Vergnügen im Sinn	hat Bedeutsamkeit im Sinn
sucht nach provisorischem Behelf	sucht nach echter Lösung

Das «Think Like a Monk»-Prinzip fordert einen anderen Blickwinkel und eine neue Herangehensweise an das Leben. Eine Art Rebellion, Loslösung, Neuentdeckung, Sinnhaftigkeit, Fokussierung, Disziplin – und Dienst am Nächsten. Ziel dieser Art des Denkens ist ein von Ego, Neid, Begierde, Angst und Sorge, Wut, Verbitterung und Ballast befreites Leben. In meinen Augen ist das Annehmen des Mönchsgeists nicht einfach nur möglich – es ist *unabdingbar*. Wir haben keine andere Wahl. Wir *müssen* zu Ruhe, Stille und Frieden finden.

Der erste Tag meiner Ausbildung zum Mönch ist mir noch lebhaft in Erinnerung. Ich hatte gerade erst meinen Kopf geschoren, trug aber noch kein Gewand und sah noch immer aus wie ein Londoner. Da bemerkte ich, wie ein Kindermönch – er wird nicht älter als zehn gewesen sein – eine Gruppe Fünfjähriger unterrichtete. Er besaß eine tolle Ausstrahlung, das Auftreten und Selbstbewusstsein eines Erwachsenen.

«Was machst du da?», fragte ich ihn.

«Ich habe ihnen gerade ihre allererste Unterrichtsstunde erteilt», sagte er und wollte dann wissen: «Was hast *du* an *deinem* ersten Schultag gelernt?»

«Ich habe mit dem Buchstaben- und Zahlenlernen angefangen. Was haben *diese Kinder* gelernt?»

«Das Erste, was wir ihnen beibringen, ist das Atmen.»

«Warum?», fragte ich.

«Weil das Einzige, das vom Augenblick deiner Geburt bis zum Augenblick deines Todes bei dir bleibt, dein Atem ist. Deine Freunde, deine Familie, dein Wohnort, das alles kann sich ändern. Das Einzige, das immer bei dir bleibt, ist dein Atem.»

Dann fuhr der junge Mönch fort: «Wenn du gestresst bist, was ändert sich? Dein Atem. Wenn du wütend wirst, was ändert sich? Dein Atem. Jedes unserer Gefühle erfahren wir auch anhand des veränderten Atems. Wenn wir lernen, den Atem zu kontrollieren, können wir jede Situation im Leben meistern.»

Damit hatte man mir schon das Allerwichtigste beigebracht: Man muss sich auf die Ursache des Problems konzentrieren, nicht auf die Symptome. Und durch unmittelbare Beobachtung hatte ich außerdem gelernt, dass wirklich jeder ein Mönch werden kann, sogar kleine Kinder.

Das Erste, was wir tun müssen, wenn wir auf die Welt kommen, ist atmen. Doch so wie alles immer komplizierter wird für das Neugeborene, kann auch still sitzen und atmen eine echte Herausforderung sein. Mach es wie die Mönche, geh den Dingen auf den Grund, versenke dich in die Selbstbetrachtung. Denn nur durch diese Neugier, dieses Nachdenken und Bemühen, diese Offenbarung finden wir den Weg zu Frieden, Ruhe und Bestimmung. Das möchte ich dir mit Hilfe der Weisheiten, die mir meine Lehrer im Aschram übermittelt haben, zeigen.

Damit du dir die Geisteshaltung eines Mönchs aneignen kannst, werde ich dich auf den nachfolgenden Seiten durch drei Etappen führen. Als Erstes lassen wir los, legen die äußeren Einflüsse, inneren Widerstände und uns hemmenden Ängste ab. Das könnt ihr euch als eine Art Reinigungsprozess vorstellen, der Raum schafft für persönliches Wachstum. Als Zweites gehen wir dieses Wachstum direkt an. Ich werde dir helfen, dein Leben so umzugestalten, dass du bewusste, sinnhafte und überzeugte Entscheidungen treffen kannst. Als Letztes üben wir uns im Geben, schauen auf das, was jenseits von uns selbst liegt, erweitern und teilen unser Gefühl von Dankbarkeit und vertiefen unsere Beziehungen. Wir teilen unsere Gaben und unsere Liebe mit anderen und entdecken die echte Freude und überraschende Wohltat des Dienens.

Nebenbei werde ich dir drei sehr unterschiedliche Meditationen näherbringen, die ich dir für deine Praxis ans Herz lege: Atemarbeit, Visualisierung und Mantrasingen. Alle drei sind von großem Nutzen, doch unterscheiden lassen sie sich am leichtesten folgendermaßen: Die Atemarbeit ist förderlich für den Körper – wir finden zur Ruhe und kommen ins Gleichgewicht; Visualisierung ist förderlich für den Geist – wir heilen die Vergangenheit und bereiten uns auf die Zukunft vor; und das Mantrasingen tut unserer Seele gut – wir verbinden uns mit unserem innersten Selbst und dem Universum, um echte Reinigung zu erfahren.

Du musst nicht unbedingt meditieren, um etwas von diesem Buch zu haben. Die Werkzeuge, die ich dir an die Hand gebe, werden dadurch allerdings schärfer. Ich würde sogar behaupten, dass das gesamte Buch eine Meditation darstellt – eine Reflexion über unsere Glaubens- und Wertvorstellungen, unsere Intentionen, darüber, wie wir uns sehen, wie wir Entscheidungen fällen und Auswahlen treffen, wie wir unseren Geist trainieren sollten und wie wir mit anderen Menschen interagieren. Eine solch tiefgehende Selbsterkenntnis ist Sinn und Lohn der Meditation.

Was würde ein Mönch tun? Diese Frage brennt dir vielleicht im Augenblick nicht auf der Seele – wohl nicht mal ansatzweise –, doch das wird sich bald ändern.

ERSTER TEIL

LOSLASSEN

KAPITEL 1

IDENTITÄT

Ich bin, was ich denke zu sein

Es ist besser, die eigene Tätigkeit zu verrichten – selbst wenn sie unvollkommen ausgeführt wird –, als die Aufgabe eines anderen zu übernehmen und sie vollendet auszuführen.

Bhagavad Gita 3.35

1902 schrieb der Soziologe Charles Horton Cooley: «Ich bin nicht, was ich denke zu sein, und nicht, was du denkst, ich sei. Ich bin, was ich denke, du denkst, ich sei.»[1]

Lass dir das auf der Zunge zergehen.

Unsere Identität ist verstrickt mit dem, was die anderen von uns denken – genauer gesagt mit dem, was wir *denken*, das die anderen von uns denken.

Nicht nur unser Selbstbild ist eng verwoben mit dieser vermeintlichen Sichtweise der anderen. Auch bei den meisten unserer Bemühungen, uns weiterzuentwickeln, geht es im Grunde nur darum, diesem eingebildeten Idealbild näherzukommen. Wenn wir meinen, eine Person, die wir bewundern, sieht Reichtum als Erfolg an, jagen wir dem Reichtum hinterher, um diese Person zu beeindrucken. Glauben wir, einem Freund missfällt unser Äußeres, passen wir es dementsprechend an. In dem Musical *West Side Story* lernt Maria einen jungen Mann kennen, der sich augenblicklich in sie verliebt. Wie heißt das Lied, das gleich darauf folgt? *I feel pretty* («Ich fühle mich hübsch»).

Zum Zeitpunkt, da ich dies schreibe, hat der einzige Mensch der Welt, der jemals drei Oscars für die beste Schauspielleistung gewonnen hat, nämlich Daniel Day-Lewis, seit 1998 in gerade mal sechs Filmen mitgewirkt.[2] Er bereitet sich auf jede Rolle ausgiebig vor und taucht völlig in die Welt seiner Figur ein. Für die Rolle des «Metzgers» in Martin Scorseses *Gangs of New York* machte er eine kleine Metzger-Ausbildung, sprach nicht nur am Filmset, sondern auch abseits davon in breitem irischen Dialekt und engagierte Zirkuskünstler, die ihm das Messerwerfen beibringen sollten. Und das ist nur der Anfang. Er trug ausschließlich echte Kleidung aus dem neunzehnten Jahrhundert, spazierte in Rom als seine Filmfigur herum und zettelte mit wildfremden Menschen Streits und Prügeleien an. Dass er sich eine üble Lungenentzündung zuzog, ist womöglich genau dieser Kleidung zuzuschreiben.

Day-Lewis wandte eine Technik an, die häufig mit dem «Method Acting» assoziiert wird und bei der es darum geht, dass der Schauspieler so lange wie seine Figur lebt, bis er sich irgendwann tatsächlich in seine Figur verwandelt. Das ist eine große Kunst, doch häufig werden diese Schauspieler dann derart eins mit ihrer Rolle, dass sie sie auch abseits der Bühne nicht mehr ablegen können. «Ich gebe zu, dass ich durchgedreht bin, total durchgedreht», erzählte Day-Lewis der britischen Zeitung *Independent* Jahre später und räumte ein, dass die Rolle «nicht so gut für [seine] körperliche und geistige Verfassung war».[3]

Unbewusst gehen wir in gewissem Maße alle dieser Schauspieltechnik nach. Wir spielen unterschiedliche Rollen im Internet, auf der Arbeit, bei Freunden und zu Hause. Diese Rollen haben ihre Vorteile. Sie ermöglichen es uns, unseren Lebensunterhalt zu verdienen, sie lassen uns an einem Arbeitsplatz funktionieren, wo wir uns nicht immer wohlfühlen, sie befähigen uns zu einer Beziehung mit Menschen, die wir nicht wirklich mögen, mit denen wir aber Umgang haben müssen. Nur besteht unsere Identität oft aus so vielen Schichten, dass wir unser echtes Ich aus den Augen verlieren – falls wir überhaupt jemals wussten, wie es ausgesehen hat. Wir nehmen unsere Arbeitsrolle mit nach Hause und jene, die wir bei unseren Freunden spielen, mit in unsere Liebesbeziehung, ohne Absicht, ohne uns dessen bewusst zu sein. So erfolgreich wir unsere Rollen auch spielen, am Ende sind wir doch stets unzufrieden und niedergeschlagen, fühlen uns wertlos und unglücklich. Unser anfangs noch so kleines und verletzliches Ich ist völlig verzerrt worden.

Wir bemühen uns, dem gerecht zu werden, was die anderen von uns denken, sogar auf Kosten unserer Wertvorstellungen.

Eigene Wertvorstellungen bringen wir so gut wie nie bewusst hervor. Wichtige Entscheidungen treffen wir anhand dieses mehrfach gespiegelten Bildes davon, wer wir sein *könnten*, ohne sie wirklich zu durchdenken. Cooley nannte dieses Phänomen das *Looking-Glass Self* (das «Spiegel-Ich»).

Wir leben in der Wahrnehmung einer Wahrnehmung von uns selbst und haben deshalb unser echtes Selbst verloren. Wie sollen wir erkennen, wer wir sind und was uns glücklich macht, wenn wir dem verzerrten Spiegelbild dessen hinterherjagen, was andere Menschen sich erträumen?

Du denkst vielleicht, das Schwierigste daran, ein Mönch zu werden, war das Abschwören von allem, was Spaß macht: Feiern, Sex, Fernsehen, Besitz, das Schlafen in einem richtigen Bett (okay, das mit dem Bett war wirklich ganz schön hart). Doch bevor ich diesen Schritt überhaupt gehen konnte, musste ich erst noch ein viel größeres Hindernis nehmen: meine «Karrierepläne» meinen Eltern eröffnen.

Gegen Ende meines letzten Jahres an der Uni war ich mir sicher, welchen Weg ich einschlagen wollte. Ich teilte meinen Eltern mit, dass ich die Jobangebote, die ich erhalten hatte, ausschlagen würde. Ein alter Witz von mir lautet: Was meine Eltern anbelangt, so hatte ich drei Berufe zur Auswahl – Arzt, Anwalt oder Versager. Wenn du deinen Eltern zeigen möchtest, dass alle ihre Mühen die reinste Zeitverschwendung waren, wirst du am besten Mönch.

So wie alle Eltern, hatten auch meine ihre eigenen Träume für mich. Doch zumindest hatte ich sie schon an den Gedanken gewöhnt, dass aus mir vielleicht einmal ein Mönch würde: Seit meinem achtzehnten Lebensjahr hatte ich einen Teil meiner Sommerferien als Praktikant in einem Finanzunternehmen gearbeitet und einen Teil meiner gesamten Ferien in einem Aschram in Mumbai verbracht. Als ich schließlich meine Entscheidung gefällt hatte, sorgte sich meine Mutter, wie alle Mütter dieser Welt, zuerst um eines: mein Wohlergehen. Wäre ich dort krankenversichert? War die «Suche nach Erleuchtung» nur eine Beschönigung für «Herumsitzen und nichts tun»?

Noch schwieriger für meine Mutter war die Tatsache, dass wir umgeben von Freunden und Familie waren, die oben genannte Arzt-Anwalt-Versager-Definition von Erfolg teilten. Als sich herumgesprochen hatte, dass ich diesen radikalen Schritt wagte, fingen ihre Freunde an mit «Aber du hast doch so viel in seine Ausbildung investiert» und «Den haben sie indoktriniert» und «Der wirft sein Leben einfach weg». Auch meine Freunde dachten, das sei der Anfang vom Ende. «Du wirst nie wieder einen Job kriegen», bekam ich zu hören, und «Wie willst du dann jemals deinen Lebensunterhalt verdienen? Das kannst du vergessen».

Wenn du versuchst, so authentisch wie möglich zu leben, gefährdest du damit womöglich deine Beziehung zu einigen Menschen – dieses Risiko lohnt sich aber auf jeden Fall. Nimm die Herausforderung an, diese Beziehungen aufrechtzuerhalten.

Mein aufkommender Mönchsgeist orientierte sich zum Glück nicht allzu sehr an den Stimmen meiner Eltern und ihrer wie meiner Freunde. Ich verließ mich stattdessen auf meine eigenen Erfahrungen. Seit ich achtzehn war, hatte ich beide Lebensstile ausprobiert. Wenn ich im Sommer von meinen Finanzjobs nach Hause kam, schaffte es auch das Abendessen nicht, mich satt und zufrieden zu machen. Kehrte ich aber aus dem Aschram zurück, dachte ich jedes Mal: «Das war genial. Die beste Zeit meines Lebens.» Eine Zeitlang mit diesen meilenweit voneinander entfernten Erfahrungen, Wertvorstellungen und Weltanschauungen experimentiert zu haben, hatte mich näher an meine eigenen herangeführt.

Die Reaktionen auf meine Entscheidung, Mönch zu werden, veranschaulichen, welchem Druck von außen wir unser ganzes Leben lang ausgesetzt sind. Unsere Verwandten, unsere Freun-

de, die Gesellschaft, die Medien – wir sind umzingelt von Bildern und Stimmen, die uns sagen, wer wir sein und was wir tun sollen.

Sie zerren mit ihren Meinungen und Erwartungen und Verpflichtungen an dir. Geh direkt nach der Schule an der besten Uni studieren, suche dir einen gutbezahlten Job, heirate, kaufe dir ein Eigenheim, sorge dafür, dass du befördert wirst. Kulturelle Normen haben ihre Berechtigung – sie zeigen uns im Idealfall, wie ein erfülltes Leben aussehen könnte. Wenn wir diese Ziele aber übernehmen, ohne großartig darüber nachzudenken, werden wir niemals begreifen, warum wir nicht glücklich damit sind, wo wir wohnen, warum unser Job sich bedeutungslos anfühlt, ob die Ehe oder unsere ganzen restlichen Ziele überhaupt das sind, was wir wollen.

Meine Entscheidung, in den Aschram zu gehen, ließ die Meinungen und Bedenken meines Umfelds lauter werden, aber praktischerweise hatte mir meine bisherige Erfahrung im Aschram schon die Werkzeuge an die Hand gegeben, mit denen ich diese Störgeräusche herausfiltern konnte. Die Ursache und die Lösung waren ein und dasselbe. Ich war weniger anfällig für die Störgeräusche um mich herum, die mir vorhielten, was normal, sicher, praktisch und am besten für mich sei. Ich schottete mich gegenüber den Menschen, die mich liebten, nicht ab – sie lagen mir am Herzen, und ich wollte nicht, dass sie sich Sorgen machten –, ließ aber auch nicht zu, dass ihre Definitionen von Glück und Erfolg meine Pläne beeinflussten. Zum damaligen Zeitpunkt war diese Entscheidung die schwerste meines Lebens, und sie war goldrichtig.

Die Stimmen von Eltern, Freunden, dem Bildungswesen und den Medien bevölkern den Kopf eines jungen Menschen, säen Werte und Überzeugungen. Die gesellschaftliche Definition eines glücklichen Lebens gilt für alle und keinen. Die einzige Möglichkeit, ein für sich persönlich sinnvolles Leben aufzubauen, besteht darin, die Störgeräusche auszublenden und nach innen zu schauen. Das ist der erste Schritt hin zur Geisteshaltung der Mönche.

Beginnen wir diese Reise so wie die Mönche und beseitigen wir sämtliche Ablenkungen. Dazu nehmen wir zuerst die äußeren Einflüsse ins Visier, die uns formen und uns von unseren persönlichen Wertvorstellungen wegführen. Danach machen wir eine Bestandsaufnahme der Wertvorstellungen, die momentan unser Leben prägen, und überlegen, ob diese damit übereinstimmen, wer wir sein und wie wir leben wollen.

IST DAS STAUB, ODER BIN DAS ICH?

Gauranga Das hat mir eine wunderschöne Metapher an die Hand gegeben, mit der er die äußeren Einflüsse veranschaulicht, die unser wahres Selbst verschleiern.

Wir befinden uns in einem Lagerraum, der beladen ist mit ungenutzten Büchern und Kisten voller Gegenstände. Im Gegensatz zum restlichen Aschram, der stets aufgeräumt und sauber ist, befinden sich in diesem Raum große Mengen Staub und Spinnweben. Der Mönchsälteste führt mich vor einen Spiegel und fragt: «Was siehst du?»

Durch die dicke Staubschicht kann ich nicht einmal mein eigenes Spiegelbild erkennen. Dies teile ich ihm mit, und er nickt. Dann wischt er mit dem Ärmel seines Gewands über das Glas. Mir weht eine Staubwolke ins Gesicht, die mir in den Augen brennt und meine Kehle reizt.

Er sagt: «Deine Identität ist ein von Staub bedeckter Spiegel. Bei deinem ersten Blick in den Spiegel ist die Wahrheit dessen, wer du bist und was du wertschätzt, verschleiert. Das

Säubern mag nicht besonders angenehm sein, doch erst, wenn dieser Staub verschwunden ist, kannst du dein Spiegelbild erkennen.»

Dies war eine praktische Veranschaulichung der Worte von Chaitanya, einem hinduistischen Heiligen aus Bengalen, der im fünfzehnten Jahrhundert gelebt hat. Chaitanya nennt diese Lage der Dinge *ceto-darpana-marjanam* oder das Reinigen des unreinen Spiegels des Herzens.[4]

Das Beseitigen der Ablenkungen, die uns daran hindern, uns auf das Wesentliche zu konzentrieren – unseren Sinn des Lebens zu entdecken, indem wir die körperlichen und geistigen Begierden überwinden –, bildet die Basis nahezu aller Mönchstraditionen.[5] In manchen Traditionen gibt man das Sprechen auf, in anderen den Sex, in manchen jegliche irdischen Besitztümer und in wieder anderen alle drei auf einmal. Bei uns im Aschram haben wir nur das besessen, was wir wirklich unbedingt zum Leben brauchten, sonst nichts. Ich habe am eigenen Leib erfahren, welche Offenbarung das Loslassen mit sich bringt. Wenn wir begraben sind unter nicht lebensnotwendigen Dingen, verlieren wir aus den Augen, was tatsächlich von Bedeutung ist.

Ich verlange nicht von dir, dass du irgendetwas in der Art aufgibst. Ich möchte nur, dass du die Störgeräusche der äußeren Einflüsse erkennst und herausfilterst. Auf diese Weise befreist du dich vom Staub und siehst, ob diese Werte dir auch wirklich entsprechen.

Leitwerte sind die Prinzipien, die uns am meisten am Herzen liegen und uns unserer Meinung nach leiten sollten: wer wir sein wollen, wie wir mit uns selbst und anderen Menschen umgehen. Bei Werten handelt es sich meistens um Konzepte, die aus einem einzigen Wort bestehen, so wie Freiheit, Gleichheit, Mitgefühl oder Ehrlichkeit. Das klingt vielleicht ziemlich abstrakt und idealistisch, doch Werte sind etwas sehr Praktisches. Man kann sie sich als eine Art ethisches Navi vorstellen, von dem wir uns lenken lassen können. Wenn du deine Werte kennst, wirst du automatisch zu den Menschen und Taten und Gewohnheiten geführt, die am besten für dich sind. Ohne Werte ist es so, als ob wir uns ohne Navi in einer fremden Gegend bewegten; wir streifen ziellos umher, nehmen die falschen Abzweigungen, verirren uns, fühlen uns wie gelähmt vor lauter Unentschiedenheit. Mit Hilfe von Werten fällt es uns viel leichter, uns mit den richtigen Leuten zu umgeben, schwere berufliche Entscheidungen zu treffen, klug mit unserer Zeit umzugehen und die Aufmerksamkeit auf das Wesentliche zu richten. Ohne sie werden wir von den Ablenkungen umhergetrieben.

WOHER STAMMEN UNSERE WERTE?

Unsere Werte kommen uns nicht im Schlaf. Wir grübeln nicht bewusst über sie nach. Wir fassen sie sogar nur in den seltensten Fällen in Worte. Dennoch existieren sie. Jeder wird in bestimmte Verhältnisse hineingeboren, und unsere Erfahrungen bestimmen unsere Werte. Sind wir in ein beschwerliches Leben oder in ein Leben voller Luxus geboren worden? Wofür wurden wir gelobt? Eltern und Betreuungspersonen sind dabei oft diejenigen, die uns am lautesten loben oder kritisieren. Sogar als rebellischer Teenager sehen wir uns meist gezwungen, es diesen Autoritätspersonen recht zu machen und sie nachzuahmen. Versuche dich einmal zurückzuerinnern, wie die gemeinsame Zeit mit deinen Eltern ausgesehen hat. Habt ihr miteinander gespielt, euch Geschichten erzählt, zusammen gebastelt oder gebaut? Was haben sie als das Wichtigste im Leben hochgehalten, und hat das mit dem übereingestimmt, was ihnen am meisten am Herzen lag?

Welche Art Mensch solltest du werden? Was solltest du im Leben erreichen? Wie solltest du dich verhalten? Hast du diese Ideale in dir aufgesogen, und haben sie sich bei dir bewährt?

Auch unsere Schulbildung übt von Anfang an einen großen Einfluss auf uns aus. Welche Fächer unterrichtet werden. Von welcher kulturellen Perspektive aus. Auf welche Art und Weise das Lernen erfolgt. Ein sehr faktenbezogener Stundenplan ermutigt nicht zu Kreativität, ein enggefasster kulturspezifischer Ansatz fördert nicht die Toleranz gegenüber Menschen anderer Herkunft, und grundsätzlich gibt es nicht viel Gelegenheit, sich mit seinen Hobbys und Vorlieben zu beschäftigen, selbst wenn man sie von Kindesbeinen an kennt. Damit meine ich nicht, dass die Schule uns nicht auf das Leben vorbereitet, außerdem sind von der riesigen Menge unterschiedlicher Schulmodelle manche weniger restriktiv. Ich meine, dass sich ein Blick in die Vergangenheit lohnt, um herauszufinden, ob sich die Werte, die dir in der Schule vermittelt wurden, richtig anfühlen.

DIE GEDANKENMANIPULATION DURCH DIE MEDIEN

Als Mönch habe ich schon früh gelernt, dass unsere Werte von dem beeinflusst werden, womit wir unseren Verstand füttern. Wir sind nicht unser Verstand, aber der Verstand ist das Vehikel, mit Hilfe dessen wir entscheiden, was uns am Herzen liegt. Die Filme, die wir uns anschauen, die Musik, die wir hören, die Bücher, die wir lesen, die Serienmarathons, die wir veranstalten, die Leute, denen wir online und offline folgen. Der Newsfeed nährt buchstäblich deinen Geist. Je mehr Promi-Klatsch, Bilder von Erfolg, brutale Videospiele und beunruhigende Nachrichten wir uns einverleiben, desto stärker werden unsere Werte mit

Neid, vorschnellen Urteilen, Rivalität und Unzufriedenheit behaftet sein.

AUFGABE: ***WOHER STAMMEN DEINE WERTE?***

Es ist nicht immer leicht, den Einfluss dieser beiläufigen Informationen wahrzunehmen. Werte sind abstrakt, schwer fassbar, und es prasseln ständig sowohl schrille als auch unterschwellige Botschaften auf uns ein – was wir zu wollen haben, wie wir zu leben haben und wie wir die Gedanken über uns selbst zu formen haben.

Schreibe ein paar der Werte auf, die dein Leben prägen. Daneben notierst du dir, woher sie stammen. Anschließend setzt du neben den Werten ein Häkchen, hinter denen du zu hundert Prozent stehst.

Beispiel:

Wert	**Ursprung**	**Stehe ich dahinter?**
Güte	Eltern	✓
Aussehen	Medien	Nicht auf diese Art
Wohlstand	Eltern	Nein
Gute Noten	Schule	Hat echtes Lernen beeinträchtigt
Wissen	Schule	✓
Familie	Tradition	Familie ja, aber nicht auf die traditionelle Art

Das Beobachten und Abwägen sind Schlüsselelemente mönchischen Denkens. Ihren Anfang nehmen sie mit Raum und Stille. Um die Störgeräusche der äußeren Einflüsse herauszufiltern, lassen Mönche als ersten Schritt jeden materiellen Besitz los. Nach einer zweimonatigen Ausbildung im Bhaktivedanta Manor, einem ländlichen Tempel nördlich von London, ging ich Anfang September 2010 nach Indien in den Aschram. Meine eher stylishen Klamotten tauschte ich gegen zwei Gewänder (eins zum Wechseln, wenn das andere in der Wäsche war). Ich gab meinen ziemlich schicken Haarschnitt für ... gar kein Haar auf; unsere Köpfe wurden geschoren. Und ich wurde jeder Möglichkeit beraubt, mein Aussehen zu überprüfen – im Aschram gibt es keine Spiegel bis auf den einen, der mir später im Lagerraum gezeigt wurde. Wir Mönche wurden also davon abgehalten, uns zwanghaft mit unserem Äußeren zu beschäftigen, bekamen schlichte Mahlzeiten serviert, die kaum variierten, schliefen auf dünnen Matten auf dem Boden, und unsere einzige Musik waren die Mantragesänge und die Glocken, die unsere Meditationen und Rituale takteten. Wir schauten uns keine Filme und Fernsehsendungen an und hatten nur beschränkten Zugriff auf Nachrichten und E-Mails an Tischcomputern im Gemeinschaftsraum.

An die Stelle dieser Ablenkungen trat nichts außer Raum, Stille und Ruhe. Wenn wir die Meinungen, Erwartungen und Verpflichtungen der äußeren Welt ignorieren, fangen wir an, uns selbst zu hören. In jener Stille begann ich, den Unterschied zwischen den Geräuschen von außen und meiner eigenen Stimme wahrzunehmen. Ich konnte den Staub der anderen beseitigen und so meine ganz eigenen, innersten Ansichten erkennen.

Ich habe dir versprochen, dass du nicht deinen Kopf kahl scheren und Gewänder anlegen musst – aber wie sollen wir uns in der modernen Welt den Raum, die Stille und die Ruhe nehmen, um unser Bewusstsein zu erweitern? Wir setzen uns nicht einfach hin und denken über unsere Werte nach. Wir sind nicht gern allein mit unseren Gedanken. Wir neigen dazu, die Stille zu meiden, die Köpfe zu füllen und weiterzumachen statt innezuhalten. Im Rahmen einer Versuchsreihe der University of Virginia und Harvard sollten die Teilnehmer gerade mal sechs bis fünfzehn Minuten allein in einem Raum sitzen, ohne Smartphone und ohne etwas zu schreiben oder zu lesen – wohl aber mit der Möglichkeit, sich per Knopfdruck einen elektrischen Schock zu versetzen. In Anschluss an einen Probeschock vor Beginn des eigentlichen Experiments hatten sie allesamt ausgesagt, sie würden Geld zahlen, wenn ihnen das einen erneuten Schock erspare. Nach Ablauf der Zeit durften sie wieder Musik hören oder ihr Handy benutzen. Ergebnis war: Die Teilnehmer beschäftigten sich nicht nur lieber mit Handy und Musik, sondern viele von ihnen *zogen es sogar vor, sich einen zuvor bereits als schmerzhaft erfahrenen elektrischen Schock zu geben,* als nur ihren Gedanken ausgesetzt zu sein.[6] Wenn wir jeden Tag Veranstaltungen zum Networken besuchen und den Leuten erzählen, was wir beruflich machen, ist es schwer, diese verkürzte Sicht auf uns selbst abzulegen. Wenn wir jeden Abend *Real Housewives* im Fernsehen schauen, denken wir irgendwann, dass es ganz normal ist, seinen Freunden Rotwein ins Gesicht zu kippen. Wenn wir unser Leben bis oben voll packen und keinen Raum zum Reflektieren lassen, werden diese Ablenkungen automatisch zu unseren Werten.

Wir können uns unmöglich mit unseren Gedanken befassen und unseren Geist erforschen, wenn wir derart beschäftigt sind. Und auch das zu Hause Herumsitzen lehrt uns nicht wirklich etwas. Hier möchte ich dir nun drei Vorschläge machen, wie du ganz aktiv Raum zum Nachdenken schaffst. Nummer eins: Setze dich abends hin und überlege, wie dein Tag gelaufen ist und wie du dich fühlst. Nummer zwei: Versuche, dich einmal im Monat dem Wandel anzunähern, den ich im Aschram erfahren habe, indem du irgendwo hingehst, wo du noch nie warst. So kannst du dich selbst in einer fremden Umgebung erforschen. Besuche einen dir unbekannten Park oder eine dir unbekannte Bücherei, unternimm einen Ausflug oder einen Kurztrip. Nummer drei: Engagiere dich – hilf bei einer gemeinnützigen Einrichtung mit, werde politisch aktiv, fange ein Hobby an, das dir etwas bedeutet.

Raum schaffen kannst du außerdem, indem du kritisch abschätzt, wie du den bereits vorhandenen Raum nutzt und ob das deinen wahren Werten entspricht.

ZIEHE BILANZ

Über die eigenen Werte kann man sich vieles vormachen – nur unsere Taten sprechen die Wahrheit. Was wir mit unserer Freizeit anfangen, zeigt, was wir wirklich wertschätzen. Steht bei dir zum Beispiel die Familie ganz oben auf der Liste, aber du spielst in jeder freien Minute Golf, dann stimmen deine Taten nicht mit deinen Werten überein. In diesem Fall solltest du besser einmal in dich gehen.

ZEIT

Schau dir zunächst einmal an, was du tust, wenn du nicht gerade schläfst oder arbeitest. Forschungen haben ergeben, dass wir bis zu unserem Lebensende im Durchschnitt dreiunddreißig Jahre im Bett verbracht haben (wovon sieben Jahre auf den Versuch entfallen einzuschlafen), ein Jahr und sieben Monate mit Sport und über drei Jahre mit Urlaub. Frauen haben sich hundertsechsunddreißig Tage lang zurechtgemacht, Männer nur sechsundvierzig.[7] Das sind natürlich nur grobe Schätzungen, doch sie zeigen, dass unsere täglichen kleinen Entscheidungen sich summieren.

AUFGABE: *ERSTELLE EINE ZEITBILANZ*

Halte eine Woche lang fest, wie viel Zeit du auf folgende Dinge verwendest: Familie, Freunde, Gesundheit, dich selbst. (Schlafen und Arbeiten werden also nicht mitgezählt. Arbeit, in all ihren Formen, kann ganz schön ausufern. Wenn das bei dir der Fall ist, definiere für dich selbst, wann du «offiziell» arbeitest, und füge als Kategorie noch «Extra-Arbeit» hinzu.) Die Bereiche, in denen du die meiste Zeit verbringst, sollten deinen wichtigsten Werten entsprechen. Nehmen wir an, die Zeit, die dein Job in Anspruch nimmt, übersteigt die Bedeutung, die er für dich hat. Das ist ein Zeichen dafür, dass du diesen Entschluss überprüfen musst. Du entschließt dich, Zeit mit etwas zu verbringen, das dir nicht viel bedeutet. Welche Werte verbergen sich hinter diesem Entschluss? Dient dein Einkommen am Ende deinen Werten?

MEDIEN

Bei deiner Zeitbilanz ist garantiert herausgekommen, dass du dich einen beträchtlichen Teil des Tages mit den sozialen Medien und Fernsehen beschäftigst. Studien haben gezeigt, dass wir im Durchschnitt schätzungsweise mehr als elf Lebensjahre damit verbringen![8] Diese Entscheidungen fühlen sich vielleicht beiläufig und zufällig an, aber die dafür aufgebrachte Zeit spiegelt unsere Wertschätzung wider.

Die meisten von uns übertreiben es nicht mit Film, Fernsehen und Zeitschriften, sondern mit den digitalen Geräten.

Praktischerweise verrät dir dein Smartphone genau, wie du es nutzt. Beim iPhone erhältst du, wenn du unter Einstellungen die Bildschirmzeit aktivierst, einen wöchentlichen Bericht darüber, wie viel Zeit du mit sozialen Medien, Spielen, Mailen und Surfen im Internet verbracht hast. Wenn dir das Ergebnis nicht gefällt, kannst du sogar Zugriffszeiten für deine Apps festlegen. Bei Android wählst du unter Einstellungen «Vollständige Gerätenutzung anzeigen», um zu sehen, was dein Akku strapaziert. Und auch dort kannst du deine Nutzungsdauer festlegen. Oder du lädst eine App wie «Quality Time» oder «Moment» herunter.

GELD

Auch dein Geld solltest du dir anschauen, wenn du wissen willst, nach welchen Werten du lebst. Haushalt, Unterhaltszahlungen, Auto, Nebenkosten, Lebensmittel und Schulden kannst du außer Acht lassen. Wie sieht es mit dem Geld aus, das dir jetzt noch zur freien Verfügung steht? Wofür hast du diesen Monat das meiste Geld ausgegeben? Stimmen deine Ausgaben mit dem überein, was dir am wichtigsten ist? Was sich unserer Meinung nach «lohnt», ist bei einem Blick auf das große Ganze oft kompletter Unsinn. Ich habe einmal eine Frau beraten, die sich darüber beschwerte, dass in ihrer Familie zu viel Geld in die Hobbys der Kinder floss ... bis ihr klarwurde, dass sie mehr für ihre Schuhe ausgab als für den Musikunterricht.

Hier ein paar Beispiele dafür, wie Zeit und Geld unsere Werte widerspiegeln, wenn wir sie miteinander vergleichen.

- 60-minütige Fernsehsendung («Verging wie im Flug!»)
- 60-minütiges Mittagessen mit den Eltern («Eine Ewigkeit!»)

- Jeden Tag Coffee to go (3 € am Tag/1100 € im Jahr) («Kann nicht ohne!»)
- Frisches, gesundes Essen (1,50 € extra pro Tag/550 € im Jahr) («Lohnt sich nicht!»)
- 120 Minuten *Game of Thrones* («Zeit für mich!»)
- 15 Minuten Meditieren («Mehr Zeit hab ich nicht!»)

Es ist alles eine Frage der Perspektive. Überlege dir, ob die Ausgaben des vergangenen Monats lang- oder kurzfristige Investitionen waren – ein tolles Abendessen im Restaurant oder ein Tanzkurs? Dienten sie der Unterhaltung oder der Erleuchtung – deiner eigenen oder die einer anderen Person? Wenn du Mitglied in einem Fitnessstudio bist, aber letzten Monat nur ein einziges Mal dort warst, solltest du das wohl besser überdenken.

ÜBERPRÜFE DEINE WERTE

Nun, da du Bilanz gezogen hast, weißt du, welche Werte sich heimlich in dein Leben geschlichen haben. Als nächsten Schritt entscheidest du, welches deine tatsächlichen Werte sind und ob deine Entscheidungen damit übereinstimmen. Lass mich an dieser Stelle ein paar Worte zu den Wertvorstellungen der Mönche sagen, das hilft dir vielleicht, deine eigenen zu finden. Im Aschram wurde uns gelehrt, dass es göttliche und dämonische Eigenschaften gibt. Göttliche Eigenschaften erheben uns zu Glück, Erfüllung und Bedeutung. Dämonische Eigenschaften ziehen uns zu Angst und Sorgen, Niedergeschlagenheit und Leid hinunter. Der Gita zufolge sind dies die göttlichen Werte und Eigenschaften: Furchtlosigkeit, Reinheit des Geistes, Dankbarkeit, Wohltätigkeit, Selbstbeherrschung, Aufopferung, tiefgehendes Studium, Entsagung, Einfachheit und Geradlinigkeit, Gewaltlosigkeit, Wahrhaftigkeit, Freisein von Zorn, Ausgeglichenheit, Nachsicht, Abneigung gegen Fehlersuchen, Mitgefühl für sämtliche Lebewesen, Zufriedenheit, Freundlichkeit / Sanftmut, Integrität und Entschlossenheit.[9] (Wie du merkst, stehen Glück und Erfolg nicht auf dieser Liste. Das sind nämlich keine Werte, sondern Belohnungen – das Endspiel –, und darum wird es in Kapitel 4 gehen.)

Die sechs dämonischen Eigenschaften sind Gier, Wollust, Zorn, Ego, Unwissenheit und Neid. Der Nachteil an ihnen ist, dass sie uns ganz leicht überkommen, wenn wir ihnen Raum dazu geben. Ein Vorteil ist, dass es viel weniger dämonische als göttliche Eigenschaften gibt. Oder, wie es mein Lehrmeister Gauranga Das formuliert hat: Es gibt viel mehr Möglichkeiten, sich hochzuziehen, als sich herunterzuziehen.

Ein neues Wertesystem können wir uns nicht einfach aus den Fingern saugen, und tiefgreifende Veränderungen passieren nicht einfach über Nacht. Was wir aber sehr wohl tun können, ist, die falschen Werte loszulassen, mit denen unser Leben zugekleistert ist. Im Aschram hatten wir die Möglichkeit, die Natur zu beobachten, und unsere Lehrer machten uns auf die Kreisläufe allen Lebens aufmerksam. Blätter sprießen, verwandeln sich und fallen schließlich von den Bäumen. Reptilien, Vögel und Säugetiere werfen Haut, Federn, Fell ab. Das Loslassen stellt einen wichtigen Teil des Lebensrhythmus dar, genau wie die Wiedergeburt. Wir Menschen klammern gerne – wir klammern uns an andere Menschen, an Vorstellungen, materielle Besitztümer, Bücher von Marie Kondo und denken, es sei unnatürlich, sich davon zu befreien. Dabei führt das Loslassen auf direktem Weg zu innerem (und äußerem) Raum und innerer Ruhe. Trennen wir uns also emotional (und körperlich) von den Menschen und Vorstellungen, die unser Leben vereinnahmen, und beobachten wir anschließend in aller Ruhe, welche natürlichen Neigungen in uns hochkommen.

Fang damit an, in deine tagtäglichen Entscheidungen Werte einfließen zu lassen. Jede einzelne Entscheidung wird von Werten gesteuert, von hohen wie niedrigen, sei es eine große Entscheidung wie das Heiraten oder eine kleine wie das Streiten mit einer Freundin. Erweisen sich unsere Entscheidungen als gut für uns, stehen unsere Werte im Einklang mit unseren Taten. Gehen sie nicht so gut für uns aus, lohnt sich ein Blick zurück.

AUFGABE: *FRÜHERE WERTE*

Mach dir Gedanken über die drei besten und die drei schlechtesten Entscheidungen, die du jemals getroffen hast. Warum hast du sie getroffen? Was hast du daraus gelernt? Was hättest du anders machen können?

Schau dir deine Antworten auf die Fragen der obenstehenden Aufgabe genau an, denn darin liegen deine Wertvorstellungen verborgen. Warum hast du dich damals so entschieden? Mit dem richtigen oder dem falschen Menschen an deiner Seite bist du vielleicht aus ein und demselben Grund zusammen gewesen: weil Liebe für dich von Bedeutung ist. Oder du bist weit weg gezogen, weil du eine Veränderung nötig hattest. Dahinter könnte sich die Wertschätzung von Abenteuern verbergen. Mach nun das Gleiche mit Blick auf die Zukunft. Knöpf dir deine größten Ziele vor und schau, ob diese von anderen Menschen, einem Traditionsbewusstsein oder den Medien beeinflusst sind.

AUFGABE: *WERTBASIERTE ENTSCHEIDUNGEN*

Achte in der folgenden Woche darauf, für welche nicht lebensnotwendigen Güter du Geld ausgeben willst und wie du deine Freizeit planst. Halte kurz inne und frage dich: Welche Wertvorstellung steckt hinter dieser Entscheidung? Das dauert nur eine Sekunde. Im Idealfall wird dieses Innehalten irgendwann zur Gewohnheit, und du triffst nur noch ganz bewusste Entscheidungen, die im Einklang mit deinen Werten stehen.

FILTERE DIE STÖRGERÄUSCHE HERAUS, BLOCKE SIE NICHT AB

Sobald du anfängst, den Lärm von Meinungen, Erwartungen und Verpflichtungen herauszufiltern, wirst du die Welt mit anderen Augen sehen. Dabei geht es allerdings nicht darum, sämtliche äußeren Einflüsse komplett auszublenden. Dein Mönchsgeist kann und muss von anderen Menschen lernen. Die Herausforderung besteht darin, das ganz bewusst zu tun, indem du dir ein paar einfache Fragen stellst: Welche Eigenschaften suche oder bewundere ich bei Freunden, Verwandten und Kollegen? Handelt es sich dabei um so etwas wie Vertrauen, Selbstbewusstsein, Aufrichtigkeit? Was es auch sein mag, diese Eigenschaften stellen in Wahrheit unsere eigenen Wertvorstellungen dar – die Meilensteine, die uns zur Orientierung in unserem eigenen Leben dienen.

Wenn du nicht allein sein willst, umgib dich mit Menschen, die in dein Wertesystem passen. Es hilft dir, eine Gemeinschaft zu finden, die widerspiegelt, wer du bist und wie du leben möchtest. Erinnerst du dich noch daran, wie schwer es mir fiel, mich in meinem letzten Studienjahr für ein Leben als Mönch zu entscheiden? Mittlerweile fällt es mir schwer, in London zu leben. Umgeben von den Menschen, mit denen ich aufgewachsen bin, und deren Lebensstil, komme ich in Versuchung, bis mittags im Bett zu bleiben, zu tratschen und zu verurteilen. Eine neue Kultur hat mir geholfen, mich neu zu definieren, und eine weitere neue Kultur hat mir geholfen, auf meinem Weg zu bleiben.

Jedes Mal, wenn du umziehst, wenn du einen neuen Job oder eine neue Beziehung anfängst, ist das eine hervorragende Gelegenheit, dich neu zu erfinden. Mehrere Untersuchungen haben ganz klar gezeigt, dass unser Umfeld auf uns abfärbt. Eine Langzeitstudie über zwanzig Jahre mit Einwohnern einer Stadt in Massachusetts hat ergeben, dass sich sowohl Glück als auch Niedergeschlagenheit innerhalb bestimmter gesellschaftlicher Kreise ausgebreitet hat. Die Wahrscheinlichkeit, dass sich jemand glücklich fühlt, erhöht sich um 25 Prozent, wenn sich eine befreundete Person, die weniger als zwei Kilometer entfernt wohnt, glücklich fühlt. Wohnt die befreundete Person in unmittelbarer Nachbarschaft, ist die Wahrscheinlichkeit sogar noch größer.[10]

Umgeben von den richtigen Menschen fällt es dir leichter, an deinen Werten festzuhalten und deine Ziele zu erreichen. Ihr wachst gemeinsam. Wenn du den Marathon in zweidreiviertel Stunden laufen willst, tust du dich ja auch nicht mit jemandem zusammen, der vorhat, ihn in vierdreiviertel Stunden zu laufen. Wenn du ein größeres spirituelles Bewusstsein entwickeln willst, erweitere deine Praxis mit anderen spirituellen Menschen. Wenn dein Unternehmen wachsen soll, tritt der Industrie- und Handelskammer oder einem Online-Netzwerk von Unternehmern bei, die nach einer ähnlichen Art von Erfolg streben. Bist du überarbeitet und willst deinen Kindern einen höheren Stellenwert einräumen, baue Kontakte zu anderen Eltern auf, deren Kinder an erster Stelle kommen, damit ihr euch gegenseitig unterstützen und euch Tipps geben könnt. Noch besser, du suchst Überschneidungen: Baue Kontakte zu familienorientierten, spirituellen Unternehmern auf, die Marathon laufen. Okay, das war ein Scherz. Aber in einer Welt, in der es so viele Möglichkeiten zum Kontakteknüpfen gibt, machen es uns Plattformen wie LinkedIn und MeetUp oder Facebook-Gruppen so leicht wie nie zuvor, Leute vom gleichen Schlag kennenzulernen. Wünschst du dir, die große Liebe zu finden, solltest du sie bei wertorientierten Aktivitäten suchen wie Ehrenamt, Gesundheit und Sport oder dem Besuch von Vorträgen zu einem Thema, das dich interessiert.

Falls du nicht sicher bist, wo die anderen in Bezug auf deine Werte stehen, stelle dir die folgende Frage: Komme ich dem Menschen, der ich gerne sein möchte, näher, wenn ich mit dieser Person oder dieser Gruppe zusammen bin, oder entferne ich mich von ihm? Die Antwort kann auf der Hand liegen; bei vier Stunden lang Fußball auf der Playstation (nicht, dass ich das noch nie getan hätte), verglichen mit sinnvoller menschlicher Interaktion, die deine Lebensqualität verbessert, ist die Sache klar. Es kann aber auch kniffliger und subtiler sein – dass du dich irgendwie gereizt oder benebelt fühlst, nachdem du mit dieser Person oder dieser Gruppe von Leuten zusammen warst. Bei den Menschen, die uns guttun, fühlen wir uns gut; bei den Menschen, die uns nicht unterstützen oder unsere schlechten Seiten zum Vorschein bringen, fühlen wir uns nicht gut.

AUFGABE: ***BILANZIERE, MIT WEM DU DICH UMGIBST***

Schreibe eine Woche lang auf, mit wem du die meiste Zeit verbringst. Notiere hinter jeder Person, welche Werte du mit ihr teilst. Widmest du den Menschen am meisten Zeit, deren Werte sich am meisten mit deinen eigenen Werten decken?

Mit wem du redest, was du dir anschaust, wie du deine Zeit verbringst – all das zerrt an deinem Werte- und Glaubenssystem. Wenn deine Tage vergehen, ohne dass du jemals deine Werte hinterfragst, lässt du dich davon beeinflussen, was alle anderen – von deinen Nächsten bis zu den Horden von Marketingexperten – dir glauben machen wollen. Ich selbst rufe mir ständig den Moment im Lagerraum des Aschrams ins Gedächtnis. Schießt mir ein Gedanke in den Kopf, frage ich mich: Passt das zu den Werten, die ich mir ausgesucht habe, oder eher zu den Werten, die andere für mich ausgesucht haben? Ist das Staub, oder bin das ich? Wenn du dir genügend Raum und Ruhe gibst, kannst du den Staub beseitigen und dich selbst sehen, nicht durch die Augen der anderen, sondern von innen heraus. Bist du dir im Klaren über deine Werte und lässt dich von ihnen lenken, kannst du die äußeren Einflüsse besser herausfiltern. Im nächsten Kapitel geht es um das Herausfiltern von unerwünschten Geisteshaltungen und Gefühlen.

KAPITEL 2

NEGATIVITÄT

Der böse König geht leer aus

Es ist unmöglich, sein eigenes Glück auf dem Unglück anderer Menschen aufzubauen.

Daisaku Ikeda

Es ist der Sommer nach meinem dritten Jahr an der Uni. Ich bin gerade aus dem Aschram zurückgekehrt, wo ich einen Monat verbracht habe, und arbeite als Praktikant in einem Finanzunternehmen. Ich mache mit ein paar Kollegen Mittagspause – wir haben uns Sandwiches gekauft und setzen uns in den asphaltierten Innenhof vor dem Bürogebäude. Auf den niedrigen Mauern hocken junge Anzugträger, die ihr Mittagessen hinunterschlingen und sich von der Sommersonne auftauen lassen, bevor sie in ihre hyperklimatisierten Büros zurückgehen. Ich fühle mich wie im falschen Film.

«Habt ihr schon das mit Gabe gehört?», tuschelt einer meiner Kollegen laut daher. «Die Teilhaber haben seine Präsentation total zerrissen.»

«Mann», sagt ein anderer Kollege kopfschüttelnd. «Der geht aber echt schnell unter.»

Ich denke an einen Kurs bei Gauranga Das, den er «Krebsgeschwüre des Geistes: sich mit anderen vergleichen, klagen, kritisieren» nannte. Dort haben wir über negative Denkmuster gesprochen, darunter auch das Lästern. Eine unserer Übungen bestand darin, über jede Kritik, die wir äußerten oder dachten,

Buch zu führen. Für jede Kritik sollten wir zehn gute Eigenschaften der betreffenden Person aufschreiben.

Es war schwer für uns. Wir wohnten zusammen, sehr beengt. Probleme tauchten auf, die meisten davon belanglos. Fürs Duschen hatten wir im Schnitt vier Minuten Zeit. Wenn wir dafür anstehen mussten, schlossen wir Wetten ab, wer länger brauchen würde. (Das waren unsere einzigen Wetten. Weil: Mönche.) Und die Schnarcher wurden zwar in ihr eigenes Zimmer verbannt, aber wenn neue Leute dazukamen, bewerteten wir ihr Geschnarche anhand von Motorrädern: Dieser Mönch ist eine Vespa, der da eine Harley-Davidson.

Ich machte die Übung und schrieb pflichtbewusst jegliche Kritik auf, die mir herausgerutscht war. Neben jeden Punkt notierte ich zehn positive Eigenschaften. Sinn und Zweck davon war nicht schwer zu erraten – jeder Mensch war eher gut als schlecht –, aber dadurch, dass ich dieses Größenverhältnis schwarz auf weiß vor mir sah, brannte es sich mir noch mehr ein. Auch meine eigenen Schwächen konnte ich auf einmal mit anderen Augen betrachten. Ich neigte dazu, mich auf meine Fehler zu konzentrieren und meine Stärken nicht dagegenzuhalten. Wenn ich mich von nun an dabei ertappte, wie ich mich selbst kritisierte, erinnerte ich mich daran, dass auch ich positive Eigenschaften besaß. Ich merkte, dass dieses Größenverhältnis gleichermaßen auf mich zutraf, dass ich mehr gut als schlecht war. Über diese Rückkopplungsschleife haben wir im Unterricht gesprochen: Kritisieren wir andere, sehen wir das Schlechte automatisch auch in uns selbst. Suchen wir dagegen das Gute im anderen, erkennen wir langsam auch unsere eigenen besten Seiten.

Der Typ, der neben mir auf der Mauer sitzt, holt mich aus meiner Tagträumerei. «Meinst du, der wird's noch lange machen?»

Ich weiß nicht mehr, worüber wir gesprochen hatten. «Wer?», frage ich.

«Gabe – die hätten ihn gar nicht erst einstellen sollen, oder?»

«Oh, keine Ahnung», sage ich.

Seit ich im Aschram gewesen war, reagierte ich auf Klatsch und Tratsch äußerst empfindlich. Ich hatte mich an Gespräche gewöhnt, die von positiver Energie geprägt waren. Als ich zum ersten Mal in meine alte Welt zurückkehrte, blieb ich aus lauter Unsicherheit stumm. Ich wollte nicht den moralischen Zeigefinger erheben, aber genauso wenig wollte ich mitmachen. Buddha hat uns gelehrt: «Schau nicht auf die Fehler anderer, was sie getan haben oder unterlassen, schau, was du selbst getan und was du unterlassen hast.»[1]

Ich habe mir schnell beigebracht, Dinge zu sagen wie «Oh, das weiß ich nicht genau» oder «Da hab ich nichts von gehört» und dann das Gespräch in eine positivere Richtung zu lenken. «Wisst ihr schon, dass sie Max einen festen Vertrag angeboten haben? Freut mich mega für ihn.» Getratsche hat in manchen Situationen vielleicht seine Berechtigung: Mit seiner Hilfe lässt sich lenken, was gesellschaftlich akzeptabel ist und was nicht, und oft greifen wir darauf zurück, um zu sehen, ob die Leute unserem Urteil über das Verhalten anderer – und damit unseren Wertvorstellungen – zustimmen. Diese Fragen lassen sich allerdings auch netter verhandeln. Meistens tratschen wir nämlich, um die anderen herabzusetzen, damit wir uns überlegen fühlen, und/oder um unsere Stellung in der Gruppe zu stärken.

Einige meiner Freunde und Kollegen hörten komplett auf, mit mir tratschen zu wollen; wir begannen stattdessen, echte Gespräche zu führen. Andere hatten dadurch ein größeres Vertrauen zu mir; ihnen wurde klar, dass ich, wenn ich überhaupt nicht lästerte, auch nicht über sie lästern würde. Falls es Leute gab, die mich so einfach nur langweilig fanden, na ja, dann habe ich auch über sie nichts Schlechtes zu sagen.

WIR SIND UMZINGELT VON NEGATIVITÄT

Du wachst auf. Deine Frisur sieht grauenvoll aus. Deine Partnerin beschwert sich, dass kein Kaffee mehr da ist. Auf dem Weg zur Arbeit schaffst du es wegen einer mit dem Handy beschäftigten Fahrerin nicht mehr über die grüne Ampel. Die Nachrichten im Radio sind noch übler als gestern. Dein Kollege flüstert dir zu, dass Candace heute wieder so tut, als sei sie krank ... Negativität stürmt Tag für Tag auf uns ein. Kein Wunder also, dass wir sie selbst auch austeilen. Wir erzählen von den Widrigkeiten und Wehwehchen statt von den kleinen Freuden. Wir vergleichen uns mit den Nachbarn, beschweren uns über unseren Partner, sagen hinter dem Rücken unserer Freunde Dinge über sie, die wir ihnen niemals ins Gesicht sagen würden, kritisieren in den sozialen Medien herum, streiten uns, hintergehen andere, explodieren sogar vor Wut.

Diese Negativität überkommt uns selbst an Tagen, die wir für gut halten, und das passiert nicht einmal absichtlich. Meiner Erfahrung nach wacht niemand morgens auf und fragt sich: «Wie kann ich mich heute gemein verhalten oder gemein über jemanden reden?», oder: «Wie kann ich jemandem ein schlechtes Gefühl geben, damit ich mich selbst besser fühle?» Und dennoch steigt die Negativität oft in uns hoch. Meiner Meinung nach haben wir drei emotionale Grundbedürfnisse: Frieden, Liebe und Verständnis. Oft rührt die Negativität – in Worten, Taten oder Gefühlen – daher, dass eines dieser Grundbedürfnisse bedroht wird: Wenn wir fürchten, dass etwas Schlimmes passiert (Verlust von Frieden), dass wir nicht geliebt werden (Verlust von Liebe) oder dass wir geringschätzig behandelt werden (Verlust von Verständnis). Aus diesen Ängsten wachsen alle möglichen anderen Gefühle wie Überforderung, Unsicherheit, Verletztheit, Rivalität, Bedürftigkeit und so weiter. Diese negativen Gefühle wiederum manifestieren sich in Form von Beschwerden, Vergleichen, Kritik und anderen negativen Verhaltensweisen. Denkt an die Trolle, die sich auf die sozialen Medien stürzen und ihre Opfer mit Böswilligkeiten attackieren. Vielleicht haben sie Angst, dass sie nicht respektiert werden, und fühlen sich durch dieses Verhalten wichtig. Vielleicht machen ihre politischen Überzeugungen sie glauben, die Welt sei kein sicherer Ort. (Vielleicht wünschen sie sich aber auch einfach nur mehr Follower.)

Ein weiteres Beispiel sind jene Leute, die jede Unterhaltung nur zum Dampfablassen nutzen – an ihrem Job, ihrem Partner, ihrer Familie ist alles falsch und ungerecht und wird sich niemals ändern. In den Augen dieser Leute scheint niemals irgendetwas gut zu laufen. Womöglich bringen sie so ihre Angst zum Ausdruck, dass etwas Schlimmes passieren wird – ihr Grundbedürfnis an Frieden und Sicherheit ist bedroht.

Natürlich passieren manchmal tatsächlich schlimme Dinge. Irgendwann sind wir alle einmal Opfer, sei es, weil wir diskriminiert werden oder weil uns jemand den Weg abschneidet. Wenn wir dann aber in die Opferhaltung gehen, verfallen wir eher in Anspruchsdenken oder egoistisches Verhalten. Psychologen von der Universität Stanford teilten 104 Probanden in zwei Gruppen ein – während die Teilnehmer der einen Gruppe einen Aufsatz darüber schreiben mussten, wie sie einmal gelangweilt waren, sollte es in jenem der anderen Gruppe darum gehen, wie sich einmal alles ungerecht anfühlte oder sie «sich unfair oder geringschätzig behandelt fühlten». Danach wurden sämtliche Teilnehmer gebeten, den Wissenschaftlern bei einer leichten Aufgabe zu helfen. Bei denjenigen, die Unrecht zum Thema gehabt hatten, war die Wahrscheinlichkeit, dass sie den Wissenschaftlern halfen, 21 Prozent geringer.[2] In einer ähnlichen Studie war es bei den Teilnehmern, die in die Opferrolle gegangen waren, nicht nur wahrscheinlicher, dass sie sich egoistisch äußerten, sondern auch, dass sie Müll zurückließen und die bereitgestellten Stifte einsackten!

NEGATIVITÄT IST ANSTECKEND

Wir sind soziale Wesen und ziehen das meiste, was wir uns im Leben wünschen – Frieden, Liebe und Verständnis –, aus der Gruppe, die wir uns ausgesucht haben. Unser Gehirn passt sich automatisch sowohl Harmonie als auch Disharmonie an. Wir haben bereits gesehen, dass wir es den anderen unbewusst recht machen wollen. Aber nicht nur das – wir wollen auch mit den anderen übereinstimmen. Wissenschaftliche Untersuchungen haben bewiesen, dass die meisten Menschen gesellschaftliche Konformität so sehr wertschätzen, dass sie ihre eigene Reaktion und sogar Wahrnehmung ändern, um auf einer Linie mit der Gruppe zu sein, selbst wenn die Gruppe offenkundig falschliegt.

In den 1950ern teilte der polnisch-amerikanische Gestalt- und Sozialpsychologe Solomon Asch mehreren Gruppen von Studenten mit, sie würden einen Sehtest machen. Der Haken daran war, dass es sich jeweils bei allen Gruppenmitgliedern um Schauspieler handelte, bis auf einen: die Versuchsperson.

Asch zeigte den Teilnehmern eine Ziellinie und dann der Reihe nach drei unterschiedliche Linien, die eine kürzer, die andere länger, und eine, die ganz eindeutig dieselbe Länge hatte wie die Ziellinie. Die Studenten wurden gefragt, welche Linie von der Länge her der Ziellinie entsprach. Die Schauspieler gaben teilweise die richtige Antwort, teilweise aber auch absichtlich eine falsche. Die echten Studienteilnehmer kamen jedes Mal zuletzt an die Reihe. Eigentlich lag die korrekte Antwort auf der Hand. Wegen des Einflusses der Schauspieler aber schlossen sich etwa 75 Prozent der Versuchspersonen der Masse an und gaben mindestens einmal eine falsche Antwort. Dieses Phänomen nennt man Gruppendenken.[3]

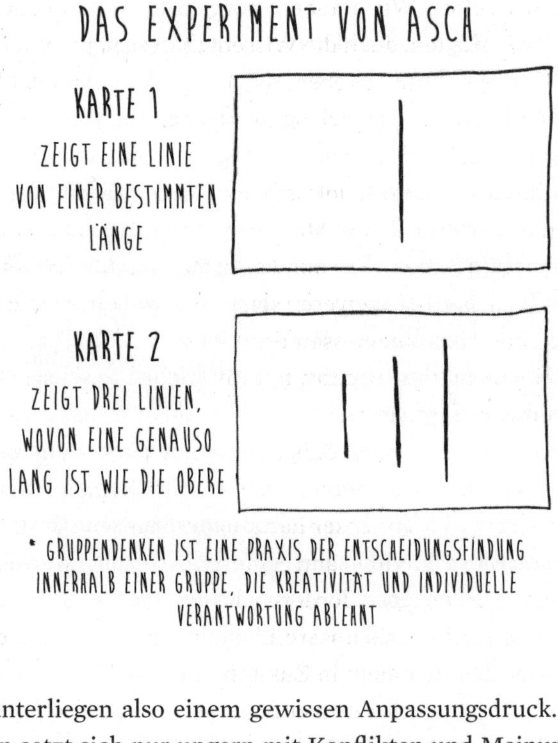

Wir unterliegen also einem gewissen Anpassungsdruck. Unser Gehirn setzt sich nur ungern mit Konflikten und Meinungsverschiedenheiten auseinander und macht es sich viel lieber in behaglicher Gleichgesinntheit gemütlich.[4] Das ist nicht so schlimm, wenn wir zum Beispiel in Gesellschaft von Mönchen sind. Sind wir aber von Lästereien, Streitigkeiten und Negativität umgeben, fangen wir an, die Welt mit ebenjenen Augen zu sehen, genau wie die Leute im Experiment von Solomon Asch, die ihren eigenen Augen nicht getraut haben.

Dieser Konformitätsdruck hat große Auswirkungen auf unser Leben. Er ist einer der Gründe dafür, dass wir bei der Beschwerdekultur um uns herum mitmachen.

Je mehr wir von Negativität umgeben sind, desto negativer werden wir selbst. Wir glauben, nörgeln helfe uns dabei, den Ärger zu verarbeiten, doch die Wissenschaft sagt etwas anderes: Selbst diejenigen, die angeben, sich nach dem Dampfablassen besser zu fühlen, sind danach aggressiver als diejenigen, die keinen Dampf abgelassen haben.[5]

Im Bhaktivedanta Manor gab es einen Mönch, der mich wahnsinnig machte. Jedes Mal, wenn ich ihn morgens fragte, wie es ihm gehe, erzählte er mir, wie schlecht er geschlafen habe und wessen Schuld das gewesen sei. Er beschwerte sich darüber, wie mies und knapp bemessen das Essen sei. Er redete wie ein Wasserfall, immer nur negativ, negativ, ich konnte seine Gegenwart kaum mehr ertragen.

Dann ertappte ich mich dabei, wie ich mich bei den anderen Mönchen über ihn beschwerte – ich war zu dem geworden, was ich kritisierte. Sein Gemecker hatte auf mich abgefärbt.

Eine solche Negativität kann aggressives Verhalten gegenüber wahllosen Unbeteiligten fördern, das haben Untersuchungen gezeigt, und je negativer unsere Einstellung, desto wahrscheinlicher ist es, dass wir auch in Zukunft eine negative Einstellung haben werden. Studien haben außerdem ergeben, dass Langzeitstress wie der, der durch ständiges Nörgeln ausgelöst wird, den Hippocampus schrumpfen lässt – jene Hirnregion, die für logisches Denken und Gedächtnisleistung zuständig ist.[6] Das Stresshormon Cortisol, das den Hippocampus strapaziert, beeinträchtigt zudem unser Immunsystem (und richtet noch eine Menge anderen Schaden an). Ich mache die Negativität nicht für jedes Übel dieser Welt verantwortlich, aber wenn mir eine positive Grundeinstellung auch nur den einen oder anderen Schnupfen erspart, bin ich ganz dafür.

NEGATIVE MENSCHENTYPEN

Negatives Verhalten prasselt so unablässig auf uns ein, dass wir uns daran gewöhnt haben. Überlege einmal, ob es in deinem Leben einen oder mehrere der folgenden Typen gibt:

Nörgler, die sich immer nur beschweren, ohne nach Lösungen zu suchen. In ihren Augen ist das Leben ein Problem, das sich kaum oder niemals lösen lassen wird.

Leugner, die dir jedes Kompliment im Mund herumdrehen: Aus «Du siehst gut aus heute!» machen sie: «Dann sah ich gestern also schlecht aus?».

Opfer, die das Gefühl haben, die ganze Welt sei gegen sie. Und schuld sind immer die anderen.

Kritiker, die ihre Mitmenschen dafür verurteilen, dass sie anderer Meinung sind oder gar keine haben, sowie für jede Entscheidung, die der Kritiker selbst anders getroffen hätte.

Fordernde, die von anderen verlangen, was sie selbst nicht schaffen. Sie üben Druck aus, indem sie sagen: «Nie hast du Zeit für mich», dabei sind sie selbst genauso beschäftigt.

Konkurrenten, die sich mit anderen vergleichen, sie versuchen zu kontrollieren und zu manipulieren, sodass sie selbst oder ihre Entscheidungen gut dastehen. Sie stehen unter solchem Leidensdruck, dass sie andere herabsetzen wollen. In ihrer Gegenwart spielen wir oft unsere Erfolge herunter, weil wir wissen, dass sie sich nicht mit uns freuen werden.

Kontrollsüchtige, die darauf aus sind zu überwachen und zu lenken, wie und mit wem ihre Freunde oder ihr Partner ihre Zeit verbringen und welche Entscheidungen sie treffen.

Mit dieser Liste kannst du deinen Spaß haben und schauen, welche deiner Bekannten in welche Kategorien passen. Mir geht es allerdings darum, dass du lernst, solche Verhaltensweisen zu erkennen und richtig einzuordnen, wenn sie auf dich losgelassen werden. Es ist nicht besonders hilfreich, alle in dieselbe Negativitäts-Schublade zu packen («Die sind so nervig!»). Dann weißt du nämlich immer noch nicht, wie du mit jeder einzelnen Beziehung umgehen sollst.

An jenem Tag, als ich mit sechs weiteren Mönchen aus England in den Aschram einzog, sagte man uns, wir sollen uns vorstellen, unser neues Zuhause sei ein Krankenhaus und wir seien die Patienten. Ein Mönch zu werden und sich von der materiellen Welt zu lösen, stellte also nicht schon an sich eine Errungenschaft dar. Es hieß einfach nur, dass uns Einlass gewährt wurde an einen Ort der Heilung, wo wir daran arbeiten konnten, die Erkrankungen der Seele zu überwinden, die uns befallen und geschwächt haben.

Wie wir alle wissen, können im Krankenhaus auch die Ärzte krank werden. Keiner ist immun. Die Mönchsältesten erinnerten uns daran, dass jeder eine andere Krankheit hatte, dass alle noch lernen mussten und dass wir jemanden, der anders sündigte, genauso wenig verurteilen sollten wie jemanden, der andere Gesundheitsprobleme hatte als wir. Gauranga Das wiederholte diesen metaphorischen Rat, und wir nutzten ihn regelmäßig, um uns zu ermahnen, nicht negativ über andere zu denken. **Verurteile niemanden, der an einer anderen Krankheit leidet als du. Erwarte von niemandem, dass er perfekt ist. Und glaube auch nicht, du selbst seist perfekt.**

Anstatt negatives Verhalten zu verurteilen, kannst du versuchen, den Inhalt zu neutralisieren oder ins Positive zu kehren. Wenn du merkst, dass ein Nörgler gar nicht nach Lösungen sucht, musst du sie auch nicht liefern. Sagt der Nörgler: «Du bist immer viel zu beschäftigt», kannst du erwidern: «Lass uns doch einen Termin finden, der uns beiden passt.»

KEHRE EXTERNE NEGATIVITÄT UM

Mit Hilfe der obenstehenden Kategorien können wir uns ein Stück weit von der negativen Person distanzieren, um unseren Part in der Situation mit klarem Kopf zu überdenken und entsprechend zu reagieren. Das Think-Like-a-Monk-Prinzip: die Wurzel freilegen, die «Krankheit» diagnostizieren und sich Klarheit über die Lage verschaffen, damit wir sie uns mit einfachen Worten erklären können. Diese Herangehensweise erlaubt es uns, Strategien für den Umgang mit negativen Menschen zu entwickeln.

Mönche führen uns Bewusstheit vor. Negativität – im Grunde jede Art von Konflikt – handhaben sie, indem sie von der emotionalen Aufgeladenheit der Situation Abstand nehmen. Der Trappistenmönch Thomas Keating meinte: «Kein Gebot sagt uns, wir sollen uns verärgern lassen von der Art, wie andere uns behandeln. Grund für diese Verärgerung ist ein im Innern ablaufendes Programm, dessen Logik lautet: ‹Wenn jemand gemein zu mir ist, kann ich nicht glücklich sein oder mich wohl in meiner Haut fühlen.› [...] Anstatt zwanghaft und vergeltend zu reagieren, könnten wir genauso gut unsere Freiheit als Mensch nutzen, uns der Verärgerung zu verweigern.»[7] Wir nehmen Abstand, nicht wortwörtlich, sondern emotional gesehen. Dadurch stecken wir nicht mehr mittendrin und können die Situation klar und ruhig ins Auge fassen. Auf diese Distanzierung gehe ich im nächsten Kapitel noch näher ein. An dieser Stelle soll die Bemerkung genügen, dass sie uns hilft, etwas zu verstehen, ohne es gleichzeitig zu bewerten. Negativität ist eine Charaktereigenschaft, sie macht ihren Träger nicht aus. Die wahre Natur eines Menschen mag wie die Sonne von Wolken verschleiert sein, doch sie ist immer da. Und diese Wolken können bei jedem von uns aufziehen. Das müssen wir begreifen, wenn wir mit Menschen zu tun haben, die eine negative Energie ausstrahlen. Wir selbst möchten ja auch nicht anhand unserer schlimmsten Anwandlungen bewertet werden. Wenn euch jemand verletzt, tut die Person das, weil sie selbst auch verletzt ist. Ihre Verletztheit ist einfach übergelaufen. Sie braucht Hilfe. Wie hat der Dalai Lama gesagt: «Unser Hauptziel in diesem Leben ist es, anderen zu helfen. Und wenn du ihnen nicht helfen kannst, dann tu ihnen wenigstens nicht weh.»

Aus einer verständnisvollen Haltung heraus sind wir besser für den Umgang mit negativer Energie gerüstet. Die einfachste Reaktion besteht darin, langsam zurückzuweichen. Im letzten Kapitel ging es um das Loslassen der äußeren Einflüsse, die unsere Wertvorstellungen beeinträchtigen. Nun geht es darum, uns von dem negativen Verhalten zu reinigen, das unseren Blick verschleiert. In seinem Buch *Das Herz von Buddhas Lehre* schreibt Thich Nhat Hanh, der buddhistische Mönch, den man den «Vater der Achtsamkeit» genannt hat: «Gleichmut schenkt uns Freiheit, und Freiheit ist die einzige Bedingung für Glück. Wenn wir im tiefsten Herzen noch an etwas festhalten – an Ärger, Angst oder Besitz –, können wir nicht frei sein.»[8] Ich rate dir, materielle Auslöser von negativen Gedanken und Gefühlen zu beseitigen oder zu umgehen, zum Beispiel den Pulli, den dein Exfreund dir geschenkt hat, oder das Café, wo du immer einer ehemaligen Freundin über den Weg läufst. Lässt du körperlich nicht los, wirst du auch emotional nicht loslassen können.

Geht es um ein Familienmitglied, eine Freundin oder einen Kollegen, steht das Distanzieren allerdings oft nicht zur Debatte oder ist nicht das Erste, was wir tun wollen. Dann brauchen wir ein paar andere Techniken.

DAS 25/75-PRINZIP

Sieh zu, dass auf jeden negativen Menschen in deinem Leben drei positive Menschen kommen. Ich selbst versuche, mich mit Menschen zu umgeben, die auf irgendeine Weise besser sind als ich: glücklicher, spiritueller. Im Leben wie beim Sport spornen uns die Besseren an. Ich meine das nicht so wörtlich, dass du jeden deiner Freunde als negativ oder positiv abstempeln sollst.

Ziel ist das Gefühl, dass du wenigstens 75 Prozent deiner Zeit mit Leuten verbringst, die dich inspirieren statt herunterzuziehen. Trag deinen Teil dazu bei, dass eure Freundschaft ein anregender Austausch wird. Verbring nicht einfach nur Zeit mit den Menschen, die du liebst – wachst gemeinsam. Belegt einen Kurs, lest ein Buch, nehmt an einem Workshop teil. *Sangha* ist das Sanskritwort für Gemeinschaft. Es meint einen geschützten Ort, an dem die Menschen sich im Dienst am Nächsten üben und sich gegenseitig inspirieren.

TEILE DEINE ZEIT EIN

Wenn du die Negativität nicht ganz aus deinem Leben beseitigen kannst, reduziere sie, indem du bestimmst, wie viel Zeit die Menschen in deinem Umfeld einnehmen dürfen. Vor manchen Problemen stehen wir nämlich nur deshalb, weil wir ihnen erlauben, sich breitzumachen. Einige Leute erträgst du vielleicht nur eine Stunde im Monat, andere einen Tag, und wieder andere eine ganze Woche. Womöglich gibt es sogar jemanden, den du gerade mal eine Minute lang aushältst. Überlege, wie viel gemeinsame Zeit dir guttut, und gehe nicht darüber hinaus.

VERSUCHE NICHT, ANDERE ZU RETTEN

Braucht eine Person einfach nur jemanden, der ihr zuhört, kannst du das ohne viel Aufwand tun. Wenn du aber ihre Probleme lösen willst, wirst du frustriert sein, wenn sie deine brillanten Ratschläge nicht annimmt. Der Wunsch, andere zu erlösen, entspringt dem Ego. Und deine eigenen Bedürfnisse sollten nicht deine Reaktion bestimmen. Bei den Wüstenvätern, den frühchristlichen Mönchen, die ein zurückgezogenes Leben im Ödland des Mittleren Ostens führten, gab es folgendes Sprichwort: «Zähle nicht die Zähne im Mund eines anderen.»[9] Ähnlich verhält es sich ganz allgemein mit den Problemen anderer. Versuche nicht, sie zu lösen, wenn du nicht über die nötigen Kompetenzen verfügst. Stelle dir deine Freundin vor wie jemanden, der in den Strömungen des Meeres am Ertrinken ist. Nur wenn du eine hervorragende Schwimmerin bist, eine ausgebildete Rettungsschwimmerin, wirst du die Kraft und das nötige Rüstzeug haben, ihr zu helfen. Entsprechend verhalte dich auch bei Menschen in anderen Notlagen – hast du die Zeit und die seelische Verfassung, ihnen zu helfen, dann nur los. Bist du allerdings nur eine mittelmäßige Schwimmerin und versuchst, einer in den Fluten ertrinkenden Person zu helfen, wird sie dich höchstwahrscheinlich mit in die Tiefe ziehen. Dann rufst du besser eine Rettungsschwimmerin. Besitzt du also weder die Energie noch die Erfahrung, um einer Freundin zu helfen, mache sie mit Menschen oder Ideen bekannt, die sie weiterbringen könnten. Vielleicht findet sie dadurch eine andere Person, die sie rettet.

KEHRE INNERE NEGATIVITÄT UM

Beim Ausmisten unseres Geists arbeiten wir uns von außen nach innen vor. Sobald wir das Negative im Äußeren erkannt und Stück für Stück beseitigt haben, fällt es uns leichter, unsere eigenen negativen Tendenzen zu sehen und umzukehren.

Manchmal möchten wir für die Negativität, die wir selbst in die Welt hinaustragen, keine Verantwortung übernehmen. Negatives kommt aber nicht immer nur von außen und wird auch nicht unbedingt laut ausgesprochen. Neid, Nörgeleien, Wut – es ist einfacher, den anderen die Schuld für die Negativkultur in die Schuhe zu schieben. Dabei schützt uns das Reinigen der eigenen Gedanken vor Fremdeinflüssen.

Im Aschram waren wir so sehr auf Reinigung aus, dass wir um den Verzicht «konkurrierten» («Ich esse weniger als der und der», «Ich meditiere länger als alle anderen»). Doch ein Mönch kann nur über sich selbst lachen, wenn er nach einer Meditation denkt: «Da schaut her! Ich hab es am längsten ausgehalten!» In dem von Hannah Ward und Jennifer Wild herausgegeben Zitatband *The Monastic Way* («Der Weg der Mönche») ist ein Zitat von Schwester Christine Vladimiroff enthalten: «[Im Kloster] ist nur ein Konkurrenzkampf gestattet: sich gegenseitig in Liebe und Respekt zu überbieten.»[10]

Rivalität bringt Neid hervor. Im Mahabharata, dem bekanntesten indischen Epos, beneidet ein böser Krieger einen anderen Krieger und möchte, dass dieser alles verliert. Dazu versteckt der böse Krieger ein glühendes Kohlebrikett in seinem Gewand, das er auf das Objekt seines Neids zu schleudern plant. Stattdessen fängt das Brikett Feuer, und der böse Krieger verbrennt selbst.[11] Durch seinen Neid ist er sein eigener Feind geworden.

Der gehässige Cousin des Neids ist die Schadenfreude. Wenn wir uns an den Fehlschlägen der anderen erfreuen, fußt unser Stolz auf dem wackeligen Fundament der Unvollkommenheit oder des Pechs eines anderen. Das kann auf Dauer nicht gutgehen. Tatsächlich sollten wir hellhörig werden, wenn wir andere verurteilen. Es ist ein Zeichen dafür, dass unser Verstand uns vortäuscht, wir kämen voran, obwohl wir in Wahrheit feststecken. Wenn ich gestern mehr Äpfel als du verkauft habe, aber du heute mehr verkauft hast, sagt das rein gar nichts darüber aus, ob ich ein guter Apfelverkäufer bin. **Je mehr wir uns über andere definieren, desto verlorener sind wir.**

Wir mögen uns nie ganz von Neid, Eifersucht, Gier, Wollust, Zorn, Stolz und Illusionen befreien, doch das heißt noch lange nicht, dass wir es nicht weiter versuchen sollten. Nehmen wir das Sanskritwort *Anartha*, «das Ungewollte», und die Praxis von

Anartha-Nivritti, das Ablegen aller unerwünschter Eigenschaften. Wir glauben, Freiheit bestehe darin, das sagen zu können, was wir wollen. Wir glauben, Freiheit bestehe darin, sämtlichen Sehnsüchten nachgehen zu können. Echte Freiheit aber besteht in der Fähigkeit, sich von allem Unerwünschten zu trennen – die ungehemmten Begierden loslassen zu können, die zu ungewollten Zielen führen.

Mit Loslassen meine ich nicht, die negativen Gedanken, Gefühle und Vorstellungen einfach beiseitezuwischen. Sie kommen sowieso wieder zurück. Wichtig ist, wie wir mit ihnen umgehen. Das Bellen des Nachbarhundes ist lästig. Es wird dich immer wieder stören. Die Frage ist, wie deine Reaktion darauf aussieht. Der Schlüssel zur Freiheit liegt in der Selbsterkenntnis.

Beim Abschätzen eurer Negativität dürft ihr nicht vergessen, dass auch kleine Taten Konsequenzen nach sich ziehen. Wenn uns die Negativität anderer mehr auffällt und wir sagen: «Die nörgelt die ganze Zeit», sind wir selbst in diesem Moment negativ. Im Aschram schliefen wir unter Moskitonetzen. Jeden Abend überprüften wir mit Taschenlampen, ob sich noch irgendein Getier im Innern verbarg. Eines Morgens wachte ich auf und stellte fest, dass ich wegen einer einzigen übersehenen Mücke mindestens zehn Stiche hatte. Das rief mir einen Satz des Dalai Lama ins Gedächtnis: «Falls du glaubst, dass du zu klein bist, um etwas zu bewirken, dann versuche mal zu schlafen, wenn eine Mücke im Raum ist.» Winzige negative Gedanken und Worte sind wie Mücken – selbst die kleinsten von ihnen können unseren inneren Frieden stören.

SPOT, STOP, SWAP – BEMERKEN, BREMSEN, BESSERMACHEN

Die meisten von uns bemerken ihre negativen Gedanken gar nicht, so wie ich diese eine verbliebene Mücke nicht bemerkt habe. Um unsere Gedanken zu reinigen, halten wir es wie die Mönche: Zuallererst werden wir uns eines Gefühls oder Themas bewusst – wir *bemerken* es. Dann halten wir inne, um zu überlegen, um welches Gefühl es sich handelt und woher es kommt – wir *bremsen* es. Als Letztes finden wir einen neuen Weg, damit umzugehen – wir wechseln in ein Verhalten über, das *besser* für uns ist. **SPOT, STOP, SWAP – BEMERKEN, BREMSEN, BESSERMACHEN.**

Mit dem Wahrnehmen der Negativität lernen wir, die uns umgebenden toxischen Regungen und Impulse zu bemerken. Um unserer eigenen Negativität entgegenzutreten, gaben uns die Mönche die Aufgabe, eine Woche lang nicht zu nörgeln, nichts zu kritisieren und uns nicht zu vergleichen. Gleichzeitig sollten wir eine Strichliste darüber führen, wie oft uns das missglückt ist. Ziel war, diese Strichliste von Tag zu Tag schrumpfen zu lassen. Je mehr wir uns nämlich dieser Neigungen bewusst werden, desto eher können wir uns von ihnen befreien.

AUFGABE: *ERSTELLE EINE BILANZ DEINER NEGATIVEN ÄUSSERUNGEN*

Führe eine Strichliste darüber, wie oft du im Lauf einer Woche Negatives sagst oder denkst. Schau, ob du die tägliche Anzahl herunterschrauben kannst. Ziel ist die Null.

Das Aufschreiben deiner negativen Gedanken und Kommentare macht es dir leichter, ihre Entstehung offenzulegen. Verurteilst du das Äußere einer Bekannten und gehst mit dir selbst genauso hart ins Gericht? Meckerst du über die Arbeit, ohne dabei deine eigene Verantwortung zu bedenken? Erzählst du von der Krankheit eines Bekannten, weil du auf dein Mitgefühl aufmerksam machen möchtest oder weil du dir mehr Unterstützung für deinen Bekannten erhoffst?

Manchmal reagieren wir nicht negativ auf irgendwelche gegebenen Umstände, sondern treffen negative Vorhersagen über die Zukunft. Das sind reine Vermutungen. Lass mich an dieser Stelle die Parabel von einem bösen König erzählen, der bei einem guten König zum Abendessen eingeladen war. Als das Mahl serviert wurde, bat der böse König, man möge seinen Teller mit dem des guten Königs tauschen. Als der gute König wissen wollte, wieso, entgegnete der böse König: «Du könntest das Essen vergiftet haben.»

Der gute König lachte.

Das machte den bösen König noch nervöser, sodass er die Teller erneut austauschen ließ, weil er dachte, er sei womöglich doppelt getäuscht worden. Der gute König schüttelte einfach nur den Kopf und nahm vor den Augen des bösen Königs einen Bissen. Dieser jedoch hungerte.

Was wir bei anderen verurteilen oder beneiden oder argwöhnen führt uns oftmals zur Dunkelheit, die in uns selbst herrscht. Der böse König projiziert seine eigene Unehrenhaftigkeit auf den guten König. Ebenso sagt unser Neid oder Argwohn oder unsere Ungeduld viel über uns selbst aus. Negative Projektionen oder Vermutungen spiegeln unsere eigenen Unsicherheiten wider und stehen uns im Weg. Wenn du beschließt, dass deine Chefin etwas gegen dich hat, kann sich das negativ auf deinen Gefühlshaushalt auswirken. Dann bist du vielleicht so entmutigt, dass du schlechte Arbeit leistest oder nicht nach der verdienten Gehaltserhöhung fragst. So oder so wirst du, wie der böse König, die Person sein, die hungert!

BREMSEN

Sobald du hinter die Ursachen deiner Negativität gekommen bist, kannst du dich mit ihnen auseinandersetzen. Bremse die negativen Energien, damit du genügend Raum für Taten und Gedanken hast, die dein Leben bereichern, statt es ärmer zu machen. Fang bei deinem Atem an. Sind wir gestresst, stockt unser Atem, und/oder wir pressen die Zähne aufeinander. Wir sacken resigniert in uns zusammen oder ziehen die Schultern hoch. Am besten beobachtest du den ganzen Tag über deine körperliche Präsenz. Ist der Kiefer angespannt? Die Stirn gerunzelt? Das sind Anzeichen dafür, dass wir entspannt atmen und uns körperlich und emotional locker machen sollten.

Nun also zu den Faktoren, über die sich Negativität breitmacht. Die Bhagavad Gita lehrt uns die Enthaltung in der Rede, das heißt, wir sollen wahrheitsgemäß und zum Wohl anderer sprechen und Gerede vermeiden, das andere verletzt.[12] Die Rechte Rede (Samma Vacca) aus den frühen buddhistischen Schriften erteilt uns ähnlichen Rat und definiert ein wohlgesprochenes Wort als eines, das «zur rechten Zeit gesprochen wird», «wahr, höflich, zweckmäßig ist und aus liebevoller Gesinnung kommt».[13]

Denkt daran: Zu sagen, was wir wollen, wann wir wollen und wie wir es wollen, ist keine Freiheit. Wahre Freiheit bedeutet, gar nicht erst das Bedürfnis zu verspüren, diese Dinge zu sagen.

Wenn wir unser negatives Daherreden einschränken, kann es passieren, dass wir viel weniger zu sagen haben. Dass wir sogar irgendwie gehemmt sind. Schweigen kann unangenehm sein, und trotzdem lohnt es sich, sich von Negativem zu befreien. Indem du die Arbeitsmoral eines Kollegen kritisierst, arbeitest du selbst nicht automatisch härter. Und deine Ehe wird nicht besser, indem du sie mit einer anderen Ehe vergleichst. Dazu musst du schon sorgfältig und produktiv an deiner eigenen Ehe arbeiten. Solche Bewertungen täuschen dir etwas vor: Wenn man genügend Durchblick hat, um jemanden zu verurteilen, muss man selbst ja wohl besser sein, denken wir. Wenn jemand anders scheitert, wird man selbst ja wohl vorankommen, denken wir. Dabei sind es in Wahrheit die vorsichtigen und sorgfältigen Beobachtungen, die uns weiterbringen.

«Bremsen» soll wie gesagt nicht heißen, dass du den negativen Instinkten einfach aus dem Weg gehst. Näher betrachten sollst du sie. Der australische Sozialarbeiter Neil Barringham hat gesagt: «Das Gras ist nur dort grüner, wo man es wässert.» Beobachte, was die Negativität in dir hervorruft. Wofür beneidest du deinen Nachbarn? Hat er mehr Freizeit, einen besseren Job, mehr Freunde? Im dritten Schritt nämlich, dem Bessermachen, schaust du, welche Samen dieser Neidobjekte schon in deiner eigenen Erde liegen, und ziehst sie heran. Nimm zum Beispiel deinen Neid auf das rege Sozialleben des anderen und lass dich davon inspirieren. Schmeiß eine Party, melde dich bei alten Freunden, organisiere ein Treffen mit den Kollegen nach der Arbeit. Definiere deinen eigenen Stellenwert nicht darüber, dass andere es vermeintlich besser haben, sondern sei der Mensch, der du sein möchtest. Das ist ganz wichtig.

BESSERMACHEN

Nachdem du die Negativität in deinem Herzen, deinem Kopf und deiner Rede bemerkt und ausgebremst hast, kannst du nun beginnen, etwas zu ändern. Die meisten von uns Mönchen haben es nicht geschafft, das Nörgeln, Vergleichen und Kritisieren ganz sein zu lassen – und auch du solltest nicht erwarten, dass du dich vollständig davon heilen kannst. Die Wissenschaft hat jedoch herausgefunden, dass glückliche Menschen sich zwar schon mal beschweren, das aber eher ... pass gut auf ... achtsam tun. Gedankenloses Dampfablassen macht alles nur noch schlimmer, doch wenn du Tagebuch führst über Dinge, die dich verärgert oder mitgenommen haben, und dich damit deinen Gedanken und Gefühlen widmest, fördert das erwiesenermaßen deine geistige und körperliche Weiterentwicklung und Heilung.[14]

Achtsam umgehen können wir mit unserer Negativität, indem wir uns stets auf Konkretes beziehen. Wenn wir gefragt werden, wie es uns geht, antworten wir meist mit «gut», «ganz okay», «super» oder «schlecht». Das tun wir teilweise deshalb, weil wir wissen, dass eine ehrliche, ausführliche Antwort unangebracht wäre. Allerdings fällt unser Nörgeln meist genauso vage aus. Wir sagen, wir seien sauer oder traurig, wenn wir eigentlich gekränkt oder enttäuscht sind. Dabei kämen wir mit unseren Gefühlen viel besser zurecht, wenn wir unsere Worte mit Bedacht wählen würden. Statt uns als sauer, traurig, ängstlich, verletzt, peinlich berührt oder glücklich zu beschreiben, könnten wir eines der vom Harvard Business Review aufgelisteten neun spezifischeren Wörter für jede dieser Emotionen nutzen.[15] «Verärgert», «defensiv» oder «gehässig» wäre vielleicht eher zutreffend als «sauer»; «isoliert», «verwirrt» oder «schuldig» genauer als «peinlich berührt». Mönche hält man deshalb für ruhig, weil sie gelernt haben, ihre Worte so sorgfältig zu wählen, dass sie einige Zeit dafür brauchen. Wir suchen unsere Worte sorgfältig aus und setzen sie mit Bedacht ein.

So vieles lässt sich auf schlechte Kommunikation zurückführen. Anstatt dich bei deiner Freundin darüber zu beschweren, dass dein Partner immer zu spät nach Hause kommt, solltest du direkt und achtsam mit deinem Partner darüber sprechen. Das Beschweren bei deiner Freundin nützt einfach nichts. Deinem Partner könntest du zum Beispiel mitteilen: «Ich weiß, dass du hart arbeitest und viel um die Ohren hast. Wenn du später heimkommst als versprochen, macht mich das wahnsinnig. Hilf mir doch bitte, indem du mir schreibst, sobald du weißt, dass es später wird.» Werden unsere Beschwerden – von uns selbst und anderen – verstanden, sind sie weit produktiver.

Wir können unsere Negativität nicht nur produktiver machen, sondern auch bewusst durch Positivität ersetzen. Eine Möglichkeit, das zu tun, habe ich bereits erwähnt: Wir nutzen unsere Negativität – wie zum Beispiel Neid – als eine Art Kompass, der uns zu dem Ich führt, das wir uns wünschen. Oder wir fokussieren uns statt auf die Negativität auf neue, bessere Gefühle. Im Deutschen gibt es nicht nur das Wort «Mitleid», sondern auch «Mitfreude», und diese sollten wir viel häufiger praktizieren. Sie ist ein zentraler Begriff der buddhistischen Geistesschulung: *Mudita*, die selbstlose Teilnahme am Glück anderer.

Freue ich mich nur über meine eigenen Erfolge, beschränke ich meine Freude. Freue ich mich für die Erfolge meiner Freunde und Familie mit – zehn, zwanzig, fünfzig Leute! –, komme ich in den Genuss von fünfzig Mal mehr Freude und Glück. Wem würde das nicht gefallen?

Die materielle Welt möchte uns glauben machen, dass es nur eine beschränkte Anzahl Universitäten gibt, die es sich zu besuchen lohnt, nur eine beschränkte Anzahl guter Jobs, nur eine beschränkte Anzahl Menschen, die Glück haben. In solch einer Welt gibt es nicht endlos viel Glück und Erfolg, das heißt, jedes Mal, wenn andere etwas davon abbekommen, verringern sich unsere eigenen Chancen darauf. Mönche hingegen glauben, dass es im Theater des Glücks für jeden einen freien Platz gibt und wir keine Angst haben müssen, dass er uns vor der Nase weggeschnappt wird. Jeder, der bei *Mudita* dabei sein möchte, darf mitmachen. Die Anzahl der Plätze ist unendlich.

Radhanath Swami ist mein spiritueller Lehrmeister und Autor verschiedener Bücher, darunter *Journey Home – Autobiografie eines amerikanischen Yogi*. Ich wollte von ihm wissen, wie man sich seinen Frieden und seine positive Kraft bewahrt in einer Welt, die voller Negativität ist. Er sagte mir: «Wir sind umgeben von Gift. Es ist in der Umwelt, in der politischen Atmosphäre, doch seinen Ursprung hat es in den Herzen der Menschen. Solange wir nicht die Ökologie unseres eigenen Herzens reinigen und andere anregen, es uns gleichzutun, werden wir durch unser Wirken die Umwelt verschmutzen. Sorgen wir hingegen für die Reinheit unseres eigenen Herzens, können wir zu größerer Reinheit in der uns umgebenden Welt beitragen.»[16]

AUFGABE: ***KEHRE DEINEN NEID UM***

Zähle fünf Menschen auf, die dir am Herzen liegen, mit denen du aber auch ein wenig konkurrierst. Schreibe bei jeder Person mindestens einen Grund auf, warum du auf sie neidisch bist: auf etwas, das sie erreicht hat, auf etwas, das sie besser kann, auf etwas, das gut für sie gelaufen ist. Hat dir ihr Erfolg tatsächlich irgendetwas weggenommen? Überlege anschließend, wie diese Person davon profitiert hat. Visualisiere alles Gute, das sie daraus gezogen hat. Würdest du ihr irgendetwas davon wegnehmen, wenn du könntest, selbst wenn du wüsstest, es würde nicht gleichzeitig dir beschert werden? Wenn das der Fall ist, bringt dich der Neid um deine Freude. Der Neid richtet bei dir Schlimmeres an als die Erfolge deiner Nächsten. Setze deine Energie dazu ein, ihn zu verwandeln.

KSHAMA: ÄRGER UMWANDELN

Techniken, mit denen wir die tägliche Negativität in unserem Leben reduzieren können, haben wir bereits besprochen. Doch Übel wie Nörgeln, Vergleichen und Lästern können sich vergleichsweise überschaubar anfühlen neben größeren negativen Emotionen wie Schmerz und Wut. Wir alle tragen in irgendeiner Weise Wut in uns: Wut aus der Vergangenheit oder Wut auf Menschen, die noch immer eine große Rolle in unserem Leben spielen. Wut auf einen Schicksalsschlag. Wut auf die Lebenden und die Toten. Wut, die sich nach innen richtet.

Wut ist oftmals Teil unserer Reaktion auf eine tiefe Verletzung. Sie ist ein großer Feuerball negativer Emotionen, und wenn wir ihn nicht loslassen können, verbrennen wir uns die Finger. Dann stellt er eine enorme Belastung dar. Hier gehe ich speziell auf die Wut auf andere ein. *Kshama* ist Sanskrit für «Vergebung». Es legt uns nahe, dass wir im Umgang mit anderen geduldig und nachsichtig sein sollen. Manchmal sind wir allerdings so tief verletzt worden, dass wir uns nicht vorstellen können, der Person, die uns das angetan hat, zu verzeihen. Doch im Gegensatz zur landläufigen Meinung ist Vergebung eine Handlung, die größtenteils in unserem Innern stattfindet. Teilweise ist es sicherer und gesünder, mit der betreffenden Person keinen Kontakt zu haben; teilweise können wir diesem Menschen nicht direkt verzeihen, weil er gar nicht mehr da ist. Das soll uns jedoch nicht am Vergeben hindern. Vergeben befreit uns von Wut.

Einer meiner Kunden erzählte mir: «Ich musste in meine Kindheit zurückgehen, um zu erkennen, warum ich mich ungeliebt und wertlos gefühlt habe. Den Ausschlag dafür hat meine Großmutter mütterlicherseits gegeben. Mir wurde klar, dass sie mich anders behandelt hat, weil sie meine Mutter nicht mochte. [Ich musste] ihr verzeihen, obwohl sie schon davongeschieden war. Ich begriff, dass ich sehr wohl liebenswürdig und etwas wert war. Sie war der kaputte Mensch, nicht ich.»

Die Bhagavad Gita beschreibt drei *Gunas*, also Wirkkräfte der Natur oder Lebensmodi: *Tamas, Rajas* und *Sattwa*, die sich mit «Ignoranz», «Impulsivität» und «Güte» übersetzen lassen.[17] Wie ich festgestellt habe, sind diese drei Modi auf jede Handlung übertragbar. Wollen wir beispielweise zu streiten aufhören und Verständnis aufbringen, ist es hilfreich, von *Rajas* – Impulsivität und Leidenschaft – hin zu *Sattwa* – Güte, Positivität und Friede – zu wechseln. Diese drei Lebensmodi bilden die Grundlage für meinen Ansatz beim Thema Vergebung.

Bevor wir zur Vergebung finden, stecken wir in unserer Wut richtig fest. Womöglich wollen wir uns sogar rächen, den Schmerz zurückgeben an die Person, die uns das angetan hat. Auge um Auge, Zahn um Zahn. Rache ist der Modus der Ignoranz – man kann sich nicht selbst wieder in Ordnung bringen, indem man einen anderen zerstört. Mönche machen ihre Entscheidungen und Gefühle nicht vom Verhalten anderer abhängig. Du glaubst, wegen der Reaktion des anderen verschaffe dir die Rache Genugtuung. Was aber, wenn nach deinem rachsüchtigen Spiel die gewünschte Reaktion nicht erfolgt? Dann leidest du umso mehr. Denn Rache geht nach hinten los.

Sobald du dich von Rache loslöst, kannst du den Prozess des Vergebens einleiten. Die meisten denken dabei schwarzweiß – entweder man vergibt jemandem oder nicht. Dabei sind in Wahrheit oft mehrere Stufen möglich (worauf ich in diesem Buch nicht nur einmal hinweise). Diese Stufen geben uns den Freiraum, dort zu stehen, wo wir stehen, uns die Zeit zu nehmen, die wir brauchen, und nur so weit zu gehen, wie wir können. Auf der Vergebungsskala liegt *null Vergebung* am untersten Ende (und trotzdem noch höher als Rache). «Egal, was kommt, diesem Menschen werde ich niemals verzeihen. Ich will ihm nicht weh tun, aber ich werde ihm auch nicht verzeihen.» Diese Stufe bedeutet, dass wir noch im Zorn verhaftet sind und keine Lösung möglich ist. Wie du dir vorstellen kannst, ist das ein ziemlich ungemütlicher Ort.

Die nächste Stufe wäre *Vergebung mit Vorbehalt*: «Wenn sich der andere entschuldigt, entschuldige ich mich auch. Wenn er verspricht, es nie wieder zu tun, verzeihe ich ihm.» Diese transaktionsbezogene Vergebung lässt sich dem Modus der Impulsivität zuordnen – sie entstammt dem Bedürfnis, die eigenen

Gefühle zu bedienen. Forschungen des Luther College in Iowa haben ergeben, dass uns das Verzeihen leichter fällt, wenn wir uns entschuldigen oder der andere das tut,[18] aber ich möchte es nicht bei dieser vorbehaltlichen Vergebung belassen. Ich möchte, dass ihr euch noch mehr loslöst.

Den nächsten Schritt nenne ich *transformative Vergebung*. Vergebung im Modus der Güte. Hier finden wir die Kraft und die Ruhe, um verzeihen zu können, ohne eine Entschuldigung oder irgendetwas anderes zu erwarten.

Eine letzte Stufe auf der Leiter der Vergebung gibt es noch: die *bedingungslose Vergebung*. Diese bringen Eltern in der Regel ihrem Kind entgegen. Was das Kind auch tut, seine Eltern haben ihm bereits vergeben. Die gute Nachricht lautet: Diese Stufe der Vergebung verlange ich nicht von dir. Du brauchst nur die transformative Vergebung zu erreichen.

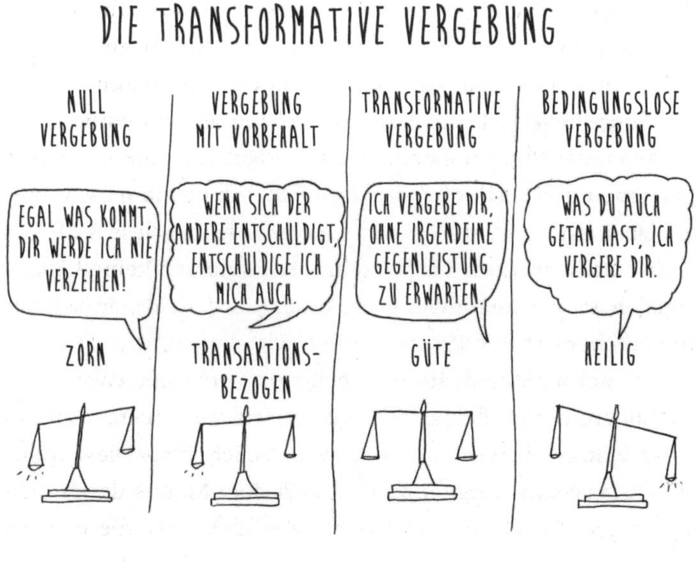

Vergebung stiftet erwiesenermaßen Seelenfrieden und schont unsere Energiereserven. Darüber hinaus macht uns die transformative Vergebung sogar gesünder: Wir sind zum Beispiel seltener auf Medikamente angewiesen, wir schlafen besser und leiden nicht so häufig an psychosomatischen Erkrankungen wie Rückenschmerzen, Kopfschmerzen, Übelkeit oder Müdigkeit.[19] Das Verzeihen reduziert unseren Stress, weil wir die wütenden Gedanken, die uns überhaupt erst gestresst haben, weder bewusst noch unbewusst ständig aufs Neue in uns hochkochen lassen.

Die Wissenschaft hat gezeigt, dass in Beziehungen weniger emotionale Spannungen herrschen, wenn beide Partner sich gegenseitig verzeihen können – und das wiederum führt zu größerem körperlichem Wohlbefinden. Im Rahmen einer Studie, die 2011 in der Fachzeitschrift *Personal Relationships* veröffentlicht wurde, sprachen 68 Ehepaare über einen Vorfall, bei dem der andere gegen die «Eheregeln» verstoßen hatte. Anschließend schauten sie sich die Interviews getrennt voneinander an, wobei ihr Blutdruck gemessen wurde. Bei den Paaren, bei dem «das Opfer» seinem Partner verzeihen konnte, sank bei *beiden* Partnern der Blutdruck.[20] Das beweist, dass Vergebung für alle gut ist.

Unsere Gesundheit profitiert sowohl, wenn wir verzeihen, als auch, wenn uns verziehen wird. Integrieren wir die Vergebung in unsere spirituelle Praxis, werden wir merken, wie sämtliche Beziehungen langsam aufblühen. Wir hegen keinen Groll mehr. Und in unserem Leben spielen sich viel weniger Dramen ab.

VERGEBUNG IST KEINE EINBAHNSTRASSE

Vergebung muss in beide Richtungen fließen. Niemand ist perfekt. Vielleicht hast du dir in manchen Situationen nichts vorzuwerfen, aber in anderen sind sicher auf beiden Seiten Fehler passiert. Wenn du anderen Menschen Leid zufügst und sie dir, ist es so, als ob sich eure Herzen unangenehm miteinander verknoten. Beim Vergeben fangen wir damit an, unseren Schmerz von dem anderen zu trennen und emotional zu heilen. Beim Bitten um Vergebung lösen beide gleichzeitig den Knoten. Das fällt uns allerdings schwerer, weil wir die Fehler viel lieber bei den anderen suchen und sie anschließend verzeihen. Wir sind nicht daran gewöhnt, eigene Fehler einzugestehen und die Verantwortung für das zu übernehmen, was wir ins Leben rufen.

AUFGABE: *BITTE UM VERGEBUNG UND ERTEILE VERGEBUNG*

Mit dieser Übung versuchen wir, den Knoten aus Schmerz und/oder Wut, der in einem Streit entstanden ist, zu lösen. Selbst wenn du die betreffende Beziehung nicht retten willst oder kannst, wird dir diese Übung dabei helfen, die Wut loszulassen und Frieden zu finden.
Stelle dir zuallererst vor, wie du dich in der Haut des anderen fühlen würdest. Sieh, wie er leidet, und begreife, dass er dir nur aus diesem Grund Leid zufügt.
Anschließend schreibst du einen Brief der Vergebung. (Keine Sorge, du wirst ihn nicht abschicken.)

1. Zähle auf, wo der andere dir deiner Meinung nach Unrecht getan hat. Jemandem aufrichtig ganz konkrete Dinge zu vergeben, trägt eine Menge zum Gesunden

einer Beziehung bei. Fange jeden Punkt an mit «Ich verzeihe dir dafür, dass ...». Mach immer so weiter, bis du wirklich alles rausgelassen hast. Wiederhole dich ruhig, falls irgendetwas ständig wieder hochkommt. Schreibe alles auf, was du schon immer sagen wolltest, aber bislang noch nicht sagen konntest. Du musst die Vergebung nicht im Herzen spüren. Noch nicht. Beim Aufschreiben wird dein Schmerz allmählich konkreter, was dir hilft, ihn Stück für Stück gehen zu lassen.

2. Gestehe dir deine eigenen Fehler ein. Womöglich hattest du selbst auch zu der Lage oder dem Konflikt beigetragen? Falls ja, schreibe auf, was du deiner Meinung nach falsch gemacht hast. Beginne jeden Satz mit «Bitte vergib mir dafür, dass ...». Denke daran: Du kannst die Vergangenheit nicht rückgängig machen, aber wenn du Verantwortung für deinen Anteil am Geschehenen übernimmst, wirst du deine Wut auf dich selbst und auf den anderen besser verstehen und leichter loslassen können.

3. Wenn du fertig bist, lies den Brief laut vor und zeichne dich dabei auf. (Zum Beispiel mit der Diktierfunktion deines Smartphones.) Höre es dir noch einmal an und nimm dabei die Rolle des objektiven Beobachters ein. Vergiss nicht, dass es sich bei dem dir zugefügten Schmerz nicht um deinen eigenen Schmerz handelt, sondern um den des anderen. Presst du eine Orange aus, entsteht Orangensaft. Presst du einen Menschen aus, der voller Schmerz ist, entsteht Schmerz. Statt ihn in dich aufzusaugen oder ihn zurückzugeben, solltest du dazu beitragen, ihn aufzulösen.

UNS SELBST VERGEBEN

Manches, was wir getan haben, bereitet uns ein schlechtes Gewissen oder ist uns peinlich, da es nicht (mehr) unseren jetzigen Wert- und Moralvorstellungen entspricht. Dann können wir die Entscheidungen unseres früheren Ichs gar nicht mehr nachvollziehen. Das ist eigentlich etwas Gutes – die Vergangenheit bereitet uns Bauchschmerzen, weil wir uns weiterentwickelt haben. Damals haben wir es so gut gemacht, wie wir konnten. Heute können wir es besser machen. Und was sollte es Besseres geben, als weiterzukommen?

Begreifen wir, dass sich die Vergangenheit nicht rückgängig machen lässt, fangen wir an, unsere eigenen Unvollkommenheiten und Fehler zu akzeptieren, uns zu vergeben und uns für die emotionale Heilung zu öffnen, nach der wir uns alle sehnen.

AUFGABE: ***VERGIB DIR***

Um an deiner Selbstvergebung zu arbeiten, kannst du auf die vorangegangene Übung zurückgreifen. Beginne jeden Punkt mit «Ich vergebe mir dafür, dass ich …» und schreibe dann auf, warum du enttäuscht oder wütend auf dich bist. Nimm dich anschließend wieder beim Vorlesen auf und spiel es dir vor. Wecke den objektiven Beobachter in dir und bringe Verständnis für dich selbst auf. So kannst du den Schmerz loslassen.

ERHEBE DICH

Dem Menschen, der dir Leid zugefügt hat, Gutes zu wünschen, das ist der Gipfel der Vergebung, das wahre *Sattwa*.

«Ich kam zum Buddhismus, weil ich meinen Ehemann hasste.»[21] So etwas hört man nicht alle Tage. Die buddhistische Nonne Pema Chödrön, die unter anderem *Wenn alles zusammenbricht* geschrieben hat, meinte es auch nicht ganz ernst. Nach ihrer Scheidung geriet sie in eine Negativspirale, in der sie wegen der Affäre ihres Mannes lauter Rachephantasien hegte. Irgendwann stolperte sie über die Texte von Chögyam Trungpa Rinpoche, dem Meditationsmeister, der die Naropa University in Boulder, Colorado, gegründet hat. Während des Lesens wurde ihr klar, dass die Beziehung zu ihrem Ehemann eine bösartige Krebszelle geworden ist. Ihre Wut und ihre Vorwürfe ließen die Negativität der Trennung nicht absterben, sondern nur noch mehr wachsen. Sobald Chödrön sich erlaubte, «mehr Fluss als Stein zu werden», konnte sie ihrem Ehemann verzeihen und weitermachen. Mittlerweile sagt sie, ihr Exmann sei einer ihrer wichtigsten Lehrer gewesen.

Willst du, dass sich die Negativität zwischen dir und einem anderen Menschen auflöst, dann musst du dir wünschen, dass ihr beide heilt. Das brauchst du dem anderen nicht direkt zu sagen, aber schicke die wohlwollende Energie in die Welt hinaus. So fühlst du dich am freiesten und innerlich am ruhigsten – weil du es schaffst, wirklich und wahrhaftig loszulassen.

Negativität gehört zum Leben dazu. Wir ärgern und provozieren uns gegenseitig, bringen Verletzlichkeit zum Ausdruck, schließen uns auf Basis von gemeinsamen Werten und Ängsten zusammen. Und kaum eine Comedyshow kommt ohne negative Beobachtungen aus. Doch es gibt einen Unterschied zwischen der Negativität, die uns hilft, das Leben zu bewältigen, und der Negativität, die nur noch mehr Leid in die Welt trägt. Du kannst zum Beispiel über die Drogenprobleme des Sohnes einer Bekannten reden, weil du Angst hast, dass so etwas auch in deiner eigenen Familie passieren könnte, und das zu vermeiden versuchst. Oder aber du tratschst über dieses Thema, um die betroffene Familie zu verurteilen und dich selbst besser zu fühlen. Die US-amerikanische Schauspielerin, Moderatorin, Komikerin und Autorin Ellen DeGeneres kennt diesen Unterschied und weiß, wo die Grenze verläuft – in einem Interview mit der Zeitschrift *Parade* sagte sie, sie finde es nicht lustig, sich über andere lustig zu machen. «Die Welt ist voller Negativität. Ich möchte, dass die Leute meine Sendung sehen und denken: ‹Ich fühle mich gut, und ich werde dafür sorgen, dass sich heute auch andere gut fühlen.›»[22] In diesem Sinn haben Mönche Spaß – wir scherzen und lachen gerne. Wenn neue Mönche in den Aschram kamen, nahmen sie sich oft viel zu ernst (was auf mich selbst auf jeden Fall zutraf); die Mönchsältesten sagten ihnen dann augenzwinkernd: «Immer mit der Ruhe, verschwende deine ganze Energie nicht gleich am ersten Tag.» Jedes Mal, wenn der Priester eine besonders heilige Speise ausgab – die süßer und leckerer war als unser gewöhnliches, einfaches Essen –, taten die jungen Mönche so, als würden sie sich darum balgen, wer zuerst etwas davon abbekam. Und wenn jemand während des Meditierens einschlief und schnarchte, warfen wir uns alle Blicke zu und versuchten erst gar nicht, unsere Abgelenktheit zu verbergen.

Wir müssen unsere Worte und Gedanken nicht auf hundert Prozent Sonnenschein und positive Energie reduzieren. Allerdings sollten wir uns sehr wohl dazu herausfordern, an die Wurzeln der Negativität heranzukommen, die Ursprünge in uns selbst und unserem Umfeld zu erkennen und achtsam und bewusst mit der Energie umzugehen, die sie auffrisst. Indem wir erkennen und vergeben, schaffen wir es, allmählich loszulassen. Wir bemerken etwas, bremsen uns und machen es besser – wir beobachten, reflektieren und entwickeln neue Verhaltensweisen, durch die wir die Negativität ersetzen. Dabei streben wir stets Selbstdisziplin und Glückseligkeit an. Wenn du aufhörst, dich so sehr für die Misserfolge anderer zu interessieren und dich stattdessen für ihre Erfolge mitfreust, hast du deinen Heilungsprozess begonnen.

Je weniger du auf andere fixiert bist, desto mehr kannst du dich auf dich selbst besinnen.

Wie wir gesehen haben, entsteht Negativität oft durch Angst. Daher wollen wir uns als Nächstes mit der Angst selbst beschäftigen, wie sie uns in die Quere kommt und wie wir sie uns zunutze machen können.

KAPITEL 3

ANGST

Willkommen im Hotel Erde

Angst verhindert nicht den Tod.
Sie verhindert das Leben.

Buddha

Die große Schlacht von Mahabharata steht kurz bevor. Gespannte Erwartung liegt in der Luft: Tausende Kämpfer befühlen den Griff ihres Schwertes, die Pferde schnauben und scharren mit den Hufen. Doch unser Held Arjuna hat furchtbare Angst. Auf beiden Seiten der kriegsführenden Parteien stehen Freunde und Familienmitglieder, und vielen von ihnen droht der Tod. Arjuna, einer der mächtigsten Kämpfer des Landes, legt seinen Bogen nieder.

Die Bhagavad Gita beginnt mit dem Schrecken eines Kriegers auf dem Schlachtfeld. Arjuna ist der beste Bogenschütze des Landes, doch durch seine Angst hat er die Verbindung zu seinem Können verloren. Das Gleiche passiert auch bei uns. Wir haben der Welt so viel zu bieten, und dann spalten uns Angst und Sorge von unserem Können ab. Uns wurde nämlich direkt oder indirekt beigebracht, dass Angst etwas Negatives ist. «Keine Angst», bekamen wir von unseren Eltern zu hören. «Angsthase, Pfeffernase», ärgerten uns die Mitschüler. Angst war etwas Peinliches und Demütigendes, das man am besten ignorierte oder versteckte. Und es gibt eine weitere Kehrseite der Angst. Auf diese bezog sich

Tom Hanks in seiner Rede vor den Absolventen der Yale University: «Angst bringt das Schlechteste an unseren besten Seiten zum Vorschein.»[1]

Wir werden nie ganz ohne Angst und Sorge leben können, so viel ist sicher. Unser wirtschaftliches, gesellschaftliches und politisches Klima wird nie vollkommen frei von Konflikten und Ungewissheiten sein. Ganz zu schweigen von den tagtäglichen zwischenmenschlichen Herausforderungen. Doch das macht nichts, weil Angst nichts Schlimmes ist. Sie ist einfach nur ein Warnsignal, der Verstand, der dir mitteilt: «Das sieht nicht gut aus! Das kann in die Hose gehen!» Worauf es ankommt, ist, wie wir mit diesem Warnsignal umgehen. Unsere Angst vor dem Klimawandel können wir dazu nutzen, uns für die Suche nach Lösungen zu motivieren. Oder aber wir erlauben ihr, uns zu überwältigen, uns die Hoffnung zu rauben und zu lähmen. Manchmal schützt uns die Angst vor echten Gefahren, doch in den meisten Fällen geht es um ganz alltägliche Dinge wie Geld, Arbeit und Beziehung. Dieser ängstlichen Besorgnis – der Alltagsangst – erlauben wir es, uns von unseren wahren Gefühlen abzuschneiden und uns dadurch auszubremsen. Je länger wir an Ängsten festhalten, desto mehr Zeit haben sie, in uns zu gären, bis sie irgendwann zu Gift werden.

Ich hocke im Schneidersitz auf dem Boden eines kalten Kellerraums, zusammen mit ungefähr zwanzig anderen Mönchen. Seit gerade mal zwei Monaten bin ich hier im Aschram. Gauranga Das hat eben über die Szene in der Gita gesprochen, in der Arjuna von Angst überwältigt wird. Wir registrieren, dass die Angst Arjuna innehalten lässt, anstatt ihn ins Getümmel zu schicken. Er ist am Boden zerstört, weil so viele seiner Lieben an jenem Tag sterben werden. Aufgrund dieser Angst und Seelenqual stellt er zum ersten Mal seine Taten in Frage, woraufhin er sich mit Krishna, seinem Wagenlenker, lange über menschliche Moralvorstellungen, Spiritualität und die universellen Gesetze des Lebens unterhält.

Zum Abschluss seines Vortrags bittet uns Gauranga Das darum, die Augen zu schließen. Unter seiner Anleitung sollen wir nun ein angstbesetztes Erlebnis der Vergangenheit noch einmal durchleben, es uns nicht nur vorstellen, sondern in unserem Körper spüren – sämtliche Bilder, Geräusche und Gerüche, die damit zusammenhängen. Es sei wichtig, dass wir uns keine Lappalien aussuchten wie den ersten Schultag oder das Schwimmenlernen (es sei denn, das war tatsächlich extrem angsteinflößend gewesen), sondern etwas wirklich Wichtiges. Wir sollen unsere tiefsten Ängste hervorholen, akzeptieren und ein neues Verhältnis zu ihnen aufbauen.

Wir fangen an, herumzualbern – jemand macht sich über mein Entsetzen lustig, als ich bei einem unserer Spaziergänge auf eine Schlangenhaut stieß. Gauranga Das quittiert unsere Späßchen mit einem wissenden Nicken. «Wenn ihr diese Übung richtig machen wollt», sagt er, «müsst ihr es über den Teil eures Gehirns hinaus schaffen, der sich darüber lustig macht. Das ist ein Abwehrmechanismus, der euch davon abhält, euch wirklich mit dem Thema auseinanderzusetzen. Genau das machen wir nämlich mit unserer Angst. Wir lenken uns von ihr ab», meint Gauranga Das. «Das müsst ihr hinter euch lassen.» Das Gelächter verstummt, und ich kann beinahe spüren, wie sich die Wirbelsäulen der Anwesenden, gemeinsam mit meiner eigenen, aufrichten.

Ich schließe die Augen, und meine Gedanken kommen zur Ruhe. Trotzdem erhoffe ich mir nicht viel. «Ich habe nicht wirklich vor irgendetwas Angst», denke ich. Als ich mich tiefer und tiefer in die Meditation versenke, den Lärm und das Geplapper meines Verstands hinter mir lasse, frage ich mich erneut: «Wovor habe ich wirklich richtig Angst?» Allmählich flackern Fetzen von Wahrheit in mir auf. Ich sehe meine damalige Prüfungsangst vor mir. Ich weiß, das klingt ziemlich banal. Keiner mag Prüfungen. Und doch stellten sie als Kind und Jugendlicher eine meiner größten Sorgen dar. Nun erlaube ich mir im Rahmen dieser Meditation zu untersuchen, was sich hinter dieser Angst verbirgt. «Wovor habe ich eigentlich wirklich Angst?», frage ich mich. Stück für Stück wird mir klar, dass es bei meiner Angst darum ging, was meine Eltern und Freunde von meinen Noten denken würden, und damit auch von mir. Was mein erweiterter Familienkreis sagen würde, und wie ich mit meinen Cousinen und Cousins und so ziemlich jedem in meinem Umfeld verglichen werden würde. Ich sehe diese Angst nicht nur vor meinem inneren Auge, ich spüre sie in meinem Körper – die Beklemmung in der Brust, die Anspannung im Kiefer, als wäre ich zurück in der Vergangenheit. «Wovor habe ich eigentlich wirklich Angst?» Dann tauche ich langsam in die Angst ein, die ich spürte, als ich auf der Schule in Schwierigkeiten geriet. Ich machte mir Riesensorgen, dass ich suspendiert oder ganz von der Schule verwiesen werden würde. Wie würden meine Eltern darauf reagieren? Was würden meine Lehrer denken? Ich lade mich ein, noch tiefer zu gehen. «Wovor habe ich eigentlich wirklich Angst?» Ich sehe diese Angst, die meine Eltern betrifft – die Angst davor, dass sie sich nicht mehr gut verstehen, und wie ich als kleiner Junge versuche, den Vermittler zu spielen. Wie ich dachte: «Wie kann ich es ihnen recht machen? Wie schaffe ich es, dass sie glücklich sind?» Hier entdecke ich die Wurzel meiner Angst. «Wovor habe ich eigentlich wirklich Angst?» Ich habe Angst, dass ich es nicht schaffe, meine Eltern glücklich zu machen. Ich habe Angst, sie zu enttäuschen. Sobald mir diese Erleuchtung gekommen ist, weiß ich, dass ich bei der wahren Angst, die sich unter all den anderen Ängsten verbirgt, angelangt bin. Dieses Aha-Erlebnis erfasst meinen gesamten Körper, als ob ich unter Wasser tiefer und tiefer gesunken wäre, der Druck auf meiner Brust dabei zugenommen hätte, der Drang zu atmen immer größer geworden wäre. Und als mich schließlich die Erkenntnis wie der Schlag trifft, taucht plötzlich mein Kopf aus dem Wasser auf, und ich japse nach Luft.

Noch eine Stunde zuvor war ich mir so sicher gewesen, dass ich mich vor nichts fürchtete, und auf einmal grub ich meine schlimmsten Ängste und Sorgen aus, die ich jahrelang verdrängt hatte. Indem ich mich immer wieder behutsam fragte, wovor ich Angst habe, erlaubte ich es meinem Geist nicht länger, diesem Thema auszuweichen. Unser Verstand ist richtig gut darin, uns den Zutritt zu unangenehmen Orten zu verwehren. Wenn wir aber eine Frage wiederholen, statt sie umzuformulieren, drängen wir ihn in die Ecke. Gehe dabei bitte behutsam vor, das ist schließlich kein Verhör, sondern ein Interview. Stelle dir die Frage ernsthaft, aber nicht mit der Brechstange.

Meine Angst vor Prüfungsergebnissen würde ich als «Zweig» bezeichnen. Wenn du eine Beziehung zu deiner Angst aufbaust, musst du zwischen Zweigen – den unmittelbaren Ängsten, die bei der Selbstbefragung hochkommen – und der Wurzel unterscheiden. Das Aufspüren meiner Angst vor schlechten Noten und meiner anderen «Angstzweige» führte mich zur Wurzel: Ich fürchtete mich davor, meine Eltern nicht glücklich machen zu können.

In meinen drei Mönchsjahren lernte ich, meine Angst vor der Angst loszulassen. Die Angst vor Bestrafung, Beschämung oder dem Scheitern treibt mich nicht mehr in unsinnige Maßnahmen, die meinem Selbstschutz dienen sollen. Ich kann jetzt den großen Nutzen der Angst erkennen. Mit Hilfe der Angst können wir nämlich Gedanken- und Verhaltensmuster ermitteln, die uns nicht guttun.

Wir lassen es zu, von unserer Angst gelenkt zu werden, doch die Angst an sich ist nicht das Problem. Das Problem besteht darin, dass *wir das Falsche fürchten*: Fürchten sollten wir uns viel eher davor, die Chancen zu verpassen, die uns die Angst bietet. Gavin de Becker, einer der weltweit führenden Sicherheitsexperten, beschreibt sie in seinem Buch *Vertraue deiner Angst* als einen «hervorragenden inneren Schutzengel, der stets bereit ist, [uns] vor Gefahren zu warnen und [...] sicher durch riskante Situationen zu leiten».[2] Oft nehmen wir diese Warnsignale wahr, betrachten sie aber nicht als Wegweiser. Wenn wir lernen zu erkennen, was die Angst uns über uns selbst und unsere Werte sagt, können wir in unserem Leben mehr Sinn, mehr Zielbewusstheit und mehr Erfüllung finden. Mit ihrer Hilfe können wir das Beste aus uns machen.

Vor einigen Jahrzehnten wurde in der Wüste Arizonas im Rahmen eines Versuchs die «Biosphäre 2» gebaut – ein riesiger Gebäudekomplex aus Glas und Stahl mit gereinigter Luft, sauberem Wasser, nährstoffreichem Boden und jeder Menge natürlichem Licht. Im Innern sollten ideale Bedingungen für Flora und Fauna herrschen. Und auch wenn das in mancher Hinsicht funktionierte, ging eines völlig schief: Die Bäume innerhalb der Biosphäre fielen immer wieder einfach um, sobald sie eine bestimmte Größe erreicht hatten. Dieses Phänomen konnten sich die Wissenschaftler zunächst nicht erklären, bis ihnen irgendwann klarwurde, dass es den Bäumen in der Biosphäre an einem wichtigen Faktor mangelte: Wind. In ihrer natürlichen Umgebung sind die Bäume dem Wind ausgesetzt. Auf diesen Druck und dieses Schütteln reagieren sie, indem sie stärkere Rinde und tiefere Wurzeln ausbilden, um sich zu stabilisieren.[3]

Wir verschwenden eine Menge Zeit und Energie darauf, in unserer behaglichen Biosphären-Blase bleiben zu dürfen. Wir fürchten Belastungen und Herausforderungen, obwohl diese uns in Wahrheit stärker machen. 2017 versetzte Alex Honnold die Welt ins Staunen, als er als erster Mensch überhaupt die Route «Freerider» am El Capitán im Yosemite Nationalpark nach oben geklettert ist – allein und ohne jegliche Sicherung. Diese unglaubliche Leistung wurde im preisgekrönten Dokumentarfilm *Free Solo*[4] porträtiert. Darin wird Honnold gefragt, wie er mit dem Wissen umgeht, dass er nur zwei Optionen hat: alles perfekt zu machen oder zu sterben. «Alle versuchen immer, ihre Angst zu unterdrücken», gab er zur Antwort. «Ich versuche, es anders zu machen – ich dehne meine Komfortzone aus, indem ich immer wieder und wieder die gleichen Bewegungsabläufe trainiere. Ich arbeite mich so lange durch die Angst, bis ich mich einfach nicht mehr vor ihr fürchte.» Honnold sieht sich also durch die Angst veranlasst, umfangreich und fokussiert an seinem Können zu arbeiten, bevor er den Versuch eines imposanten freien Solos wagt. Das produktive Nutzen seiner Angst ist wichtiger Bestandteil seines Trainings, und es hat Honnold an die Spitze seiner Kletterkunst und die Gipfel der Berge katapultiert. Wenn wir die Belastungen und die oft damit einhergehenden Ängste nicht als negativ empfinden, sondern die potenziellen Vorteile daran sehen, sind wir auf dem besten Weg, ein anderes Verhältnis zur Angst aufzubauen.

DIE STRESSREAKTION

Die allererste Einsicht beim Thema Stress muss lauten: Unter Stress sind wir nicht wirklich gut darin, Probleme einzuordnen. Vor kurzem hatte ich Gelegenheit, ein Virtual-Reality-Gerät auszuprobieren. In der virtuellen Welt bestieg ich einen Berg, und als ich dabei auf einen Felsvorsprung heraustrat, hatte ich solche Angst, als ob ich mich tatsächlich zweitausendfünfhundert Meter hoch oben in der Luft befände. Schreit dein Kopf «Angst!», weiß dein Körper nicht, ob die Bedrohung echt oder nur eingebildet ist – ob dein Leben in Gefahr ist oder du nur an deine Steuererklärung denkst. Sobald das Angstsignal verklungen ist, bereitet sich dein Körper auf Kampf oder Flucht oder das Erstarren vor. Werden wir zu oft in eine solche Alarmbereitschaft versetzt, geht es mit uns wegen dieser vielen Stresshormone den Bach hinunter: Sie beeinträchtigen unser Immunsystem, unseren Schlaf und unser Heilungsvermögen.

Dagegen haben Studien Folgendes erwiesen: Wenn wir sporadische Stressfaktoren – ein großes Projekt leiten oder einen Umzug bewältigen – erfolgreich handhaben, wenn wir sie direkt angehen wie die Bäume den Wind, ist das *gut* für die Gesundheit und hat nebenbei größere Erfolgserlebnisse und ein besseres Wohlbefinden zur Folge.

Der Umgang mit Angst und Not führt dir vor Augen, dass du mit Angst und Not sehr wohl umgehen kannst. Und das wiederum verschafft dir einen neuen Blickwinkel: Wenn dir Schlechtes widerfährt, kannst du darauf vertrauen, dass du Wege finden wirst, die Situation zu bewältigen. Mit dieser größeren Objektivität wirst du allmählich besser unterscheiden können zwischen dem, was sich zu fürchten lohnt, und dem, was nicht.

Aus der oben beschriebenen Angstmeditation habe ich folgenden Gedanken mitgenommen: Es gibt vier verschiedene emotionale Reaktionen auf Angst, nämlich Panik, Erstarren, Wegrennen oder Verdrängen (was ich mit meiner Furcht vor einer möglichen Enttäuschung meiner Eltern getan habe). Bei den ersten beiden handelt es sich um eher kurzlebige Maßnahmen, bei den letzten beiden um längerfristige, wobei alle vier der Ablenkung dienen und uns davon abhalten, unsere Angst produktiv zu nutzen.

Um unsere Beziehung zur Angst zu ändern, müssen wir die Angst anders wahrnehmen. Sobald wir begreifen, wie nützlich sie sein kann, können wir auch unsere Reaktion anpassen. Ein wichtiger Schritt bei dieser Umprogrammierung besteht darin, hinter unser Angst-Reaktionsmuster zu kommen.

ARBEITE AN DEINER ANGST

Wie bereits erwähnt, beginnen Mönche ihr persönliches Wachstum mit der Bewusstseinsbildung. Mit Angst gehen wir genauso um wie mit Negativität, wir legen sie offen und treten einen Schritt zurück. Dadurch werden wir zu objektiven Beobachtern.

Bei diesem Vorgang geht es nicht einfach um ein paar Übungen, die alles wiedergutmachen. Es geht darum, dass du deine Einstellung zur Angst änderst, weil du begreifst, dass sie dir etwas zu bieten hat, und anschließend darum, dass du dich dahinterklemmst, deine Ablenkungsmanöver zu erkennen und abzulegen. Alle vier Manöver, mit denen wir uns von der Angst ablenken wollen – Panik schieben, erstarren, wegrennen, verdrängen –, stellen im Grunde die gleiche Tat beziehungsweise die gleiche *Tatenlosigkeit* dar: eine Weigerung, die Angst zu akzeptieren. Genau da müssen wir ansetzen, wenn wir unsere Angst von einem negativen Phänomen in ein positives Phänomen umwandeln wollen.

«Ihr müsst euch den Schmerz eingestehen», sagte uns mein Lehrer. Wir saßen noch immer vor ihm, als er uns instruierte, tief einzuatmen und unserem Schmerz innerlich zu sagen: «Ich sehe dich.» Das war das erste Bekenntnis zu unserer Angst. Wir atmeten ein und wiederholten: «Ich sehe dich, mein Schmerz. Ich sehe dich, meine Angst.» Und beim Ausatmen sagten wir im Innern: «Ich sehe dich und bin bei dir. Ich sehe dich und bin für dich da.» Schmerz verlangt nach unserer Aufmerksamkeit. Oder sollte es zumindest tun. Indem wir sagen: «Ich sehe dich», schenken wir ihm die Aufmerksamkeit, die er braucht. So wie ein weinendes Baby von uns gehört und im Arm gehalten werden möchte.

Wir atmeten gleichmäßig weiter im Angesicht unserer Angst und schafften es dadurch, unsere geistigen und körperlichen Reaktionen herunterzufahren. Gehe deiner Angst entgegen. Mach dich mit ihr vertraut. So setzt du dich deiner Angst ganz aus. Angenommen, du wirst vom Alarm eines Rauchmelders geweckt. Dann würdest du zur Kenntnis nehmen, was gerade passiert, und so schnell wie möglich das Haus verlassen. Später aber würdest du in ruhigerer Verfassung darüber nachdenken, was das Feuer ausgelöst hat oder woher es kam. Du würdest die Versicherung anrufen. Du würdest das Ruder übernehmen. Genau das bedeutet es, die Angst anzuerkennen und an ihr dranzubleiben.

AUFGABE: ***STUFE DEINE ANGST EIN***

Zeichne eine Linie mit Null am einen und Zehn am anderen Ende. Was ist das Schlimmste, das du dir vorstellen kannst? Vielleicht ein Unfall, der dich an den Rollstuhl fesselt, oder der Verlust eines geliebten Menschen. Das wäre auf deiner Skala die Zehn. Stufe nun deine derzeitige Angst im Vergleich dazu ein, um sie in einem anderen Größenverhältnis zu sehen. Wenn du spürst, dass die Angst in dir hochsteigt, stufe sie ein. Wo steht sie im Vergleich zu einem wirklich schrecklichen Vorfall?

MACHE DEINE ANGSTMUSTER AUSFINDIG

Neben dem Akzeptieren unserer Angst müssen wir auch eine innige Beziehung zu ihr aufbauen. Das heißt, wir müssen verstehen, in welchen Situationen sie mit regelmäßiger Wahrscheinlichkeit auftaucht. Stellt eurer Angst (behutsam, aufrichtig und so oft wie nötig) die Frage: «Wann spüre ich dich?» Nach meiner ersten Angstübung im Aschram machte ich auch weiterhin alle Orte und Situationen ausfindig, an denen die Angst in mir hochkam. Ob ich mir Sorgen machte wegen meiner Eltern, meiner Leistungen in der Schule oder irgendwelchem Ärger, in den ich hineingeraten könnte – die Angst führte mich durchweg zum gleichen Anliegen: wie die anderen mich wahrnahmen. Was würden sie von mir denken? Meine «Wurzelangst» beeinflusste meine Entscheidungsfindung. Diese Erkenntnis hat mich dazu veranlasst, in jedem entscheidenden Moment näher hinzuschauen und mich zu fragen: «Bin ich davon beeinflusst, was die anderen über mich denken?» So kann ich meine Angst gezielt dazu nutzen, meine Entscheidungen in Einklang mit meinen Werten und Zielen zu bringen.

Teilweise gibt sich die Angst in unseren Taten zu erkennen, teilweise in den Dingen, die wir auf gar keinen Fall tun möchten. Ich habe einmal eine erfolgreiche Anwältin beraten, die genug von Jura hatte und etwas Neues ausprobieren wollte. Sie war zu mir gekommen, weil ihre Angst sie davon abhielt. «Was, wenn ich springe, und da unten ist nichts?», fragte sie mich. Für mich klang das nach einer «Zweig-Frage», deshalb forschte ich nach. «Wovor haben Sie wirklich Angst?», wollte ich von ihr wissen und stellte diese Frage vorsichtig so lange weiter, bis sie irgendwann seufzend sagte: «Es war so ein Kraftakt gewesen, dort hinzukommen, wo ich heute bin. Soll ich das wirklich alles hinschmeißen?» Ich stellte die Frage erneut, und schließlich gelangten wir an die Wurzel des Problems: Sie hatte Angst, zu scheitern und als weniger kluge, kompetente Person zu gelten, bei den anderen und bei sich selbst. Sobald sie den wahren Grund ihrer Angst erkannt und akzeptiert hatte, war sie schon auf dem besten Weg, dieser eine neue Rolle in ihrem Leben zuzuschreiben, doch zuerst musste sie sich ganz und gar mit ihr vertraut machen. Sie musste sich in ihre Angst hineinbegeben.

Eines der Probleme, auf die wir stießen, war ihr Mangel an Vorbildern. Alle Anwälte, die sie kannte, arbeiteten noch immer Vollzeit. Ihr mussten jedoch Leute vor Augen geführt werden, die einen ähnlichen Weg eingeschlagen hatten, wie ihr es vorschwebte. Deshalb bat ich sie, Kontakt zu ehemaligen Anwälten aufzunehmen, die mittlerweile einen neuen Beruf ausübten, den sie sehr mochten. Als sie das tat, erkannte sie nicht nur, dass ihr Traum wahr werden konnte, sondern sah zu ihrer großen Freude auch, dass viele dieser Leute noch immer von einigen ihrer Anwaltskompetenzen Gebrauch machten. Sie würde ihre ganze harte Arbeit also gar nicht hinschmeißen müssen. Ich bat sie außerdem zu recherchieren, welche Jobs konkret für sie in Frage kämen. Dadurch brachte sie in Erfahrung, dass viele ihrer Soft Skills, wie Kommunikationsgeschick, Teamwork und Problemlösungskompetenz, auch in anderen Bereichen sehr begehrt waren. Indem sie also eine innige Beziehung zu ihrer Angst aufgebaut hatte – ganz nah an sie herangetreten war und ihre «Wurzelangst» ergründet hatte –, war sie schließlich an Informationen gelangt, die sie ihrem geplanten Berufswechsel kraftvoller und euphorischer gegenüberstehen ließen.

ANHAFTUNG UND LOSLÖSUNG – DIE URSACHE VON ANGST UND IHRE HEILUNG

Obwohl wir eine innige Beziehung zu unserer Angst aufbauen, dürfen wir nicht eins mit ihr werden. Wenn wir über unsere Gefühle sprechen, drücken wir es normalerweise so aus, als *seien* wir diese Gefühle. Ich *bin* wütend. Ich *bin* traurig. Ich *bin* ängstlich. Indem wir mit unserer Angst reden, begreifen wir, dass dem nicht so ist, dass sie uns nur widerfährt. Wenn jemand eine negative Stimmung verbreitet, spürst du das zwar, glaubst aber nicht, dass du diese Stimmung *bist*. So verhält es sich auch mit unseren Gefühlen – wir spüren sie, aber wir sind sie nicht. Versuche, dich von «Ich *bin* wütend» auf «Ich *fühle mich* wütend», «Ich *fühle mich* traurig», «Ich *fühle mich* ängstlich» zu verlagern. Eine einfache, aber tiefgreifende Veränderung, die unseren Gefühlen ihren rechtmäßigen Platz zuweist. Dieser Blickwinkel fährt unsere anfängliche Reaktion herunter und gibt uns den Raum, unsere Angst und die betreffende Situation wertfrei zu untersuchen.

Verfolgen wir unsere Ängste bis zu ihrem Ursprung, werden die meisten von uns feststellen, dass sie eng verwoben sind mit Anhaftung – unserem Bedürfnis, alles zu besitzen und zu kontrollieren. Wir halten an Vorstellungen von uns selbst fest, an materiellem Besitz und einem Lebensstandard, über den wir uns definieren, an den Beziehungen, die so und so zu sein haben, obwohl sie eindeutig ganz anders sind. So denkt der *Affengeist*. Der *Mönchsgeist* übt sich im Loslösen. Die Mönche haben erkannt, dass alles – angefangen von unserem Zuhause bis hin zu unserer Familie – nur geliehen ist.

Das Klammern an vergängliche Dinge gibt ihnen Macht über uns, und so werden sie zur Quelle von Angst und Leid. Akzeptieren wir aber die Vergänglichkeit allen Seins, spüren wir Dankbarkeit für das Glück, sie eine Zeitlang ausleihen zu dürfen. Selbst die dauerhaftesten Habseligkeiten, die den reichsten und mächtigsten Menschen gehören, sind nicht wirklich ihr Eigen. Das Gleiche gilt für alle anderen auch. Und bei vielen – wenn nicht sogar den meisten – löst diese Unbeständigkeit große Angst aus. Wie ich jedoch im Aschram gelernt habe, lässt diese Angst sich in ein Gefühl der Freiheit verwandeln.

Unsere Lehrer unterschieden zwischen gesunden und ungesunden Ängsten. Ihnen zufolge macht uns eine gesunde Angst auf einen Zustand aufmerksam, den wir ändern können. Sagt dein Arzt dir, dass du wegen deiner Ernährungsweise bei schlechter Gesundheit bist, und du fürchtest deshalb die Berufsunfähigkeit oder eine schlimme Krankheit, so ist das eine gesunde Angst, denn deine Ernährung kannst du umstellen. Bessert sich daraufhin deine Gesundheit, hast du deine Angst beseitigt. Bei der Angst, dass unsere Eltern sterben könnten, handelt es sich jedoch um eine ungesunde Angst, weil wir die Tatsache, dass sie irgendwann sterben werden, unmöglich ändern können. Solche ungesunden Ängste wandeln wir in gesunde Ängste um, indem wir uns auf das konzentrieren, was in unserer Hand liegt. Die Angst vor dem Tod unserer Eltern nutzen wir als Mahnung, mehr Zeit mit ihnen zu verbringen. Um es mit den Worten von Shantideva zu sagen: «Ich kann nicht alle unerwünschten äußeren Dinge von mir fernhalten. Doch meinen Geist allein werde ich mäßigen. Wozu muss ich dann noch die anderen Dinge abwehren?»[5] Genau das ist Loslösung – wenn du deine eigenen Reaktionen (mit deinem Mönchsgeist) aus einer gewissen Distanz beobachtest und mit klarem Blick Entscheidungen triffst.

An dieser Stelle möchte ich gerne auf ein weitverbreitetes Missverständnis beim Thema Loslösung eingehen. Oft wird das Loslösen nämlich mit Desinteresse gleichgesetzt. Wenn wir Gegenstände, Menschen und Erfahrungen als zeitweilig begreifen oder sie aus einer gewissen Distanz heraus betrachten, hält uns das angeblich davon ab, das Leben zu genießen. Das ist jedoch nicht der Fall. Stell dir vor, du hättest dir einen Luxuswagen gemietet. Redest du dir ein, du würdest ihn besitzen? Natürlich nicht. Du weißt, dass du ihn nur eine Woche lang haben wirst, und in gewisser Weise hast du dadurch umso mehr Spaß an ihm – du bist dankbar dafür, in einem Cabrio den Pacific Coast Highway entlangfahren zu dürfen, eben weil sich diese Gelegenheit nicht alle Tage bietet. Oder stell dir vor, du wohnst in einer wunderschönen Ferienunterkunft. Dort gibt es einen Whirlpool, eine Luxusküche, und von überall hat man einen Blick aufs Meer; alles ist unfassbar schön und aufregend. Ist dann die Angst vor der Abreise dein ständiger Begleiter? Nein. Wenn wir anerkennen, dass es sich mit all unseren Segnungen im Grunde so verhält wie mit einem schicken Mietwagen oder einer wunderschönen Ferienunterkunft, können wir uns daran erfreuen, ohne in der ständigen Angst leben zu müssen, sie zu verlieren. Dann sind wir glückliche Urlauber, die ihren Aufenthalt im Hotel Erde in vollen Zügen genießen.

Das Loslassen ist die ultimative Übung im Minimieren von Angst. Sobald ich erkannt hatte, dass ich mich davor fürchte, meine Eltern zu enttäuschen, war ich in der Lage, mich davon zu lösen. Mir wurde klar, dass ich Verantwortung für mein Leben übernehmen musste. Meine Eltern mochten verärgert sein oder auch nicht – das stand außerhalb meiner Macht. Entscheidungen würde ich nur auf der Grundlage meiner eigenen Wertvorstellungen treffen.

AUFGABE: ***BILANZIERE, WORIN DU VERHAFTET BIST***

Stelle dir die Frage: «Was habe ich Angst zu verlieren?» Fange mit Äußerlichkeiten an: Handelt es sich um dein Auto, dein Haus, dein Aussehen? Schreibe alles auf, was dir in den Sinn kommt. Dann widmest du dich den inneren Gegebenheiten: Handelt es sich um deinen Ruf, deinen Status, dein Zugehörigkeitsgefühl? Notiere auch das lückenlos. Diese beiden Listen umfassen wahrscheinlich die wichtigsten Quellen für Schmerz in deinem Leben – die Angst davor, dass dir diese Dinge abhandenkommen. Anschließend widmest du dich dem Ändern deiner Einstellung gegenüber diesen Dingen, damit du weniger an ihnen haftest. Denke daran: Deinen Partner, deine Kinder, dein Zuhause, dein Geld kannst du immer noch in vollen Zügen genießen, nur eben aus einer Haltung des Nicht-Verhaftetseins heraus. Wir müssen begreifen und akzeptieren, dass alles vergänglich ist und wir nichts wirklich besitzen oder kontrollieren können. Nur so wissen wir das Gute zu schätzen und lassen es unser Leben bereichern, statt uns von ihm einengen und verängstigen zu lassen. So werden wir auch akzeptieren lernen, dass unsere Kinder eines Tages fortgehen, um ihr eigenes Leben zu führen, und uns, wenn es gut läuft, einmal die Woche anrufen. Das ist eine lebenslange Aufgabe. Wenn du jedoch zunehmend akzeptierst, dass wir nichts wirklich besitzen und kontrollieren können, wirst du merken, dass du Menschen, Dinge und Erlebnisse zunehmend genießen und wertschätzen kannst und dir mehr Gedanken darüber machst, welchen davon du Einlass in dein Leben gewährst.

Die Loslösung von deinen Ängsten ermöglicht es dir, sie anzugehen. Vor ein paar Jahren hat ein Freund von mir seinen Job verloren. Arbeit bedeutet Sicherheit, und wir sind von Natur aus in dem Gedanken verhaftet, unser tägliches Brot verdienen zu müssen. Mein Freund schaltete sofort in den Panikmodus. «Wo sollen wir Geld herkriegen? Mich wird nie wieder jemand einstellen!» Nicht genug, dass er sich die Zukunft furchtbar düster ausmalte, er fing sogar noch an, die Vergangenheit in Frage zu stellen. «Ich hätte mehr bringen müssen auf der Arbeit. Ich hätte mir mehr Mühe geben und mehr Überstunden machen müssen!»

Wenn wir in Panik geraten, beginnen wir mit Weissagen. Angst weckt Vorstellungen, die Romanhandlungen in nichts nachstehen. Wir beginnen mit einer Annahme, einer Idee, einer Angst – was, wenn ... Dann steigern wir uns immer weiter hinein und entwerfen alle möglichen Zukunftsszenarien. Wenn wir Vorhersagen über zukünftige Ergebnisse treffen, hält die Angst uns zurück, hält uns in unserer Phantasie gefangen. Schon der römische Stoiker Seneca stellte fest: «Unsere Ängste sind immer zahlreicher als unsere Gefahren, und wir leiden viel öfter in unserer Vorstellung als in der Realität.»

Mit akutem Stress werden wir fertig, indem wir uns auf der Stelle von ihm lösen. Eine taoistische Geschichte erzählt von einem Bauern, dessen Pferd entlaufen ist. «Was für ein Pech!», meinen die Nachbarn zu ihm. Der Bauer zuckt die Achseln. «Gut oder schlecht, wer weiß das schon.» Am nächsten Morgen kehrt das Pferd zurück und hat drei Wildpferde im Schlepptau. «Das ist wunderbar!», sagen die Nachbarn. Der Bauer bleibt ungerührt. «Gut oder schlecht, wer weiß das schon», meint er wieder. Am nächsten Tag beschließt der Sohn des Bauern, sich auf eines der Wildpferde zu setzen. Das Tier wirft ihn ab, der Sohn fällt auf den Boden und bricht sich das Bein. «Wie furchtbar!», sagen die Nachbarn, und der Bauer erwidert: «Gut oder schlecht, wer weiß das schon.» Tags darauf kommt eine Gruppe Funktionäre in die Stadt, um alle jungen Männer ins Militär einzuziehen. Als sie sein gebrochenes Bein sehen, übergehen sie den Bauernsohn. Die Nachbarn jubeln und sagen dem Bauern, dies sei ja wohl die beste Nachricht überhaupt. «Gut oder schlecht, wer weiß das schon», gibt er erneut zur Antwort. Der Bauer in dieser Geschichte hat sich nicht in Spekulationen verloren, sondern sich auf das konzentriert, was ist. In meiner Ausbildung zum Mönch hat man uns beigebracht: «Bewerte nicht den Moment.»

Denselben Ratschlag habe ich meinem Freund erteilt, der seinen Job verloren hatte. Anstatt den Moment zu bewerten, musste er die Situation und die Folgen, die sie haben würde, akzeptieren und seine Aufmerksamkeit auf das richten, was in seiner Hand lag. Ich habe mit ihm daran gearbeitet, es erst einmal langsamer anzugehen und sich anschließend die Fakten vor Augen zu führen – er hatte seinen Job verloren, Punkt. Jetzt lag es an ihm: Er konnte in Panik geraten oder erstarren. Oder aber er würde das Ganze als Chance sehen, die Angst als Indikator für das zu nutzen, wofür sein Herz wirklich schlug, und dann zu schauen, welche Möglichkeiten sich auftun.

Als ich ihn fragte, wovor er sich am meisten fürchtete, antwortete er, dass er nicht für seine Familie würde sorgen können. Ich hielt ihn behutsam an, konkreter zu werden. Er mache sich Sorgen ums Geld, meinte er dann. Also forderte ich ihn auf, sich zu überlegen, wie er seine Familie sonst noch unterstützen könnte. Schließlich ging seine Frau arbeiten, also würden sie nicht auf der Straße landen. «Mit Zeit», sagte er. «Jetzt habe ich Zeit für meine Kinder, kann sie zur Schule bringen und wieder abholen, kann die Hausaufgaben mit ihnen machen. Und während sie in der Schule sind, habe ich sogar Zeit, mir einen neuen Job zu suchen. Einen besseren.» Da er es langsamer anging, seine Angst akzeptierte und ihr auf den Grund ging, konnte sich seine Panik auflösen und die Angst ihm seine Chance vor Augen führen. Zeit ist auch eine Art Reichtum. Mein Freund erkannte, dass er zwar seinen Job verloren, dafür aber etwas anderes Wertvolles gewonnen hatte. Indem er seine neugewonnene Zeit gut nutzte, konnte er nicht nur eine engere Beziehung zu seinen Kindern aufbauen, sondern er war auch dazu in der Lage, einen neuen, besseren Job zu ergattern. Dank der Umdeutung seiner Situation ließ er sich nicht länger von negativer Energie herunterziehen, sondern begann, sie positiv einzusetzen.

Dennoch ist es im Angesicht einer ungewissen Zukunft, die unseren Körper und unseren Geist durcheinanderschüttelt, schwierig, den Moment nicht zu bewerten und offen zu bleiben für das, was kommen mag. Manchmal haben unsere Kurzschlussreaktionen (Panik oder Erstarren) die Nase vorn und machen es uns sehr schwer, das Bewerten außer Kraft zu setzen. Schauen wir uns deshalb ein paar Techniken an, mit denen wir Angst und Panik bewältigen können.

DIE ANGST UMGEHEN

Zum Glück haben wir ein einfaches, aber höchst wirksames Instrument gegen die Angst immer dabei: unseren Atem. Wenn ich vor einem meiner Vorträge hinter der Bühne stehe und zuhöre, wie ich angekündigt werde, spüre ich, dass mein Herz schneller schlägt und meine Hände feucht werden. Ich habe Leute gecoacht, die auf Stadionbühnen spielen, und Leute, die auf der Arbeit regelmäßig Präsentationen halten müssen. Und wie alle anderen spüren auch sie die Angst in ihrem Körper. Ob es sich dabei um Bühnenangst handelt oder um die Angst vor einem Vorstellungsgespräch oder dem Besuch einer Party – sie manifestiert sich körperlich. Und es sind diese physischen Signale, die uns zuallererst darauf hinweisen, dass uns gleich die Angst überkommen wird. Reagieren wir panisch oder erstarren, bedeutet das, dass wir Körper und Geist voneinander abkoppeln. Bei dem einen versetzt sich der Körper in Alarmbereitschaft und hetzt an den Vorgängen des Geistes vorbei. Bei dem anderen beginnen die Gedanken so sehr zu rasen, dass der Körper dichtmacht. Im Aschram lernte ich eine simple Atemübung, die Körper und Geist neu ausrichtet und die Angst davon abhält, mich von irgendetwas abzuhalten. Noch heute greife ich jedes Mal auf sie zurück, bevor ich einen Vortrag vor großem Publikum halte, an einer stressigen Besprechung teilnehme oder einen Raum voller fremder Menschen betrete. Und glaube mir, sie hilft.

AUFGABE: ***KEINE PANIK! BRINGE KÖRPER UND GEIST MIT HILFE DEINES ATEMS WIEDER IN EINKLANG***

Atemmeditation zur Beruhigung und Entspannung *(siehe Seite 143 im Kapitel «Atmen»)*:

1. Atme langsam ein und zähle dabei bis 4.
2. Halte den Atem an und zähle dabei bis 4.
3. Atme langsam aus und zähle dabei bis 4 oder mehr.
4. Fahre so lange damit fort, bis sich dein Herzschlag verlangsamt hat.

Ja, so einfach ist das. Das tiefe Atmen aktiviert nämlich den Vagusnerv, der wiederum im ganzen Körper eine Entspannungsreaktion auslöst. Der simple Akt des kontrollierten Atmens legt quasi einen Schalter um, der unser Nervensystem von der sympathetischen (Kampf- oder Flucht- oder Erstarren-)Reaktion in die parasympathische (Entspannungs- und Verdauungs-)Reaktion bringt. In diesem Zustand können wir Körper und Geist wieder synchron schalten.[6]

DAS GROSSE GANZE IM BLICK HABEN

Atemübungen sind eine gute Soforthilfe, doch manche Ängste lassen sich damit nur schwer vertreiben. Wenn wir in einer labilen Phase stecken, fürchten wir uns vor dem, was auf uns wartet. Wenn uns eine Prüfung oder ein Vorstellungsgespräch bevorsteht, fürchten wir uns vor dem Ergebnis. In diesem Zustand können wir nicht das große Ganze sehen, doch wenn die belastende Phase vorüber ist, schauen wir nur selten zurück und lernen daraus. Das Leben ist keine Ansammlung unzusammenhängender Ereignisse, es ist ein Erzählstrang, der von der Vergangenheit bis in die Zukunft reicht. Und da wir geborene Geschichtenerzähler sind, können wir uns leider nur allzu gut Horrorgeschichten über unsere Zukunft ausdenken. Dabei wäre es viel besser, unser Leben als eine lange, fortwährende Geschichte zu begreifen. Hast du zum Beispiel einen neuen Job gefunden, lass dir noch einmal sämtliche verlorenen Jobs oder missglückten Vorstellungsgespräche durch den Kopf gehen, die dich zu diesem Erfolg geführt haben. Betrachte sie als notwendige Herausforderungen auf dem Weg zum Ziel. Wenn wir lernen, Phasen und Erfahrungen statt als isolierte Segmente als Szenen und Akte eines größeren Narrativs zu sehen, haben wir ein Gesamtbild vor Augen, das uns besser mit der Angst umgehen lässt.

AUFGABE: *ZEHRE LÄNGER VON SCHÖNEN ERLEBNISSEN*

Denke an ein sehr schönes Erlebnis, etwa an die Geburt deines Kindes oder an eine heißersehnte Jobzusage. Erlaube dir jetzt, diese Freude zu spüren. Anschließend wendest du dich dem zu, was dem Erlebnis vorangegangen ist. Wie sah dein Leben vor der Geburt deines Kindes oder vor der Jobzusage aus? Vielleicht hattest du monatelang erfolglos versucht, schwanger zu werden, oder du hast auf drei vorherige Bewerbungen eine Absage bekommen. Versuche nun, diese Abläufe als Ganzes zu betrachten – als Geschichte, die sich vom Schlechten zum Guten hin entwickelt hat. Sei offen für den Gedanken, dass die Geschehnisse in der schwierigen Zeit den Weg für dein heutiges Glück geebnet oder dazu geführt haben, dass du dich noch mehr darüber freuen kannst. Nimm dir jetzt einen Augenblick Zeit, diesen Herausforderungen zu danken und sie in deine Lebensgeschichte aufzunehmen.

Zugegebenermaßen ist es in schwierigen Zeiten nicht einfach, sich davon zu überzeugen, dass alles noch sein Gutes haben wird. Je mehr wir allerdings üben, in den Rückspiegel zu schauen und Dankbarkeit für die Herausforderungen zu empfinden, vor denen wir gestanden haben, desto eher können wir unser automatisch ablaufendes Programm ändern. Die Kluft zwischen Leid und Dankbarkeit wird kleiner und kleiner; und die Angst, die uns in der Bedrängnis überkommt, wird immer weniger intensiv.

LANGFRISTIGE ÄNGSTE WIEDERAUFGREIFEN

Panik und Erstarren können wir mit Hilfe von Atem- und Umdeutungstechniken in den Griff bekommen. Bei den beiden langfristigen Ablenkungsmanövern gegen die Angst – Verdrängen und Wegrennen – klappt das nicht so einfach. Um zu begreifen, wie diese Strategien funktionieren, ist es hilfreich, sich ein brennendes Haus vorzustellen. Nehmen wir noch einmal an, du wirst mitten in der Nacht von deinem Rauchmelder geweckt. Du bist sofort verängstigt, und zwar völlig zu Recht – das Signal hat funktioniert und deine Aufmerksamkeit erregt. Jetzt riechst du den Rauch, versammelst so schnell wie möglich deine Familienmitglieder und Haustiere und siehst zu, dass ihr das Haus verlasst. Genau so ergibt die Angst Sinn.

Was aber, wenn wir uns beim Hören des Alarms nicht schnell einen Überblick verschaffen und die logischen Schritte einleiten würden, sondern zum Rauchmelder eilten, die Batterien entfernten und wieder schlafen gingen? Wie du dir vorstellen kannst, würde das deine Probleme nur vergrößern. Trotzdem tun wir oft genau das Gleiche mit unserer Angst. Statt sie zu untersuchen und sinnvoll zu reagieren, leugnen wir unsere Lage oder wenden uns von ihr ab. Beziehungen sind so ein Fall, bei dem wir als «Lösung» gern Vermeidungsverhalten an den Tag legen. Nehmen wir an, du hast einen Riesenstreit mit deiner Freundin. Statt dich mit ihr zusammenzusetzen und über das Geschehene zu sprechen (das Feuer löschen) oder dabei vielleicht sogar herauszufinden, dass ihr zwei nicht zusammengehört (alle ruhig und sicher aus dem Haus bugsieren), tust du so, als ob alles in Ordnung wäre (während das zerstörerische Feuer um sich greift).

Leugnen wir die Angst, werden uns unsere Probleme weiterverfolgen. Genau genommen werden sie sogar größer und größer werden und uns irgendwann zwingen, uns mit ihnen zu beschäftigen. Wenn alle Stricke reißen, wird der Schmerz unsere Aufmerksamkeit erheischen. Lernen wir nichts aus dem Signal, das uns auf ein Problem hingewiesen hat, müssen wir eben aus den Folgen des Problems lernen, und das ist weit weniger wünschenswert. Stellen wir uns hingegen der Angst – wir bleiben, wir setzen uns mit ihr auseinander, wir führen das unangenehme Gespräch –, werden wir an ihr wachsen.

Die erste Lektion in der Gita lehrt uns den Umgang mit Angst. Als Arjuna kurz vor Beginn der Schlacht von Angst übermannt wird, rennt er nicht vor ihr davon oder verdrängt sie; er geht sie an. Zuvor wurde Arjuna stets als tapferer und erfahrener Krieger geschildert, doch in jenem Augenblick wird er durch seine Angst zum ersten Mal dazu veranlasst, sich Gedanken zu machen. Es heißt, wir ändern uns erst, wenn die Angst zu verharren die Angst vor Veränderung übersteigt. Arjuna bittet um Hilfe, möchte die Dinge durchdringen und verstehen. «Das, wovor du wegläufst, bleibt nur umso länger», schreibt Chuck Palahniuk, der Autor von *Fight Club,* in seinem Roman *Fratze.*[7]

An jenem Tag im Keller des Aschrams öffnete ich mich für meine tiefsitzenden Ängste bezüglich meiner Eltern. Mit Panik oder Erstarren habe ich darauf so gut wie nie reagiert, doch das heißt noch lange nicht, dass ich keine Ängste hatte – es heißt, dass ich sie unterdrückt habe. Mein Lehrer sagte: «Liegt die Angst irgendwo in uns vergraben, klammern wir uns an sie, und wir fühlen uns eng ums Herz, weil wir eine Last mit uns herumtragen, von der wir uns noch nicht befreit haben.» Ob du sie nun verdrängt hast oder vor ihnen weggelaufen bist, deine Ängste und Probleme bleiben – und wachsen. Früher dachten wir, es sei in Ordnung, unseren Müll ohne Rücksicht auf die Umwelt auf irgendeiner Deponie abzuladen. Wenn wir ihn nicht sehen oder riechen können, wird sich das alles schon irgendwie von selbst regeln, meinten wir. Vor der gesetzlichen Reglementierung verschmutzten die Mülldeponien jedoch das Grundwasser, und noch heute sind sie in den USA einer der Hauptverursacher von Methangas.[8] Auf die gleiche Weise wird unser Inneres im Verborgenen von unseren verdrängten Ängsten strapaziert.

AUFGABE: *VERSENKE DICH IN DEINE ÄNGSTE*

Versenke dich in deine Ängste, so wie wir es im Aschram getan haben. Zuerst werden ein paar oberflächliche Ängste auftauchen. Doch bleib dran und stelle dir wiederholt die Frage «Wovor habe ich eigentlich wirklich Angst?», dann werden sich auch größere und tiefersitzende Ängste offenbaren. Das wird nicht alles auf einmal passieren. Normalerweise dauert es eine Zeitlang, bis du unter die Schichten zur Wurzel gelangst. Sei offen für die Antwort, die mit der Zeit ans Tageslicht kommen wird. Das geschieht nicht unbedingt während des Meditierens oder in einer fokussierten Sitzung. Eines Tages stehst du vielleicht im Supermarkt vor den Avocados, da trifft es dich auf einmal wie der Schlag. So läuft das bei uns Menschen.

Indem wir uns auf den Prozess einlassen, unsere Angst anzuerkennen und unsere Bewältigungsstrategien zu beobachten und abzuändern, müssen wir Angst nicht mehr als etwas von Grund auf Negatives begreifen. Wir erkennen vielmehr, dass sie auch ein neutrales Signal darstellen kann oder sogar einen Hinweis auf eine günstige Gelegenheit. Indem wir unsere Angst neu einordnen, können wir hinter den vielen Geschichten und Weissagungen tiefe und bedeutsame Wahrheiten erkennen, die uns klüger und stärker machen. Legen wir unsere Ängste offen, die einem Verhaftetsein erwachsen, und üben wir, uns davon loszulösen, wird unser Leben von mehr Freiheit und Freude erfüllt sein. Wenn wir die ganze Energie, die in unseren Ängsten steckt, in den Dienst am Nächsten kanalisieren, fürchten wir uns nicht mehr so sehr davor, nicht genug abzukriegen, und fühlen uns stattdessen glücklicher, erfüllter und stärker mit der Welt um uns herum verbunden.

Angst spornt uns an. Manchmal spornt sie uns an, unsere Wünsche zu realisieren. Manchmal schränkt sie uns aber auch stark ein, nämlich auf das, was wir für sicher halten. Deshalb müssen wir gut achtgeben.

Als Nächstes schauen wir uns unsere primären Motivationen an (Angst ist eine davon). Bewusst eingesetzt, verhelfen sie uns zu einem erfüllten Leben.

KAPITEL 4

INTENTION

Vom Gold geblendet

Einig sei euer Vorhaben, einig eure Herzen;
einig soll euer Sinn sein, auf dass euch schönes
Zusammenhalten sei.

Rigveda[1]

In unserem Kopf geistert unsere Vorstellung von einem perfekten Leben herum: wie unsere zwischenmenschlichen Beziehungen, unsere Arbeit und unsere Freizeit auszusehen haben und was wir alles noch erreichen möchten. Auch ohne äußeren Einfluss werden wir von bestimmten Zielen magisch angezogen, von denen wir glauben, dass sie uns glücklich machen werden. Auf den folgenden Seiten schauen wir uns an, was hinter diesen Ambitionen steckt, ob sie uns wirklich und wahrhaftig glücklich machen – und ob Glück überhaupt das richtige Ziel ist.

Ich komme gerade aus einem Kurs, in dem wir das Konzept der Wiedergeburt, Samsara, *besprochen haben, und spaziere mit dem Mönchsältesten und ein paar anderen Schülern durch den stillen Aschram. Dieser hat zwei Standorte, einen Tempel in Mumbai und eine Außenstelle auf dem Land in der Nähe von Palghar, wo ich mich gerade befinde. Aus ihr wird irgendwann das Govardhan Ecovillage entstehen, ein wunderschönes Retreat, doch vorerst gibt es hier nur einige einfache Gebäude auf brachliegendem Land. Die Rasenflächen werden von trockenen Sandwegen unterteilt. Hier und da sieht man Mönche auf Strohmatten sitzen und lesen oder lernen. Das Hauptgebäude ist den Naturgewalten ausgesetzt, und im Innern sieht man Mönche bei der Arbeit. Beim Vorbeigehen nennt uns der Mönchsälteste die Errungenschaften einiger Mönche. Er zeigt uns einen, der acht Stunden am Stück meditieren kann. Kurz darauf deutet er auf einen anderen: «Er fastet sieben Tage lang.» Und ein wenig später sagt er: «Seht ihr den Mann, der da unter dem Baum sitzt? Er kann jeden Vers der heiligen Schriften aufsagen.»*

Schwer beeindruckt sage ich: «Ich wünschte, das könnte ich auch.»

Der Mönch hält inne und dreht sich zu mir um: «Du wünschtest, du könntest das auch, oder du wünschtest, du könntest das auch lernen?»

«Was meinen Sie damit?» Inzwischen weiß ich, dass mir meine Lieblingslektionen meist nicht während des Unterrichts, sondern in Momenten wie diesen beschert werden.

Er antwortet: «Überlege dir, welche Motivation dahintersteckt. Möchtest du die gesamten Schriften auswendig lernen, weil das eine beeindruckende Leistung ist oder weil du diese Erfahrung machen möchtest? Im ersten Fall geht es dir nur um das Ergebnis. Im zweiten Fall bist du gespannt, was du daraus lernen wirst.»

Dieser Gedanke war neu für mich, und er schlug ein wie eine Bombe. Es war mir immer logisch und vernünftig vorgekommen, ein bestimmtes Ergebnis herbeizuwünschen. Nun sollte ich hinterfragen, warum ich tun wollte, was nötig war, um zu diesem Ergebnis zu gelangen.

DIE VIER MOTIVATIONSFAKTOREN

So schlecht organisiert wir auch sein mögen, Pläne haben wir alle. Wir wissen ungefähr, was wir am bevorstehenden Tag zustande bringen wollen; wir haben eine Ahnung davon, was das Jahr für uns bereithält oder was wir bis Ende des Jahres gerne realisiert haben möchten; und wir alle haben Träume für die Zukunft. Hinter jeder dieser Vorstellungen verbirgt sich eine Motivation – angefangen beim Verdienen des Lebensunterhalts bis hin zum Unternehmen einer Weltreise. Der hinduistische Philosoph Bhaktivinoda Thakura hat vier grundlegende Motivationen ausgemacht.[2]

1. *Angst:* Wenn wir von «Krankheit, Armut, Angst vor der Hölle oder Angst vor dem Tod» angetrieben sind, so Thakura.
2. *Begierde:* Wenn wir mittels Erfolg, Wohlstand und Vergnügen nach der Befriedigung unserer Wünsche trachten.
3. *Pflicht:* Wenn wir von Dankbarkeit, Verantwortungsbewusstsein und dem Wunsch, das Richtige zu tun, geleitet werden.
4. *Liebe:* Wenn Fürsorge für andere und der Drang, ihnen zu helfen, unser Ansporn sind.

Diese vier Motivationen lenken unser Tun. Unsere Entscheidungen basieren zum Beispiel darauf, dass wir Angst haben, unseren Job zu verlieren, dass wir von unseren Freunden bewundert werden wollen, dass wir die Erwartungen unserer Eltern zu erfüllen anstreben oder dass wir die Lebensumstände von anderen verbessern helfen möchten.

Hier werde ich nun auf jede Motivation einzeln eingehen, damit du ein besseres Gefühl dafür bekommst, wie sie unsere Entscheidungen prägen.

ANGST IST NICHT NACHHALTIG

Das Thema Angst haben wir bereits im letzten Kapitel besprochen, deshalb werde ich hier nicht lange darauf herumreiten.

Wenn du von Angst motiviert bist, wählst du dir Ziele aus – etwa eine Beförderung, eine Beziehung, ein Eigenheim –, von denen du glaubst, sie brächten dir Schutz und Sicherheit.

Angst rüttelt uns wach und setzt uns in Gang. Ein solches Warnsignal kann hilfreich sein – wie bereits besprochen macht uns Angst auf Probleme aufmerksam und spornt uns manchmal an. Zum Beispiel kann dich die Angst vor einer Kündigung dazu motivieren, dein Leben besser geregelt zu kriegen.

Das Problem an der Angst: Sie ist nicht nachhaltig. Sind wir längere Zeit angstgetrieben, können wir nicht unser Bestes geben. Wir fürchten uns zu sehr vor Fehlern. Wir machen uns verrückt oder fühlen uns gelähmt, können unsere Situation nicht objektiv einschätzen oder irgendwelche Risiken eingehen.

DIE ILLUSION VON ERFOLG

Der zweite Motivationsfaktor ist die Begierde, die eigenen Wünsche befriedigt zu sehen. Diese Wünsche nach Abenteuer, Vergnügungen und Annehmlichkeiten kommen meist in Gestalt materieller Ziele daher. «Ich möchte eine Luxusvilla.» «Ich möchte finanziell unabhängig sein.» «Ich möchte eine Traumhochzeit haben.» Wenn ich die Leute bitte, ihre Ziele aufzuschreiben, sind das oft Dinge, die allgemein als Erfolg gelten.

Wir gehen davon aus, dass Erfolg automatisch Glück bedeutet, doch das ist eine Illusion. Lassen wir uns von Errungenschaften und Anschaffungen lenken, unterliegen wir der Täuschung, dass Glück aus der Erfüllung irgendwelcher äußeren Maßstäbe für Erfolg entsteht. Viel zu häufig müssen wir dann allerdings feststellen, dass wir gar nicht wirklich glücklich sind, wenn wir das kriegen, was wir wollen, wir also erfolgreich waren.

Jim Carrey hat einmal gesagt: «Ich denke, jeder sollte reich und berühmt werden und die Dinge tun, von denen er immer geträumt hat – damit er sieht, dass das nicht die Antwort ist.»

Erfolg ist nicht nur dann eine Illusion, wenn er sich auf Einkommen und Anschaffungen bezieht, sondern auch, wenn damit Errungenschaften wie ein abgeschlossenes Medizinstudium oder eine Beförderung oder ... das Auswendiglernen der Schriften gemeint sind. Meine damals geäußerte Begierde, jeden Vers der heiligen Schriften aufsagen zu können, stellt die Mönchsversion materieller Begehrlichkeiten dar. Wie bei allem anderen «Gewollten» ging es auch mir nur um äußere Ergebnisse – nämlich genauso eindrucksvoll gelehrt und belesen zu sein wie der andere Mönch.

Die US-amerikanische spirituelle Koryphäe Tara Brach, die die Insight Meditation Community in Washington, D. C., gegründet hat, schreibt: «Solange wir unser Glück an äußere Geschehnisse heften, die einem ständigen Wandel unterworfen sind, werden wir ewig darauf warten müssen.»[3]

Als Mönch habe ich einmal einen Tempel in Srirangam besucht, eine der drei wichtigsten heiligen Städte Südindiens. Ich stieß auf einen Arbeiter, der hoch oben auf einem Baugerüst stand und Goldstaub auf die aufwendigen Details an der Decke auftrug. So etwas hatte ich noch nie gesehen, also hielt ich an, um zuzuschauen. Als ich nach oben blickte, flog mir ein kleines bisschen Goldstaub ins Auge. Ich eilte davon, um mir die Augen auszuwaschen, und hielt bei meiner Rückkehr einen ordentlichen Sicherheitsabstand. Dieser Vorfall fühlte sich an wie eine

Lektion aus den Schriften: Goldstaub ist etwas Wunderschönes, aber wenn du ihm zu nahe kommst, vernebelt er dir die Sicht.

Für die Tempel wird kein reines Gold verwendet, sondern eine Mixtur. Wie wir alle wissen, wird mit dieser Mixtur Stein übertüncht, damit dieser wie reines Gold aussieht. Es handelt sich also um eine Illusion. Auf die gleiche Weise sind auch Geld und Ruhm reine Fassade. Denn bei unserer Suche geht es nie um etwas Gegenständliches, sondern um das Gefühl, das wir daraus vermeintlich ziehen. Im Grunde wissen wir das schon: Reiche und/oder berühmte Leute scheinen «alles zu haben», dabei stecken sie in miesen Beziehungen oder leiden unter Depressionen, und der Erfolg hat ihnen offensichtlich *kein* Glück beschert. Das Gleiche gilt für diejenigen von uns, die nicht reich und/oder berühmt sind. Unser Smartphone wird uns schnell langweilig, und schon wollen wir das nächste Modell. Wir erhalten einen Bonus, aber die anfängliche Begeisterung lässt überraschend schnell nach, wenn unser Leben dadurch nicht wirklich besser wird. Wir glauben, mit einem neuen Telefon oder einer größeren Wohnung fühlten wir uns irgendwie besser – cooler oder zufriedener –, doch stattdessen wollen wir wieder nur mehr.

Materielle Befriedigung ist etwas Äußeres, Glück etwas Inneres. Sprechen Mönche über das Glück, erzählen sie oft die Geschichte vom Moschushirschen, die einem Gedicht des indischen Mystikers und Dichters Kabir entstammt, der im fünfzehnten Jahrhundert gelebt hat.[4] Der Moschushirsch schnappt im Wald einen unwiderstehlichen Duft auf und jagt ihm hinterher. Weiter und weiter sucht er vergeblich nach der Quelle und merkt dabei gar nicht, dass der Duft aus seinen eigenen Poren kommt. Sein ganzes Leben streift er erfolglos umher. Auf die gleiche Weise suchen wir nach dem Glück, nur um festzustellen, dass es sich nicht fassen lässt, obwohl wir es doch in uns selbst finden könnten.

Glück und Erfüllung empfinden wir nur dann, wenn wir den Geist beherrschen und uns mit der Seele verbinden – Gegenstände oder Errungenschaften sind dabei nicht von Belang. Erfolg ist kein Garant für Glück, und Glück braucht keinen Erfolg. Die beiden können sich gegenseitig nähren, und wir können beides gleichzeitig haben, doch sie sind nicht miteinander verflochten. Wissenschaftler der Princeton University haben eine vom Markt- und Meinungsforschungsinstitut Gallop durchgeführte Studie zum Thema Wohlbefinden analysiert und sind zu folgendem Ergebnis gekommen: Sind die Grundbedürfnisse der Menschen gedeckt, können sie sich das Glück nicht weiter erkaufen. Zwar führt mehr Geld zu einer insgesamt größeren Zufriedenheit, doch das pendelt sich bei einem Jahreseinkommen von ungefähr 75 000 US-Dollar ein.[5] Mit anderen Worten: Bei US-Bürgern aus der Mittelschicht hat das Geld in etwa so viel Einfluss auf die Lebensqualität wie bei Jeff Bezos.

Erfolg bedeutet, Geld zu verdienen, auf der Arbeit respektiert zu werden, Projekte ordentlich zu erledigen und Lob und Anerkennung zu bekommen. Glück bedeutet, sich wohl in seiner Haut zu fühlen, enge Beziehungen zu haben und die Welt ein kleines Stückchen besser zu machen. Von der Popkultur wird das Streben nach Erfolg wie nie zuvor gefeiert. Fernsehsendungen mit einem jungen Zielpublikum drehen sich mehr um Image, Geld und Ruhm als früher. Die Texte in Popsongs und Büchern setzen individuelle Errungenschaften vor gemeinschaftlichen Zusammenhalt, Einbindung in eine Gruppe und Selbstakzeptanz. Kein Wunder also, dass das Glücksniveau amerikanischer Erwachsener seit den 1970ern im Sinken begriffen ist.[6] Und das liegt nicht nur am Einkommen. Jeffrey Sachs, der Direktor des Earth Institutes der Columbia University und Mitherausgeber des *World Happiness Reports* («Weltglücksreport»), erzählte der *Washington Post*: «Das durchschnittliche Einkommen der

Menschen weltweit wirkt sich zwar definitiv auf ihr allgemeines Wohlbefinden aus, erklärt aber lange nicht alles, denn andere persönliche und soziale Faktoren sind ebenfalls sehr wichtig.» Sachs zufolge hat sich das amerikanische Pro-Kopf-Einkommen seit 2005 zwar erhöht, das Glücksempfinden allerdings habe sich verringert. Das liege an gesellschaftlichen Phänomenen wie sinkendem Vertrauen in Politik und Mitbürger sowie an schwächeren sozialen Bindungen.[7]

PFLICHTBEWUSSTSEIN UND LIEBE

Da die Angst uns beschränkt und der Erfolg uns nicht zufriedenstellt, müssen Pflichtbewusstsein und Liebe wohl mehr zu bieten haben. Wir alle verfolgen zwar unterschiedliche Ziele, wollen aber letztlich das Gleiche: ein von Freude und Sinn erfülltes Leben. Mönche haben es nicht auf die Freude abgesehen – sie suchen nicht nach Glück oder Vergnügen. Sie konzentrieren sich vielmehr auf die Zufriedenheit, die sich aus einer sinnhaften Lebensweise ergibt. Das Glück kann schwer zu fassen sein – ein hohes Glücksniveau lässt sich kaum halten. *Sinn* zu erfahren, zeigt uns hingegen, dass unsere Taten ein Ziel haben, einen Zweck erfüllen, wichtig sind. Sie führen zu einem lohnenswerten Ergebnis. Wir prägen die Welt auf positive Weise. Was wir tun, ist von Bedeutung, also sind wir selbst auch von Bedeutung. Schlimme Dinge passieren, langweilige Pflichten müssen erledigt werden, das Leben ist nun mal kein Zuckerschlecken. Sinn und Bedeutung jedoch lassen sich immer finden. Verlierst du einen lieben Menschen, und irgendjemand sagt dir, du sollst dich auf das Gute in deinem Leben konzentrieren und happy sein – nun ja, dann würdest du diesen Menschen vielleicht am liebsten eine klatschen. Die schlimmsten Tragödien lassen sich aber überstehen, wenn wir versuchen, diesen Verlusten einen

Sinn abzugewinnen. Einem nahestehenden Menschen können wir Ehre erweisen, indem wir etwas für die Allgemeinheit tun. Oder wir entdecken eine neue Dankbarkeit für unser Leben, die wir an diejenigen weitergeben, die uns unterstützt haben. Letzten Endes wird uns der Wert, den wir in unseren Taten sehen, zu einem sinnerfüllten Leben führen. Im Atharvaveda, eine der heiligen Textsammlungen des Hinduismus, heißt es: «Geld und Villen sind nicht die einzigen Reichtümer. Häufe die Reichtümer des Geistes an. Charakter ist Reichtum; gutes Verhalten ist Reichtum; und spirituelle Weisheit ist Reichtum.»[8]

Sinn und Ziele, nicht Erfolge, führen zu wahrer Zufriedenheit. Wenn wir das begreifen, erkennen wir den Wert der Motivationen Pflichtbewusstsein und Liebe. Handelst du aus Pflichtbewusstsein und Liebe, weißt du, dass du etwas Wertvolles tust.

Je mehr wir vom Befriedigen unserer selbstsüchtigen Bedürfnisse absehen und uns der Liebe und dem Dienst am Nächsten widmen, desto mehr können wir erreichen. Die Autorin Kelly McGonigal schreibt in ihrem Buch *Glücksfaktor Stress*, dass wir mit Unannehmlichkeiten besser klarkommen, wenn wir sie mit einem Ziel, einem Zweck oder einer uns nahestehenden Person in Verbindung bringen.[9] Geht es zum Beispiel darum, den Kindergeburtstag für den Nachwuchs zu planen, sind Eltern nur allzu gern bereit, lange aufzubleiben. Dann wird der leidvolle Schlafmangel durch das Wohlgefühl, ein liebender Vater oder eine liebende Mutter zu sein, ausgeglichen. Und wenn es darum geht, für den verhassten Job lange aufbleiben zu müssen? Dann sind die Eltern kreuzunglücklich. Für einen geliebten Menschen oder eine Sache, hinter der wir voll und ganz stehen, nehmen wir also gerne mehr auf uns. Für die unsinnige Idee, dass wir Glück und Zufriedenheit durch Erfolg erlangen, hingegen nicht. Gehen wir unserer Arbeit mit der Überzeugung nach, dass sie von Bedeutung ist, können wir intensiver leben. Ohne einen guten

Grund fehlt uns der Antrieb. Wenn wir absichtsvoll und bewusst leben – und ganz klar wissen, warum unser Tun von Bedeutung ist –, empfinden wir Sinn und Erfüllung.

DIE WARUM-LEITER

Angst, Begierden, Pflichtbewusstsein und Liebe sind der Ursprung aller Intentionen. Das Sanskritwort für Intention, Vorsatz, Wille ist *Sankalpa*. Für mich bedeutet es den Beweggrund für ein Ziel, der in unserem Herzen und unserem Geist entsteht. Oder anders gesagt: deine Ursprungsmotivation, aus der heraus du die Absichten, die dich vorwärtsbringen sollen, entwickelst. Wer du zu sein planst, um zielgerichtet zu handeln und Sinn in deinem Tun zu finden, das ist deine Intention. Bin ich von Angst motiviert, könnte meine Intention das Beschützen meiner Familie sein. Bin ich von meinen Begierden motiviert, könnte meine Intention das Erringen weltweiter Anerkennung sein. Bin ich von Pflichtbewusstsein motiviert, könnte meine Intention das Unterstützen meiner Freunde sein, egal wie vielbeschäftigt ich auch sein mag. Bin ich von Liebe motiviert, könnte es meine Intention sein, dort zu dienen, wo ich am meisten gebraucht werde.

Welche Intentionen mit welchen Motivationen verknüpft sind, ist nirgendwo festgeschrieben. Du könntest deinen Nächsten auch deshalb dienen, weil du einen guten Eindruck machen willst (dann geht es um Begierde, nicht Liebe). Du könntest deine Familie aus Liebe, nicht aus Angst beschützen wollen. Du könntest nach Reichtum streben, weil du jemandem oder einer Sache dienen möchtest. Und keiner von uns hat nur eine Motivation oder eine einzige Intention. Ich möchte, dass du lernst, große und kleine Entscheidungen absichtsvoll zu treffen. Statt für immer und ewig den Berg des Erfolgs hinaufzuklettern, sollten wir in das Tal unseres wahren Ichs hinabsteigen, um uns von unseren falschen Vorstellungen zu befreien.

Um absichtsvoll zu leben, müssen wir dem *tiefsten Warum unseres Wunsches* auf den Grund gehen. Wir müssen nicht nur innehalten und darüber nachdenken, *warum* wir uns etwas wünschen, sondern auch darüber, wer wir sind oder sein müssen, um diesen Wunsch erfüllt zu sehen, und ob uns diese Person überhaupt gefällt.

Die meisten sind es gewohnt, nach Antworten zu suchen. Die Mönche aber setzen den Akzent auf Fragen. Als ich an meine Angst herankommen wollte, stellte ich mir immer wieder die Frage: «Wovor habe ich eigentlich Angst?» Wenn ich an die Wurzel einer Begierde kommen möchte, beginne ich mit der Frage: «Warum?»

Diese Mönchsmethode kann selbst bei den irdischsten und banalsten Zielen angewendet werden. Das folgende Beispiel habe ich gewählt, weil wir es im Aschram niemals in Erwägung gezogen hätten und weil sich die Intention dahinter nicht gleich erschließt: *Ich möchte allein um die Welt segeln.*

Warum möchtest du um die Welt segeln?

Das wird total Spaß machen. Ich werde viele fremde Länder kennenlernen und mir beweisen, dass ich super segeln kann.

Das klingt, als ob deine Intention persönliche Genugtuung sei und du von *Begierde* gelenkt wirst.

Was aber, wenn deine Antwort lautet:

Mein Vater hatte schon immer den Wunsch, um die Welt zu segeln. Ich tue es für ihn.

In diesem Fall tust du es zu Ehren deines Vaters und wirst von *Pflichtbewusstsein und Liebe* geleitet.

Ich will um die Welt segeln, um frei zu sein. Dann habe ich keinerlei Verpflichtungen und muss niemandem gegenüber Rechenschaft ablegen.

Dieser Mensch möchte fliehen – er ist *angst*getrieben.

Schauen wir uns nun einen ganz typischen Wunsch an:

Mein größter Wunsch ist Geld, und jetzt kommt gleich Jay und sagt mir, ich soll Güte und Mitgefühl lernen. Das ist keine große Hilfe.

Reich sein zu wollen um des Reichtums willen ist schon okay. Es fällt ganz klar in die Kategorie materielle Befriedigung, von daher kannst du nicht erwarten, dass es dir ein Gefühl von Erfüllung bescheren wird. Trotzdem sind materielle Annehmlichkeiten unbestreitbar ein Teil dessen, was wir uns vom Leben wünschen. Wir sollten diesem Ziel daher auf den Grund gehen, anstatt es einfach abzutun.

Du wünschst dir Wohlstand. Warum?

Ich will mir nie wieder Sorgen um Geld machen müssen.

Warum machst du dir Sorgen um Geld?

Ich kann mir meine Traumurlaube nicht leisten.

Warum willst du diese Urlaube?

Ich sehe andauernd Fotos von irgendwelchen exotischen Reisen in den sozialen Medien. Warum können die anderen sich das leisten und ich nicht?

Warum wünschst du dir das, was die anderen sich wünschen?

Die haben viel mehr Spaß als ich am Wochenende.

Aha! Jetzt sind wir der Sache auf die Spur gekommen. Du findest deine Wochenenden nicht erfüllend. Was fehlt?

Mein Leben soll spannender sein, abenteuerlicher, lebendiger.

Alles klar. Deine Intention ist ein spannenderes Leben. Das ist etwas ganz anderes als: «Ich will Geld.» Dich treibt zwar noch immer die Begierde nach persönlicher Befriedigung an, aber jetzt weißt du zweierlei: Erstens kannst du mehr Abenteuer in dein Leben bringen, ohne viel Geld ausgeben zu müssen. Und zweitens kannst du mit dieser Klarheit nun entscheiden, ob du dafür hart arbeiten möchtest.

Käme jemand zu meinem Lehrer und sagte: «Ich will unbedingt reich sein», würde mein Lehrer ihn fragen: «Willst du das, um jemandem zu dienen?» Damit möchte er der Begierde auf die Spur kommen.

Erwiderte der Mann: «Nein, ich will in einem schönen Haus wohnen, reisen und mir alles kaufen können, was ich möchte», bestünde seine Intention darin, finanziell unabhängig zu sein, um seinen Gelüsten zu frönen.

Mein Lehrer würde sagen: «Okay, gut, dass du ehrlich zu dir selbst bist. Geh hin, suche dein Glück. Auf den Dienst am Nächsten wirst du so oder so irgendwann kommen. Das mag fünf oder zehn Jahre dauern, aber die Antwort wird die gleiche sein.» Aus Sicht der Mönche wird der Mann keine Erfüllung finden, wenn er sein Vermögen gemacht hat. Und wenn er sich weiter auf

Sinnsuche begibt, wird er letzten Endes immer beim Dienst am Nächsten angelangen.

Sei, was deine Intention angeht, ehrlich zu dir selbst. Das Schlimmste, was du tun kannst, ist, dir vorzumachen, dass du im Dienst einer guten Sache stehst, obwohl du nur auf materiellen Erfolg aus bist.

Um deinem Warum auf die Spur zu kommen, musst du immer weiter nachhaken. Jede Antwort wirft neue Fragen auf. Manchmal lohnt es sich, eine Frage einen Tag oder sogar eine Woche lang im Hinterkopf zu behalten. Sehr oft wirst du dann feststellen, dass das, was du eigentlich suchst, ein Gefühl im Innern ist (Glück, Sicherheit, Selbstvertrauen oder Ähnliches). Oder du stellst fest, dass du aus Neid handelst. Das ist nicht das positivste aller Gefühle, aber ein guter Warnhinweis darauf, dass ein Bedürfnis gestillt werden möchte. Warum bist du neidisch? Kannst du vielleicht an irgendetwas, zum Beispiel mehr Abenteuer in deinem Leben, anfangen zu arbeiten? Sobald du das tust, werden deine Wünsche im Äußeren eher erfüllt werden – falls sie dann überhaupt noch wichtig sind.

AUFGABE: *MEDITATION MIT FRAGEN*

Nimm irgendetwas, das du begehrst, und frage dich, warum. Frage so lange weiter, bis du bei der «Wurzel-Intention» angelangt bist.

Typische Antworten sind:

- Gut aussehen und sich gut fühlen
- Sicherheit
- Dienst am Nächsten
- Persönliche Weiterentwicklung

Leugne die «unguten» Intentionen nicht. Sei dir ihrer bewusst und erkenne, dass die Erfüllung zwar wichtige praktische Bedürfnisse stillen mag, sich aber niemals wirklich bedeutsam anfühlen wird, wenn dein Beweggrund nicht Liebe, persönliches Wachstum oder Wissen ist. Am zufriedensten sind wir, wenn wir dabei sind, anderen zu dienen, uns weiterzuentwickeln oder zu lernen.

SAMEN UND UNKRAUT

Als Mönche haben wir gelernt, uns mit Hilfe der Analogie von Samen und Unkraut über unsere Absichten klarzuwerden. Pflanzt du einen Samen, kann aus ihm ein Baum mit ausladender Krone wachsen, der reichlich Früchte und Schutz bietet. Das ist es, was einer großzügigen Intention wie Liebe, Mitgefühl oder Dienst am Nächsten entspringen kann. Wie rein deine Absicht ist, hat nichts mit dem von dir gewählten Beruf zu tun. Ein Verkehrspolizist kann dir ein Knöllchen geben und daraus eine Machtdemonstration machen. Er kann dir das Rasen aber auch mit so viel Mitgefühl ausreden, wie Eltern es aufbringen, wenn sie ihrem Kind erklären, warum es nicht mit dem Feuer spielen darf. Ein Bankangestellter kann eine einfache Transaktion mit Überheblichkeit oder mit Warmherzigkeit ausführen. Sind unsere Intentionen rachsüchtig oder eigenmotiviert, sprießt in uns das Unkraut. Unkraut erwächst dem Ego, der Gier, dem Neid, dem Zorn, dem Stolz, der Rivalität oder dem Stress. Diese Pflanzen sehen vielleicht manchmal gar nicht so schlecht aus, aber sie verdrängen meist die Pflanzen, die eigentlich blühen sollen.

Fängst du an, ins Fitnessstudio zu gehen, damit dein Ex bereut, mit dir Schluss gemacht zu haben, pflanzt du Unkraut. Du hast dich noch nicht genügend mit deinen Bedürfnissen beschäftigt (verstanden und geliebt zu werden vermutlich, wofür ganz klar ein anderer Ansatz nötig ist). Das Training wird dich kräftiger machen und dir einige gesundheitliche Vorteile verschaffen, doch dein Erfolg hängt von äußeren Faktoren ab – dem Provozieren deines Ex. Registriert dein Ex deine Veränderung nicht oder ist sie ihm egal, fühlst du dich noch immer frustriert und einsam. Machst du das Fitnesstraining jedoch, weil du dich nach der Trennung körperlich stark fühlen möchtest, kommst du in Form *und* wirst Zufriedenheit verspüren.

Ein weiteres Beispiel für Unkraut ist, wenn sich eine gute Absicht mit dem falschen Ziel verbindet. Nehmen wir an, meine Absicht sei das Stärken meines Selbstbewusstseins, und ich halte eine Beförderung für die beste Maßnahme. Ich lege mich auf der Arbeit ins Zeug, beeindrucke meine Chefin und klettere eine Sprosse nach oben. Sobald ich allerdings dort angelangt bin, merke ich, dass da noch eine weitere Sprosse ist und ich noch immer unsicher bin. Ziele im Außen können keine Lücken im Innern füllen. Jobbezeichnungen oder materielle Errungenschaften schenken mir kein echtes Selbstvertrauen. Das muss ich in mir selbst finden. Im zweiten Teil dieses Buches schauen wir uns an, wie wir solche Veränderungen im Innern bewirken können.

DIE BARMHERZIGEN SAMARITER

Mönche sind sich der Tatsache bewusst, dass niemand einen Garten voller schöner Blumen anlegen und ihn dann sich selbst überlassen kann. Wir müssen unseren Garten hegen und pflegen, nur die Samen guter Absichten streuen und beobachten, was aus ihnen wird. Und wir müssen das sprießende Unkraut entfernen, das ihnen im Weg ist.

1973 wurden Theologiestudenten im Rahmen eines Experiments namens «Von Jerusalem nach Jericho» gebeten, kurze

Referate vorzubereiten. Die eine Gruppe sollte über die Zukunftschancen von Theologiestudenten sprechen, die andere sich Gedanken über die Parabel des barmherzigen Samariters machen. Darin erzählt Jesus die Geschichte eines Reisenden, der anhielt, um sich um einen hilfsbedürftigen Menschen zu kümmern, der von allen anderen links liegengelassen worden war. Dann wurden beide Gruppen unter einem Vorwand gebeten, das Zimmer zu wechseln. Auf dem Weg dorthin begegnete ihnen ein Schauspieler, der bei der Tür auf dem Boden lag und so tat, als bräuchte er Hilfe. Wer von ihnen hielt an, um dem Mann zu helfen? Wie sich herausstellte, machte es keinen Unterschied, mit welchem Thema sich die Studienteilnehmer vorher beschäftigt hatten. Viel eher kam es darauf an, ob sie vorher von den Wissenschaftlern unter Zeitdruck gesetzt worden waren oder nicht. «Einige Theologiestudenten, die über die Parabel des barmherzigen Samariters referieren sollten, stiegen beim Dahineilen buchstäblich über den Leidenden hinweg!»[10]

Die Studenten waren derart auf ihre Aufgabe konzentriert gewesen, dass sie ihre tieferliegenden Absichten aus den Augen verloren hatten. An der theologischen Hochschule hegten sie vermutlich die Absicht, mitfühlend und hilfsbereit zu sein, doch in diesem Moment war ihnen die Besorgnis oder die Begierde, ein beeindruckendes Referat zu halten, dazwischengekommen. Wie schrieb der Benediktinermönch Laurence Freeman in seinem Buch *Aspects of Love* («Aspekte der Liebe»): «Alles, was du den lieben langen Tag tust, angefangen bei der morgendlichen Wäsche und dem Frühstück über berufliche Termine und die Fahrt zur Arbeit ... bis zum Fernsehschauen oder dem Entschluss, lieber ein Buch zu lesen ... *alles*, was du tust, macht dein spirituelles Leben aus. Es geht stets nur darum, wie bewusst du diese gewöhnlichen Dinge verrichtest.»[11]

Intentionen allein genügen natürlich nicht. Wir müssen schon etwas unternehmen, damit aus diesen Samen etwas wachsen und gedeihen kann. Ich glaube nicht an «Wunscherfüllung», an die Idee, dass wir nur ganz fest an etwas glauben müssen, und schon manifestiert es sich. Wir können nicht einfach mit unseren wahrhaftigen Absichten herumsitzen und darauf warten, dass uns die gewünschten Dinge in den Schoß fallen. Genauso wenig können wir erwarten, dass irgendjemand daherkommt, unsere Genialität entdeckt und uns den richtigen Platz im Leben zuweist. Niemand wird das gewünschte Leben für uns kreieren. Martin Luther King hat einmal gesagt: «Diejenigen, die den Frieden lieben, müssen lernen, ihn genauso effektiv zu organisieren wie jene, die den Krieg lieben.» Von den Menschen, die sich an mich wenden, höre ich andauernd: «Ich wünschte ... ich wünschte ... ich wünschte.» Ich wünschte, mein Partner wäre aufmerksamer. Ich wünschte, ich könnte mit demselben Job mehr Geld verdienen. Ich wünschte, meine Beziehung wäre fester.

Nie würden wir sagen: «Ich wünschte, ich wäre besser organisiert und zielbewusster und könnte hart genug arbeiten, um das zu erreichen.» Wir fassen nicht in Worte, was es bräuchte, um das zu kriegen, was wir wollen. **«Ich wünschte» heißt eigentlich «Ich möchte so weitermachen wie bisher».**

Es kursiert eine vermutlich unwahre Geschichte über Picasso, die wunderbar veranschaulicht, wie wir die Arbeit und Beharrlichkeit hinter Erfolgen ignorieren. In dieser Geschichte heißt es, Picasso wird bei einem Marktbesuch von einer Frau erblickt, die zu ihm hingeht und sagt: «Könnten Sie bitte etwas für mich zeichnen?»

«Klar», erwidert er und überreicht ihr dreißig Sekunden später eine fantastische kleine Zeichnung.

«Das macht dann dreißigtausend Dollar», sagt er.

«Aber Herr Picasso», entgegnet die Frau, «wie können Sie so viel Geld verlangen? Das hat Sie doch gerade mal dreißig Sekunden gekostet!»

«Gute Frau», sagt Picasso darauf, «es hat mich dreißig Jahre gekostet.»

Das Gleiche gilt für jedes andere Kunstwerk auch – beziehungsweise für jede gute Arbeit. Die Mühen, die dahinterstecken, sind unsichtbar. Der Mönch in meinem Aschram, der problemlos sämtliche Verse der heiligen Schriften aufsagen konnte, musste diese erst jahrelang auswendig lernen. Diesen Einsatz, diese Lebenszeit, musste ich berücksichtigen, bevor ich mir dieses Ziel setzte.

Wenn wir uns bei einem Kennenlernen vorstellen, greifen wir oft auf unseren Beruf zurück: «Ich bin Buchhalterin.» «Ich bin Anwalt.» «Ich bin Hausmann.» «Ich bin Sportlerin.» «Ich bin Lehrer.» Das kann manchmal ganz hilfreich sein, um ein Gespräch in Gang zu setzen. Wir erfahren allerdings einen viel größeren Sinn im Leben, wenn wir uns über unsere Intentionen definieren statt über unsere Errungenschaften. Falls du dich wirklich über deinen Job definierst, was passiert, wenn du ihn verlierst? Falls du dich als Sportler definierst und deine Karriere wegen einer Verletzung beenden musst, dann weißt du nicht mehr, wer du bist. Mit dem Arbeitsplatz sollten wir nicht auch unsere Identität verlieren, und doch passiert oft genau das. Führen wir stattdessen ein absichtsvolles Leben, nährt das ein Gefühl von Sinn und Bestimmung, das nicht an irgendwelche Erfolge geknüpft ist.

Lautet deine Intention, anderen zu helfen, musst du sie dadurch verkörpern, dass du freundlich, offenherzig und erfinderisch bist, dass du die Stärken der anderen wahrnimmst und ihnen bei ihren Schwächen Unterstützung anbietest, ihnen hilfst zu wachsen, siehst, was sie brauchen, und registrierst, wenn sich daran etwas ändert. Lautet deine Intention, für deine Familie zu sorgen, solltest du großzügig, anwesend, fleißig und gut organisiert sein. Lautet deine Intention, deine Leidenschaft zum Beruf zu machen, musst du wahrscheinlich sehr engagiert, energiegeladen und authentisch sein. (Erinnere dich daran, dass wir im ersten Kapitel die Störgeräusche beseitigt haben, um unsere Werte klarer zu erkennen. Hast du deine Intentionen ermittelt, offenbaren sich deine Werte. Die *Intention*, anderen zu helfen und zu dienen, bedeutet, dass du den Dienst am Nächsten *wertschätzt*. Die *Intention*, für deine Familie zu sorgen, bedeutet, dass du Familie *wertschätzt*. Das ist keine höhere Mathematik, doch diese Ausdrücke werden gern in einen Topf geworfen, deshalb ist es gut, sich über ihre Gemeinsamkeiten und Unterschiede im Klaren zu sein.)

Wenn du deine Intention lebst, ist dein ganzes Verhalten davon durchdrungen. Hast du dir beispielsweise eine schönere Beziehung zum Ziel gesetzt, planst du vielleicht einige Rendezvous, machst deinem Partner Geschenke und gehst zum Friseur, damit er oder sie dich schöner findet. Dann wird dein Geldbeutel schmaler sein, deine Frisur hübscher und deine Beziehung besser oder auch nicht. Aber achte mal darauf, was passiert, wenn du in deinem Innern etwas veränderst und du deine Intention wirklich zu leben beginnst. Wenn du dich bemühst, ruhiger, verständnisvoller und interessierter zu sein, damit deine Beziehung schöner wird. (Ins Fitnessstudio und zum Friseur kannst du ja trotzdem gehen.) Finden die Veränderungen in deinem Innern statt, fühlst du dich wohler in deiner Haut und bist ein besserer Mensch. Auch wenn deine Beziehung sich nicht verbessern sollte – du hast dich zum Besseren verändert.

AUFGABE: ***ERGÄNZE DEINE TO-DO-LISTE UM TO-BES***

Führe nicht nur eine To-do-Liste, sondern überlege dir auch, wie du sein musst, um deine To-dos zu erreichen. Das macht deine Liste nicht länger, denn diese Punkte lassen sich nicht abhaken oder abschließen. Die Übung erinnert dich einfach nur daran, dass wir den Werten gerecht werden müssen, die hinter unseren Zielen stecken, damit wir diese absichtsvoll umsetzen können.

1. Beispiel

Nehmen wir an, mein Ziel sei finanzielle Unabhängigkeit. Meine To-do-Liste sähe folgendermaßen aus:

- Lukrative Arbeitsprofile recherchieren, für die meine Kenntnisse erforderlich sind
- Lebenslauf überarbeiten, Info-Gespräche mit Firmen arrangieren, um von offenen Stellen zu erfahren
- Auf jede Stellenanzeige bewerben, die meinen Gehaltsvorstellungen entspricht

Aber wie muss ich **sein?**

- Diszipliniert
- Fokussiert
- Begeistert

2. Beispiel

Nehmen wir an, ich wünschte mir eine erfüllende Partnerschaft. Was muss ich tun?

- Rendezvous organisieren
- Meinem Partner öfter eine Freude machen
- An meinem Äußeren arbeiten

Aber wie muss ich sein?

- Aufmerksamer
- Verständnisvoller
- Interessierter daran, wie der Tag meines Partners war und wie er oder sie sich fühlt

AN DIE ARBEIT

Sobald du das *Warum* hinter deinem Wollen kennst, musst du dir die *Arbeit* dahinter vorknöpfen. Was wirst du tun müssen, um das schöne Haus und den schicken Wagen zu kriegen? Wird dich die Arbeit auch dann erfüllen, wenn du nicht so schnell ans Ziel kommst – oder nie? Der Mönch, der mich gefragt hat, warum ich so erpicht auf das Auswendiglernen der gesamten heiligen Schriften war, wollte nicht, dass mich die Superkräfte mancher Mönche in den Bann schlugen und es mich aus Eitelkeit nach solchen Gaben gelüstete. Er wollte wissen, ob ich mich für die Arbeit an sich interessierte – für das Leben, das ich führen würde, für die Person, die ich sein würde, für den Sinn, den ich im Lernprozess entdecken würde. Die Betonung liegt auf dem Prozess, nicht auf dem Ergebnis.

Die Wüstenväter haben Folgendes kritisiert: «Wir machen keine Fortschritte, weil wir uns nicht im Klaren darüber sind, wie viel wir tun können. Wir verlieren das Interesse an der Welt, die wir begonnen haben, und wollen gut sein, ohne uns dafür bemühen zu müssen.»[12]

Wenn dir etwas nicht wirklich am Herzen liegt, bist du nicht in der Lage, dich ganz auf den Prozess einzulassen. Dir fehlen die richtigen Beweggründe. Dann kannst du deine Ziele erreichen, alles kriegen, was du dir erträumt hast, und grenzenlos erfolgreich sein – nur um festzustellen, dass du dich noch immer verloren und von der Welt entfremdet fühlst. Liebst du aber den tagtäglichen Prozess, dann gehst du ihm mit Tiefe, Authentizität und dem Wunsch nach, etwas zu bewirken. Beide Vorgehensweisen werden dich zum Erfolg führen, doch wenn dich die richtige Intention antreibt, verspürst du dabei Freude.

Stehst du klar und überzeugt hinter jedem deiner Schritte, bist du außerdem belastbarer. Scheiterst du, bedeutet das nicht, dass du nichts taugst – es bedeutet, dass du deine lohnenden Ziele auf anderem Weg erreichen musst. Das zu tun, was für dich einen Wert hat, verschafft dir Zufriedenheit.

VORBILDER

Um herauszufinden, welche Arbeit für das Umsetzen deiner Intentionen erforderlich ist, begibst du dich am besten auf die Suche nach Vorbildern. Wenn du reich sein willst, recherchierst du (ohne jemanden zu stalken!), wer die von dir bewunderten Reichen sind und was sie tun. Lies Bücher über ihren Werdegang. Habe besonders im Blick, was sie in deinem Stadium getan haben, um dorthin zu kommen, wo sie jetzt sind.

Du kannst dich im Büro eines Unternehmers umschauen oder die Avocadofarm einer Ausgewanderten besuchen und beschließen, dass du das auch möchtest – nur sagt dir das noch lange nichts über den Weg dorthin. Nehmen wir den Beruf des Schauspielers. Als Schauspieler geht es nicht nur darum, auf der Leinwand oder in Hochglanzmagazinen zu erscheinen. Es geht darum, geduldig und kreativ genug zu sein, dieselbe Szene sechzig Mal zu spielen, bis die Regisseurin zufrieden ist. Nehmen wir an, du möchtest Mönch werden. Dann geht es nicht darum, einen Meditierenden zu bewundern. Es geht darum, zur selben Zeit aufzustehen wie ein Mönch, seine Lebensweise zu übernehmen und sich die Eigenschaften anzueignen, die er an den Tag legt. Begleite jemanden eine Woche lang auf der Arbeit, dann bekommst du ein Gefühl für die Herausforderungen, vor denen die Person steht, und kannst besser beurteilen, ob du dich ihnen selbst auch stellen möchtest.

Denke bei deinen Beobachtungen daran, dass sich eine Intention immer auf unterschiedliche Weise umsetzen lässt. Zwei haben zum Beispiel die Absicht, der Umwelt zu helfen. Die eine tut es anhand des Gesetzes und arbeitet für die gemeinnützige Organisation Earthjustice. Die andere tut es mittels Mode, so wie Stella McCartney, die veganes Leder bekannt gemacht hat. Im nächsten Kapitel schauen wir uns an, wie du die für dich passendste Methode und Betätigung findest, doch dieses Beispiel soll zeigen, dass sich dir viele Wege zum Erreichen deines Ziels auftun werden, wenn du die Intention an den Anfang stellst.

Wie dir das Beispiel mit der Weltumsegelung vor Augen geführt hat, können sich hinter ein und derselben Handlung zwei völlig unterschiedliche Intentionen verbergen. Nehmen wir an, zwei Leute bedenken eine wohltätige Organisation mit einer großzügigen Spende. Der eine tut es, weil ihm die Organisation sehr wichtig ist, der andere, weil er sich besser vernetzen möchte. Beide bekommen viel Lob für ihre Spende. Der eine, der wirklich etwas bewirken wollte, fühlt sich stolz und glücklich und sinnerfüllt. Dem anderen geht es nur darum, dass er irgendwelche Leute kennenlernt, die seiner Karriere oder seinem gesellschaftlichen Status zugutekommen. Für die wohltätige Organisation machen die unterschiedlichen Intentionen keinen Unterschied – die Spenden werden so oder so Gutes bewirken –, doch der innere Lohn der Spender sieht bei beiden völlig anders aus.

Ich sollte noch erwähnen, dass keine Absicht jemals ganz rein ist. Hinter 88 Prozent meiner gemeinnützigen Tätigkeit steckt die Absicht, anderen zu helfen, hinter acht Prozent, mir ein gutes Gefühl zu geben, und hinter vier Prozent, Spaß mit meinen wohltätigen Freunden zu haben. Diffuse und facettenreiche Intentionen sind an sich nichts Schlechtes. Wir dürfen nur nicht vergessen, dass sie uns umso weniger zufrieden machen, je weniger rein sie sind, selbst wenn sie zum Erfolg führen. Kriegt jemand, was er will, und ist trotzdem nicht glücklich, hat er sein Ziel nicht mit der richtigen Absicht verfolgt.

LOSLASSEN, UM ZU WACHSEN

Die großherzigsten Intentionen drehen sich oft um das Unterstützen und Helfen anderer. Eltern, die Überstunden machen, um für ihre Familie zu sorgen. Ehrenamtlich Tätige, die sich einer guten Sache verschrieben haben. Angestellte, die ihre Kunden zufrieden machen möchten. Solche Intentionen spüren wir sofort, sei es beim Friseur, der den perfekten Haarschnitt für dich finden möchte, oder bei der Ärztin, die sich viel Zeit für dich nimmt. Menschen strahlen ihre großmütige Intention aus, und das ist etwas Wunderschönes. Mit der richtigen Intention können wir im Dienst am Nächsten jeden Tag Sinn und Bestimmung erfahren.

Ein absichtsvolles Leben führen heißt, von außen herangetragene Ziele und Vorstellungen von Erfolg loszulassen und nach innen zu schauen. Atemmediationen werden dich darin auf natürliche Weise unterstützen. Während du dich von den Meinungen und Gedanken reinigst, die nicht mit dir und dem, was du willst, übereinstimmen, wird dich die Atemarbeit daran erinnern, deinen eigenen Rhythmus zu finden und danach zu leben. Die Atemarbeit hilft dir zu begreifen, dass dein Weg einzigartig ist – und das sollte er auch sein.

Atmen

Da Atemübungen den Körper involvieren, helfen sie uns dabei, die Ablenkungen des Verstands zu beseitigen. Atemarbeit ist beruhigend, aber nicht immer einfach. Tatsächlich sind die Herausforderungen, die sie mit sich bringt, sogar Teil der Übung.

Ich sitze auf einem Boden aus getrocknetem Kuhmist, der sich überraschend kühl anfühlt. Er ist nicht unbequem, aber auch nicht gerade bequem. Meine Knöchel tun weh. Ich kann den Rücken nicht gerade halten. Mein Gott, wie ich das hasse, das ist so wahnsinnig schwierig. Jetzt sind zwanzig Minuten vorbei, und ich habe den Kopf immer noch nicht freibekommen. Ich soll meine Achtsamkeit auf meinen Atem richten, aber ich denke an meine Freunde in London. Ich spähe heimlich zu dem Mönch hinüber, der mir am nächsten ist. Wie aufrecht er dasitzt. Er hat's voll drauf. «Finde deinen Atem», sagt unser Lehrer. Ich nehme einen Atemzug. Langsam, wunderbar, ruhig.

Oh, Moment mal. Oh, alles klar. Ich nehme meinen Atem jetzt bewusst wahr.

Einatmen ... ausatmen ...

Oh, es klappt ...

Okay, das ist cool ...

Interessant ...

Okay.

Es …
Funktioniert …
Halt, da juckt's an meinem Rücken –
Einatmen … ausatmen.
Ruhig.

Mein erster Aufenthalt im Aschram dauerte zwei Wochen, in denen ich jeden Tag zwei Stunden lang mit Gauranga Das meditierte. So lange dazusitzen, oft sogar noch sehr viel länger, ist unbequem, ermüdend und manchmal auch langweilig. Noch schlimmer war, dass mir unerwünschte Gedanken und Gefühle kamen. Ich machte mir Sorgen, dass ich nicht richtig dasaß und die Mönche mich bewerteten. In meinem Frust ergriff mein Ego das Wort: Ich wollte der Beste sein bei der Meditation, der Klügste im Aschram und derjenige, der wirklich etwas bewirkte. Das waren nicht die Gedanken eines Mönchs. Das mit dem Meditieren lief definitiv nicht so, wie ich gedacht hatte. Es machte einen schlechten Menschen aus mir!

Ich war entsetzt und ehrlich gesagt auch enttäuscht über die ganze ungelöste Negativität in meinem Inneren. Das Meditieren brachte Ego, Wut, Gier und Schmerz zum Vorschein – lauter Dinge, die ich an mir selbst nicht mochte. War das ein Problem, oder war genau das Sinn und Zweck des Ganzen?

Ich fragte meine Lehrer, ob ich irgendetwas falsch machte. Einer von ihnen erzählte mir von der großen Putzaktion im Gundicha Tempel in Puri. Die Mönche machten ihn einmal im Jahr akribisch sauber, ließen keine Ecke außer Acht und stellten sich dabei vor, sie reinigten ihr eigenes Herz. Doch schon beim Beenden der Putzaktion sammelte sich wieder Schmutz an. Genauso, erklärte er, verhalte es sich mit dem Meditieren. Es ist Arbeit, und sie ist nie beendet.

Das Meditieren machte keinen schlechten Menschen aus mir.

Vielmehr musste ich einer anderen unangenehmen Wahrheit ins Auge blicken. In all der Ruhe und Stille verstärkte das Meditieren das, was längst in mir war. Es hatte in dem dunklen Raum meines Geistes das Licht eingeschaltet.

Indem dich das Meditieren dorthin bringt, wo du sein möchtest, zeigt es dir womöglich das, was du nicht sehen möchtest.

Viele rennen vor dem Meditieren davon, weil sie es schwierig und unangenehm finden. Im Dhammapada, einer Anthologie von Aussprüchen des Buddha, heißt es: «Wie ein geangelter und auf dem Strand liegen gelassener Fisch im Todeskampf zappelt, so zappelt der Geist ständig umher, während er in der Meditation geschult wird.»[1] Sinn und Zweck des Meditierens besteht aber nun mal darin, dem Schwierigen und Unangenehmen auf die Spur zu kommen. Es steckt mehr dahinter, als einfach nur jeden Tag eine Viertelstunde lang die Augen zu schließen. Du übst dich darin, dir Raum zum Reflektieren und Abwägen zu geben.

Ich hatte schon viele wunderschöne Meditationen. Ich habe gelacht, ich habe geweint und mich im Herzen lebendiger gefühlt, als ich es je für möglich gehalten hätte. Und irgendwann stellt sich die beruhigende, fließende, stille Glückseligkeit ein. Schlussendlich bereitet der Prozess genauso viel Freude wie das Ergebnis.

ATEMARBEIT FÜR KÖRPER UND GEIST

Wie du sicher schon bemerkt hast, ist deine Atmung je nach Gefühlslage anders. Wenn wir uns konzentrieren, halten wir den Atem an, und wenn wir nervös oder ängstlich sind, atmen wir ganz flach. Das läuft jedoch alles instinktiv ab und ist nicht besonders hilfreich. Den Atem anzuhalten, fördert nicht gerade die Konzentration, und flaches Atmen verschlimmert die Angstsymptome nur. Mit kontrollierter Atmung hingegen kannst du dich sofort stabilisieren; dieses Instrument ermöglicht es dir, deine Energie direkt in eine andere Richtung zu lenken.

Seit Jahrtausenden praktizieren Yogis *Pranayama*, also Atemübungen, die unter anderem Heilungsprozesse fördern, Energien wecken und die Achtsamkeit auf die Gegenwart lenken. Der Rigveda präsentiert den Atem als den Pfad, der über das eigene Selbst hinaus zur Bewusstseinsentfaltung führt. Dort steht geschrieben, der Atem sei «das Leben, wie ein eigener Sohn» oder mit den Worten von Abbot George Burke (auch bekannt als Swami Nirmalananda Giri): «die Verlängerung unseres innersten Lebenskerns».[2] Im Mahasatipatthana Sutta beschreibt Buddha die Achtsamkeit des Atems, *Anapanasati*, als Pfad der Erleuchtung.[3] Mittlerweile ist die Wirksamkeit von *Pranayama* auch wissenschaftlich bestätigt. Neben unzähligen anderen positiven Effekten stärkt es das Herzkreislaufsystem, senkt Stress und verbessert sogar die Leistung bei Prüfungen.[4] Indem du deinen Atmen lenkst, lernst du automatisch auch, deine Gefühle zu lenken – dich zu beruhigen und zu sammeln.

Die hier vorgestellten Meditationen werden weltweit im Rahmen von Therapien, Coaching-Sitzungen und anderen Anwendungen eingesetzt. Ich empfehle dir, ein- oder zweimal täglich etwas Zeit für Atemübungen zu reservieren. Außerdem lassen sie einen derart verlässlich zur Ruhe kommen, dass ich sie dir auch für zwischendurch ans Herz lege, wenn du das Gefühl hast, du bist außer Atem oder dein Atem stockt. Um zu meditieren, musst du nicht unbedingt an einem ruhigen Ort sein (obwohl es für Anfänger natürlich hilfreich ist). Es funktioniert überall – im Bad auf einer Party, beim Boarden eines Flugzeugs oder kurz vor einer Präsentation oder einem Treffen mit fremden Leuten.

AUFGABE: ***ATEMARBEIT***

Die folgenden Atemübungen mache ich täglich. Je nach Bedarf können sie entweder Fokussierung oder Ruhe herbeiführen.

Vorbereitung

Die beruhigenden oder aktivierenden Atemübungen weiter unten beginnst du am besten mit folgenden Schritten:

1. Finde eine bequeme Position – setze dich aufrecht auf ein Kissen oder auf einen Stuhl oder lege dich hin.
2. Schließe die Augen.
3. Senke den Blick nach unten (ja, das geht auch bei geschlossenen Augen).
4. Rolle die Schultern nach hinten.
5. Richte deine Achtsamkeit auf Ruhe, Ausgeglichenheit, Gelöstheit, Stille und Frieden. Jedes Mal, wenn deine Gedanken auf Wanderschaft gehen, bringst du sie sanft und behutsam wieder dorthin zurück.
6. Werde dir nun deiner natürlichen Atmung bewusst. Forciere sie nicht, übe keinen Druck auf sie aus. Beobachte sie nur.
7. Im Aschram wurde uns die Zwerchfellatmung beigebracht. Dazu legst du eine Hand auf den Bauch und die andere Hand auf die Brust. Dann geht es weiter wie folgt:

Atme durch die Nase ein und durch den Mund wieder aus.
Spüre, wie dein Bauch während der Einatmung größer wird (im Gegensatz zu deiner Brust).
Spüre, wie dein Bauch während der Ausatmung kleiner wird.
Fahre in deinem eigenen Tempo fort.
Spüre, wie du beim Einatmen positive, belebende Energie in dich aufnimmst.

Spüre, wie du beim Ausatmen negative, toxische Energie abgibst.

8. Senke dein linkes Ohr beim Einatmen in Richtung linke Schulter ... und führe es beim Ausatmen zurück zur Mitte.
9. Senke dein rechtes Ohr beim Einatmen in Richtung rechte Schulter ... und führe es beim Ausatmen zurück zur Mitte.
10. Spüre und beobachte deinen Atem, ohne Eile, ohne ihn irgendwie zu forcieren, in deinem ganz eigenen Tempo.

Atemübung zur Beruhigung und Entspannung
Atme durch die Nase auf vier in deinem eigenen Tempo ein.
Halte den Atem auf vier.
Atme durch deinen Mund auf vier wieder aus.

Mache auf diese Weise insgesamt zehn Atemzüge.

Atemübung für mehr Energie und Fokus (Kapalabhati)
Atme durch die Nase auf vier ein.
Atme anschließend kräftig in weniger als einer Sekunde durch die Nase wieder aus. (Dann fühlt sich deine Lunge ein bisschen wie eine pumpende Maschine an.)
Atme wieder auf vier durch die Nase ein.

Mache auf diese Weise insgesamt zehn Atemzüge.

Atemübung vor dem Einschlafen
Atme vier Sekunden lang ein.
Atme länger als vier Sekunden wieder aus.

Fahre so lange fort, bis du (fast) einschläfst.

ZWEITER TEIL

WACHSEN

KAPITEL 5

BESTIMMUNG

Die Natur des Skorpions

Ein zerstörter Dharma zerstört, ein beschützter Dharma beschützt; deshalb soll der Dharma nicht verletzt werden, andernfalls vernichtet der verletzte Dharma uns.

Manusmriti 8:15

Von außen betrachtet wirkt es, als ginge es beim Dasein als Mönch im Wesentlichen um das Loslassen: der kahlgeschorene Kopf, das schlichte Gewand, das Beseitigen jeglicher Ablenkungen. Tatsächlich aber stellt diese Entsagung weniger ein Ziel an sich dar als vielmehr ein Mittel zum Zweck. Das Loslassen öffnet den Geist.

Wir verbrachten unsere Tage mit Dienen, was ebenfalls unseren Geist erweitern sollte. Dabei versuchten wir stets, nicht nach unseren Lieblingsbeschäftigungen zu streben, sondern zu helfen, wo und wie es nötig war. Um unsere Einsatzbereitschaft und Anpassungsfähigkeit zu spüren und zu fördern, übernahmen wir abwechselnd verschiedene Pflichten und Tätigkeiten, anstatt sie auszuwählen und uns zu spezialisieren: kochen, putzen, gärtnern, die Kühe versorgen, lernen, beten, unterrichten und so weiter. Ich musste ein Weilchen an mir arbeiten, bis ich wirklich alle Tätigkeiten als gleichwertig empfand – mir gefiel das Lernen sehr viel besser als das Ausmisten der Kuhställe –, aber wir sollten uns die Gesellschaft wie die Organe eines Körpers vorstellen.

Kein Organ ist wichtiger als ein anderes; sie arbeiten zusammen, und der Körper braucht jedes einzelne von ihnen.

Trotz dieses gleichberechtigten Nebeneinanders hatte natürlich jeder von uns seine persönlichen Neigungen und Vorlieben. Der eine fühlte sich zur Versorgung von Tieren hingezogen (ich nicht!), der andere hatte Spaß am Kochen (auch nicht ich! Ich bin eher jemand, der Essen für ein notwendiges Übel hält), wieder einen anderen machte das Gärtnern glücklich und zufrieden. Wir hatten eine solche Bandbreite an Beschäftigungen, dass wir uns zwar nicht unseren persönlichen Lieblingen hingaben, aber immerhin beobachten und überlegen konnten, welche das überhaupt waren. Wir konnten uns neue Fähigkeiten aneignen, sie verfeinern und schauen, was das mit uns machte. Was gefiel uns? Was fühlte sich natürlich und erfüllend an? Warum?

Wenn mir irgendetwas unangenehm war – zum Beispiel das Ausmisten des Kuhstalls –, wendete ich mich nicht ab, sondern versuchte, diesem Unbehagen auf den Grund zu kommen. Meinen Hass auf einige der banalsten Hausarbeiten machte ich ziemlich schnell als Ego-Thema aus. Ich hielt sie für Zeitverschwendung, fand lernen viel sinnvoller. Sobald ich mir das eingestanden hatte, konnte ich untersuchen, ob mir nicht auch das Putzen irgendetwas gab. Könnte ich von einem Wischmopp etwas lernen? Verse auf Sanskrit üben, während ich Kartoffeln anpflanzte? Bei der Erfüllung meiner Hausarbeitspflichten bemerkte ich, dass der Kopf eines Wischmopps ganz beweglich sein muss, damit er in jede Ecke kommt. Mein Mönchsgeist entdeckte darin eine wertvolle Lektion: Um in jeden Winkel des Lernens und Wachsens vorzudringen, müssen auch wir anpassungsfähig sein. Und was das Kartoffelpflanzen anbelangt, so fand ich heraus, dass mir das Rhythmische an dieser Tätigkeit beim Auswendiglernen der Verse half und die Verse wiederum die Tätigkeit spannender machten.

Das Untersuchen unserer Stärken und Schwächen in dem in sich geschlossenen Universum des Aschrams half jedem von uns, sich seinem *Dharma* anzunähern. Wie bei vielen Ausdrücken des Sanskrit, lässt sich auch dieser nicht mit einem einzigen Wort übersetzen, obwohl «deine Berufung» es ganz gut trifft. Mit meiner persönlichen Definition von Dharma versuche ich, daraus etwas Alltagstaugliches für unser heutiges Leben zu machen. Für mich ist Dharma eine Kombination aus *Varna* und *Seva*. *Varna* (auch ein Wort mit komplexer Bedeutung) kannst du dir als das, wofür dein Herz schlägt, sowie deine Kenntnisse und Kompetenzen vorstellen. *Seva* bedeutet, die Bedürfnisse der Welt zu sehen und anderen selbstlos zu dienen. Wenn sich deine natürlichen Talente und Passionen (dein *Varna*) mit den Bedürfnissen des Universums (*Seva*) verbinden und zu deiner Bestimmung werden, lebst du deinen Dharma.

Steckst du deine Zeit und Energie in das Leben deines Dharmas, hast du das befriedigende Gefühl, deine größten Begabungen für eine Sache einzusetzen, die in der Welt von Bedeutung ist. **Deinen Dharma zu leben ermöglicht dir, Erfüllung zu finden.**

Der erste Teil dieses Buches handelte davon, sich der Einflüsse und Ablenkungen bewusst zu werden, die uns von einem erfüllten Leben abbringen. Nun nehmen wir unsere wichtigsten Werte und tiefempfundenen Intentionen in den Blick und richten unser Leben danach aus. Dieser Prozess beginnt mit dem Dharma.

Zwei Mönche wuschen ihre Schalen im Fluss aus, als sie einen Skorpion bemerkten, der am Ertrinken war. Einer der Mönche fischte ihn sofort aus dem Wasser und setzte ihn ans Ufer. Dabei wurde er vom Skorpion gestochen. Er widmete sich wieder dem Säubern seiner Schale, und der Skorpion fiel erneut ins Wasser. Der Mönch rettete den Skorpion und wurde dabei abermals gestochen. Der andere Mönch fragte ihn: «Mein Freund, warum rettest du den Skorpion immer wieder, obwohl du weißt, dass es in seiner Natur liegt zu stechen?»

«Weil es in meiner Natur liegt zu retten», gab der Mönch zur Antwort.

Dieser Mönch lebt uns Demut vor – er stellt seinen persönlichen Schmerz nicht über das Leben des Skorpions. Noch wichtiger für uns ist allerdings, dass «retten» so sehr zur Natur des Mönchs gehört, dass er sich dazu gezwungen fühlt und damit zufrieden ist, obwohl er weiß, dass der Skorpion ihn stechen wird. Das Vertrauen in seinen Dharma ist so groß, dass der Mönch bereit ist zu leiden, um ihn zu erfüllen.

DEN DHARMA FINDEN

Es ist mein erster Sommer im Aschram. Ich habe Badezimmer geputzt, Kartoffelcurry gekocht, Kohl geerntet. Ich habe meine Kleidung mit der Hand gewaschen, was keine leichte Aufgabe ist – unsere Gewänder sind riesig wie ein Bettlaken, und das Herausschrubben von Essens- und Grasflecken fühlt sich an wie ein Work-out im Fitnessstudio.

Eines Tages scheuere ich gerade Töpfe mit dem Enthusiasmus eines übereifrigen Lehrlings, als einer der Mönchsältesten auf mich zukommt.

«Wir hätten gerne, dass du diese Woche eine der Unterrichtsstunden hältst», sagt er. «Thema ist folgender Vers aus der Gita: ‹Was immer ein bedeutender Mensch tut – gewöhnliche Menschen folgen seinen Fußspuren. Und welche Maßstäbe auch immer er durch sein beispielhaftes Verhalten setzt – alle Welt folgt ihm nach.›»

Ich willige ein, und während ich mich wieder dem Scheuern zuwende, überlege ich, worüber ich sprechen werde. Die

Kernaussage dieses Verses ist mit klar – wir bringen anderen etwas bei, indem wir als gutes Beispiel vorangehen. Das passt zu meiner Einsicht, dass wir nicht das sind, was wir sagen, sondern das, was wir tun. Es erinnert mich an ein Zitat, das Franz von Assisi zugeschrieben wird, dem Begründer des Ordens der Franziskaner: «Verkünde immer und überall das Evangelium – notfalls auch mit Worten.»

Auch viele der anderen Mönche sind nicht schon mit fünf in den Aschram gekommen. Wie ich haben sie normale Schulen besucht, sind mit Mädchen oder Jungs ausgegangen, haben Fernsehsendungen und Filme geschaut. Der Vers wird sich ihnen auf jeden Fall erschließen, aber ich finde es spannend, ihnen einen neuen Blickwinkel zu geben, der auch zu ihren Erfahrungen außerhalb des Aschrams passt.

Die alten Computer in unserer Bibliothek haben eine quälend langsame Internetverbindung. Ich befinde mich im indischen Hinterland, und es dauert gefühlt Stunden, ein Bild herunterzuladen. Da ich die schnellen Rechner der Uni-Bibliothek gewöhnt bin, finde ich das Warten äußerst mühsam. Doch ich weiß, dass die anderen Mönche drüben in der Küche gerade geduldig darauf warten, bis das Wasser kocht. Also bemühe ich mich, so wie sie die nötigen Vorgänge zu respektieren.

Bei meinen Recherchen schlägt mich die Kommunikationspsychologie in ihren Bann. Ich stolpere über Untersuchungen des iranisch-amerikanischen Psychologen Albert Mehrabian, die zeigen, dass 55 Prozent unserer Kommunikation über die Körpersprache abläuft, 38 Prozent über die Stimme und gerade mal sieben Prozent über das gesprochene Wort.[1] (Das sind nur Richtwerte, doch selbst in Situationen, in denen sich diese Richtwerte verlagern, geht der Großteil unserer Kommunikation nonverbal vonstatten.) Ich versenke mich in das Thema Vermittlung von Botschaften und Werten und analysiere den

Kommunikationsstil verschiedener wichtiger Vorreiterfiguren. Ich möchte herausfinden, wie das alles zusammenläuft und für unser heutiges Leben Sinn ergibt. Unter anderem informiere ich mich über Jane Goodall, die nie vorhatte, eine Vorreiterin zu werden. In den 1960ern reiste sie zum ersten Mal in die Wildnis Tansanias, um das Verhalten von Schimpansen zu untersuchen.[2] Diese Forschungen sowie ihre laufende Arbeit haben den Natur- und Tierschutz entscheidend verändert, Frauen für ihr Fachgebiet begeistert und Hunderttausende junge Menschen dazu inspiriert, sich zu engagieren.

Unsere Klasse versammelt sich in einem mittelgroßen Raum. Ich nehme meinen Platz auf einem erhöhten, gepolsterten Sitz ein, die Schüler auf den Kissen vor mir. Bis auf meine erhöhte Sitzposition fühle ich mich ihnen in keinster Weise überlegen. Wir Mönche haben bereits gelernt, dass jeder immer gleichzeitig Lehrer und Schüler ist.

Nachdem ich meinen Vortrag beendet habe, freue ich mich darüber, wie es gelaufen ist. Meine Gedanken zu teilen, hat mir genauso viel Spaß gemacht wie die Recherchen, die dafür nötig waren. Mir wird gedankt, gesagt, wie toll die Beispiele waren, weil sie die uralten Verse ins Heute geholt haben. Ein oder zwei wollen wissen, wie ich mich vorbereitet habe – sie haben bemerkt, wie viel Arbeit ich mir gemacht hatte. Während ich mich im Glanz meiner Zufriedenheit und ihrer Anerkennung sonne, offenbart sich mir allmählich mein Dharma – Lernen, mit Wissen experimentieren und vor anderen sprechen.

Wir alle haben ein psychophysisches Wesen, das bestimmt, wo wir wachsen und gedeihen. Der Dharma nutzt diese natürlichen Neigungen, das, worin du gut bist, deinen Erfolgsmodus, um anderen zu dienen. Macht dir die Arbeit Spaß und führst du sie gekonnt aus, wirst du Begeisterung verspüren.

Und fällt die Reaktion der anderen positiv aus, zeigt dir das, dass deine Begeisterung eine Bestimmung hat. Das ist die magische Formel für deinen Dharma.

BEGEISTERUNG + EXPERTISE + NÜTZLICHKEIT = DHARMA

Verspüren wir nur dann ein freudiges Kribbeln, wenn andere etwas Nettes über unsere Arbeit sagen, ist das ein Zeichen dafür, dass wir unsere Arbeit nicht von Herzen gern machen. Und gehen wir nur unseren Interessen und Fertigkeiten nach, aber keiner spricht darauf an, hat unsere Passion keine Bestimmung. Fehlt eines der beiden Elemente, leben wir nicht unseren Dharma.

Wenn die Leute überlegen, was sie beruflich machen und wer sie sein wollen, bedenken sie meist nicht, ob es ihrem Dharma

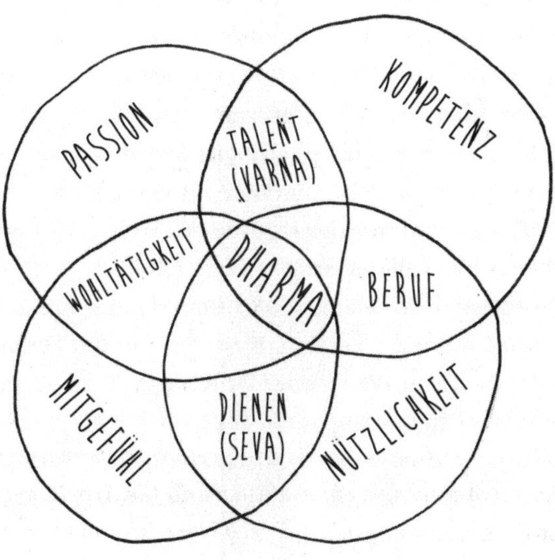

entsprechen würde. Sie wollen in die Finanzwirtschaft, weil das viel Geld abwirft. Oder sie wollen Arzt oder Ärztin werden, weil das Status *und* Ehre mit sich bringt. Dann gehen sie das Ganze an, ohne zu wissen, ob ihnen dieser Beruf überhaupt liegt – ob sie die Durchführung, die Umgebung und die Energie dieser Art von Arbeit mögen und ob sie etwas darin taugen würden.

ALLES, WAS DU BIST

Zwei Lügen werden uns während des Aufwachsens gerne erzählt. Die erste lautet: «Aus dir wird niemals etwas werden.» Die zweite: «Du kannst alles werden, was du willst.» Die Wahrheit aber lautet –

Du kannst nicht alles werden, was du willst.
Doch du kannst alles werden, was du bist.

Mönche sind Reisende, ihr Weg führt sie ins Innere und bringt sie immer näher an ihr authentischstes, selbstsicherstes, stärkstes Ich. Auf der Suche nach deiner Passion und deiner Bestimmung musst du dich nicht in ein weit entferntes Land begeben, als ob es sich dabei um einen vergrabenen Schatz handelte, den es zu entdecken gilt. Dein Dharma ist längst bei dir. Er ist immer bei dir gewesen. Er ist mit deinem Wesenskern verflochten. Wenn wir offen und neugierig durch die Welt gehen, wird sich unser Dharma von alleine kundtun.

Dennoch kann jahrelange Selbsterforschung nötig sein, bis wir unseren Dharma erkennen. Eine der größten Herausforderungen der heutigen Welt ist der Druck, ganz schnell ganz groß herauskommen zu müssen. Dank des frühen Erfolgs von Leuten wie Facebook-Gründer Mark Zuckerberg und Snapchat-Mitbegründer Evan Spiegel (der mit vierundzwanzig zum jüngsten Milliardär aller Zeiten wurde), neben Promis wie Chance the

Rapper und Bella Hadid haben viele das Gefühl, sie hätten versagt, wenn sie Mitte zwanzig noch nicht ihre Berufung gefunden und es noch nicht bis ganz nach oben geschafft haben.

Dieser Druck, frühe Erfolge feiern zu müssen, stellt nicht nur eine Belastung dar, sondern kann dem Erfolg sogar im Weg stehen. Wie der Verleger der Zeitschrift *Forbes*, Rich Karlgaard, in seinem Buch *Late Bloomers* («Spätzünder») schildert, kommen die meisten von uns erst später so richtig in Schwung.[3] Doch der gesellschaftliche Fokus auf Prüfungsergebnisse, auf das Ergattern eines ordentlichen Studienplatzes und das Entwickeln und Verkaufen einer App für wahnsinnig viel Geld, noch bevor man überhaupt seinen Abschluss in der Tasche hat (es sei denn, du brichst ab, weil du dein millionenschweres Unternehmen leiten möchtest), führt bei denen, die mit vierundzwanzig noch nicht die Welt erobert haben, zu einem hohen Maß an Angst- und Depressionserkrankungen. Letztere überkommen auch diejenigen, die sich schon früh einen Namen gemacht haben. Viele jungen Überflieger verspüren nämlich einen enormen Druck, dieses Leistungsniveau halten zu müssen.

All das, obwohl es so viele wahnsinnig erfolgreiche Menschen gibt, die erst spät in Fahrt gekommen sind, so Karlgaard: Toni Morrison veröffentlichte ihren ersten Roman, *Sehr blaue Augen*, im Alter von neununddreißig Jahren. Und Dietrich Mateschitz war vierzig, als er nach einer zehnjährigen Station an der Uni und der Arbeit als Skilehrer den Kassenschlager Red Bull auf den Markt brachte. Sei aufmerksam, kultiviere die Selbsterkenntnis, fördere deine Stärken, und du wirst den für dich vorbestimmten Weg finden. Und sobald du deinen Dharma aufgespürt hast – folge ihm.

ANDERER LEUTE DHARMA

In der Bhagavad Gita steht geschrieben, es sei besser, den eigenen Dharma unperfekt zu erfüllen, als den eines anderen perfekt zu erfüllen. Oder wie Steve Jobs es 2005 in seiner Rede vor Absolventen der Stanford University formuliert hat: «Eure Zeit ist begrenzt, also verschwendet sie nicht damit, das Leben eines anderen zu leben.»

In seiner Autobiographie *Open* ließ Andre Agassi eine Bombe platzen: Die ehemalige Nummer eins im Tennis, achtmaliger Grand-Slam-Sieger und Goldmedaillen-Gewinner bei den Olympischen Spielen, *spielt nicht gerne Tennis.* Agassi wurde von seinem Vater dazu gedrängt, und obwohl er unglaublich gut darin war, hasste er es.[4] Die enormen Erfolge, die er damit feierte, und das viele Geld, das sie ihm einbrachten, machten ihn nicht glücklich; es war nicht sein Dharma. Später jedoch hat Agassi seinen Erfolg auf dem Platz zu seiner wahren Passion umgeleitet – er hat seinen Schläger beiseitegelegt und sich in den Dienst am Nächsten gestellt. Seine Andre Agassi Foundation leistet nicht nur eine gewisse Grundversorgung benachteiligter Kinder in seiner Heimat Nevada, sondern führt auch eine kostenlose Schule, die sie auf das Studium vorbereitet.

Unsere Gesellschaft ist darauf ausgerichtet, unsere Schwächen zu stärken, statt unsere Stärken zu fördern. Bekommt man in der Schule drei Einsen und eine Vier, sind alle Erwachsenen um einen herum auf die Vier fixiert. Die Schulnoten, das Punktesystem bei Prüfungen, Leistungsbeurteilungen und sogar unsere Bemühungen um Selbstoptimierung – sie alle betonen unsere Unzulänglichkeiten und drängen darauf, dass wir an ihnen arbeiten. Was aber, wenn wir diese Schwächen nicht als Misserfolg, sondern als *eines anderen Menschen Dharma* begreifen? Die benediktinische Ordensschwester Joan Chittister hat geschrieben: «Es ist das Vertrauen in die Beschränkungen des Selbst, das uns öffnet, und es ist das Vertrauen in die Gaben der anderen, das uns Sicherheit schenkt. Wir gelangen zu der Erkenntnis, dass wir nicht alles tun müssen, dass wir nicht alles tun können, dass das, was ich nicht tun kann, eines anderen Gabe und Aufgabe ist. [...] Meine Beschränkungen schaffen Raum für die Gaben der anderen.»[5] Statt uns auf unsere Schwächen zu konzentrieren, knien wir uns in unsere Stärken hinein und schauen, wie wir sie zu unserem Lebenszentrum machen können.

Zwei wichtige Warnungen: Erstens ist das Folgen deines persönlichen Dharma kein Freifahrtschein. Wenn es sich bei deinen Schwächen um so etwas wie Empathie, Mitgefühl, Güte und Großzügigkeit handelt, sollst du nicht aufhören, daran zu arbeiten. Ein IT-Genie zu sein nützt nichts, wenn du kein Mitgefühl hast. Nur weil du auf einem Gebiet sehr bewandert bist, heißt das noch lange nicht, dass du ein Fiesling sein darfst.

Zweitens bedeutet eine schlechte Schulnote nicht, dass du dieses Fach komplett vergessen solltest. Wir müssen gut darauf achten, dass wir Unerfahrenheit nicht mit Schwäche verwechseln. Manche leben ihren Dharma deshalb nicht, weil sie ihm noch nicht auf die Spur gekommen sind. Wichtig ist, dass du dich erst einmal auf vielfältige Weise ausprobierst, bevor du irgendetwas abtust, und ein Großteil dieses Ausprobierens findet in der Jugend statt, in der Schule oder anderswo.

Mein eigener Dharma ging aus einigen Erfahrungen hervor, die extrem unangenehm für mich waren. Bevor ich diese eine Unterrichtsstunde im Aschram hielt, hatte ich eine Abneigung gegen das Reden in der Öffentlichkeit. Mit sieben oder acht Jahren trat ich bei einer Schulversammlung auf, bei der die Kinder etwas über ihre kulturellen Wurzeln erzählten. Meine Mutter verkleidete mich als indischen König und steckte mich dafür in einen schlechtsitzenden Sari-Verschnitt, der mehr als unvorteilhaft für meine Figur war. Sobald ich auf die Bühne trat, brachen die Schüler in Gelächter aus. Als ich dann auch noch anfing, ein Gebet auf Sanskrit zu singen, konnten sie sich gar nicht mehr halten. Ich kriege nämlich beim besten Willen keinen geraden Ton aus mir heraus. Nicht einmal zwei Minuten waren vergangen, und schon wurde ich von fünfhundert Schülern und sämtlichen Lehrern ausgelacht. Ich vergaß den Text und starrte auf das vor mir liegende Blatt, doch wegen meiner Tränen sah ich alles verschwommen. Meine Lehrerin musste auf die Bühne kommen, den Arm um mich legen und mich unter schallendem Gelächter wegführen. Es war furchtbar demütigend. Und von diesem Augenblick an hasste ich die Bühne. Im Alter von vierzehn Jahren wurde ich schließlich von meinen Eltern gezwungen, an einem Rhetorik-/Theater-Nachmittagskurs teilzunehmen. Dieses vier Jahre lange Training dreimal die Woche à drei Stunden hat mich dazu befähigt, auf der Bühne zu stehen, aber es gab nichts, worüber ich reden wollte, und es machte mir keinerlei Spaß. Ich war und bin noch immer schüchtern, doch dieser Kurs hat mein Leben verändert, denn sobald sich diese Fähigkeit mit meinem Dharma verknüpft hatte, legte ich los.

Als sich mein erster Sommer im Aschram dem Ende neigte, war ich noch kein Vollzeit-Mönch. Ich kehrte zurück an die Uni und wollte mein Glück noch einmal im Unterrichten versuchen. Ich gründete einen außerschulischen Club namens Think Out Loud («Denke es laut»), bei dem ich jede Woche einen Vortrag über ein philosophisches, spirituelles und/oder wissenschaftliches Thema hielt, das anschließend von allen besprochen wurde. Mein Thema für das erste Treffen lautete «Materielle Probleme, spirituelle Lösungen». Es ging darum, dass wir Menschen alle mit denselben Herausforderungen, Rückschlägen und Fragestellungen konfrontiert sind, und wie uns die Spiritualität dabei weiterhelfen kann. Keiner kam. Und als der kleine Raum leer blieb, dachte ich: «Was lerne ich daraus?» Ich ließ mich nicht beirren – voller Inbrunst hielt ich meinen Vortrag vor dem leeren Raum, denn das hatte dieses Thema verdient. Das mache ich bis heute so, mal in dem einen, mal in dem anderen Medium – ich eröffne ein Gespräch darüber, wer wir sind und wie wir uns den tagtäglichen Herausforderungen stellen können.

Für das nächste Treffen meines Clubs verteilte ich mehr Flyer und hängte mehr Plakate auf, und so erschienen tatsächlich zehn Leute. Das Thema war unverändert, «Materielle Probleme, spirituelle Lösungen». Ich eröffnete die Runde mit einem Video des Komikers Chris Rock, in dem er sich über die Pharmaindustrie lustig macht – weil diese in Wahrheit nämlich niemanden heilen will, sondern in uns ein *langanhaltendes* Bedürfnis nach den von ihr hergestellten Medikamenten wecken möchte. Anschließend sprach ich darüber, wie wir alle nach dem sofortigen Kick suchen, anstatt an unserer persönlichen Entwicklung zu arbeiten. Mir hat es schon immer gefallen, die Mönchsphilosophie mit Hilfe von lustigen und aktuellen Beispielen nachvollziehbarer zu machen. Mit «Think Out Loud» habe ich genau das drei Jahre lang einmal die Woche getan. Als ich schließlich meinen Abschluss in der Tasche hatte, zählte der Club einhundert Mitglieder und hatte sich zu einem wöchentlichen dreistündigen Workshop gemausert.

Jeder von uns hat für irgendetwas eine ganz besondere Begabung, und diese muss nicht unbedingt in der Möglichkeit liegen, die sich direkt vor uns auftut. Womöglich scheint sich auch gar keine aufzutun. Mein Dharma lag nicht in einer der üblichen Laufbahnen, die meine Mitstudenten nach der Uni einschlugen. Ich fand ihn viel eher in dem Club, den ich gründete, nachdem mir der Unterrichtsauftrag im Aschram zufällig die Richtung gewiesen hatte. Unser Dharma versteckt sich nicht, doch manchmal müssen wir lange ganz geduldig lernen und üben, bis wir ihn erkennen. Der Psychologe Anders Ericsson und der Wissenschaftsredakteur Robert Pool betonen in ihrem Buch *Top*, dass herausragende Leistungen nicht angeboren sind, sondern wir sie uns hart erarbeiten müssen. Wenn wir diese Arbeit lieben, dann tun wir das auch. Picasso zum Beispiel hat mit anderen Kunstformen experimentiert, aber stets die Malerei als Schwerpunkt beibehalten. Michael Jordan hat einen Abstecher in die Welt des Baseballs gemacht, aber gemerkt, dass er sich nur im Basketball richtig entfalten kann. An deiner stärksten Seite musst du am stärksten arbeiten, dann findest du zu Tiefgründigkeit, Sinn und Zufriedenheit.

RICHTE DICH NACH DEINEM DHARMA

Um unseren Dharma zu enthüllen, müssen wir herausfinden, wofür unser Herz schlägt – die Tätigkeiten, die wir gerne und gut machen. Beim Blick auf die weiter unten dargestellten Potenzial-Felder wird schnell klar, dass wir so viel Zeit wie möglich in der oberen rechten Hälfte verbringen sollten, in Feld II: mit Dingen, die wir gleichzeitig gut können und lieben. Leider kommt uns das Leben oft in die Quere, und deshalb finden sich viele in Feld I wieder: bei einer Arbeit, die sie gut können, aber nicht lieben. In unserer Freizeit hüpfen wir gerne auf das vierte Feld und frönen Hobbys und anderen geliebten Beschäftigungen, obwohl wir niemals genug Zeit haben werden, sie so zu meistern, wie wir es uns wünschen. Sicher können wir uns alle darauf einigen, dass wir so wenig Zeit wie möglich in Feld III verbringen sollten. Dinge tun, die wir weder lieben noch beherrschen, ist einfach nur deprimierend. Die Frage lautet also: Wie können wir mehr Zeit und Energie auf das zweite Feld verlagern – also Dinge tun, die wir gut können und lieben? Mit den einzelnen Feldern beschäftigen wir uns nicht der numerischen Reihenfolge nach. Da die Felder I und IV unsere Wünsche zumindest halb erfüllen, schauen wir uns diese zuerst an.

DIE VIER POTENZIAL-FELDER

I. KÖNNEN, ABER NICHT LIEBEN	II. KÖNNEN UND LIEBEN
III. NICHT KÖNNEN UND NICHT LIEBEN	IV. NICHT KÖNNEN, ABER LIEBEN

FRAGE:
WIE KÖNNEN WIR MEHR ZEIT UND ENERGIE IN DAS ZWEITE FELD VERLAGERN – ALSO DINGE TUN, DIE WIR GUT KÖNNEN *UND* LIEBEN?

FELD I: GUT KÖNNEN, ABER NICHT LIEBEN

Sich von Feld I zu Feld II zu bewegen, ist leichter gesagt als getan. Nehmen wir an, du liebst deinen Job nicht. Den meisten fällt nicht einfach ein Job vor die Füße, den sie lieben und der auch noch hervorragend bezahlt ist. Praxistauglicher wäre es, sich mit Hilfe von ein wenig Erfindergeist innerhalb des aktuellen Jobs in Richtung Feld II zu bewegen. Was kannst du tun, um deinen Dharma in deine derzeitige Position einfließen zu lassen?

Als ich zum ersten Mal aus dem Aschram zurückkehrte, fing ich als Berater bei Accenture an, einem globalen Managementberatungsunternehmen. Wir hatten durchgehend mit Zahlen,

Daten und Finanzberichten zu tun, und mir wurde schnell klar, dass für exzellente Leistungen in meinem Job ein Talent für Excel erforderlich war. Nur war Excel leider überhaupt nicht mein Ding. So viel Mühe ich mir auch gab, ich konnte mich einfach nicht dazu zwingen, mich richtig hineinzuhängen. Was mich betraf, so war Excel schlimmer als das Ausmisten von Kuhställen. Ich gab also weiterhin mein Bestes, überlegte aber, wie ich meine Stärken unter Beweis stellen könnte. Da mein Herz für alltagstaugliche Weisheiten und Meditationen schlägt, bot ich meiner Vorgesetzten an, vor meiner Arbeitsgruppe einen Vortrag über Achtsamkeit zu halten. Sie fand die Idee fantastisch, und weil der Vortrag gut genug ankam, bat sie mich, auf einem unternehmensweiten Event für Analysten und Berater etwas über Achtsamkeit und Meditation zu erzählen. Ich würde vor eintausend Menschen auf der Bühne stehen, im Twickenham Stadium, dem Heimstadion von Englands Rugby-Union-Nationalmannschaft.

Als ich dort ankam, erfuhr ich, dass man mich zwischen die Rede des Firmenchefs und der Rugbylegende Will Greenwood gequetscht hatte. Ich saß im Publikum, hörte mir das Programm an und dachte nur: «Shit, die werden mich alle auslachen. Warum hab ich nur ja gesagt?» Die anderen Redner waren absolute Koryphäen und unglaublich wortgewandt. Ich begann, am Inhalt meines Vortrags und meiner Art, ihn herüberzubringen, zu zweifeln. Dann absolvierte ich meine Atemübungen, kam zur Ruhe und sagte mir zwei Sekunden, bevor ich auf die Bühne ging: «Sei einfach du selbst.» Ich würde meinem eigenen Dharma folgen, statt dem eines anderen. Ich trat vor das Publikum, machte mein Ding, und die Reaktionen hätten kaum besser sein können. Die Direktorin, die das Ganze organisiert hatte, sagte mir hinterher: «Ich habe noch nie erlebt, dass ein Publikum aus Analysten und Beratern so still war, dass man eine Stecknadel hätte fallen hören können.» Später bot sie mir an, meine Achtsamkeitsvorträge in sämtlichen britischen Niederlassungen zu halten.

Das war ein entscheidender Wendepunkt. Ich sah, dass ich die letzten drei Jahre nicht bloß irgendeine schräge Philosophie für Mönche gepaukt hatte, die außerhalb des Aschrams völlig bedeutungslos war. Nein, ich konnte diese Fähigkeiten in die Praxis umsetzen. Ich konnte meinen Dharma tatsächlich in der realen Welt erfüllen.

PS: Von Excel habe ich noch immer keine Ahnung.

Statt einen großen Berufswechsel zu wagen, kannst du es machen wie ich: Halte nach Möglichkeiten Ausschau, wie du in deinem aktuellen Leben deiner Passion nachgehen kannst. Wer weiß, wo es hinführt. Leonardo DiCaprio hat das Schauspielern oder Produzieren nicht aufgegeben, wendet mittlerweile aber beträchtliche Energien als Umweltbotschafter auf, weil das zu seinem Dharma gehört. Eine Unternehmensassistentin könnte anbieten, Gestaltungsarbeiten zu übernehmen; eine Thekenkraft könnte ein Kneipenquiz organisieren. Ich habe einmal mit einer Anwältin gearbeitet, deren Herz für die Teilnahme am *Great British Bake-Off* schlug (dem Vorbild der deutschen TV-Show *Das große Backen*). Das schien ihr jedoch eher unrealistisch, also trommelte sie eine Gruppe Kollegen zusammen, die ebenfalls Fans dieser Show waren, und rief den «Back-Montag» ins Leben. Von da an brachte reihum jemand aus dem Team montags etwas Selbstgebackenes mit ins Büro. Sie arbeitete noch genauso hart wie vorher und war erfolgreich in ihrem Job, den sie ein wenig öde fand. Dass sie aber ihre Passion an den Arbeitsplatz mitnahm, machte sie stärker und energiegeladener. Wenn du zwei Kinder hast und ein Haus abbezahlen musst und deshalb nicht einfach kündigen kannst, dann mach es wie die Anwältin. Überlege dir, wie du die Energie deines Dharmas an deinem Arbeitsplatz oder in anderen Lebensbereichen wie Hobbys, Freundschaften oder deinem Zuhause einbringen kannst.

Überlege dir außerdem, warum du deine Stärken nicht wirklich magst. Fällt dir vielleicht ein Grund ein, sie zu mögen? Ich treffe oft auf Unternehmensangestellte, die ihre Arbeit gut machen, sie aber absolut bedeutungslos finden. Ist das bei dir der Fall, solltest du darüber nachdenken, inwiefern dir deine Kenntnisse etwas für die Zukunft bringen. Du kannst nämlich durchaus dein Herz für etwas erwärmen, das nicht deine erste Wahl wäre, indem du dir zum Beispiel sagst «Ich lerne hier globale Teamarbeit» oder «Ich entwickle mich hier zum Profi in Kostenplanung, damit ich irgendwann mal einen Skater-Laden aufmachen kann». Knüpfe deine Begeisterung an die Erfahrung des Lernens und der persönlichen Weiterentwicklung.

Die Psychologin Amy Wrzesniewski von der Yale School of Management und ihre Kollegen haben Reinigungsteams in Krankenhäusern befragt, wie diese ihre Arbeit erleben. In einem Team hieß es, die Arbeit sei nicht sehr befriedigend und erfordere keine besonderen Fähigkeiten. Als sie ihre Aufgaben beschrieben, klang das wie aus dem Mitarbeiterhandbuch. Bei einem zweiten Team allerdings kam den Wissenschaftlern etwas überraschend anderes zu Ohren. Dort hieß es, die Arbeit mache Spaß, sei sehr sinnvoll und erfordere viel Geschick. Als die Teammitglieder ihre Aufgaben näher beschrieben, wurde klar, worin der Unterschied lag. Im zweiten Team wurde nicht nur von klassischen Reinigungsaufgaben gesprochen. Diese Mitarbeiter achteten auch darauf, welche Patienten trauriger aussahen oder weniger Besuch bekamen – bei solchen Fällen legten sie Wert darauf, sich mit den Betroffenen zu unterhalten oder öfter bei ihnen vorbeizuschauen. Sie erzählten, wie sie ältere Besucher durch das Parkhaus begleiteten, damit diese sich nicht verirrten (obwohl sie dafür theoretisch hätten entlassen werden können).

Eine Frau berichtete, dass sie ab und an die Bilder an den Zimmerwänden austauschte. Als sie gefragt wurde, ob das zu ihren Aufgaben gehöre, antwortete sie: «Nein, das gehört nicht zu meinen Aufgaben. Das gehört einfach zu mir.»[6]

Auf Grundlage dieser Studie und weiteren Forschungen prägte Wrzesniewski den Begriff «Job Crafting», um zu beschreiben, wie Angestellte sich ihren Job so zurechtschnitzen, dass sie motivierter, zufriedener und widerstandsfähiger sind und sich weiterentwickeln. Den Forschern zufolge haben wir es also in der Hand, unsere Aufgaben, unsere Beziehungen und sogar unsere innere Haltung gegenüber unseren Tätigkeiten umzugestalten. Denken wir nur an die Reinigungskräfte, die sich als «Heiler» oder «Botschafter der Gesundheit» betrachteten! Ob wir in unserem Job Bedeutung erfahren und in ihm unsere Berufung finden, kommt ganz darauf an, mit welcher Intention wir die Sache angehen. Lerne heute, deine Tätigkeiten mit Bedeutung zu füllen, dann wirst du dein ganzes Leben lang davon zehren.

FELD IV: NICHT GUT KÖNNEN, ABER LIEBEN

Sind unsere Passionen nicht rentabel, stellen wir sie hinten an. Dann sind wir frustriert darüber, dass wir einer heißgeliebten Tätigkeit nicht gut oder oft genug nachgehen können, um sie richtig zu genießen. Der sicherste Weg zu größerem Können ist Zeit. Wie wäre es mit Coaching, Kursen oder Einzeltraining, um dich in dem, was du liebst, zu verbessern? «Unmöglich», sagst du? «Aber wenn ich Zeit dafür hätte, würde ich das auf jeden Fall tun.» Das Thema fehlende Zeit behandeln wir im nächsten Kapitel, an dieser Stelle möchte ich dir nur versichern: Jeder hat Zeit. Wir fahren zur Arbeit oder kochen oder schauen Fernsehen. Uns stehen vielleicht keine drei Stunden zur Verfügung, doch zehn Minuten können wir definitiv erübrigen, um einen Podcast zu hören oder aus einem YouTube-Video eine neue Technik mitzunehmen. Mit zehn Minuten lässt sich eine Menge anstellen.

Leben wir unseren Dharma, schaufelt es uns manchmal auch Zeit frei. Als ich mit den Videos anfing, habe ich mich nach meinem Finanzjob drangesetzt. Fünf Stunden am Stück, fünf Tage die Woche habe ich sie auf fünf Minuten Länge zusammengeschnitten. Lange Zeit waren die Erträge dieser Investition erbärmlich, aber ich weigerte mich, das Ganze abzuschreiben, bevor ich nicht das meiste aus meinem Können herausgeholt hatte.

In den darauffolgenden Jahren habe ich gesehen, wie die Leute die schrägsten Dinge zu Geld machen. Schau mal bei Etsy vorbei, und du wirst staunen, wie viele Leute es geschafft haben, mit ihrer Passion Geld zu verdienen. Schickt die Welt dir aber eine klare Botschaft, dass sich eine Passion nicht bezahlt macht, dass kein Bedarf oder Interesse daran besteht, dann soll es so sein. Freunde dich damit an. Fußball zum Beispiel ist nicht nur in meinen Augen von *unglaublicher* Bedeutung für diese Welt, doch es ist absolut *nicht* wichtig, dass *ich* Fußball spiele. Dennoch waren die von mir organisierten Fußballturniere bei Accenture mein persönliches Highlight der Woche. Auch wenn es sich nicht um deinen Dharma handelt, kann es dir trotzdem Freude bereiten.

FELD III: NICHT GUT KÖNNEN, NICHT LIEBEN

Tu, was in deiner Macht steht, um aus diesem bedrückenden Feld herauszukommen. Lästige Pflichten wird es immer geben, aber sie sollten nicht den Großteil deines Lebens ausmachen. Arbeite daran, die Pflichten dieser Kategorie auszulagern. Es ist zwar schade um das Geld, aber rette lieber deine Seele. Und vielleicht musst du den Geldbeutel ja gar nicht zücken: Vergiss nicht, nur weil du etwas nicht magst, heißt das noch lange nicht, dass niemand es mag. Eventuell kannst du mit einem Freund oder einer Freundin einen Deal aushandeln, und ihr nehmt euch gegenseitig die verhasstesten Aufgaben ab?

Falls du dich einer bestimmten Pflicht nicht entziehen kannst, denke an das, was ich im Aschram gelernt habe: Jede Aufgabe gleicht einem lebenswichtigen Organ. Keine ist weniger bedeutsam als die andere, und keiner von uns ist so bedeutsam, dass er keine Pflichten hat. Glaubst du, du seist für irgendetwas zu gut, gibst du dich einem der schlimmsten egoistischen Impulse überhaupt hin und wertest jeden ab, der diese Pflicht erfüllen muss. Lebst du zufrieden deinen Dharma, kannst du ohne Ego oder Neid die Fähigkeiten eines anderen Menschen würdigen. Ich persönlich habe großen Respekt vor Excel-Experten, ich bin nur selbst keiner. Wenn ich Ärzte oder Soldaten oder Leute mit anderen Berufen kennenlerne, denke ich: «Das ist bewundernswert, das ist toll. Aber es ist nichts für mich.»

AUFGABE: *BESTIMMTE DEIN POTENZIAL-FELD*

Das hast du vielleicht schon während des Lesens gemacht. Bitte stelle dir die folgenden Fragen trotzdem und nehme zur Kenntnis, wie nahe du deinem Dharma bislang gekommen bist.

Magst du deinen Job?
Liebst du deinen Job?
Bist du gut in deinem Job?
Wird deine Arbeit gebraucht, und stößt du damit auf Anerkennung?
Liegt deine größte Kompetenz oder Passion außerhalb der Arbeit?
Um was handelt es sich dabei?
Träumst du davon, damit dein Geld zu verdienen?

Lässt sich das umsetzen?
Ließe sich deine Passion irgendwie an deinem Arbeitsplatz einbringen?
Überlege, wie du deine Passion in die Welt hinaustragen könntest.

FELD II: KÖNNEN UND LIEBEN

Mit geliebten Tätigkeiten, die unsere Talente erfordern, sollten wir die meiste Zeit unseres Lebens verbringen. Bist du dort noch nicht angelangt, untersuche das Problem so, wie die Mönche es tun würden – schaue dir nicht nur bestimmte Fähigkeiten an, die du dir angeeignet hast, sowie bestimmte Tätigkeiten, die du liebst, sondern gehe tiefer und betrachte ihre Wurzeln. Die Bhagavad Gita befasst sich mit dem Dharma, indem sie die Menschheit in vier Persönlichkeitstypen unterteilt, in die sogenannten *Varnas*. Dein *Varna* verrät dir dein Wesen und deine Kompetenzen. In der jüngeren Vergangenheit (im neunzehnten Jahrhundert) wurden die *Varnas* von den britischen Kolonialherrschern als Grundlage für ihr starres Kastensystem herangezogen, das sie der indischen Gesellschaft aufgezwängt haben.[7] Das ist jedoch auf eine Fehlinterpretation der Schrift zurückzuführen. Mir geht es bei den *Varnas* nicht um das Kastensystem – meiner Meinung nach sind alle Menschen gleich; wir haben nur unterschiedliche Fähigkeiten und Talente. Mir geht es darum, wie wir uns diese Fähigkeiten und Talente zunutze machen können, um unser volles Potenzial zu entfalten. Die unterschiedlichen Persönlichkeitstypen sind dazu bestimmt, in einer Gemeinschaft zusammenzuarbeiten wie die Organe eines Körpers – jeder einzelne ist lebensnotwendig, keiner wichtiger als der andere.

Die *Varnas* werden nicht vererbt. Sie sollen helfen, unserer wahren Natur und unseren Neigungen auf die Spur zu kommen. Nur weil deine Eltern kreativ waren, bist du es noch lange nicht.

Kein *Varna* ist besser als das andere, es gibt weder Hierarchien noch Segregation. Wir alle haben unterschiedliche Vorstellungen von Arbeit, Spaß, Liebe und hingebungsvollem Dienst. Handeln zwei Menschen bestmöglich nach ihrem Dharma und stellen sich in den Dienst anderer, ist keiner besser als der andere. Oder ist ein Krebsforscher etwa besser als ein Feuerwehrmann?

AUFGABE: ***DER VEDISCHE PERSÖNLICHKEITSTEST***

Dieser einfache Test soll keine lückenlose Bestimmung deines Persönlichkeitstyps darstellen, sondern dir dabei helfen, deinen Dharma aufzuspüren.
Er befindet sich im Anhang.

DIE VARNAS

Die vier Varnas sind: Lehrer, Leiter, Erzeuger und Gestalter. Hinter diesen Bezeichnungen verbergen sich keine konkreten Jobs oder Tätigkeiten. Bestimmte Tätigkeiten machen uns natürlich Spaß, weil wir damit unseren Dharma erfüllen, doch den Dharma können wir auf ganz unterschiedliche Weise leben. Wie du weiter unten sehen wirst, fühlen sich Lehrer dem Lernen und der Wissensvermittlung verpflichtet – das ließe sich ganz konkret als Lehrer, oder aber als Schriftstellerin verwirklichen. Leiter üben gern Einfluss aus und finden Gefallen daran, etwas bereitzustellen, das heißt jedoch nicht, dass sie Geschäftsführerin oder Oberleutnant werden müssen – auch Schuldirektor oder

DHARMA-PROFILE

Filialleiterin sind mögliche Jobs. Erzeuger rufen gerne Dinge ins Leben, bewegen etwas – das könnten sie bei einem Start-up, einer Nachbarschaftsinitiative oder in einem Verein tun. Gestalter möchten sehen, wie sich etwas entwickelt – als Programmierer oder als Krankenschwester zum Beispiel.

Erinnere dich an die drei *Gunas*: *Tamas, Rajas* und *Sattwa* – Ignoranz, Impulsivität und Güte. In der folgenden Darstellung der Varnas führe ich auf, wie das Verhalten des jeweiligen Persönlichkeitstyps in allen drei *Guna*-Modi aussieht. Wir streben *Sattwa* an, indem wir uns von Ignoranz lösen, voller Leidenschaft arbeiten und in Güte dienen. Je mehr Zeit wir im *Sattwa*-Modus verbringen, desto effektiver und erfüllter werden wir sein.

ERZEUGER

Ursprünglich: Kaufleute, Geschäftsleute
Heute: Marketingleute, Vertriebsleute, Entertainer, Film- und Fernseh-Produzenten, Unternehmer, Firmenchefs
Kompetenzen: Brainstormen, Netzwerken, Erfinden

- Können Dinge bewegen
- Können sich und andere von allem überzeugen
- Sind gut im Verkaufen, Verhandeln, Überreden
- Werden von Geld, Vergnügen und Erfolg angetrieben
- Sind fleißig und zielstrebig
- Glänzen vor allem im Handels-, Bank- und Wirtschaftswesen
- Sind immer in Bewegung
- Ihr Motto: «Work hard, play hard»

Im Modus der Ignoranz

- Werden korrupt und verkaufen wertlose Dinge / lügen, betrügen, stehlen, um etwas zu verkaufen
- Lassen sich von Misserfolgen zu Fall bringen
- Sind wegen Überarbeitung erschöpft, deprimiert, launisch

Im Modus der Impulsivität

- Statusgetrieben
- Dynamisch, charismatisch, hinreißend
- Gaunerhaft, ergebnisorientiert, unermüdlich

Im Modus der Güte

- Setzen Geld für wohltätige Zwecke ein
- Entwickeln Produkte und Ideen, die Geld bringen *und* der Menschheit dienen
- Schaffen Arbeitsplätze und Chancen

GESTALTER

Ursprünglich: Künstler, Musiker, Kreative, Schriftsteller
Heute: Sozialarbeiter, Therapeuten, Ärzte, Pflegekräfte, Be-

triebsleiter, Personaler, Künstler, Musiker, Ingenieure, Programmierer, Schreiner, Köche
Kompetenzen: Erfinden, Unterstützen, Umsetzen

Im Modus der Ignoranz

- Lassen sich durch Misserfolge entmutigen
- Fühlen sich festgefahren und unnütz
- Sind ängstlich und besorgt

Im Modus der Impulsivität

- Suchen und erkunden neue Ideen
- Möchten auf mehreren Hochzeiten gleichzeitig tanzen
- Verlieren Sachwissen und Sorgfalt aus den Augen; nehmen stattdessen Geld und Ergebnisse ins Visier

Im Modus der Güte

- Lassen sich von dem Bedürfnis nach Stabilität und Sicherheit leiten
- Sind generell zufrieden mit dem Stand der Dinge
- Setzen sich bedeutungsvolle Ziele
- Arbeiten hart, aber achten auf Gleichgewicht mit familiären Verpflichtungen
- Eignen sich bestens als rechte Hand
- Leiten Teamtreffen
- Helfen Bedürftigen
- Sind sehr geschickt bei manuellen Tätigkeiten

Verbindungen

Gestalter und Erzeuger ergänzen sich gut. Gestalter bringen Erzeuger dazu, auf Details, Qualität, Dankbarkeit und Zufriedenheit zu achten. Erzeuger helfen Gestaltern dabei, größer zu denken und zielorientierter zu handeln.

LEHRER

Ursprünglich und heute: Lehrer, Führer, Gurus, Coaches, Mentoren
Kompetenzen: Lernen, Studieren, Wissen vermitteln, Weisheit

- Werden immer Coach und Mentor sein, egal in welcher beruflichen Funktion
- Möchten die besten Seiten in einem Menschen zum Vorschein bringen
- Stellen Wissen und Weisheit über Ruhm, Macht, Geld und Sicherheit
- Brauchen ihre Zeit und ihren Raum fürs Reflektieren und Lernen
- Möchten anderen helfen, Sinn, Erfüllung und ihre Bestimmung zu finden
- Arbeiten gern allein
- Haben Freude an intellektuellen Beschäftigungen – Lesen, Debattieren, Diskutieren

Im Modus der Ignoranz

- Lassen ihren Worten nicht immer Taten folgen
- Gehen nicht mit gutem Beispiel voran
- Können Dinge nur schwer umsetzen

Im Modus der Impulsivität

- Argumentieren die anderen gern in Grund und Boden
- Nutzen ihr Wissen, um stärker und mächtiger zu werden
- Lernbegierig

Im Modus der Güte

- Erkennen, dass sie ihr Wissen in den Dienst anderer stellen sollen
- Setzen ihr Wissen ein, um anderen zu helfen, ihre Bestimmung zu finden
- Möchten sich bessern, um noch mehr von sich geben zu können

LEITER

Ursprünglich: Könige, Krieger
Heute: Militärs, Kämpfer für Gerechtigkeit, Juristen, Politiker
Kompetenzen: Menschen anleiten, inspirieren, mobilisieren

- Geborene Anführer von Menschen, Bewegungen, Gruppen, Familien
- Zeigen Mut, Stärke und Entschlossenheit
- Beschützer der Benachteiligten
- Werden von hohen Moral- und Wertvorstellungen geleitet und wollen diese auf der ganzen Welt durchsetzen
- Liefern die Struktur und die Rahmenbedingungen, damit andere sich weiterentwickeln können
- Arbeiten gern im Team
- Können super organisieren, sich fokussieren und für eine Mission engagieren

Im Modus der Ignoranz

- Verlieren beim Streben nach Macht ihren inneren moralischen Kompass
- Streben keinen Wandel mehr an, weil sie korrupt und überheblich geworden sind
- Entwickeln eine negative, pessimistische Sichtweise

Im Modus der Impulsivität

- Schaffen Strukturen und Rahmenbedingungen für Ruhm und Geld statt für Sinnhaftigkeit
- Setzen ihre Begabungen für sich selbst statt für die Allgemeinheit ein
- Konzentrieren sich auf kurzfristige, persönliche Ziele

Im Modus der Güte

- Kämpfen für hohe Moral-, Ethik- und Wertvorstellungen
- Inspirieren Menschen zur Zusammenarbeit
- Setzen sich langfristige Ziele im Dienst der Gesellschaft

Verbindungen

Lehrer und Leiter ergänzen sich gut. Lehrer schenken Leitern Weisheit. Leiter schenken Lehrern Struktur.

Die *Varnas* sollen dir zu größerer Selbsterkenntnis verhelfen, damit du dich auf deine größten Kompetenzen und stärksten Neigungen fokussieren kannst. Ich persönlich weiß, dass ich zum Lehrer tendiere und deshalb strategischer vorgehen sollte, wenn ich weiterkommen möchte. Erzeuger und Gestalter sind besser als ich darin, Dinge umzusetzen, deswegen habe ich solche Persönlichkeiten in meiner Nähe. Nehmen wir an, eine Musikerin habe eine gestalterische Persönlichkeit und sei deshalb von ihrem Sicherheitsbedürfnis gelenkt. Sie sollte sich am besten mit Strategen umgeben, um erfolgreich zu sein. Was ich damit sagen will: Investiere in deine Stärken und umgebe dich mit Menschen, die deine Lücken füllen.

Bist du dir deines *Varnas* bewusst – deiner Passion und deiner Kompetenz – und stellst es in den Dienst am Nächsten, so wird daraus dein Dharma.

AUFGABE: ***DEIN BESTES ICH IM SPIEGELBILD***

1. Stelle eine Gruppe aus Menschen zusammen, die dich gut kennen – eine breitgefächerte Mischung aus (früheren) Arbeitskollegen, Freunden, Verwandten. Drei Menschen genügen, aber zehn oder zwanzig sind noch besser.
2. Bitte sie, eine Begebenheit zu schildern, bei der du in Höchstform warst. Das sollen sie schriftlich und so präzise wie möglich tun.
3. Halte nach Mustern und wiederkehrenden Themen Ausschau.
4. Schreibe dein eigenes Persönlichkeitsprofil, indem du das Feedback so zusammenführst, als ginge es nicht um dich selbst.
5. Überlege dir, wie du deine besten Fähigkeiten unter Beweis stellen kannst. Wie kannst du sie kommendes Wochenende einsetzen? In einem anderen Rahmen oder mit anderen Menschen?

PROBIERE DEINEN DHARMA AUS

Der vedische Persönlichkeitstest hilft dir beim Erkennen deines *Varnas*, doch die Zukunft kann er ebenso wenig vorhersagen wie Horoskope. Es liegt ganz bei dir, dein *Varna* in der realen Welt auszuprobieren, indem du es erforschst und damit herumexperimentierst. Erkennst du dich in der Beschreibung des leitenden Persönlichkeitstyps wieder, versuche, auf der Arbeit eine solche Funktion zu übernehmen, oder organisiere den Kindergeburtstag deiner Tochter. Machen dir diese Abläufe wirklich Freude?

Denke mal darüber nach, wie bewusst wir mit unserer Ernährung umgehen. Sobald wir uns etwas in den Mund schieben, wird es von unseren Sinnen überprüft und für gut oder schlecht befunden. Wir hätten überhaupt kein Problem damit, es von einer Skala von eins bis zehn zu bewerten. Außerdem sehen wir die Sache am darauffolgenden Tag manchmal mit anderen Augen. (Wenn ich sonntagabends mein heißgeliebtes Schokobrownie-Eis esse, fühle ich mich ziemlich glücklich, aber montagmorgens halte ich es nicht mehr für so eine gute Idee.) Mit Hilfe von kurz- und langfristiger Reflexion bilden wir uns eine differenzierte Meinung darüber, ob dieses Essen Teil unseres Speiseplans werden soll oder nicht. Wir tun das mit Essen oder mit Kinofilmen («Und, wie hat er dir gefallen?»), manchmal sogar auf Yelp oder Tripadvisor, Amazon oder IMDb. Aber fragen wir uns auch, wie sehr das, womit wir unsere Zeit verbringen, unserem Geschmack entspricht? Wir sollten uns angewöhnen, genau zu bestimmen, was uns stärkt und was nicht. Dann wissen wir viel besser, wer wir sind und was wir uns vom Leben erhoffen. Genau aus diesem Grund versuchen wir nun, unserem *Varna* noch mehr auf die Spur zu kommen.

Die erste und entscheidende Frage dabei lautet:

Haben mir die Arbeitsabläufe gefallen?

Gleiche die Beschreibung deines *Varnas* mit deiner tatsächlichen Erfahrung ab, um festzustellen, was genau dir Spaß gemacht hat. Sag nicht: «Ich mache total gerne Fotos», sondern geh der Sache richtig auf den Grund. Fotografierst du gerne Familien und erstellst mit ihnen zusammen aus den Fotos eine Grußkarte, die sie stolz macht? (Lehrer) Ist es dir wichtiger, menschliches Mühsal oder andere bedeutungsvolle Geschehnisse zu dokumentieren, um die Welt zu verändern? (Leiter) Oder liebst du eher die technischen Seiten des Fotografierens und hantierst gerne mit Beleuchtung, Bildschärfe und Filmentwicklung herum? (Erzeuger) Im Aschram befragten wir uns nach jeder Tätigkeit oder Gedankenübung: Was hat mir daran gefallen? Bin ich gut darin? Möchte ich darüber lesen, mehr darüber lernen und eine Menge Zeit damit verbringen? Spüre ich den Drang, mich darin zu verbessern? Wobei habe ich mich wohlgefühlt, wobei weniger? Falls ich mich bei irgendetwas unwohl gefühlt habe, hatte das trotzdem etwas Positives, weil ich daran gewachsen bin? Mit diesen Erkenntnissen verschaffen wir uns ein viel differenzierteres Bild davon, in welchen Bereichen wir aufblühen. Anstatt uns auf den einzig «wahren» Pfad zu schicken, eröffnet uns diese Erkenntnis neue Wege, wie wir unsere Passion einsetzen können.

AUFGABE: ***FÜHRE EIN AKTIVITÄTEN-TAGEBUCH***

Notiere dir ein paar Tage lang alles, was du unternommen bzw. womit du dich beschäftigt hast. Besprechungen, Gassi gehen, Verabredungen zum Mittagessen, E-Mails schreiben, kochen, Sport, soziale Medien. Stelle dir bei jeder Beschäftigung zwei Fragen, die für deinen Dharma wesentlich sind: Mochtest du den Vorgang? Mochten andere das Resultat? Richtige oder falsche Antworten gibt es nicht. Es geht nur ums Beobachten, ums Schärfen deiner Selbsterkenntnis.

NIMM DEINEN DHARMA AN

Unser Verstand möchte uns vielleicht weismachen, dass wir stets die beste Entscheidung getroffen haben. Unserem wahren Wesen aber steht der Verstand oft nur im Weg, denn das ist eine Frage des Herzens. Hier einige Ausreden, mit denen unser Verstand rechtfertigt, dass er abblockt:

«Ich bin zu alt, um noch ein eigenes Geschäft zu eröffnen.»
«Das wäre unverantwortlich von mir.»
«Das kann ich mir einfach nicht leisten.»
«Das weiß ich doch längst.»
«So habe ich es schon immer gemacht.»
«Das wird bei mir nicht hinhauen.»
«Dazu habe ich keine Zeit.»

Frühere falsche Glaubenssätze schleichen sich nur allzu leicht ein und verhindern unsere persönliche Weiterentwicklung. Ängste halten uns davon ab, Neues auszuprobieren. Unser Ego verhindert, dass wir Neues lernen und uns öffnen. (Mehr dazu im achten Kapitel.) Und keiner hat jemals Zeit für Veränderungen. Dabei können wahre Wunder geschehen, wenn wir unserer Freude folgen.

Der junge Joseph Campbell hatte Anfang des zwanzigsten Jahrhunderts keine beruflichen Vorbilder, die seinen breitgefächerten Interessen entsprachen. Als Kind war er von den nordamerikanischen Ureinwohnern fasziniert, und er sog sämtliches Wissen über ihre Kultur in sich auf. An der Uni schlugen ihn dann die Rituale und Symbole der katholischen Kirche in ihren Bann. Und während eines Auslandsstudiums an der Sorbonne entwickelte er ein Interesse für die Theorien von Jung und Freud sowie für moderne Kunst. Zurück an der Columbia University teilte er seinen Professoren mit, er wolle in seiner Magisterarbeit Legenden über den Heiligen Gral mit kunstgeschichtlichen und psychologischen Überlegungen kombinieren. Das lehnten die Professoren ab. Daraufhin gab er die Arbeit an seiner Magisterarbeit auf und begann 1949, am Sarah Lawrence College Literatur zu unterrichten, eine Tätigkeit, die er achtunddreißig Jahre lang ausübte. In der Zwischenzeit veröffentlichte er Hunderte Bücher und Artikel und versenkte sich in alte indische Mythologien und

Philosophien.[8] Doch erst in seinem Buch *Der Heros in tausend Gestalten* brachte Campbell seine bahnbrechende Theorie der «Heldenreise» – und diese machte ihn zu einer der führenden Autoritäten auf dem Gebiet der Mythologie und der menschlichen Psyche. Kein Wunder, dass der Ratschlag «Folge deiner Freude» von jemandem stammt, der selbst auch seinem Dharma gefolgt ist. Campbell schrieb: «Auf diesen Gedanken der Freude bin ich gekommen, weil es im Sanskrit, das die große geistige Sprache der Welt ist, drei Ausdrücke gibt, die das Ufer, den Absprungspunkt in den Ozean der Transzendenz bezeichnen: *Sat, Tschit, Ananda*. Das Wort *Sat* heißt ‹Sein›. *Tschit* heißt ‹Bewusstsein›. *Ananda* heißt ‹Freude, Wonne, Verzückung›. Ich dachte: ‹Ich weiß nicht, ob mein Bewusstsein richtig ist oder nicht; ich weiß nicht, ob das, was ich unter meinem Sein verstehe, richtig ist oder nicht; aber ich weiß, wo ich in Verzückung gerate. Ich will mich also an meine Verzückung halten, und die wird mir sowohl mein Bewusstsein als auch mein Sein bringen.› Ich denke, es hat geklappt. [...] Folgen Sie Ihrer Freude und haben Sie keine Angst, und Türen werden sich öffnen, wo Sie gar nicht damit gerechnet haben.»[9]

Von unseren Schutzinstinkten werden wir zurückgehalten oder zu pragmatischen Entscheidungen verleitet (auch Campbell hat achtunddreißig Jahre lang Literatur unterrichtet), doch wenn wir wissen, wonach wir suchen müssen, können wir über sie hinaussehen.

DHARMA IST ETWAS KÖRPERLICHES

Statt auf unseren Verstand zu hören, müssen wir achtgeben, wie sich ein Gedanke oder eine Tätigkeit in unserem Körper bemerkbar macht. Zunächst visualisierst du dich bei einem bestimmten Vorgang – kommt dabei kribbelige Freude in dir auf?

Gefällt dir die Vorstellung? Was passiert, während du die Tätigkeit tatsächlich ausführst – wie reagiert dein Körper? Wenn du ganz in deinem Element bist, spürst du das.

1. *Lebendigkeit.* Manche empfinden eine ruhige, zuversichtliche Zufriedenheit, wenn sie ihren Dharma erfahren. Bei anderen handelt es sich eher um ein freudiges, aufgeregtes Kribbeln. In beiden Fällen aber fühlst du dich lebendig, mit der Welt verbunden, und trägst ein Lächeln im Gesicht. Ein Licht geht auf.
2. *Flow.* Der Dharma verleiht dir einen natürlichen Antrieb. Du bist auf der richtigen Bahn, schwimmst mit dem Strom, musst dich nicht durch eine anhaltende Brandung kämpfen. Wenn du wirklich im Einklang mit dir bist, hast du das Gefühl, es sei alles im Fluss – du vergisst Raum und Zeit und Gedanken.
3. *Behagen.* In deinem Dharma fühlst du dich nicht allein oder fehl am Platz – egal, wo du bist, komme und gehe, wer wolle; dieser Ort fühlt sich einfach richtig an, selbst wenn es sich dabei um das Reisen um die Welt handelt. Mir persönlich ist das Gefühl von Gefahr zuwider, aber einer meiner Freunde liebt schnelle Autos und Jetskis. Die Gefahr – der Ernstfall – ist für uns beide die gleiche, aber für ihn ist es die Sache wert, oder die Gefahr an sich gefällt ihm. Auf der Bühne bin ich hingegen in meinem Element, und jemand anderes wäre verängstigt.
4. *Beständigkeit.* Dein Dharma hält der Wiederholung stand. Genau genommen wird es sogar umso schöner, je öfter du die betreffende Tätigkeit wiederholst. Wenn dir im Urlaub das Schnorcheln unglaublichen Spaß macht, heißt das nämlich noch lange nicht, dass dein Dharma im Schnorcheln oder im Urlaub-Machen liegt. Wobei

ein einzelnes Erlebnis dir sehr wohl einen Hinweis darauf geben kann, welche Energie du magst und wie und wann du dich lebendig fühlst.

5. *Positivität und Weiterentwicklung.* Wenn wir uns unserer Stärken bewusst sind, haben wir mehr Selbstvertrauen, eine größere Wertschätzung für die Fähigkeiten anderer und sind weniger wettbewerbsorientiert. Der Drang, sich mit anderen zu vergleichen, mag nicht ganz verschwinden, doch er lässt nach, weil du dich nur noch mit den Menschen deines Spezialgebiets vergleichst. Zurückweisung und Kritik können uns nicht länger etwas anhaben. Sie stellen bloß noch Informationen dar, die wir entweder annehmen oder ablehnen, je nachdem, ob wir an ihnen wachsen können oder nicht.

DEIN DHARMA LIEGT IN DEINER VERANTWORTUNG

Sobald du ein Gespür für deinen Dharma hast, liegt es an dir, dein Leben so umzugestalten, dass du ihm folgen kannst. Es wird bestimmt nicht immer so sein, dass die anderen unseren Dharma erkennen und sich krummmachen, damit wir ihm nachgehen können. Wie wir sicher alle schon erlebt haben, sorgen Vorgesetzte nicht unbedingt dafür, dass wir uns voll und ganz entfalten können. Wenn du denkst: «Meine Chefin muss einfach nur meinen Dharma kapieren, dann wird sie mich schon befördern», hast du etwas Wesentliches nicht verstanden. Wir werden nie in einer heilen Welt leben, in der wir alle durchgehend unseren Dharma leben und auch unsere Vorgesetzten liebevoll darum bemüht sind.

Es liegt in unserer Verantwortung, unseren Dharma vorzuzeigen und zu verteidigen. In der Manusmriti steht geschrieben, dass der Dharma diejenigen beschützt, die ihn beschützen.[10] Unser Dharma beschert uns Standfestigkeit und Frieden. Haben wir Vertrauen in das Wissen, wie wir uns am besten entfalten, werden sich Möglichkeiten auftun, es unter Beweis zu stellen. Das Ganze setzt eine Art Aufwärtsspirale in Gang. Gibst du gut auf deinen Dharma acht, zieht es dich automatisch dorthin, wo du dich entfalten kannst. Bist du dabei, dich zu entfalten, bemerken das die Leute um dich herum, wovon du wiederum so sehr profitierst, dass du noch fester im Sattel deines Dharmas sitzt. Dein Dharma behütet deinen Sinn für Freude und deine Bestimmung und ist dir bei deinem persönlichen Wachstum behilflich.

WEITE DEINEN DHARMA AUS

Jemand, der seinen Dharma nicht lebt, fühlt sich wie ein Fisch auf dem Trockenen. Du kannst dem Fisch sämtliche Reichtümer dieser Erde zuteilwerden lassen – wenn er nicht zurück ins Wasser gelangt, wird er sterben. Sobald du also deinem Dharma auf die Spur gekommen bist, solltest du dich darum bemühen, ihn in allen Bereichen zu leben. Tu das, wofür dein Herz schlägt, an deinem Arbeitsplatz. Tu etwas fürs Gemeinwohl, wobei du deine speziellen Fähigkeiten einsetzen kannst. Sei im Kreis deiner Familie, beim Sport, in Beziehungen und bei Ausflügen mit Freunden in deinem Dharma. Bin ich eine leitende Persönlichkeit, sollte ich wohl derjenige sein, der den Familienurlaub plant, das wird mich mit Sinn und Bedeutung erfüllen. Bin ich eine leitende Persönlichkeit und ein anderer plant den Familienurlaub, werde ich mich unnütz und frustriert fühlen.

Womöglich denkst du gerade: «Jay, hör mir auf mit deinem Dharma. So ein Quatsch, jeder weiß doch, dass man Neues ausprobieren und den Schritt aus seiner Komfortzone wagen soll.» Bei unserem Dharma handelt es sich aber nicht bloß um unsere Komfortzone. Er geht darüber hinaus. Bist du vom Dharma her Rednerin, kannst du dich von einem zehnköpfigen zu einem hundertköpfigen Publikum steigern und damit noch mehr Einfluss nehmen. Hältst du Vorträge vor Studenten, kannst du beginnen, Vorträge vor Geschäftsführern zu halten.

Es ist wichtig, deinen Dharma auszuweiten. Ich persönlich bin nicht unbedingt kontaktfreudig, gehe aber trotzdem zu Treffen und Veranstaltungen, weil ich weiß, dass Kontakte-Knüpfen meinem Ziel dient. Sich gegen seinen Dharma zu stellen, ist ein bisschen wie mit Rollschuhlaufen zu beginnen. Du hast das Gefühl, aus dem Gleichgewicht zu geraten und die Kontrolle zu verlieren und bist anschließend total erschöpft. Je besser du dich kennenlernst, desto größer wird dein Halt. Dann kannst du bewusst abbiegen und ein höheres Ziel ansteuern.

Unser Dharma entwickelt sich mit uns. Die Britin Emma Slade arbeitete in Hongkong für eine große Investmentbank, wo sie mit Millionen jonglierte. «Ich habe es geliebt», sagt Slade. «Es war schnell, es war aufregend ... Jahresbilanzen hab ich zum Frühstück verputzt.»[11] Dann flog sie geschäftlich nach Jakarta, bekam dort eine Pistole an die Brust gerammt, wurde ausgeraubt und als Geisel in ihrem Hotelzimmer festgehalten. Als sie damals auf dem Boden kauerte, so Slade, wurde ihr der Wert eines Menschenlebens bewusst. Glücklicherweise kam ihr die Polizei zu Hilfe, bevor sie körperlich verletzt wurde. Später zeigten ihr die Polizeibeamten ein Foto von dem Täter, wie er vor der Hotelwand zusammengesackt war, umgeben von Blutspritzern. Für Slade war es ein Schock, dass sie bei diesem Anblick nichts als Trauer und Mitgefühl empfand. Diese Gefühle prägten sich ein und veranlassten sie dazu, sich auf die Suche nach ihrer wahren Bestimmung zu machen.

Slade kündigte ihren Job und widmete sich dem Yoga und der Natur des Geistes. 2011 reiste sie nach Bhutan, wo sie auf einen Mönch traf, der bleibenden Eindruck bei ihr hinterließ (kommt mir irgendwie bekannt vor). 2012 wurde sie buddhistische Nonne (mit Namen Pema Deki) und hatte das Gefühl, endlich ihren Seelenfrieden gefunden zu haben. Sie erkannte jedoch, dass sie das starke Mitgefühl, das sie damals für ihren Angreifer empfunden hatte, in die Tat umsetzen sollte. Also rief sie 2015 den in Großbritannien ansässigen gemeinnützigen Verein Opening Your Hearts to Bhutan ins Leben, der die Landbevölkerung im Osten von Bhutan unterstützt. Obwohl sie im Dasein als Nonne ihre Erfüllung gefunden hat, war es nie ihr Dharma gewesen, für den Rest ihres Lebens in einer Höhle zu meditieren. Ihre Finanzkompetenzen setzt sie heute auf viel ergiebigere Weise für sich selbst und andere ein. «Meine damaligen Fähigkeiten haben sich als sehr nützlich erwiesen, weil sie mir heute ein sinnerfülltes und glückliches Leben bescheren», so Slade. Sie vergleicht ihre Erfahrung gern mit einer Lotusblume. Diese beginnt in schlammigen Gewässern zu wachsen, reckt sich dann aber auf der Suche nach Licht in die Höhe. Im Buddhismus steht die Lotusblume für den Gedanken, dass selbst der Unrat des Lebens einen guten Nährboden für unser persönliches Wachstum bildet. Der Lotus wächst so lange durch das Wasser, bis er die Oberfläche durchdringt und zu blühen beginnt. Buddha sagt: «Gleichwie nämlich die Lotusblume, im Wasser geboren, im Wasser aufgewachsen, sich über den Wasserspiegel erhebt und nicht mehr vom Wasser berührt wird: Ebenso auch verweilt der Vollendete, von diesen zehn Dingen abgewandt, entbunden und losgelöst, unumschränkten Gemütes.»[12]

«Jakarta war mein Schlamm», sagt Slade in ihrem TEDx-Talk, «und gleichzeitig auch der Samen meiner zukünftigen Entwicklung.»

Denke an die Dharma-Formel. Dharma ist nicht gleich Passion und Kompetenzen. Dharma ist *Passion im Dienste anderer*. Deine Passion ist für dich da. Deine Bestimmung für andere. Und deine Passion wird zu deiner Bestimmung, wenn du sie in den Dienst am Nächsten stellst. Dein Dharma muss ein Bedürfnis in der Welt erfüllen. Wie schon erwähnt, glauben Mönche, dass wir zu allem bereit sein sollten, wenn es einem höheren Zweck dient. Sie richten ihr Leben danach aus. Bist du kein Mönch, gilt Folgendes: Das Vergnügen, mit dem du deiner Passion nachgehst, sollte im Verhältnis stehen zu der Dankbarkeit, die andere dafür empfinden. Halten andere das Unterfangen für nicht besonders wirkungsvoll, ist deine Passion ein Hobby und kann dein persönliches Leben bereichern.

In jedem Leben gibt es Betätigungen, die Kompetenzen herausbilden, und Betätigungen, die den Charakter formen. Als ich zum ersten Mal gebeten wurde, einen Vortrag zu halten, bildete das meine Dharma-Kompetenz heraus. Als ich gebeten wurde, den Müll nach draußen zu bringen, formte das meinen Charakter. An den eigenen Kompetenzen zu arbeiten und dabei den Charakter außer Acht zu lassen, ist narzisstisch, und den Charakter zu formen und dabei nicht an seinen Fähigkeiten zu arbeiten, hat kaum Schlagkraft. Um unserer Seele und einem höheren Zweck zu dienen, müssen wir uns also beidem widmen.

Deine Bestimmung zu erkennen und zu erfüllen, ist einfacher und ergiebiger, wenn du weisen Gebrauch von deiner Zeit und deinen Energien machst. Im nächsten Kapitel schauen wir uns an, wie du am besten in den Tag startest und ihn am besten ausklingen lässt.

KAPITEL 6

ROUTINEN

Orte haben Energie, die Zeit hat ein Gedächtnis

Denke jeden Morgen beim Aufwachen:
Was für ein Glück, lebendig zu sein.
Mein Leben ist ein kostbares Geschenk,
das ich nicht vergeuden will.

Dalai Lama

Wir schlafen hier ungefähr zu zwölft auf dem Boden, vielleicht sind wir auch mehr. Jeder liegt auf einer Art Yogamatte und ist mit einem schlichten Laken zugedeckt. Die Zimmerwände bestehen aus festgedrücktem Kuhdung, der sich wie Rauputz anfühlt und einen unangenehm erdigen Geruch abgibt. Der unfertige Steinfußboden ist weichgewetzt, aber weit von Memory-Schaum entfernt. Fertige Fenster gibt es in diesem Gebäude keine – wir befinden uns in einem Innenraum, der uns in der Regenzeit vor Nässe schützt und zur Belüftung jede Menge Türen hat.

Obwohl ich hier jede Nacht schlafe, gibt es keinen bestimmten Platz, den ich «mein Eigen» nennen würde. Wir halten uns von jeglicher Eigentümerschaft fern – kein Besitz, keine Anhaftung an Materielles. Im Zimmer ist es stockfinster, doch dank der Vogellaute draußen weiß unser Körper, dass es vier Uhr morgens ist – Zeit aufzustehen. In einer halben Stunde sollen wir zum gemeinschaftlichen Gebet erscheinen. Ohne ein Wort zu sagen, gehen wir in den Umkleideraum. Einige von uns duschen, andere schlüpfen sofort in ihr Gewand. Wir stellen uns an, um unsere Zähne an einem der vier Gemeinschaftswaschbecken zu putzen. Wir sind unbeobachtet von der Außenwelt, aber würde uns jemand zuschauen, sähe er eine Gruppe offenbar ausgeruhter Männer, denen es allen überhaupt nichts auszumachen scheint, um diese Stunde aufzustehen.

So ist es nicht immer gewesen. Jeden Morgen erfand mein Hirn, das unbedingt noch ein kleines bisschen länger im Ruhemodus bleiben wollte, eine neue Ausrede, um liegen bleiben zu können. Doch ich habe mich gepusht, weil ich voll und ganz hinter dieser Ausbildung zum Mönch stand. Die Tatsache, dass mir diese neue Morgenroutine schwerfiel, war wichtiger Teil der Übung.

Irgendwann kam ich hinter das Geheimnis des Frühaufstehens: *Man muss einfach früher schlafen gehen*. Das war's. Mein ganzes Leben lang hatte ich versucht, die Grenzen des Tages hinauszuschieben, hatte das Morgen geopfert, weil ich im Heute nichts verpassen wollte. Sobald ich mich davon gelöst hatte und anfing, früher ins Bett zu gehen, fiel mir das frühe Aufstehen immer leichter. Und ich stellte fest, dass ich dazu ohne jegliche Hilfe von außen in der Lage war. Es brauchte nur meinen Körper und die umliegende Natur.

Für mich war das ein Offenbarungserlebnis. Ich erkannte, dass kein Tag in meinem Leben ohne Schrecken begonnen hatte. Früher rief meine Mutter «Jay, aufstehen!» ins Obergeschoss. Später wurde diese undankbare Aufgabe einem Wecker zuteil. Jeder Tag meines Lebens hatte mit einem jähen, schrillen Übergriff seinen Lauf genommen. Nun wachte ich von Vogelstimmen, Blätterrascheln und Wasserplätschern auf.

Letztlich erschloss sich mir auch der Sinn des Ganzen. Das frühe Aufstehen sollte keine Foltermaßnahme sein, sondern uns in Ruhe und Frieden in den Tag starten lassen. Vogelstimmen. Ein Gongschlag. Wasserrauschen. Unsere Morgenroutine blieb immer gleich. Ihre Schlichtheit und Struktur ersparten uns belastende komplexe Entscheidungen und Schwankungen. Sie waren wie eine Dusche für unseren Geist. Sie reinigten uns von den Herausforderungen des vorigen Tages und schenkten uns den Raum und die Energie, Gier in Großzügigkeit, Zorn in Mitgefühl und Verlust in Liebe zu verwandeln. Zu guter Letzt schenkten sie uns Entschlossenheit und Zielgerichtetheit, die wir mit in den Tag nahmen.

Im Aschram war auch das kleinste Detail darauf ausgerichtet, uns die Gewohnheit oder das Ritual, das wir auszuüben versuchten, zu erleichtern. Nehmen wir unser Gewand: Beim Aufstehen mussten wir uns nie Gedanken darüber machen, was wir anziehen sollen. Wie Steve Jobs, Barack Obama und Arianna Huffington, die bekanntermaßen stets das gleiche Outfit tragen, vereinfachen auch Mönche ihre Kleidung, damit sie keine Zeit und Energie darauf verschwenden müssen. Wie bereits erwähnt, besaß jeder von uns zwei Gewänder – eins zum Wechseln, wenn das andere in der Wäsche war. Ähnlich verhielt es sich mit dem frühen Aufstehen. Das sollte uns den Tag in der richtigen Gemütsverfassung angehen lassen. Es geschah zu einer unchristlichen Zeit, aber es war eine spirituelle Erleuchtung.

«Ich könnte niemals so früh aufstehen», denkst du vielleicht gerade. «Schreckliche Vorstellung, so den Tag zu beginnen.» Das kann ich gut verstehen, denn mir ging es mal genauso! Aber wie starten denn die meisten Leute in den Tag? Die Schlafforschung legt nahe, dass 85 Prozent von uns einen Wecker brauchen, um morgens rechtzeitig zur Arbeit zu kommen.[1] Unser Körper ist dann meistens noch gar nicht wach und steht noch unter dem Einfluss des Schlafhormons Melatonin, weshalb wir nur zu gern auf die Schlummertaste drücken.

Leider fördert unsere leistungsorientierte Gesellschaft eine solche Lebensweise. Die Autorin Maria Popova, die hinter der Website Brain Pickings steht, schreibt: «Die Fähigkeit, mit wenig Schlaf auskommen zu können, heften wir uns gern wie ein Ehrenabzeichen für eine vorbildliche Arbeitsmoral an die Brust. Dabei stellt sie ein schweres Versagen in puncto Selbstachtung und Prioritätensetzung dar.»[2]

Nachdem wir dann mit zu wenigen Stunden Schlaf aufgewacht sind, begeht wohl ein Viertel von uns den nächsten Fehler, der uns einen guten Start in den Tag vermiest – *wir greifen sofort zum Smartphone*. Mehr als die Hälfte von uns schaut innerhalb der ersten zehn Minuten, ob sie irgendwelche Nachrichten bekommen haben.[3] Der Großteil der Menschen wechselt also jeden Morgen innerhalb weniger Minuten vom Ruhemodus zum Verarbeiten von bergeweise Informationen.

Weltweit gibt es nur sehr wenige Autos, die in unter zwei Sekunden von null auf hundert Kilometer die Stunde kommen. Auch die meisten Menschen sind für einen derart schnellen Wechsel nicht geschaffen, weder geistig noch körperlich. Und das Letzte, was wir direkt nach dem Aufwachen brauchen, sind Nachrichtenschlagzeilen, die uns direkt in Leid und Tragödien hineinstolpern lassen, oder Freunde, die sich über Staus auf dem Weg zur Arbeit beklagen. Sich als Erstes mit dem Smartphone zu beschäftigen, ist in etwa so, als ob man hundert redselige Fremde ins Schlafzimmer bittet, bevor man geduscht, Zähne geputzt und sich die Haare gekämmt hat. Nachdem du von deinem Wecker aus dem Schlaf gerissen wurdest, überschwemmt dich dein Smartphone mit zusätzlichem Stress, Druck und Sorgen. Glaubst du wirklich, dass sich aus diesem Zustand noch ein angenehmer, produktiver Tag entwickeln kann?

Im Aschram begannen wir jeden Morgen in der Geisteshaltung, die wir den Tag über einnehmen wollten, und wir übten, diese Besonnenheit und Fokussierung tatsächlich beizubehalten. Klar ist das alles gut und schön, wenn nur Beten, Meditieren, Studieren, Dienen und Hausarbeit auf dem Programm stehen. Die Außenwelt ist aber nun mal um einiges komplexer.

MORGENSTUND HAT GOLD IM MUND

Mein erster Ratschlag lautet: Steht eine Stunde früher auf als sonst. «Auf gar keinen Fall!», höre ich dich sagen. «Ich krieg jetzt schon nicht genügend Schlaf. Außerdem ist das total ätzend!» Doch lies bitte weiter. Niemand geht gerne müde zur Arbeit und hat am Ende des Tages das Gefühl, er hätte viel mehr schaffen können. Die morgendliche Stimmung und Energie zieht sich bis zum Abend durch – wenn wir unserem Leben mehr Sinn und Bedeutung verleihen möchten, müssen wir also genau dort anfangen.

In der Regel stehen wir erst kurz vor der Arbeit, einem Kurs, dem Sport oder dem Begleiten der Kinder zur Schule auf. Wir geben uns gerade so viel Zeit, dass es zum Duschen, Frühstücken, Zusammenpacken und so weiter reicht. Nur dass «gerade so viel Zeit» eben nicht «genügend Zeit» ist. Wir sind spät dran. Wir lassen das Frühstück aus. Wir machen das Bett nicht. Du hast nicht genügend Zeit, um das Duschen zu genießen, die Zähne anständig zu putzen oder alles wegzuräumen, damit es bei deiner Rückkehr ordentlich aussieht. Wenn du dich abhetzen musst, kannst du die Dinge nicht sorgfältig und bewusst angehen. Stehst du morgens unter großem Druck und Stress, wird das der Modus für deinen ganzen Tag sein, für sämtliche Gespräche, Treffen und Termine.

Das frühe Aufstehen ermöglicht dir einen produktiveren Tag. Viele erfolgreiche Geschäftsleute haben das bereits erkannt. Apple-Chef Tim Cook startet um Viertel vor vier in den Tag. Richard Branson steht um Viertel vor fünf und Michelle Obama um halb fünf auf.[4] Wobei es auch einen anderen, ebenso wichtigen Trend bei den weltweiten Spitzenkräften gibt: sich den Schlaf zurückerobern. Amazon-Boss Jeff Bezos räumt seinen acht Stunden Schlaf oberste Priorität ein. Ihm zufolge gibt einem weniger Schlaf zwar mehr Zeit, um etwas zu leisten, doch wird die Qualität dieser Leistung darunter leiden.[5] Wenn du also früh aufstehst, musst du dich früh genug schlafen legen, damit du dich ausreichend erholst. Hast du kleine Kinder, arbeitest du im Nachtdienst oder erwecken andere Umstände den Eindruck, eine Stunde früher aufzustehen sei einfach zu schwierig, ist das kein Grund zur Verzweiflung. Gehe die Sache schrittweise an (siehe untenstehende Übung). Und beachte bitte, dass ich keine konkrete Aufstehzeit genannt habe. Es muss nicht vier Uhr morgens sein, es muss nicht einmal besonders früh sein – du sollst einfach nur genügend Zeit haben, absichtsvoll zu agieren und alles in Ruhe zu erledigen. Dieser Spirit wird dich begleiten, bis du dich abends wieder schlafen legst.

Baue dir einen Zeitpuffer nach dem Aufstehen ein, sonst wirst du den Rest des Tages nach einem Ausschau halten. Ich garantiere dir, das bisschen Extrazeit wirst du tagsüber nicht finden. Zwack dir ein Stück vom Morgenschlaf ab und gib ihn dir in der Nacht zurück. Schaue, was sich dadurch verändert.

AUFGABE: *GEWÖHNE DICH BEHUTSAM AN EINE FRÜHERE AUFSTEHZEIT*

Stehe diese Woche eine Viertelstunde früher auf. Wahrscheinlich musst du dich dafür wecken lassen, aber es sollte sanft sein. Mache erst schwaches Licht an, höre leise Musik. Lasse wenigstens in dieser Extra-Viertelstunde die Finger weg von deinem

Handy. Gönne deinem Gehirn diese Zeit, um sich auf den bevorstehenden Tag einzustimmen. Nach einer Woche drehst du deine Aufstehzeit eine weitere Viertelstunde vor. Jetzt hältst du eine halbe Stunde in Händen, die ganz allein dir gehört. Womit wirst du sie verbringen? Vielleicht duschst du ein Weilchen länger. Trinkst genüsslich deinen Tee. Gehst spazieren. Meditierst. Räumst noch ein bisschen auf, bevor du aus dem Haus gehst. Abends schaltest du beim ersten Anzeichen von Müdigkeit Fernseher und Handy aus und legst dich schlafen.

GEWONNENE ZEIT

Der Raum, den du dir morgens verschafft hast, gehört dir ganz allein; kein anderer darf darüber bestimmen. Wenn du bedenkst, wie viel Zeit von unseren Verpflichtungen in Anspruch genommen wird – Arbeit, Familie und so weiter –, ist diese freie Zeit eines der größten Geschenke überhaupt, die wir uns machen können. Vielleicht gehst du weiter deinem normalen Tagesablauf nach, wirst aber trotzdem von der inneren Ruhe begleitet, die das Gefühl von mehr Zeit kreiert hat. Vielleicht kannst du dir deinen Kaffee jetzt selbst kochen, statt ihn unterwegs irgendwo zu kaufen. Du könntest dich während des Frühstücks unterhalten, die Zeitung lesen oder die neuentdeckte Zeit für ein bisschen Sport nutzen. Falls du meditieren möchtest, kannst du den Tag mit einer Visualisierungsübung für Dankbarkeit beginnen. Vielleicht möchtest du auch das tun, wozu Gesundheitsexperten so gern raten: weiter weg von der Arbeit parken und einen kleinen Spaziergang machen. Hast du dir diesen Raum erst einmal geschaffen, wirst du erkennen, dass er dir das schenkt, was dir am meisten fehlt: Zeit für dich selbst.

AUFGABE: *EINE NEUE MORGENROUTINE*

Nimm dir jeden Morgen Zeit für:

Dankbarkeit. Drücke täglich deine Dankbarkeit für einen Menschen, einen Ort oder irgendetwas anderes aus. Das kannst du in Gedanken oder schriftlich tun, oder indem du jemandem davon erzählst. (Siehe neuntes Kapitel.)

Neue Erkenntnisse. Gewinne neue Erkenntnisse, indem du die Zeitung oder ein Buch liest oder dir einen Podcast anhörst.

Meditation. Verbringe fünfzehn Minuten mit dir selbst, mit deiner Atmung, mit Visualisierungen oder mit Mantragesang. (Mehr über Mantrasingen erfährst du am Ende des dritten Teils.)

Körperliche Betätigung. Mönche praktizieren Yoga, aber du kannst genauso gut ein paar Dehn- oder Fitnessübungen machen.

Im Englischen ergibt das Ganze übrigens ein Wortspiel: *Thankfulness. Insight. Meditation. Exercise – T. I. M.E.*

DIE ABENDROUTINE

Im Aschram lernte ich, dass der Morgen stark vom vorangegangenen Abend geprägt ist. Für die meisten ist es selbstverständlich, jeden Morgen wie einen Neuanfang zu betrachten, doch in Wahrheit verlaufen unsere Tage kreisförmig. Den Wecker stellst du dir nicht am Morgen, sondern am Abend vorher. Möchtest du also morgens mit Zielgerichtetheit aufwachen, gibst du dir diesen Impuls am besten schon durch eine gesunde, erholsame Abendroutine – und so dehnt sich die Aufmerksamkeit, die wir dem Morgen widmen, allmählich immer mehr aus, bis sie den gesamten Tag umfasst.

«Auf gar keinen Fall» hast du die Zeit, morgens eine Stunde früher aufzustehen, sagst du. Aber wie oft schaltest du den Fernseher ein, bleibst bei irgendeiner Sendung hängen und machst den Kasten erst weit nach Mitternacht wieder aus? Du schaust fern, weil du dich «entspannen möchtest». Weil du «zu müde bist, um irgendetwas anderes zu tun». Dabei kann das frühere Zubettgehen deine Stimmung aufhellen.[6] Hier kommt das Wachstumshormon HGH ins Spiel. Das ist nicht nur für unser Wachstum unentbehrlich, sondern auch für die Zellreparatur und den Stoffwechsel. Ohne HGH würden wir vielleicht sogar früher sterben. Unser Körper schüttet es zu 75 Prozent im Schlaf aus, und am meisten zwischen zehn Uhr abends und Mitternacht, wie die Forschung gezeigt hat.[7] Bist du in diesen beiden Stunden wach, bringst du dich also um eine gute Portion HGH. Falls du bis nach Mitternacht arbeiten musst oder von deinen Kindern wach gehalten wirst, darfst du meine Worte getrost vergessen. Ansonsten gilt: Wenn du früher aufstehst, um mehr Zeit für dich zu haben, darf das nicht auf Kosten eines guten Schlafs gehen. Nähmst du die Erholungsphase zwischen zehn und zwölf Uhr nachts mit, würde es dir nicht so schwerfallen, diese Zeit am Morgen abzuknapsen.

Im Aschram verbrachten wir die Abende mit Lernen und Lesen und gingen zwischen acht und zehn Uhr abends ins Bett. In unserem Schlafraum war es stockdunkel, und wir nahmen keinerlei elektronische oder digitale Geräte mit hinein. Wir schliefen in T-Shirt und Shorts, niemals in unseren Gewändern, denn diese trugen die Energie unserer wachen Stunden.

Kevin O'Leary, der Großinvestor und Juror aus der Sendung *Shark Tank* (der amerikanischen Version von *Die Höhle der Löwen*), hat einmal in einem Interview erzählt, dass er vor dem Schlafengehen drei Dinge aufschreibt, die er am nächsten Morgen tun möchte, bevor er mit irgendjemandem außerhalb der Familie spricht.[8] Nimm dir das zu Herzen und überlege dir jeden Abend vor dem Schlafengehen, was du morgens als Erstes angehen möchtest. Das wird dir die Morgenstunden erleichtern, denn dann musst du deinen Geist nicht antreiben oder bedrängen, während er sich gerade aufwärmt. (Schöner Nebeneffekt: Diese Aufgaben halten dich nachts nicht mehr wach, weil du weißt, du wirst sie in Angriff nehmen.)

Als Nächstes stellst du dir deine eigene Version eines Mönchsgewands zusammen, die du morgens anziehst. Ich habe mittlerweile eine größere Auswahl an Kleidung, und zur großen Erleichterung meiner Frau sind keine orangenen Gewänder darunter. Es sind ähnliche Outfits in unterschiedlichen Farben. Worum es mir geht: Ich möchte die Anzahl Fragestellungen am Morgen so weit wie möglich herunterschrauben. Sie mögen noch so klein sein, doch wenn du dir den ganzen Morgen überlegen musst, was du anziehen, was du essen und welche Aufgaben du als Erstes angehen sollst, häuft es sich und verkompliziert alles unnötig.

Christopher Sommer, der ehemalige Trainer der US-Nationalmannschaft im Turnen, hält seine Sportler dazu an, die Anzahl Entscheidungen, die sie treffen müssen, zu reduzieren, da jede einzelne sie von ihrem Weg abbringen könnte.[9] Verbringst du den ganzen Morgen mit banalen Entscheidungen, vergeudest du nur deine Energie. Finde einen festen Rhythmus und triff die Entscheidungen am Abend vorher, dann hast du morgens einen Vorsprung und tagsüber einen freieren Kopf für alle anfallenden Fragen.

Zu guter Letzt fasst du deine Gedanken vor dem Einschlafen

ins Auge. Lauten sie in etwa «Ich sehe den Bildschirm schon ganz verschwommen, ich schalte das Handy besser mal aus» oder «Mist, jetzt hab ich vergessen, meiner Mutter zum Geburtstag zu gratulieren»? Programmiere dich bitte nicht darauf, morgens mit negativer Energie aufzuwachen. Ich persönlich sage mir abends kurz vor dem Einschlafen: «Ich bin entspannt, tatkräftig und fokussiert. Ich bin ruhig, engagiert und produktiv.» Beim Aufschreiben klingt das ein bisschen wie ein Yoga-Roboter, aber bei mir funktioniert es. Auf diese Weise programmiere ich meinen Geist dazu, voller Energie und Überzeugung aufzuwachen. **Mit dem Gefühl, mit dem du abends einschläfst, wirst du höchstwahrscheinlich morgens wieder aufwachen.**

EIN STEIN AUF DEM WEG

Ziel dieser Vorbereitungen ist es, unseren Tagen mehr Intentionalität zu verleihen. Sobald du aus dem Haus gehst, wird das Leben dir Stolpersteine in den Weg legen, egal was ansteht. Du wirst die Energie und Fokussiertheit, die du morgens aufgebaut hast, also gut gebrauchen können. Mönche haben nicht nur ihre Morgen- und Abendroutine; sie haben auf Zeiten und Orte bezogene Routinen für jeden Augenblick des Tages. Die benediktinische Ordensschwester Joan Chittister, die ich bereits erwähnt habe, meint dazu Folgendes: «Die Leute in den Städten und Vorstädten [...] haben, was ihren Lebensstil betrifft, durchaus Wahlmöglichkeiten, nur sehen die meisten das nicht, weil sie darauf konditioniert sind, den ganzen Tag auf dem Sprung zu sein. [...] Stellen Sie sich einen Augenblick lang vor, wie es in Amerika aussehen würde, welche Gelassenheit hier herrschen würde, wenn Nichtgeistliche einen ähnlichen Tagesablauf hätten wie im Kloster, wo es feste Zeiten für Gebet, Arbeit und Erholung gibt.»[10]

Routinen geben uns Halt. Zwei Stunden Meditation stützen die restlichen zweiundzwanzig Stunden des Tages, so wie die restlichen Stunden des Tages die Meditation beeinflussen. Zwischen beiden besteht eine symbiotische Beziehung.

AUFGABE: *VISUALISIERE DEIN MORGEN*

Wie ein Erfinder, der sich eine Idee erst einmal vor seinem geistigen Auge vorstellen muss, bevor er sie realisieren kann, stellen wir uns das Leben vor, das wir gerne führen möchten, und beginnen dabei mit unseren Morgen.

Nachdem du deinen Geist mit Hilfe einer Atemübung beruhigt hast, visualisierst du jetzt dein bestes Ich. Male dir aus, wie du morgens gesund, ausgeruht und voller Tatendrang aufwachst. Wie Sonnenlicht durchs Fenster scheint. Du stehst auf, und während deine Füße den Boden berühren, spürst du Dankbarkeit für diesen neuen Tag in dir aufsteigen. Siehe zu, dass du diese Dankbarkeit wirklich spürst, und dann sage dir innerlich: «Ich bin dankbar für den heutigen Tag. Ich begeistere mich für den heutigen Tag. Ich freue mich über den heutigen Tag.»

Siehe dir dabei zu, wie du dir in Ruhe die Zähne putzt und darauf achtest, dass du dich jedem einzelnen Zahn widmest. Unter der Dusche fühlst du dich ruhig, ausgeglichen, losgelöst und still. Das anschließende Anziehen ist ein Kinderspiel, weil du dein Outfit schon am Abend zuvor zusammengestellt hast. Dann stellst du dir vor, wie du deine Intentionen niederschreibst: «Meine Intention ist es, heute fokussiert zu sein. Meine Intention ist es, heute diszipliniert zu sein. Meine Intention ist es zu dienen.»

Visualisiere den Morgen noch einmal, so realistisch wie möglich. Du darfst körperliche Betätigung einbauen oder eine Meditation. Glaube daran. Spüre es. Lade diesen Morgen in dein Leben ein. Das Gefühl der Frische. Der Energie.

Visualisiere nun, wie dein bestes Ich den Tag fortführt. Sehe vor deinem inneren Auge, wie du andere inspirierst, lehrst, lenkst, wie du Dinge mit anderen teilst, anderen zuhörst und von ihnen lernst, wie du offen für sie, ihr Feedback und ihre Gedanken bist. Sehe dich in diesem dynamischen Umfeld, wo du dein Bestes gibst und empfängst.
Visualisiere dich bei der Rückkehr nach Hause. Du fühlst dich müde, aber glücklich. Du möchtest dich hinsetzen und ausruhen, doch du bist dankbar für das, was du hast: eine Arbeit, ein Leben, Familie, Freunde, ein Zuhause. Sehr viele Menschen haben sehr viel weniger. Sehe vor deinem geistigen Auge, wie du den Tag ausklingen lässt. Statt mit deinem Handy herumzuspielen oder Fernsehen zu gucken, überlegst du dir, was du Sinnvolleres mit deiner Zeit anstellen kannst.
Wenn du anschließend visualisierst, wie du zu einer gesunden Uhrzeit ins Bett gehst, stelle dir vor, wie du aufschaust und sagst: «Ich bin dankbar für den heutigen Tag. Morgen werde ich aufwachen und mich gesund, ausgeruht und voller Tatendrang fühlen. Danke.» Danach visualisierst du, wie du durch deinen Körper gehst und jedem einzelnen Körperteil dafür dankst, dass er dich tagsüber unterstützt hat.
Wenn du fertig bist, nimm dir all die Zeit, die du brauchst, um langsam und behutsam die Augen zu öffnen.

Hinweis: Das Leben kommt uns gerne in die Quere. Morgen wird es kaum so laufen, wie du es dir innerlich vorgestellt hast. Visualisierungsübungen ändern nicht dein Leben, sondern die Art, wie du es siehst. Kehre immer wieder zu dem visualisierten Ideal zurück und baue darauf dein Leben auf. Wenn du das Gefühl hast, dass in deinem Leben etwas schiefläuft, rückst du es mit Hilfe dieser Visualisierungsübung wieder gerade.

Im Aschram machten wir mindestens einmal täglich den gleichen dreißigminütigen Spaziergang. Jeden Tag wurden wir von den Mönchen instruiert, die Augen offen zu halten für irgendetwas, das wir noch nie zuvor gesehen hatten auf diesem immer gleichen Weg.

Damit wollten sie uns daran erinnern, dass wir mit der Aufmerksamkeit bei diesem Spaziergang bleiben sollen, dass wir bei jeder «Routine» offen für das Neue bleiben, achtsam sein sollen. Etwas zu sehen heißt nicht automatisch, dass wir es wahrnehmen. Als Lehrer, Mitarbeiter und Studenten der psychologischen Fakultät der University of California gefragt wurden, ob sie wüssten, wo der nächste Feuerlöscher hängt, beantworteten nur 24 Prozent die Frage mit ja. Und das, obwohl er sich bei 92 Prozent der Teilnehmer nur ein paar Meter weit weg von dem Ort befand, an dem sie den Fragebogen ausfüllten (in ihrem eigenen Büro oder in einem häufig besuchten Kursraum). Einer der Professoren hatte keine Ahnung, dass es wenige Zentimeter außerhalb des Büros, in dem er fünfundzwanzig Jahre lang gearbeitet hatte, einen Feuerlöscher gab.[11]

Das bewusste Wahrnehmen dessen, was um uns herum geschieht, hält unser Gehirn davon ab, auf Autopilot zu schalten. Im Aschram wurde uns das auf unserem täglichen Spaziergang gelehrt.

Hier bin ich nun schon Hunderte Male entlanggegangen. Es ist heiß, aber nicht unangenehm in meinem Gewand. Der Wald ist schön grün und kühl. Der Sandweg ist eine Wohltat für meine Füße. Heute hat uns ein Mönchsältester aufgefordert, nach einem neuen Stein Ausschau zu halten, der uns zuvor noch nie aufgefallen ist. Ich bin ein klein wenig enttäuscht. Die letzten sieben Tage oder so sollten wir nach einer neuen Blume Ausschau halten, und ich hatte mir gestern schon eine für heute reserviert, eine winzige blaue Blume, die einen Tautropfen umschloss und mir komplizenhaft zu-

zuzwinkern schien. Aber nein, unser Lehrer muss mir irgendwie auf die Schliche gekommen sein und hat die Karten neu gemischt. Und so geht die Suche wieder von vorne los.

Mönche wissen, dass wir mit Routinen den Kopf frei kriegen und dass der größte Feind dieser Freiheit die Eintönigkeit ist. Viele beschweren sich über ihr schlechtes Gedächtnis, dabei haben wir kein Problem mit unserem *Erinnerungs*vermögen, sondern mit unserem *Wahrnehmungs*vermögen. Wenn du nach Neuem Ausschau hältst, erinnerst du dein Gehirn daran achtzugeben und bringst ihm gleichzeitig bei, dass es überall etwas dazulernen kann. Denn alles im Leben ist ungewiss.

Wie kann ich einerseits für das Etablieren von Gewohnheiten und andererseits für das Aufspüren von Neuem werben? Ist das kein Widerspruch? Nein, denn erst der Halt, den uns unsere Gewohnheiten geben, schafft Raum für Entdeckungen. Das sah Kobe Bryant ähnlich. Die Basketballlegende brachte nach seiner Sportkarriere auch seine kreative Seite zum Vorschein, als Autor und Filmproduzent. Wie Bryant mir für meinen Podcast On Purpose erzählte, waren Routinen für ihn unerlässlich, damit er seine Arbeit machen konnte. «Ganz oft kann Kreativität erst durch Strukturiertheit entstehen. Erst wenn du einen festen Rahmen, eine Struktur hast, kannst du innerhalb dieses Rahmens kreativ werden. Wenn dir diese Struktur fehlt, bist du völlig planlos.»[12] Regeln, Rituale und Routinen erleichtern uns die kognitive Last, damit genug Kraft für Kreativität übrig bleibt. Struktur fördert Spontaneität. Und Entdeckungen beleben die Routine.

Wenn wir so durchs Leben gehen, können uns auch Kleinigkeiten entzücken. Wir neigen sonst nämlich dazu, uns nur auf die großen Ereignisse zu freuen: auf den Urlaub, die Beförderung, Geburtstagspartys. Diese stehen dann unter dem Druck, unsere Erwartungen erfüllen zu müssen. Halten wir stattdessen nach kleinen Freuden Ausschau, müssen wir nicht darauf warten, bis der ersehnte Tag gekommen ist. Sie erwarten uns jederzeit, sofern wir bereit sind, uns auf die Suche zu begeben.

Und da haben wir ihn! Ein merkwürdiger Stein, irgendwie orangefarben, der scheinbar aus dem Nichts aufgetaucht ist. Ich drehe ihn in der Handfläche herum. Beim Finden des Steins hört unser Entdeckungsprozess noch nicht auf. Wir untersuchen ihn eingehend, beschreiben Farbe und Form, vertiefen uns in die Beobachtung, damit wir ihn verstehen und würdigen können. Danach beschreiben wir ihn vielleicht noch einmal, um sicherzugehen, dass wir ihn auch in Gänze erfahren haben. Das hier ist keine Übung, das ist echt. Eine tiefgehende Erfahrung. Ich lächle, bevor ich ihn an den Wegrand zurücklege, ein wenig versteckt, aber immer noch so, dass ihn ein anderer entdecken kann.

Bist du den gleichen alten Weg entlanggegangen und hast dabei einen neuen Stein entdeckt, so hast du deinen Geist geöffnet.

Kaue deine Getränke und trinke dein Essen

Den Mönchen ging es nicht nur darum, dass wir Neues entdeckten. Vielmehr war ihnen daran gelegen, dass wir mit Vertrautem bewusst und achtsam umgingen.

Eines Mittags sagte ein Mönchsältester zu uns: «Heute werden wir beim Mittagessen schweigen. Denkt daran, eure Getränke zu kauen und euer Essen zu trinken.»

«Was bedeutet das?», wollte ich wissen.

«Wir lassen uns nicht ausreichend Zeit beim Essen», gab er mir zur Antwort. «Beim Trinken deines Essens zermahlst du die feste Nahrung sorgsam zu flüssiger Nahrung. Und beim Kauen deiner Getränke kippst du die Flüssigkeit nicht einfach hinunter, sondern lässt sie dir Häppchen für Häppchen auf der Zunge zergehen.»

AUFGABE: *IMMER DASSELBE?*

Halte bei einer deiner gewohnten Tätigkeiten nach etwas Neuem Ausschau. Kannst du auf deinem Weg zur Arbeit etwas entdecken, das du nie zuvor gesehen hast? Versuche, mit jemandem ins Gespräch zu kommen, dem du regelmäßig begegnest, mit dem du aber noch nie geredet hast. Knüpfe auf diese Weise jeden Tag einen neuen Kontakt und beobachte, wie dein Leben sich dadurch verändert.

Wenn ein Mönch seine ganze Achtsamkeit auf einen einzigen Schluck Wasser verwenden kann, dann stell dir vor, wie kraftvoll solche Kontaktaufnahmen sein können. Wie kann man den Alltag für sich wiederentdecken? Kannst du deine Laufstrecke anders sehen oder die Rhythmen beim Fitnesstraining neu wahrnehmen? Begegnest du Tag für Tag der gleichen Frau, die mit ihrem Hund spazieren geht? Könntest du sie mit einem Kopfnicken grüßen? Kannst du dir beim Einkaufen Zeit nehmen, um einen perfekten Apfel auszusuchen – oder den ungewöhnlichsten? Kannst du ein kurzes persönliches Gespräch mit dem Mann an der Kasse führen?

Wie gelingt es dir, die Dinge, die dich umgeben, mit neuen Augen zu sehen? In unseren Wohnungen und Arbeitsbereichen gibt es überall Gegenstände, die wir aufgestellt haben, weil sie uns gefallen: Fotos, nette Kleinigkeiten, Kunstgegenstände. Schau dir diese Dinge gut an. Spiegeln sie wirklich wider, was dir Freude macht? Hast du weitere Lieblingsstücke, die es ebenfalls verdienen, mal im Rampenlicht zu stehen, und die einen neuen Aspekt in deine vertraute Umgebung bringen können? Stelle Blumen in eine leere Vase oder räume deine Möbel um, dann erstrahlen deine vertrauten Besitztümer im frischen Glanz ihrer neuen Aufgabe. Einfach einen neuen Platz für die Eingangspost zu wählen, kann aus Unordnung eine gut strukturierte Umgebung machen.

Wir können unser manchmal allzu vertrautes Zuhause wachrütteln, indem wir etwas darin positiv verändern. Zum Beispiel kannst du Musik aufgelegt haben, wenn dein Partner oder deine Partnerin nach Hause kommt. Oder umgekehrt, falls du normalerweise Musik oder einen Podcast hörst, wenn du nach Hause kommst, versuche es stattdessen mal mit Stille. Bring eine exotische Frucht vom Einkaufen mit und lege sie beim Abendessen mitten auf den Tisch. Schneide beim Essen ein bestimmtes Gesprächsthema an oder bitte die Tischrunde, abwechselnd von drei überraschenden Momenten am vergangenen Tag zu berichten. Sorge für helleres oder gedämpfteres Licht. Dreh die Matratze um. Schlafe auf der «falschen» Seite des Bettes.

Das Alltägliche zu würdigen bedeutet weniger, große Veränderungen vorzunehmen, als vielmehr den Wert im gewohnten Tun zu entdecken. In seinem Buch *Mein Leben ist meine Lehre* schreibt der vietnamesische Mönch Thich Nhat Hanh: «Meines Erachtens kann die Vorstellung, Geschirrabwaschen sei etwas Unerfreuliches, nur aufkommen, wenn man gerade nicht damit beschäftigt ist [...]. Wenn ich das Geschirr nicht mit Freude abzuwaschen vermag, wenn ich nur schnell fertig werden will, damit ich meinen Nachtisch oder eine Tasse Tee haben kann, werde ich außerstande sein, den Nachtisch oder Tee später zu genießen. [...] Jeder Gedanke, jede Handlung wird im Sonnenlicht des Gewahrseins zu etwas Heiligem. In diesem Licht gibt es keine Grenze zwischen Heiligem und Weltlichem.»[13]

AUFGABE: ***DAS BANALE VERWANDELN***

Selbst eine so alltägliche Aufgabe wie Abwaschen kann sich verwandeln, wenn du das zulässt. Gestatte dir, ganz auf diese eine Tätigkeit konzentriert vor dem Spülbecken zu stehen. Statt Musik zu hören, sei mit allen Sinnen beim Geschirrspülen – beobachte, wie verschmierte Flächen sauber werden, rieche das Spülmittel, spüre den heißen Wasserdampf. Beobachte, wie befriedigend es ist, wenn der Berg mit schmutzigem Geschirr kleiner wird. Eine Weisheit aus dem Zen-Buddhismus lautet: «Vor der Erleuchtung – Holz hacken und Wasser tragen. Nach der Erleuchtung – Holz hacken und Wasser tragen.» Egal, wie weit unser Wachstum voranschreitet, tägliche Pflichten und Alltagsroutine werden uns immer begleiten. Erleuchtet zu sein heißt, sie gern auf sich zu nehmen. Von außen kann das dann so wirken, als hätte sich nichts verändert, aber innerlich bist du verwandelt.

JEDER MOMENT DES TAGES

Wir haben besprochen, dass man sich eine ganz gewöhnliche, vertraute Tätigkeit anschauen und neue Wege finden kann, sie zu würdigen. Um noch einen Schritt weiterzugehen, versuchen wir jetzt, solche Tätigkeiten zu verbinden, sodass wir nicht bestimmte Spaziergänge oder das Abwaschen als besondere Ereignisse hervorheben, sondern unsere Achtsamkeit für jeden Moment und in jedem Moment erhöhen.

Wir alle kennen das Konzept, im Moment zu leben. Es ist leicht einzusehen, dass man, wenn man ein Rennen läuft, nicht zurückgehen und sein Tempo bei Kilometer zwei nachträglich korrigieren kann. Man hat nur die Möglichkeit, in jedem einzelnen Moment gut voranzukommen. Ob du in der Firma eine Besprechung hast oder mit Freunden zu Abend isst, die Gespräche, die du führst, und die Worte, die du wählst, sind einmalig, und du wirst nie wieder genau diese Gelegenheit haben. Im gegenwärtigen Moment lässt sich die Vergangenheit nicht mehr ändern, und die Zukunft liegt nicht in unseren Händen, also können wir ebenso gut ganz im Hier und Jetzt bleiben. Der große Sanskrit-Dichter Kalidasa schrieb im fünften Jahrhundert: «Denn gestern ist nur noch ein Traum, / Und morgen ist nur ein Bild der Phantasie, / Doch heute, richtig gelebt, verwandelt jedes Gestern / Und jedes Morgen in ein Bild der Hoffnung.»[14]

Wir sind uns wohl alle einig, dass es sinnvoll ist, im gegenwärtigen Moment zu leben. In der Realität jedoch suchen wir uns diese Momente nur allzu gern aus. Wir sind bereit, zu bestimmten Zeiten ganz präsent zu sein, etwa während der Lieblingssendung oder in einer Yogastunde oder vielleicht sogar während der banalen Tätigkeit, die wir uns als Achtsamkeitsübung ausgesucht haben – aber ansonsten lassen wir uns noch immer allzu gern ablenken. Bei der Arbeit träumen wir von einem Strandurlaub, doch wenn wir dann mit dem ersehnten Drink am Strand sitzen, ärgern wir uns, weil wir unaufhörlich an die Arbeit denken müssen. Mönche lernen, dass diese beiden Situationen miteinander verbunden sind. Eine willkommene Ablenkung bei der Arbeit führt also zu einer ungewollten Ablenkung im Urlaub, und eine Ablenkung beim Mittagessen wirkt sich auf den Nachmittag aus. Wir trainieren unsere Gedanken darauf, sich irgendwo hinzubegeben, wo wir physisch gerade nicht sind. Wenn du dir Tagträume gestattest, wirst du immer abgelenkt sein.

Präsent zu sein ist der einzige Weg, ein wahrhaft reiches und erfülltes Leben zu führen.

ORTE HABEN ENERGIE

Wie wertvoll es ist, an gewöhnlichen Tagen im Moment zu leben und wirklich präsent zu sein, erkennt man leichter, wenn man versteht, welche Vorteile ein immer gleicher Ablauf bietet. Bei routinemäßigen Handlungen geht es nicht nur um die Tätigkeiten selbst, sondern auch um die Orte, an denen sie stattfinden. Es hat seinen Grund, dass man in Bibliotheken besser studieren und in Büros besser arbeiten kann. In New York wird man von dem turbulenten Treiben mitgerissen, während man sich in Los Angeles entspannt. Jede Umgebung, von der größten Metropole bis zum kleinsten Winkel in einem Zimmer, hat ihre eigene Energie. Jeder Ort hat eine andere Atmosphäre, und abhängig von der Umgebung kann der Dharma gut gedeihen oder eher schwächeln.

Wir erleben ständig eine ganze Reihe von Aktivitäten und Umgebungen, selten aber überlegen wir, welche davon uns am meisten zusagen. Geht es dir im Trubel besser oder in der Einsamkeit? Ist dir die Geborgenheit von gemütlichen Eckchen lieber oder die Weitläufigkeit von Lesesälen? Ziehst du es vor, von anregenden Kunstobjekten und Musik umgeben zu sein, oder hilft dir schlichte Einfachheit, dich zu konzentrieren? Tauschst du gern mit anderen Ideen aus, oder möchtest du lieber erst Rückmeldung bekommen, wenn du mit der Arbeit fertig bist? Bist du gern in vertrauter Umgebung, oder ziehst du wechselnde Landschaften vor? Diese Dinge wahrzunehmen, dient deinem Dharma. Es bedeutet nämlich, dass du bei einem Einstellungsgespräch ein besseres Gefühl dafür hast, wie du diesen Job bewältigen wirst und ob er gut zu dir passt – und wenn du dir verschiedene berufliche Laufbahnen vorstellst, die alle deinen Fähigkeiten entsprechen, kannst du leichter entscheiden, welche deiner Sensibilität am besten entspricht. Es bedeutet auch, dass du dir bei der Planung eines Dates einen Ort aussuchen kannst, an dem du dich wirklich wohlfühlst.

AUFGABE: *ACHTSAM DIE UMWELT BETRACHTEN*

Stelle dir in jeder Umgebung, in der du dich in dieser Woche aufhältst, die folgenden Fragen. Beantworte sie möglichst gleich nach deiner Erfahrung und dann noch einmal am Ende der Woche.

Was waren die wichtigsten Kennzeichen dieses Ortes?

Leise oder laut?
Groß oder klein?
Bunt und lebendig oder unauffällig?
Im Zentrum des Geschehens oder fern davon?
In der Nähe anderer Menschen oder abgelegen?
Wie habe ich mich an diesem Ort gefühlt: produktiv? Entspannt? Abgelenkt?
Passten meine Aktivitäten gut an diesen Ort?
Konnte ich mich dort bestens auf das konzentrieren, was ich vorhatte?
Wenn nicht: Gibt es einen anderen Ort, an dem ich mich wohler fühle, wenn ich meine Vorhaben durchführe?

Wenn du die Orte in deinem privaten Bereich bestimmten, klar abgegrenzten Zwecken widmest, werden sie dir nicht nur helfen, deinen Dharma zu erfüllen, sondern auch, deine Stimmung und deine Produktivität zu verbessern. So wurde der Raum, in dem wir Mönche schliefen, ausschließlich als Schlafraum benutzt, und auch alle anderen Orte im Aschram waren jeweils einer einzigen Aktivität vorbehalten. Im Schlafraum lasen oder meditierten wir nicht, und im Refektorium arbeiteten wir nicht.

Wenn du in deinem Schlafzimmer Netflix guckst oder isst, bringst du die Energie dieses Raumes durcheinander. Energien von Fernsehen oder Essen im Schlafbereich stören den Schlaf. Selbst in der winzigsten Wohnung kann man verschiedenen Tätigkeiten verschiedene Plätze zuordnen. In jeder Wohnung sollte es einen Essplatz geben, einen Schlafplatz und einen heiligen Ort, der dir hilft, dich ruhig zu fühlen, sowie eine Ecke, die besänftigend wirkt, wenn du dich ärgerst. Schaffe Orte, die dir die richtige Energie für deine Zwecke schenken. In einem Schlafzimmer sollte es wenig Ablenkung geben, Farben und Licht sollten sanft sein. Idealerweise sollte sich auch kein Arbeitsplatz im Schlafzimmer befinden. Dein Arbeitsplatz wiederum sollte gut beleuchtet, aufgeräumt und funktional sein. Dort können dich vielleicht Kunstwerke inspirieren.

Wenn du herausgefunden hast, wo es dir gutgeht, erweitere diese Möglichkeiten. Wenn dich in deiner Freizeit die Energie eines Nachtclubs anzieht, überlege, ob du dich in einem Beruf, der ähnlich dynamisch ist, wohler fühlen würdest. Wenn du Rockmusiker bist, Stille aber als wohltuend empfindest, dann solltest du vielleicht nicht auftreten, sondern komponieren. Wenn du den «perfekten Job» hast und zu Hause arbeitest, dich aber eigentlich nach dem Betrieb in einem Büro sehnst, dann überlege, wie du deine Arbeit in ein Café oder in ein Gemeinschaftsbüro verlegen kannst. Es geht darum, dass du dir bewusst machst, wo es dir gutgeht und wo du die besten Leistungen erbringst. Anschließend überlege dir, wie du an diesem Ort möglichst viel Zeit verbringen kannst.

Natürlich müssen wir alle auch Dinge tun, die wir nicht mögen, und das häufig in Umgebungen, die nicht ideal sind, vor allem im Job. Wir alle haben erlebt, dass solche Tätigkeiten starke negative Energien erzeugen können. Mit erhöhter Achtsamkeit erkennen wir aber, was zu Ungeduld, Stress oder Erschöpfung geführt hat. Aus diesen Erkenntnissen können wir dann Richtlinien für ein Leben in unserem Dharma ableiten – in der richtigen Umgebung mit der richtigen Energie. Das sollte das langfristige Ziel sein.

GESTALTE DEINE GERÄUSCHKULISSE

Der Ort, an dem du dich befindest, spricht zu deinen Sinnen. Am deutlichsten wird das, wenn wir an die Geräusche denken, die wir tagtäglich hören. Als Mönche lauschen wir Geräuschen, die direkt mit unseren Tätigkeiten zusammenhängen. Beim Aufwachen hören wir die Vögel und den Wind. Wenn wir zur Meditation gehen, hören wir Gesänge. Es gibt keine Geräusche, die in den Ohren weh tun.

Die moderne Welt jedoch wird immer lauter. Flugzeuge dröhnen über unseren Köpfen, Hunde bellen, Bohrer heulen. Den ganzen Tag sind wir Lärm ausgeliefert, den wir nicht kontrollieren können. Wir bemühen uns, das Hupen und Rattern des Alltags auszublenden, aber das erhöht die kognitive Belastung nur. Das Gehirn verarbeitet sämtliche Geräusche, auch wenn wir sie bewusst nicht mehr wahrnehmen. Viele Menschen ziehen sich daher nach Hause in die Stille zurück – wir leben also zwischen den Extremen von Stille und Lärm.

Ignoriere den Krach in deinem Leben nicht, sondern gestalte ihn. Beginne damit, dass du dir den schönsten Weckton der Welt aussuchst. Starte mit einem Song in den Tag, der dir gute Laune macht. Hör dir auf dem Weg zur Arbeit ein schönes Hörbuch an, deinen Lieblingspodcast oder deine beste Playlist. Suche dir Klänge aus, die dich fröhlicher und damit gesünder machen. So kannst du das beschützte Leben im Aschram ein wenig nachempfinden.

DIE ZEIT HAT EIN GEDÄCHTNIS

Wenn wir unsere Orte auf bestimmte Zwecke zuschneiden, fällt es uns leichter, die richtige Art von Energie und Aufmerksamkeit für unsere Tätigkeiten dort aufzubringen. Ähnliches gilt für den richtigen Zeitpunkt. Wenn wir etwas jeden Tag zur gleichen Zeit tun, fällt es uns leichter, daran zu denken, uns dazu zu überwinden und es immer besser und müheloser zu machen. Wenn du es gewohnt bist, jeden Morgen zur gleichen Zeit ins Fitnessstudio zu gehen, versuche zur Abwechslung einmal, abends zu trainieren, und du wirst sehen, wie schwer dir das fällt. Wenn wir etwas jeden Tag zur gleichen Zeit tun, behält diese Zeitspanne es für uns im Gedächtnis. Sie gibt uns den Raum für die Tätigkeit und erleichtert sie. Möchtest du eine neue Gewohnheit in deinen Alltag integrieren, etwa Meditieren oder Lesen, mache es dir nicht selbst schwer, indem du versuchst, jeden freien Moment dazu zu nutzen. Wähle stattdessen jeden Tag das gleiche Zeitfenster dafür oder, noch besser, verbinde die neue Tätigkeit mit einer bereits eingeführten Gewohnheit. Eine Freundin wollte Yoga in ihren Tagesablauf aufnehmen, daher legte sie gleich neben ihr Bett eine Yogamatte. Sie wälzte sich buchstäblich aus dem Bett in ihre Yogaübungen. Wenn man Gewohnheiten auf diese Weise verknüpft, braucht man sich keine Ausreden einfallen zu lassen.

Orte haben Energie, die Zeit hat ein Gedächtnis. Wenn du etwas jeden Tag zur gleichen Zeit tust, fällt es leichter und wird ganz natürlich. Das Gleiche gilt, wenn du etwas jeden Tag am gleichen Ort tust.

Ort und Zeitpunkt helfen uns, aus einem Moment das Beste zu machen, aber es gibt noch ein weiteres Element, das notwendig ist, um in einem Moment ganz präsent zu sein: das Singletasking. Untersuchungen haben ergeben, dass nur zwei Prozent von uns zu echtem Multitasking fähig sind.[15] Die meisten Menschen sind darin ganz schlecht, insbesondere wenn eine der Aufgaben viel Konzentration erfordert. Normalerweise wechseln wir beim vermeintlichen Multitasking einfach nur zwischen verschiedenen Tätigkeiten hin und her, oder wir führen sie hintereinander aus. Da wir unsere Aufmerksamkeit teilen müssen, wird unsere Konzentrationsfähigkeit geschwächt, und im Laufe der Zeit fällt es uns dann immer schwerer, ohne Ablenkung bei einer Sache zu bleiben.[16] Forscher an der Stanford University teilten Studenten in zwei Gruppen ein. Die eine Gruppe sprang häufig zwischen verschiedenen Medien hin und her, checkte zum Beispiel dauernd ihre Mails, die sozialen Medien und die neuesten Schlagzeilen. Die Studenten in der anderen Gruppe taten das nicht. Beide Gruppen sollten eine Reihe von Aufmerksamkeits- und Gedächtnistests absolvieren, zum Beispiel Buchstabenfolgen aus dem Gedächtnis wiedergeben oder sich auf bestimmte farbige Formen konzentrieren, andere aber ignorieren. Es zeigte sich, dass die Multitasker bei allen Aufgaben schlechter abschnitten, sogar bei einem Test, in dem die Fähigkeit zum Umschalten von einer Aufgabe auf eine andere untersucht wurde.[17]

Um uns selbst das Singletasking zu erleichtern, haben meine Frau und ich uns zu Hause «technikfreie» Zonen und Zeiten eingerichtet. Wir benutzen am Esstisch und im Schlafzimmer keine elektronischen Geräte, und auch in der Zeit zwischen acht Uhr abends und neun Uhr morgens sind sie tabu. Um diese Angewohnheit zu festigen, bemühe ich mich auch bei alltäglichen

Handlungen um Singletasking. Früher habe ich mir gedankenlos die Zähne geputzt. Sie waren schön weiß und sahen super aus. Doch irgendwann sagte mir ein Zahnarzt, ich hätte mein Zahnfleisch geschädigt. Jetzt putze ich jeden einzelnen Zahn vier Sekunden lang mit voller Aufmerksamkeit. Ich zähle im Kopf *eins, zwei, drei, vier*, sodass ich etwas zu tun habe. Ich verbringe weiterhin genauso viel Zeit mit der Zahnreinigung, aber sie ist effektiver geworden. Wenn ich beim Zähneputzen oder unter der Dusche an die Arbeit denke, gibt mir das keine Energie, und ich passe auch nicht mehr auf mein Zahnfleisch auf. Wenn du deine Zähne bürstest, bürste nur. Wenn du duschst, dusche nur.

Wir müssen uns nicht jedes Mal und auf jede Aufgabe wie ein Laserstrahl fokussieren. Man darf beim Badputzen ruhig Musik hören oder sich beim Essen mit dem Partner oder der Partnerin unterhalten. So wie manche Instrumente zusammen großartig klingen, ergänzen manche Tätigkeiten sich sehr gut. Aber möglichst viel Singletasking gewöhnt das Gehirn daran, sich nur auf eine Sache zurzeit zu konzentrieren, daher sollte man sich bestimmte Tätigkeiten aussuchen, denen man seine ungeteilte Aufmerksamkeit schenkt, zum Beispiel mit dem Hund rausgehen, das Smartphone benutzen (eine App nach der anderen!), duschen oder die Wäsche zusammenlegen.

ETWAS ZUM ABSCHLUSS BRINGEN

Routinetätigkeiten fallen uns leichter, wenn wir uns anfangs eine Weile ganz in sie hineinvertieft haben. Möchtest du eine neue Tätigkeit in deinen Alltag einführen, empfehle ich dir daher, dich für kurze Zeit intensiv darauf zu konzentrieren. Wenn ich jeden Tag eine Stunde Tischtennis spiele, verbessere ich mich mit Sicherheit. Wenn du anfangen möchtest, täglich zu meditieren, ist eine Meditationswoche eine gute Grundlage, auf der du dann aufbauen kannst. In diesem Buch schlage ich dir viele Veränderungen für dein Leben vor. Aber wenn du versuchst, sämtliche Ideen gleichzeitig umzusetzen, wird alles Neue gleichermaßen geringfügig und unbedeutend sein. Um etwas zu verändern, muss man kleine Schritte machen und deutliche Prioritäten setzen. Suche dir daher eine Veränderung aus, mache sie zur Priorität und bringe sie zum Abschluss, bevor du mit der nächsten beginnst.

Mönche versuchen, sich in alles, was sie tun, zu versenken. Wir nahmen unser Mittagessen schweigend ein. Unsere Meditationen waren lang. Wir machten nichts mal eben schnell in fünf Minuten. Abgesehen vom Duschen – ins Duschen vertieften wir uns nicht. Wir leisteten uns den Luxus, Zeit zu haben, und wir nutzten sie für stundenlanges Singletasking. Dieses tiefe Eintauchen ist in der modernen Welt nicht möglich, doch je mehr man investiert, desto mehr bekommt man zurück. Wenn etwas wichtig ist, verdient es, gründlich erfahren zu werden. Und eigentlich ist alles wichtig!

Jeder von uns schiebt gelegentlich Dinge auf die lange Bank und lässt sich ablenken. Das geht Mönchen nicht anders. Aber wenn man sich mehr Zeit gibt, kann man sich ab und zu eine Ablenkung leisten und sich dann wieder konzentrieren. Wenn du im Alltag die Zeit morgens ganz genau eingeteilt hast, braucht dir nur ein unerwarteter Anruf oder verschütteter Kaffee dazwischenkommen, und schon bist du zu spät bei der Arbeit. Wenn du etwas Neues lernen, ein Konzept verstehen oder ein Möbelstück von Ikea aufbauen willst und dabei frustriert bist, willst du dich instinktiv von dieser schwierigen Aufgabe abwenden. Doch vertiefe dich ganz hinein, und du wirst mehr erreichen, als du für möglich gehalten hast. (Dann schaffst du sogar die Hemnes-Kommode – Ikeas wohl größte Herausforderung an uns.)

Es hat sich gezeigt, dass Phasen tiefer Konzentration auch für das Gehirn gut sind. Wenn wir zwanghaft zwischen verschiedenen Aufgaben hin und her springen (so wie die Multitasker in der Untersuchung an der Stanford University, die eine schwache Gedächtnisleistung und geringe Konzentration aufwiesen), schwächt das unsere Konzentrationsfähigkeit. Das Belohnungshormon Dopamin wird zu reichlich ausgeschüttet.[18] Auf diese Weise entstehen auch Süchte, denn um das gleiche angenehme Gefühl zu erreichen, brauchen wir mit der Zeit immer mehr Stimulation, was zu immer mehr Ablenkung führt. Paradoxerweise zieht das Belohnungshormon uns jedoch letztlich runter, denn zu viel Dopamin kann den Körper davon abhalten, das Wohlfühlhormon Serotonin zu produzieren. Wenn du jemals einen ganzen Tag mit allen möglichen Telefonaten und Besprechungen verbracht und zwischendurch hier ein Buch bestellt und da Threads auf Snapchat gecheckt hast, kennst du vermutlich das Gefühl, am Abend fix und fertig zu sein. Das ist ein Dopamin-Kater.

Wenn wir uns Versenkungserfahrungen erlauben – Meditation, konzentrierte Arbeitsphasen, Malen, Kreuzworträtsellösen, Unkrautjäten oder andere Formen des meditativen Singletasking –, sind wir nicht nur produktiver, sondern wir fühlen uns auch wohler.

Viele Zeitungsartikel und Smartphone-Apps empfehlen uns, fünf Minuten am Tag zu meditieren. Ich habe nichts dagegen, aber es überrascht mich nicht, wenn diese fünf Minuten dir nichts bringen. In unserer Kultur ist es üblich, sich fünf oder zehn Minuten am Tag irgendeiner Übung zu widmen, doch in fünf Minuten erreicht man tatsächlich nur sehr wenig. Mehr als ein Freund hat sich schon bei mir beschwert: «Jay, ich meditiere jetzt seit sieben Monaten fünf Minuten am Tag, und ich merke keine Veränderung.»

Stell dir mal vor, du könntest mit einem Menschen, zu dem du dich hingezogen fühlst, einen ganzen Monat lang jeden Tag fünf Minuten verbringen. Am Ende dieses Monats würdest du ihn immer noch kaum kennen. Es gibt gute Gründe dafür, dass wir, wenn wir uns verlieben, ganze Nächte hindurch mit dem geliebten Menschen reden wollen. Und manchmal verlieben wir uns auch, gerade weil wir uns eine ganze Nacht lang mit jemandem unterhalten haben. Der Ozean birgt viele Schätze, doch wenn man nur oben auf dem Wasser schwimmt, sieht man sie nicht alle. Beginnst du deine Meditationspraxis mit der Vorstellung, dass du von jetzt auf gleich einen klaren Kopf bekommst, wirst du bald erfahren, dass Versenkung Zeit und Übung braucht.

Als ich anfing zu meditieren, brauchte ich eine gute Viertelstunde, um körperlich zur Ruhe zu kommen, und eine weitere Viertelstunde, um das Geschwätz im Kopf abzustellen. Inzwischen meditiere ich seit dreizehn Jahren täglich ein bis zwei Stunden, und ich brauche immer noch zehn Minuten, um die Gedanken auszuschalten. Damit will ich nicht sagen, dass du dreizehn Jahre lang jeden Tag zwei Stunden meditieren musst, um davon zu profitieren. Darum geht es nicht. Ich bin zuversichtlich, dass jede Übung dir etwas bringt, wenn du dich ganz hineinversenkst. Sobald du die Hindernisse überwunden und dich ganz und gar darauf eingelassen hast, spürst du den Gewinn. Du verlierst dein Zeitempfinden. Das Gefühl der tiefen Versenkung ist oft so bereichernd, dass du die Übung nur widerwillig beendest.

Ich empfehle, solche Versenkungserfahrungen als Anstoß zu oder als Wiederbelebung einer regelmäßigen Meditationspraxis zu nutzen. Dem Freund, der mit seiner täglichen Fünf-Minuten-Meditation unzufrieden war, sagte ich: «Ich verstehe. Mehr Zeit zu finden ist schwierig. Aber wenn du das Gefühl hast, dass die fünf Minuten dir nicht genug bringen, versuch es doch mal mit einem einstündigen Meditationskurs, und danach meditierst du dann täglich zehn Minuten. Vielleicht bemerkst du dann eine größere Wirkung. Du könntest es auch mal mit einem eintägigen Retreat versuchen.» Ich sprach mit ihm darüber, dass man, wenn man sich verliebt hat, irgendwann nicht mehr die ganze Nacht wach bleiben muss, weil man den anderen Menschen dann kennengelernt hat. Und ist man einmal verheiratet, kann man mit fünf Minuten am Tag schon ganz schön viel anfangen. «Vielleicht solltest du mal ein romantisches Wochenende mit deiner Meditation verbringen», empfahl ich ihm.

Bei Routinetätigkeiten bleibt zwar kein Raum für Spontaneität, aber sie sind trotzdem weder langweilig noch monoton. Die gleiche Aufgabe immer zur gleichen Zeit und am gleichen Ort zu erledigen, schafft Raum für Kreativität. Die stets gleichen Energien des Ortes und das Gedächtnis der Zeit helfen uns, im Moment präsent zu sein und uns ganz auf eine Aufgabe einzulassen, statt Ablenkungen oder Frustration zu verfallen. Stelle dir ein Programm auf und befolge es, so wie die Mönche es tun. Auf diese Weise entwickelst du die Fähigkeit, dich zu konzentrieren und tief in deine Tätigkeit zu versenken.

Wenn wir die Ablenkungen von außen abgestellt haben, können wir uns den subtilsten und stärksten Ablenkungen von allen zuwenden: den Stimmen im Kopf.

KAPITEL 7

DER VERSTAND

Das Dilemma des Wagenlenkers

*Wenn die fünf Sinne und der Verstand zur
Ruhe gebracht sind, wenn der Geist zur
Ruhe gebracht ist, wenn der Verstand zur
Ruhe gebracht ist – das wird von den Weisen
‹der höchste Zustand› genannt.*

Aus den Katha-Upanishaden

Es regnet. Obwohl wir schon September haben und die Monsunzeit vorbei ist, gießt es in Strömen. Vor der Morgenmeditation muss ich unbedingt duschen. Gestern Abend bin ich zusammen mit etwa hundert anderen Mönchen nach zweitägiger Zugfahrt aus Mumbai hier in Südindien angekommen. Wir hatten natürlich die billigsten Fahrkarten, die es gab, und schliefen auf engem Raum zusammen mit fremden Menschen. Die Toiletten waren so schmutzig, dass ich beschloss, die ganze Fahrt über zu fasten, um sie nicht benutzen zu müssen. Wir sind auf einer Pilgerreise und wohnen hier nah am Meer in einem Gebäude, das einer Lagerhalle ähnelt. Nach der Morgenmeditation beginnt sofort der Unterricht, daher ist jetzt der beste Zeitpunkt zum Duschen.

Ich frage, wo die Duschen sind, und jemand zeigt mir einen nassen, verschlammten Fußweg durch niedriges Gebüsch. «Da entlang, ungefähr zwanzig Minuten», sagt er.

Ich sehe auf meine Flip-Flops hinunter. Na super. Da wer-

den meine Füße auf dem Weg zur Dusche ja noch dreckiger, als sie es jetzt schon sind. Welchen Sinn soll das haben?

Doch da meldet sich eine andere Stimme in meinem Kopf: «Sei nicht so faul. Du musst dich für die Morgenmeditation fertig machen. Geh jetzt einfach duschen.»

Ich ziehe den Kopf ein und gehe den Weg entlang. Ich platsche durch den Matsch und muss aufpassen, dass ich nicht ausrutsche. Jeder Schritt ist unangenehm, nicht nur wegen des Wetters, sondern auch, weil die erste Stimme in meinem Kopf mich dauernd entmutigen will. «Siehst du?», sagt sie, «der Weg zu den Duschen ist ein Schlammbad, und auf dem Rückweg wirst du wieder dreckig.»

Doch die andere Stimme drängt mich weiterzugehen: «Du tust das Richtige», sagt sie. «Halte dich an das, was du dir vorgenommen hast.»

Endlich stehe ich vor eine Reihe weißer Duschkabinen. Ich öffne eine der Türen und blicke nach oben. Aus dem immer noch dunklen Himmel strömt der Regen. Die Dusche hat kein Dach. Ist das möglich? Ich trete in die Kabine und mache mir gar nicht erst die Mühe, den Wasserhahn aufzudrehen. Wir duschen ohnehin mit kaltem Wasser, und genau das liefert mir der Regen.

Während ich in der Dusche stehe, frage ich mich, was ich eigentlich hier mache. In dieser erbärmlichen Kabine, die sich Dusche nennt, in dem dreckigen Zug gestern, auf dieser ganzen Reise und überhaupt in meinem Leben. Ich könnte jetzt trocken und warm in einer schönen Wohnung in London sitzen und im Jahr fünfzigtausend Pfund verdienen. Das Leben könnte sehr viel leichter sein.

Aber auf dem Rückweg höre ich wieder die andere Stimme. Sie hat ein paar interessante Ideen zu dem Wert dessen, was ich gerade geschafft habe. Im Regen zur Dusche zu gehen war keine besondere Leistung. Ich brauchte dazu weder Körperkraft noch Mut. Doch es stellte meine Fähigkeit auf die Probe, äußere Unannehmlichkeiten zu ertragen. Es gab mir eine Vorstellung davon, wie viel Frust ich an einem Morgen verkraften konnte. Meine Unternehmung hat mich vielleicht weder gesäubert noch erfrischt, aber sie hat mir etwas viel Wertvolleres geschenkt: Sie hat meine Entschlusskraft gestärkt.

DER AFFENGEIST

Im Hitopadesha, einer Sammlung von Fabeln, wird der Geist mit einem betrunkenen Affen verglichen, der von einem Skorpion gebissen wurde und von einem Gespenst verfolgt wird.[1]

Wir Menschen haben pro Tag ungefähr siebzigtausend einzelne Gedanken[2]. Der deutsche Psychologe und Naturwissenschaftler Ernst Pöppel hat in seinen Forschungen gezeigt, dass unser Geist immer in Zeitabschnitten von drei Sekunden arbeitet.[3] Wir müssen uns also immer neu auf die Gegenwart konzentrieren, sonst springt der Geist vor oder zurück und verwendet Vorstellungen von der Gegenwart, die auf dem beruhen, was wir erlebt haben, oder auf dem, was wir erwarten. Wie Lisa Feldman Barrett, die Autorin von *How Emotions Are Made. The Secret Life of the Brain* («Wie Emotionen entstehen. Das geheime Leben des Gehirns»), in einem Podcast erklärt, reagiert das Gehirn meistens «nicht auf das, was gerade geschieht, sondern es sagt voraus, was geschehen wird».[4] Wenn man sich die Gedanken als Äste vorstellt, ist der Geist wie ein Affe, der sich, häufig ziellos, von einem Ast zum anderen schwingt. Das klingt fast, als würde es Spaß machen, aber wie wir alle wissen, ist das keineswegs der Fall. Normalerweise bestehen diese Gedanken nämlich aus Befürchtungen, Sorgen, Negativität und Stress. Was passiert diese

Woche bei der Arbeit? Was soll ich heute Abend essen? Habe ich für den Urlaub genug Geld auf der hohen Kante? Warum kommt mein Date fünf Minuten zu spät? Warum bin ich hier? Das alles sind Fragen, die Antworten verdienen, aber solange der Geist weiter von Ast zu Ast springt, von Gedanke zu Gedanke, wird keine dieser Fragen beantwortet. Wir befinden uns im Dschungel des ungezähmten Geistes.

Im Dhammapada heißt es: «Die Wasserleiter leiten Wasser, / Die Bogner schlichten ihren Pfeil, / Die Zimmerleute schlichten Holz, / Die Weisen bändigen ihr Selbst.»[5]

Wahres Wachstum erfordert, dass wir die Aktivitäten des Geistes, in diesen Versen als «Selbst» bezeichnet, verstehen. Er ist Filter, Richter und Regisseur unserer Erlebnisse, aber wie sich in meinem Konflikt während des Duschabenteuers zeigte, ist er nicht immer einer Meinung. Je besser wir unsere Beziehung zu unserem Geist einschätzen, verstehen, trainieren und stärken können, desto erfolgreicher steuern wir unser Leben und meistern Herausforderungen.

Dieser Kampf in unserem Geist wird bei den kleinsten Entscheidungen ausgefochten («Muss ich jetzt sofort aufstehen?») und bei den größten («Soll ich diese Beziehung beenden?»). Jeder von uns wird täglich Zeuge solcher Auseinandersetzungen.

Ein älterer Mönch erzählte mir einmal eine Geschichte der Cherokee, die von der Zwickmühle handelt, in der wir sitzen: «Ein Stammesältester sagt zu seinem Enkel: ‹Jede Wahl, die du im Leben triffst, ist ein Kampf zwischen zwei Wölfen in deinem Inneren. Der eine steht für Zorn, Neid, Gier, Angst, Lügen, Unsicherheit und Selbstsucht. Der andere steht für Friede, Liebe, Mitgefühl, Güte, Bescheidenheit und Optimismus. Sie kämpfen um die Herrschaft.›

‹Und welcher Wolf gewinnt?›, fragt der Enkelsohn.

‹Der, den du fütterst›, antwortet der Großvater.»

«Aber womit füttern wir die Wölfe denn?», fragte ich meinen Lehrer.

«Mit dem, was wir lesen und hören», antwortete der Mönch. «Mit den Menschen, mit denen wir Zeit verbringen. Mit dem, was wir aus unserer Zeit machen. Mit dem, worauf wir unsere Energie und Aufmerksamkeit richten.»

In der Bhagavad Gita heißt es: «Für den, der den Geist bezwungen hat, ist der Geist der beste Freund; doch für den, der dies versäumt hat, wird der gleiche Geist zum größten Feind.»[6]

Das Wort Feind mag zu stark erscheinen, um die widerstreitende Stimme im Kopf zu beschreiben, aber an der Definition ist etwas Wahres dran. Dem *Oxford English Dictionary* zufolge ist ein Feind «eine Person, die etwas oder jemandem aktiv entgegensteht oder feindselig gesinnt ist» beziehungsweise «ein Ding, das etwas beschädigt oder schwächt».[7] Manchmal arbeitet der eigene Geist gegen uns. Erst bringt er uns dazu, etwas zu tun, und dann redet er uns ein schlechtes Gewissen ein, weil wir gegen unsere Werte oder Moralvorstellungen verstoßen haben.

Zwei Forscher von der Princeton University und der University of Waterloo haben gezeigt, dass das Gewicht einer schlechten Entscheidung nicht nur metaphorisch auf uns lastet. Nachdem sie die Teilnehmer einer Studie in zwei Gruppen eingeteilt hatten, baten sie die erste, sich an eine unrechte Handlung zu erinnern und dann anzugeben, wie sie ihr Körpergewicht wahrnahmen. Diese Gruppe fühlte sich körperlich schwerer als die Gruppe, die sich an eine neutrale Handlung erinnern sollte.[8] Manchmal möchten wir uns gern auf etwas konzentrieren, auf ein Arbeitsprojekt, ein künstlerisches Vorhaben, eine Reparatur zu Hause oder ein neues Hobby, doch unser Geist scheint uns hartnäckig daran zu hindern. Wenn wir unser Vorhaben dann aufschieben, entsteht ein Konflikt zwischen dem, was wir tun sollten, weil es gut für uns ist, und dem, was wir in diesem Moment gern tun möchten.[9] Wir sagen dann: «Ich weiß, dass ich anfangen *sollte*, dieses Angebot zu schreiben, aber ich *möchte* so gern das Viertelfinale der US Open sehen.»

Bevor ich Mönch wurde, hielt mein Geist mich davon ab, das zu tun, was mir Freude machte, weil es zu riskant war. Mein Geist erlaubte mir zwar, täglich eine Tafel Schokolade und einen Liter Limo zu konsumieren, obwohl ich gesund leben wollte. Aber er sorgte dafür, dass ich mich mit anderen Leuten verglich, statt mich auf mein eigenes Wachstum zu konzentrieren. Ich versagte mir, Kontakt zu Menschen aufzunehmen, die ich gekränkt hatte, weil ich nicht schwächer als sie erscheinen wollte. Ich ließ zu, dass ich auf Menschen, die ich liebte, wütend war, weil Rechthaben mir wichtiger war als freundlich zu sein. In der Einleitung zu seiner englischen Übersetzung des Dhammapada schreibt Eknath Easwaran: «Wir haben nicht mehr Ahnung davon, wie das Leben wirklich ist, als ein Küken, bevor es ausschlüpft. Aufregung und Depression, Glück und Unglück, Lust und Pein sind Stürme in einem winzigen, privaten, von einer Schale umschlossenen Bereich, den wir für das ganze Dasein halten.»[10]

Es leuchtet daher ein, dass Buddha, als er schließlich das Reich jenseits aller Gedanken erreichte, beschrieb, er fühle sich wie ein Küken, das seine Schale zerbrochen hat.

Im Aschram lernte ich etwas, das für mich wesentlich ist, um diese gefährlichen, selbstzerstörerischen Gedanken im Zaum zu halten: Unsere Gedanken sind wie Wolken, die vorbeiziehen. Das Selbst ist, wie die Sonne, immer da. Wir sind nicht unsere Gedanken.

ERWACHSENER UND KIND

Bei der Arbeit an der Beziehung zwischen uns und unserem Geist hilft es, wie meine Lehrer erklärten, den Geist als gesondertes Wesen zu betrachten. So können wir uns vorstellen, dass wir uns mit ihm anfreunden oder dass wir Friedensverhandlungen mit ihm führen.

Die Qualität der Kommunikation mit dem Geist beruht, wie die Qualität jeder Interaktion, auf der Geschichte unserer Beziehung zu ihm. Sind wir hitzköpfige Streithähne, oder stellen wir uns stur und wollen uns nicht mit ihm einlassen? Bringen wir immer wieder die gleichen Argumente vor, oder hören wir ihm zu und schließen Kompromisse? Allerdings kennen die meisten von uns die Geschichte dieser inneren Beziehung gar nicht, weil wir uns nie die Zeit genommen haben, darüber nachzudenken.

Der Affengeist ist ein Kind, der Mönchsgeist hingegen ein Erwachsener. Ein Kind weint, wenn es nicht bekommt, was es will, und es sieht nicht, was es bereits hat. Ein Kind kann den wahren Wert von etwas noch nicht erkennen – es würde mit Freuden ein Aktienzertifikat gegen ein paar Süßigkeiten eintauschen. Wenn du in irgendeiner Weise herausgefordert wirst, reagiert der kindliche Geist sofort. Vielleicht bist du beleidigt und machst ein saures Gesicht, oder du fängst an, dich zu verteidigen. So eine konditionierte, automatische Reaktion ist ideal, wenn dein Gegenüber ein Messer zieht. Sie ist jedoch nicht ideal, wenn dein Gegenüber etwas sagt, was du nicht hören möchtest, und du auf emotionale Abwehr schaltest. Wir wollen uns nicht ständig von automatischen Reaktionen lenken lassen. Andererseits sollten wir den kindlichen Geist auch nicht völlig auslöschen, denn er befähigt uns, spontan, kreativ und dynamisch zu sein. Das sind Eigenschaften von unschätzbarem

Wert. Übernimmt der kindliche Geist jedoch die Herrschaft, kann das unser Untergang sein.

Der impulsive, von seinem Verlangen getriebene kindliche Geist wird durch den urteilenden, pragmatischen Erwachsenengeist gebremst, der sagt «Das ist nicht gut für dich» oder «Warte noch etwas». Der Erwachsenengeist erinnert uns daran innezuhalten, den Gesamtzusammenhang zu betrachten und uns Zeit zu nehmen, die angelernte, voreingestellte Reaktion zu beurteilen und Alternativen vorzuschlagen, wenn sie nicht angemessen ist. Der intelligente Erwachsene kann die Wünsche des Kindes von seinen echten Bedürfnissen unterscheiden und beurteilen, was auf lange Sicht für sein Wohlergehen besser ist.

Wenn wir den inneren Konflikt als Konflikt zwischen Kind und Erwachsenem betrachten, heißt das, dass der kindliche Geist nur dann die Kontrolle übernehmen kann, wenn der Erwachsenengeist nicht richtig entwickelt, gestärkt und angehört wurde. Das Kind ist frustriert, es bekommt Trotzanfälle, und wir geben schnell nach. Anschließend sind wir dann auf uns selbst wütend. *Warum mache ich so was? Was stimmt nicht mit mir?*

Die Stimme des Erwachsenen ist klüger als die des Kindes. Wenn sie gut ausgebildet wurde, ist sie selbstbeherrscht, besitzt Urteilskraft und kann meisterhaft diskutieren. Aber sie hat nur so viel Kraft, wie sie von uns bekommt. Wenn wir müde oder hungrig sind, ist die Erwachsenenstimme schwächer.

Sobald der Erwachsene das Kind nicht beaufsichtigt, klettert es auf den Tisch neben dem heißen Ofen, um an die Keksdose heranzukommen, und schon gibt es Probleme. Wenn der Erwachsene jedoch zu stark kontrolliert, wird das Kind verbittert, gereizt und risikoscheu. Wie in allen Eltern-Kind-Beziehungen bleibt es eine ständige Herausforderung, das richtige Gleichgewicht zu finden.

Wahrzunehmen, dass es verschiedene Stimmen in uns gibt,

ist der erste Schritt zum Verständnis des Geistes. Sobald du beginnst, diese Stimmen zu unterscheiden, kannst du bessere Entscheidungen treffen.

DEN WAGEN DES GEISTES LENKEN

Wenn du anfängst, die verschiedenen Stimmen im Kopf zu sortieren, bist du vielleicht überrascht, wie groß die Konflikte sind. Das ergibt doch gar keinen Sinn. Der Geist sollte doch unsere Interessen vertreten, oder nicht? Warum sollten wir uns selbst im Weg stehen? Es ist so kompliziert, weil wir Input aus verschiedenen Quellen gegeneinander abwägen: Unsere fünf Sinne sagen uns, was im Moment reizvoll ist; unsere Erinnerungen berichten, was wir in der Vergangenheit erlebt haben; und unser Verstand, unser Intellekt, fasst zusammen und wertet aus, welche Entscheidung langfristig gesehen die beste ist.

Neben dem Erwachsener-Kind-Modell gibt es in den Lehren der Mönche noch eine weitere Analogie zu den rivalisierenden Stimmen in unseren Köpfen. In den Upanishaden, einer Sammlung philosophischer Schriften des Hinduismus, wird der Mensch mit einem Wagen verglichen, den fünf Pferde ziehen.[11] In dieser Analogie ist der Wagen der Körper, die Pferde sind die fünf Sinne, die Zügel sind der Geist und der Wagenlenker ist der Verstand. Dieses Bild ist ein wenig kompliziert, daher bitte ich um etwas Geduld.

Wenn der Verstand, nämlich der Wagenlenker, nicht geschult ist, schläft er bei seiner Arbeit, sodass die Pferde, also die fünf Sinne, nicht gezügelt werden und den Körper hinziehen, wo sie wollen. Werden Pferde sich selbst überlassen, dann reagieren sie auf ihre Umgebung. Sie sehen einen Busch, der lecker aussieht, und schon senken sie die Köpfe, um davon zu fressen. Etwas erschreckt sie, und sie scheuen. Genauso unmittelbar reagieren unsere Sinne auf Essen, Geld, Sex, Macht, Einfluss usw. Wenn der Wagenlenker die Pferde nicht beherrscht, kommt sein Wagen von der Straße ab und holpert in Richtung kurzzeitiges Vergnügen und sofortige Befriedigung.

Ist der Verstand jedoch geschult, dann ist der Wagenlenker wach, bewusst und aufmerksam und erlaubt den Pferden nicht zu laufen, wohin sie wollen. Er benutzt die Zügel des Geistes, um den Wagen achtsam die richtige Straße entlangzulenken.

DIE SINNE ZÜGELN

Denke über diese fünf widerspenstigen Pferde nach, die vor den Wagen eines trägen Kutschers gespannt sind und ungeduldig schnauben und die Köpfe hochwerfen. Sie stehen für die fünf Sinne, die immer als Erste Kontakt mit unserer Umgebung aufnehmen. Die Sinne sind für unsere Wünsche und Anhaftungen verantwortlich. Sie ziehen uns impulsiv in Richtung Leidenschaft und Vergnügen und bringen den Geist damit aus dem Gleichgewicht. Mönche beruhigen die Sinne, um den Geist zu beruhigen. Wie Pema Chödrön sagt: «Du bist der Himmel. Alles andere ist nur das Wetter.»

Shaolin-Mönche sind ein wunderbares Beispiel dafür, wie wir unseren Intellekt so trainieren können, dass er die Sinne bändigt. (Ich habe zwar nie wie ein Shaolin-Mönch gelebt oder trainiert, aber vielleicht probiere ich das irgendwann aus!)

Das Shaolin-Kloster in China wurde vor über eintausendfünfhundert Jahren erbaut, und Shaolin-Mönche führen regelmäßig Unmögliches vor. Sie balancieren auf einer Schwertklinge, brechen mit dem Kopf Ziegelsteine durch und liegen anscheinend ohne Anstrengung oder Verletzungen auf Nägeln und Klingen. Was wie Zauberei wirkt, ist auf extreme physische und mentale Trainingsprogramme zurückzuführen, die es den Shaolin-Mönchen erlauben, ihre Grenzen immer weiter hinauszuschieben.[12]

Shaolin-Mönche konnten früher schon im jungen Alter von drei Jahren ins Kloster eintreten. Ihre Tage sind lang und mit hartem Training gefüllt. Sie lernen, durch Meditation und Qigong das Qi, die Lebensenergie, zu kultivieren. Außerdem setzen sie eine spezielle Atemmethode ein, bei der in den Unterbauch geatmet wird, um starken Schlägen, auch mit gefährlichen, manchmal scharfen Objekten, zu widerstehen. Dank ihrer inneren Ruhe können sie mentalen, physischen und emotionalen Stress abwehren.[13]

Nicht nur die Shaolin-Mönche demonstrieren eine unglaubliche Kontrolle der Sinne und Emotionen. Forscher haben ein Experiment mit Yogis und Menschen, die bisher nicht meditiert hatten, durchgeführt. Beide Gruppen erhielten ein Armband mit einem Hitzestimulator, einem kleinen Gerät also, das durch übermäßige Wärme Schmerz hervorruft. Die kleine Platte wurde langsam erwärmt und erzeugte dann zehn Sekunden lang große Hitze, bevor sie wieder abkühlte. Während der Erwärmung der Platte reagierte die Schmerzmatrix im Gehirn der nicht mit Meditation vertrauten Menschen, als wäre die Platte bereits heiß. Forscher bezeichnen diese Reaktion als «antizipierten», also vorweggenommenen Schmerz. Im Gehirn der Yogis hingegen zeigte die Schmerzmatrix keine Reaktion, die Gehirnaktivität änderte sich kaum. Als die Platte heiß war, schoss die Aktivität im Gehirn der Yogis zwar in die Höhe, aber ausschließlich in den entsprechenden Bereichen der Schmerzmatrix. Wir sehen daran, dass die Schmerzempfindung aus zwei Faktoren besteht – einem physischen und einem emotionalen. Für die Yogis war die Hitze schmerzhaft, aber sie verbanden damit keine negativen Emotionen, spürten also keinen emotionalen Schmerz. Außerdem erholte sich ihr Gehirn schneller wieder von dem Schmerzreiz als das Gehirn der Probanden, die nicht meditierten.[14]

Das ist ein bemerkenswerter Grad der Kontrolle über die Emotionen, und die meisten von uns haben wohl kein Interesse daran, ihn zu erreichen. Doch es ist wichtig, dass wir Sinne und Emotionen als Wege zum Geist begreifen. Meistens wird unser Leben von dem beherrscht, was wir sehen, hören, riechen, berühren und schmecken. Wenn du dein Lieblingsdessert riechst, möchtest du es essen. Wenn du ein Foto von einem Strand siehst, träumst du gleich von Urlaub. Du hörst einen bestimmten Satz und siehst sofort den Menschen vor dir, der ihn immer gesagt hat.

Der Affengeist reagiert, aber der Mönchsgeist ist vorausschauend. Angenommen, du schaust dir auf YouTube ein Video an, dann landest du häufig in einem Kaninchenbau. Von einem niedlichen Tiervideo lässt du dich zu einer Sammlung von Clips über Haie treiben, und bevor du dich's versiehst, guckst du zu, wie Sean Evans mit einem Promi-Gast Chicken Wings mit immer schärferen Soßen isst. Sinneswahrnehmungen führen den Geist an Orte, wo wir ihn gar nicht haben wollen. Reize deine Sinne nicht unnötig, damit könntest du nämlich dein Versagen vorprogrammieren. Ein Mönch geht nicht in ein Striplokal. Wir möchten die reaktiven Tendenzen des Geistes einschränken, und die einfachste Methode ist, dafür zu sorgen, dass der Intellekt die Sinne vorausschauend von Reizen fernhält, die den Geist so reagieren lassen könnten, dass er nur noch schwer zu beherrschen ist. Es ist Sache des Intellekts zu erkennen, wann man anfällig für solche Reize ist, und dann für Disziplin zu sorgen, so wie ein Wagenlenker die Zügel fester hält, wenn er an einer Wiese mit schmackhaftem Gras vorbeifährt.

Jede sinnliche Wahrnehmung kann Emotionen auslösen und damit an ein verführerisches, verstörendes oder trauriges Ereignis erinnern. Soziale Medien können Zeit fressen, die du eigentlich anders verbringen wolltest; ein Foto kann dich in einem Moment, in dem du keine Zeit zum Trauern hast, an einen verstorbenen Freund erinnern; ein Sweatshirt deines Ex kann dir erneut das Herz brechen. Ich empfehle, solche sinnlichen Auslöser aus der Wohnung zu entfernen oder die entsprechenden Apps zu löschen. Visualisiere dabei, wie du sie auch aus deinem Geist entfernst. Genauso kannst du verfahren, wenn du auf einen unerwünschten mentalen Auslöser stößt, etwa auf ein Wort, das du früher von deinen Eltern gehört hast, oder auf ein Lied aus deiner Vergangenheit. Stelle dir vor, wie du diesen Reiz aus deinem Leben entfernst, als wäre er ein greifbares Objekt. Wenn du diese mentalen und physischen Trigger beseitigst, können sie keine Reaktion mehr bei dir auslösen. Natürlich können wir nicht alle Sinnesreize oder Auslöser beseitigen. Und das wollen wir auch gar nicht. Unser Ziel besteht nicht darin, die Gedanken zum Schweigen zu bringen oder auch nur zu beruhigen. Wir möchten die Bedeutung eines Gedankens aufdecken. Das hilft uns, ihn loszulassen. Aber vorübergehend, während wir die Beziehung zu unserem Geist stärken, können wir Schritte unternehmen, um nicht ungewollt an Orte oder Menschen zu denken. Wir können uns aussuchen, was wir sehen, hören, lesen und überhaupt aufnehmen.

Wenn es darum geht, den Geist und die Energie zu trainieren und sich auf seinen Dharma zu konzentrieren, steht uns aus der Sicht eines Mönchs als größte Kraft die Selbstbeherrschung zur Verfügung. Idealerweise kann man alles, was schwer oder anstrengend erscheint, oder aber Spaß macht, mit der gleichen Gelassenheit betrachten. Man freut sich dann weder zu sehr über Schönes, noch lässt man sich von schmerzhaften Dingen zu sehr deprimieren.

Gewöhnlich wird ein Außenreiz schwächer wahrgenommen, wenn er häufiger wiederholt wird, doch wenn wir den Geist trainieren, eignen wir uns die Fähigkeit an, uns unabhängig von Ablenkungen auf das zu konzentrieren, worauf wir uns konzentrieren wollen.

Meditation ist ein wichtiges Werkzeug, um Sinneswahrnehmungen zu regulieren, wir können den Geist aber auch erziehen, indem wir die Beziehung zwischen dem kindlichen und dem erwachsenen Geist stärken. Wenn der Erwachsene sagt: «Mach dein Zimmer sauber», und das Kind nicht gehorcht, ist das, als würde der Mönchsgeist sagen: «Ändere dein Verhalten», und der Affengeist würde antworten: «Nee, keine Lust, ich höre lieber mit Kopfhörern laut Musik.» Wenn der Erwachsene auf das Kind wütend wird und schimpft: «Ich hab dir doch gesagt, du sollst dein Zimmer sauber machen! Warum hast du das noch nicht getan?», zieht das Kind sich noch weiter zurück. Irgendwann gehorcht es vielleicht, aber die Aufforderungen des Erwachsenen haben weder zu einer Verbindung noch zu einem Dialog geführt.

Je frustrierter der Erwachsene und das trotzige Kind gegeneinander kämpfen, desto mehr entfremden sie sich voneinander. Wenn du selbst einen inneren Kampf kämpfst, ist der Affengeist dein Gegner. Doch wenn du ihn als Mitstreiter betrachtest, kannst du von Auseinandersetzung zwischen euch auf Verbundenheit umschalten und ihn nicht als Feind, sondern als Freund sehen. Verbundenheit hat ihre eigenen Herausforderungen, und auch innerhalb einer Verbindung kann es Unstimmigkeiten geben, aber zumindest wünschen sich die Parteien das gleiche Ergebnis.

Um eine solche Zusammenarbeit zu erreichen, muss der Intellekt die automatischen, reaktiven Muster des Geistes, die man auch als Unterbewusstes bezeichnet, genauer unter die Lupe nehmen.

DAS STURE UNTERBEWUSSTE

Im Geist sind bestimmte Muster gespeichert, die wir uns nicht bewusst ausgesucht haben. Stell dir vor, dein Wecker oder dein Handy wecken dich jeden Morgen zur gleichen Zeit. Das ist ein hervorragendes System, bis ein Feiertag kommt und du eigentlich ausschlafen könntest. Dein Wecker funktioniert in dem Fall genau wie eins dieser Muster in deinem Unterbewussten, die darauf programmiert sind, Tag für Tag die gleichen Gedanken zu denken und die gleichen Handlungen auszuführen. Meistens machen wir im Leben alles so, wie wir es immer gemacht haben, im Guten wie im Bösen. Diese Gedanken und Verhaltensweisen ändern sich erst, wenn wir uns aktiv umprogrammieren.

Joshua Bell, ein weltbekannter Violinist, beschloss, während des morgendlichen Berufsverkehrs vor einer Metrostation in Washington, D.C., auf der Straße zu spielen. Er legte den Geigenkasten aufgeklappt vor sich und spielte in Straßenkleidung auf seiner kostbaren Stradivari anspruchsvolle klassische Musik. Im Laufe von fünfundvierzig Minuten blieben nur wenige Menschen stehen, um zuzuhören oder Geld in seinen Geigenkasten zu legen. Insgesamt erhielt er etwa zweiunddreißig Dollar. Drei

Tage vor diesem Straßenkonzert hatte er auf seiner Stradivari in der Boston Symphony Hall gespielt, wo ein guter Platz einhundert Dollar kostete.[15]

Es gibt viele Gründe, warum Menschen nicht stehen bleiben, um einen brillanten Musiker spielen zu hören, doch einer ist sicherlich, dass wir auf Autopilot laufen, wenn wir uns durch die morgendlichen Menschenmassen drängen. Wie viel aber verpassen wir, wenn wir uns derartig vorprogrammiert verhalten?

«Die Definition des Wahnsinns ist, immer dasselbe zu tun und ein anderes Ergebnis zu erwarten.» (Dieses Zitat wird häufig Albert Einstein zugeschrieben, es gibt allerdings keinen Beleg dafür, dass er das tatsächlich gesagt hat.) Ist es nicht erstaunlich, wie viele von uns Jahr für Jahr das Gleiche tun, in der Hoffnung, dass ihr Leben sich ändert?

Gedanken können sich in Endlosschleifen wiederholen und so das bestätigen, was wir über uns selbst glauben. Das Bewusstsein ist nicht wach genug, um sie zu bearbeiten. Die Geschichte, die sich im Kopf abspielt, ist im Hinblick auf Beziehungen, Geld, Selbstgefühl und Verhaltensregeln immer die gleiche. Wir alle haben schon erlebt, dass eine Freundin sagt: «Du siehst heute toll aus», und dass das Unterbewusste geantwortet hat: «Ich sehe gar nicht toll aus, sie will nett zu mir sein.» Wenn ein Freund sagt: «Das hast du wirklich verdient», denkst du dir vielleicht: «Ach nein, ich bin ja gar nicht sicher, ob ich das noch mal schaffen würde.» Diese gewohnheitsmäßigen Reaktionen durchziehen unseren gesamten Tag. Verändern können wir sie, indem wir die Worte im Kopf verändern. Im Folgenden werden wir uns damit beschäftigen, wie wir unsere Gedanken hören, überprüfen und auswechseln können.

AUFGABE: *DAS UNTERBEWUSSTSEIN AUFWECKEN*

Notiere den ganzen Lärm, den du täglich in deinem Kopf hörst und den du nicht haben willst. Diese Aufzählung sollte keine Liste deiner Probleme werden, sondern eine Liste der negativen, selbstzerstörerischen Botschaften, die in deinem Kopf herumgeistern. Zum Beispiel:

- Du bist nicht gut genug.
- Du kannst das nicht.
- Du bist dazu nicht intelligent genug.

Wenn du solche Sätze hörst, schläft der Wagenlenker auf dem Kutschbock.

INVESTIERE IN DEIN BEWUSSTSEIN

Du bist weder dein Geist noch deine Gedanken. Wenn du dir sagst: «Ich verdiene keine Liebe» oder «Mein Leben ist scheiße», sind das zwar noch lange keine Tatsachen, aber es ist schwer, diese selbstzerstörerischen Gedanken zu verändern. Wir alle waren in der Vergangenheit mit Schmerzen, großem Kummer und allen möglichen anderen Herausforderungen konfrontiert. Doch dass wir etwas durchgemacht haben und es als Vergangenheit betrachten können, heißt noch nicht, dass es vorbei ist. Im Gegenteil: Es kann in irgendeiner Form – häufig in selbstzerstörerischen Gedanken – weiterleben, bis es uns gelehrt hat, was wir ändern müssen. Wenn du deine Beziehung zu deinen Eltern nicht geheilt hast, wirst du dir immer wieder Partnerinnen oder Partner suchen, die dir diese ungelösten Probleme spiegeln.

Wenn du deine Denkweise nicht bewusst änderst, wirst du die Schmerzen, die du in der Vergangenheit ertragen hast, immer wieder erleben und dir selbst neue zufügen.

Es klingt vielleicht albern, aber die beste Methode, die Stimmen in deinem Kopf zu überschreiben, besteht darin, mit ihnen zu sprechen. Buchstäblich.

Fange an, täglich mit dir selbst zu sprechen. Du kannst dich ruhig mit deinem Namen anreden und laut mit dir reden, wenn du dich dabei wohlfühlst – also vielleicht nicht gerade bei einem ersten Date oder einem Vorstellungsgespräch. Klänge haben Kraft, und wenn du deinen eigenen Namen hörst, wird deine Aufmerksamkeit geweckt.

Wenn du im Kopf eine Stimme wahrnimmst, die sagt: «Das kannst du nicht!», dann antworte, indem du dir selbst gut zuredest: «Das kannst du. Du hast die Fähigkeit dazu. Du hast die Zeit.»

Sich mit solchen Selbstgesprächen durch ein Projekt oder eine Aufgabe zu begleiten, stärkt den Fokus und die Konzentration. Man arbeitet effektiver. In einer Studienreihe zeigten Forscher zwei Gruppen von Freiwilligen Bilder und baten sie, aus den abgebildeten Gegenständen bestimmte herauszusuchen. Die eine Gruppe sollte die Namen der Gegenstände beim Suchen laut wiederholen, während die andere die Aufgabe schweigend erledigen sollte. Die Gruppe, die die Namen laut aussprach, war signifikant schneller als die schweigende Gruppe. Daraus schlossen die Forscher, dass Selbstgespräche nicht nur dem Gedächtnis auf die Sprünge helfen, sondern auch die Konzentration verbessern.[16] Die Psychologin Linda Sapadin sagt dazu, Selbstgespräche «helfen, die Gedanken zu klären, sich um das Wichtige zu kümmern und Entscheidungen, über die man nachdenkt, festzuklopfen».[17]

Wir wollen uns im Folgenden einige Möglichkeiten anschauen, wie man eine neue Perspektive finden und das Denken auf produktive Weise verändern kann.

UMDEUTEN

Die meisten Menschen machen die Erfahrung, dass sie sich selbst nur allzu gut sagen können, was schiefläuft, dass sie sich aber nur selten die Mühe machen, sich zu loben. Ist das etwa eine liebevolle Erziehung?

Das wird alles niemals besser.

Niemand versteht mich.

Ich bin nicht gut genug.

Ich bin nicht attraktiv genug.

Ich bin nicht klug genug.

Wir suchen nach unseren schlechtesten Eigenschaften und sagen uns, dass wir uns niemals ändern werden. Das ist die entmutigendste Methode, die man sich vorstellen kann. Es gibt drei Wege zum Glück, und alle beruhen auf Wissen: Lernen, Fortschritt und Leistung. Wenn wir wachsen, sind wir glücklich und haben keine materiellen Wünsche. Wenn du unzufrieden bist, dich selbst kritisierst oder keine Hoffnung hast, lass dich davon nicht bremsen. Finde heraus, wo und wie du Fortschritte machst, dann wirst du den Wert deines Tuns sehen, spüren und anerkennen.

Deute deine Selbstkritik um. Hörst du dich sagen: «Mir ist langweilig, ich bin langsam, ich kann das nicht», antworte dir selbst: «Du arbeitest daran. Du wirst immer besser.» So erinnerst du dich daran, dass du Fortschritte machst. Baue zu der pessimistischen Kinderstimme eine Beziehung auf. Deine Erwachsenenstimme wird durch dein Lesen, Forschen, Anwenden und Überprüfen immer kräftiger werden. Hebe das hervor, was du richtig machst. Statt deine Fehler zu unterstreichen, betone deine Fortschritte. Wenn es dir gelungen ist, an zwei von sieben Tagen früh aufzuwachen, ermutige dich, wie du ein Kind ermutigen würdest, das gerade etwas Neues lernt. Wenn du die Hälfte von dem geschafft hast, was du dir vorgenommen hattest, bezeichne das Glas als halb voll.

Wir können also unsere Wachstumsschritte betonen. Außerdem haben wir die Möglichkeit, unerwünschte Gedanken positiv umzuformulieren. Unser Affengeist produziert oft Geschwätz wie «Das kann ich nicht». Solche Sätze können wir umformulieren zu «Ich kann das, indem ich ...».

«Ich kann das nicht» wird zu «Ich kann das, indem ich ...».

«Ich bin darin schlecht» wird zu «Ich investiere die Zeit, die ich brauche, um besser zu werden».

«Ich bin nicht liebenswert» wird zu «Ich nehme Kontakt zu anderen Leuten auf und knüpfe neue Verbindungen».

«Ich bin hässlich» wird zu «Ich habe schöne Hände / Augen / Haare / Ohren».

«Ich kann das nicht alles schaffen» wird zu «Ich setze Prioritäten und arbeite meine Liste Stück für Stück ab».

All diesen Bemerkungen eine lösungsorientierte Wendung zu geben, erinnert dich daran, vorausschauend zu denken und Verantwortung zu übernehmen, statt in Selbstvorwürfen zu verharren.

Statt nur mit Worten zu arbeiten, können wir auch handeln, um unsere Denkweise zu verändern. Es gibt eine einfache Methode, um die selbstzerstörerischen Gedanken zum Schweigen zu bringen: Lerne jeden Tag etwas Neues. Das muss keine große Sache sein. Du musst dir weder Programmieren beibringen, noch brauchst du Quantenmechanik zu studieren. Du könntest einfach einen Artikel über eine Person, eine Stadt oder eine Kultur lesen, und du wirst merken, wie dein Selbstwertgefühl wächst.

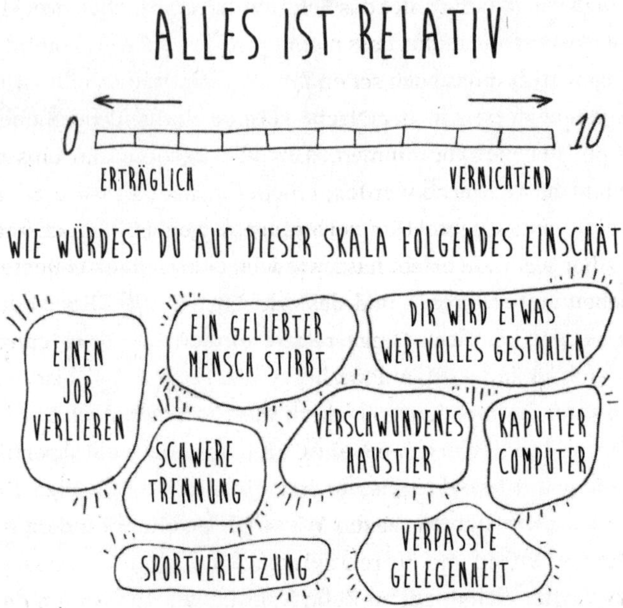

Beim nächsten Gespräch kannst du nämlich etwas beitragen. Das gilt auch, wenn du nur ein einziges neues Wort lernst, zum Beispiel das Wort *iktsuarpok*. Es stammt aus der Sprache der Inuit und bezeichnet das Gefühl, das man hat, wenn man Besuch erwartet und vielleicht sogar immer wieder zum Fenster oder zur Tür geht, um zu sehen, ob er nicht bald kommt. So kann man die Unterhaltung am Esstisch bereichern, indem man einfach ein neues Wort vorstellt.

Viele unserer Enttäuschungen können wir auch als Segen deuten, denn sie regen uns zu Wachstum und Weiterentwicklung an. Versuche, negative Gedanken und Umstände in Relation zu sehen. So wie Ärzte den Schmerz auf einer Skala einschätzen lassen, bitte ich meine Seminarteilnehmer, ihre Sorgen auf einer Skala von eins bis zehn zu bewerten. Null bedeutet keine Sorgen.

Zehn heißt, man befürchtet das Schlimmste, etwas so Schreckliches wie: «Ich habe Angst, dass meine ganze Familie umkommt.» Oder vielleicht ist das auch schon elf.

Vor allem mitten in der Nacht können uns alle möglichen Probleme so groß vorkommen, dass wir sie bei zehn einstufen. Nicht befördert zu werden, erscheint uns dann wie zehn. Dass eine heißgeliebte Uhr verlorengegangen ist – noch mal zehn. Aber wenn du erlebt hast, wie weh es tut, einen geliebten Menschen zu verlieren – und das erleben wir alle früher oder später –, werden diese Dinge relativ unwichtig. Deine ganze Sichtweise verändert sich. Plötzlich findest du den Verlust deines Jobs dann zwar nicht toll, aber doch erträglich. Die Uhr ist weg, aber sie war doch bloß ein Gegenstand. Dein Körper ist vielleicht nicht perfekt, aber er hat dir einige großartige Erfahrungen geschenkt. Nutze das Wissen, was tiefer Schmerz ist, um kleinere Störungen zu relativieren. Und wenn du tatsächlich mit einer vernichtenden Zehn konfrontiert bist, nimm den Schmerz an und lass dir Zeit, um ihn zu heilen. Es geht hier nicht darum, die Auswirkungen sämtlicher negativen Erfahrungen schönzureden, sondern wir wollen solche Erfahrungen mit klarerem Blick betrachten. Und manchmal ist und bleibt eine Zehn eine Zehn.

ENTSCHLEUNIGEN DURCH VERSCHRIFTLICHEN

Manchmal klappt das Umformulieren am besten schriftlich. Stelle dir einen Affen vor, der in vollem Tempo von Ast zu Ast saust. Es kostet Anstrengung, seine Aufmerksamkeit zu gewinnen und ihn zur Konzentration zu zwingen. Wenn dein Geist unruhig herumrast, wenn deine Gedanken sich ständig wiederholen und unproduktiv sind, wenn du das Gefühl hast, du solltest mal auf Pause drücken, dann nimm dir eine Viertelstunde Zeit und notiere jeden Gedanken, der dir in den Kopf kommt.

Für eine Studie schrieb eine Gruppe von Studenten an vier Tagen jeweils eine Viertelstunde lang die «tiefsten Gedanken und Gefühle» über das traumatischste Erlebnis ihres Lebens auf. Anschließend berichteten die Studenten nicht nur, dass sie diese Erfahrung wertvoll fanden, sondern achtundneunzig Prozent sagten sogar, sie würden das gern noch einmal machen. Dabei hatten sie nicht nur Freude am Schreiben gehabt, sondern es verbesserte auch ihre Gesundheit. Studenten, die über traumatische Erlebnisse geschrieben hatten, mussten nach Abschluss der Studie seltener das Gesundheitszentrum ihrer Universität aufsuchen. Daraus schlossen die Forscher, dass die Studenten unter anderem deshalb von der Verschriftlichung profitierten, weil sie ihnen half, ihr schlimmstes Erlebnis als zusammenhängende Geschichte wiederzugeben. Sich von dem Erlebnis in dieser Weise zu distanzieren, gestattete ihnen, es objektiver zu betrachten und, so hofft man, ein glückliches Ende zu erfinden.[18]

Die Autorin Krysta MacGray hatte Flugangst. Sie versuchte, die Angst auszuhalten. Sie versuchte es mit Logik. Sie versuchte es sogar mit ein paar Drinks. Aber immer, wenn sie einen Flug vor sich hatte, malte sie sich schon wochenlang vorher aus, wie das Leben ihrer Kinder aussehen würde, nachdem sie im brennenden Flugzeug abgestürzt wäre. MacGray fing an, in ihrem Blog über die Angst zu schreiben, und versuchte so, sie zu relativieren. Dabei wurde ihr klar, dass sie auf dem besten Wege war, wie ihre Großmutter zu werden, die sich geweigert hatte zu fliegen und deswegen viel verpasst hatte. Also machte MacGray eine Liste von all den Dingen, die sie im Leben tun wollte und die einen Flug wert waren. Sie konnte ihre Angst zwar nicht völlig überwinden, aber es ist ihr gelungen, sich einen großen Wunsch zu erfüllen und mit ihrem Mann nach Italien in den Urlaub zu fliegen.[19] Das Schreiben allein löst nicht alle Probleme, aber es kann uns zu einem kritischen Blick verhelfen, den wir dann nutzen können, um Lösungen zu finden.

Wenn du nicht gern schreibst, kannst du auch in dein Smartphone sprechen und dir dann die Audiodatei vorspielen oder das Transkript lesen (es gibt viele Programme, die gesprochene Sprache in geschriebenen Text umwandeln können). Indem du dich selbst aufnimmst, schlüpfst du in die Rolle des Beobachters und betrachtest dich objektiver.

Eine weitere Möglichkeit ist, einfach immer und immer wieder im Kopf zu wiederholen: «Ich schließe Freundschaft mit meinem Geist.» Wenn man einen Satz auf diese Weise wiederholt, wird das Gehirn umprogrammiert. Die schweifenden Gedanken und die Grübeleien über dich selbst kommen zur Ruhe. Der Affe wird gezwungen, innezuhalten und zuzuhören.

MITGEFÜHL MIT DIR SELBST

Wenn der unruhige Affengeist innehält, um zuzuhören, kannst du den inneren Monolog durch Mitgefühl mit dir selbst optimieren. Unsere erste Reaktion auf sorgenvolle Gedanken ist häufig: «Oh nein, nicht schon wieder. Ich halte das nicht aus. Ich hasse es, wenn ich diese Gedanken habe.» Ändere den inneren Monolog um: «Es ist hart, so zu empfinden, aber du kommst da durch.» Damit ermutigst du dich, dir nicht vorzuwerfen, dass du Angst hast, denn das würde die Angst nur vergrößern. Stattdessen betrachtest du dich und deine Angst mit sanftem Verständnis. Denke daran: Es geht darum, deine Gedanken zu beobachten, ohne sie zu beurteilen.

Bei meinen Freunden von Shareability, einem Unternehmen für Markenmanagement, machte ich eine Übung mit einer kleinen Gruppe von Mädchen im Teenageralter und ihren Schwestern. Ich bat die Mädchen, negative Gedanken aufzuschreiben, die ihr Selbstwertgefühl beeinträchtigt hatten. Sie schrieben Sätze wie «Du hast Angst», «Du bist wertlos», «Du bist unwichtig». Dann bat ich sie, die Sätze ihren Schwestern vorzulesen, so als wären diese damit gemeint.

Alle Mädchen weigerten sich. «Das wäre gemein.» Ein Mädchen erklärte, in ihrem Kopf sei so ein Satz normal, es sei aber etwas völlig anderes, ihn auszusprechen.

Uns selbst sagen wir Dinge, die wir Menschen, die wir lieben, niemals an den Kopf werfen würden. Wir alle kennen die goldene Regel: «Behandle andere so, wie du von ihnen behandelt werden willst.» Oder negativ formuliert: «Was du nicht willst, dass man dir tu, das füg' auch keinem anderen zu.» Ich möchte hinzufügen: **Behandle dich selbst mit der gleichen Liebe und der gleichen Achtung, die du anderen entgegenbringen möchtest.**

Wir definieren uns über die Geschichte, die wir jeden Tag für uns selbst schreiben. Ist es eine Geschichte über Freude, Durchhaltevermögen, Liebe und Güte? Oder handelt die Geschichte von schlechtem Gewissen, Schuldzuweisungen, Bitterkeit und Versagen? Suche dir ein neues Vokabular, das den Emotionen und Gefühlen entspricht, die dein Leben prägen sollen. Sprich liebevoll mit dir selbst.

AUFGABE: ***NEUE TEXTE FÜR DEN WAGENLENKER***

1. Schreibe eine Liste der negativen Sätze, die du zu dir selbst sagst. Daneben schreibst du auf, wie du diesen Gedanken einem Menschen nahebringen würdest, den du gernhast.
Als Beispiel sind hier die negativen Gedanken, die die Mädchen über sich selbst aufschrieben, und daneben die Formulierungen, die sie ihren Schwestern gegenüber hätten verwenden können:

«Du hast Angst.» – «Es ist okay, Angst zu haben. Wie kann ich dir helfen, dich sicherer zu fühlen?»

«Du bist wertlos.» – «Du fühlst dich wertlos – lass uns darüber sprechen, was du an dir selbst magst.»

«Du bist unwichtig.» – «Du fühlst dich aus bestimmten Gründen unwichtig. Bevor wir besprechen, wie du das ändern kannst, wollen wir mal auflisten, was dir das Gefühl gibt, unwichtig zu sein.»

2. Stell dir vor, du hast erfahren, dass dein Kind, deine beste Freundin, dein Cousin oder jemand, der dir viel bedeutet, sich scheiden lässt. Was ist deine erste Reaktion? Was würdest du diesem Menschen sagen? Was würdest du ihm raten? Du könntest sagen: «Das tut mir leid, ich weiß, dass du eine schwere Zeit durchmachst.» Oder: «Herzlichen Glückwunsch. Ich weiß, dass du gerade viel durchmachst, aber es gibt kaum jemanden, der die Scheidung später bereut.» Niemals würden wir zu einem lieben Menschen sagen: «Du bist eine Idiotin. Wenn du den Loser geheiratet hast, musst du doch selbst eine Loserin sein.» Wir schenken Liebe und Unterstützung und bieten vielleicht Ideen und Lösungen an. Und genau so sollten wir auch mit uns selbst umgehen.

Herauszufinden, was man dem Affengeist sagt, wenn er sich mit der Vergangenheit beschäftigt oder in die Zukunft abschweift, kann schwierig sein. Der Franziskanerpater Richard Rohr schreibt: «In allen spirituellen Lehren – das ist keine übertriebene Vereinfachung – geht es darum, wie man im Moment bleibt [...]. Aber das Problem ist, dass wir fast immer anderswo sind: Entweder erleben wir die Vergangenheit nach oder wir machen uns Sorgen um die Zukunft.»[20]

Wir alle haben glückliche Erinnerungen, auf die wir gern zurückgreifen, und schmerzhafte Erinnerungen, die uns nicht loslassen. Aber sowohl Nostalgie als auch Reue oder Bedauern können Fallen sein, die neue Erfahrungen verhindern und uns in der ungelösten Vergangenheit und/oder in der guten alten Zeit festhalten. So wie wir die Vergangenheit nicht ändern können, können wir die Zukunft nicht vorhersagen. Ein gewisses Maß an Planung und eine gute Vorbereitung auf die verschiedenen möglichen Zukunftsszenarien sind nützlich, aber wenn solche Gedanken in Angst oder Sorge oder unrealistische Erwartungen umschlagen und sich ständig wiederholen, sind sie nicht mehr produktiv.

Die Vergangenheit lässt sich nicht verändern, die Zukunft lässt sich nicht vorhersagen, die Gegenwart gehört ganz dir.

Ob du das Gefühl hast, dass um dich herum gerade alles zusammenbricht, oder ob du bloß einen schlechten Tag auf der Arbeit hast – du kannst immer wieder üben, im Hier und Jetzt zu bleiben. Es wird dir zwar nie gelingen, hundert Prozent der Zeit in der Gegenwart zu sein, aber das ist auch nicht das Ziel. Schließlich können wir unsere mentale Bandbreite ausgezeichnet dafür nutzen, an schöne Erlebnisse oder wertvolle Lehren in der Vergangenheit zu denken und unsere Zukunft zu planen.

Wir wollen jedoch keine Zeit mit bedauernden oder sorgenvollen Gedanken verschwenden. Wenn wir üben, im Moment zu bleiben, folgen wir der Aufforderung des spirituellen Lehrers Ram Dass: *Sei jetzt hier.*[21]

Sollten deine Gedanken immer wieder in die Vergangenheit oder in die Zukunft abschweifen, dann suche in der Gegenwart nach Gründen dafür. Versucht dein Geist, dich zu schützen oder abzulenken? Statt darüber nachzudenken, was in der Vergangenheit wichtig war oder was die Zukunft bringen könnte, führe deine Gedanken sanft zum gegenwärtigen Moment zurück. Stell dir Fragen zum Jetzt:

Was fehlt in diesem Moment?

Was ist heute unangenehm?

Was möchte ich gern ändern?

Indem wir so mit uns über die Gegenwart sprechen, betrachten wir die negativen und die positiven Elemente der Vergangenheit als einen unvollkommenen Weg, der uns dorthin geführt hat, wo wir jetzt sind – also als ein Leben, das wir akzeptieren und das uns weiter wachsen lässt. Und idealerweise betrachten wir die Zukunft von unserem gegenwärtigen Standpunkt aus als Möglichkeit, die Versprechungen von heute Wirklichkeit werden zu lassen.

NICHTS SOLL DICH BESITZEN

Wenn wir mit uns selbst so sprechen wie mit einem geliebten Menschen oder wenn wir den Streit zwischen dem kindlichen Geist und dem Erwachsenengeist beobachten, schaffen wir Abstand zwischen uns selbst und unseren Gedanken, sodass wir klarer sehen können. Über diese Methode haben wir bereits gesprochen. Statt gleich emotional zu reagieren, gewinnen Mönche eine andere Sichtweise, indem sie aus der Situation heraustreten und zu objektiven Beobachtern werden. In Kapitel drei ging es darum, wie man sich von seiner Angst entfernt. Wir haben diesen Vorgang als Loslösung bezeichnet.

Der Kranich steht im Wasser ganz still und lässt kleinere Fische vorbeischwimmen. Seine Ruhe ermöglicht es ihm, die größeren Fische zu fangen.

Sich selbst mit Abstand zu betrachten, ist eine Methode der Selbstkontrolle, die für alle Formen der Selbstwahrnehmung, über die ich in diesem Buch spreche, großen Gewinn bringt, ihr Ursprung jedoch liegt immer im Geist. Wie in der Bhagavad Gita erläutert wird, führt man, wenn man Distanz zu sich hat, eine Handlung aus, weil sie getan werden muss. Man denkt dabei nicht über Erfolg oder Misserfolg nach.[22] Das klingt gar nicht so schwer, aber überlege einmal, was es braucht, um das Richtige um seiner selbst willen zu tun. Das bedeutet nämlich, dass man sich von egoistischen Interessen freimacht, dass man nicht recht haben will, nicht auf bestimmte Weise gesehen werden. Von sich selbst abzusehen bedeutet, sich dem Zugriff der Sinne, der irdischen Wünsche und der materiellen Welt zu entziehen. So gewinnt man die Perspektive eines objektiven Beobachters.

Nur durch Loslösung können wir wahre Kontrolle über den Geist erlangen.

Eine Zen-Geschichte erzählt von einem Mönch, der vor dem Tor eines Palastes erscheint. Man bringt ihn zum König, der den Mönch nach seinen Wünschen fragt. «Ich möchte heute in diesem Hotel übernachten», sagt der Mönch.

Der König lacht in sich hinein. «Das ist kein Hotel, das ist mein Palast!»

Der Mönch erwidert: «Darf ich fragen, wer diesen Palast vor Euch besessen hat?»

Der König verschränkt die Arme vor der Brust. «Mein Vater», verkündet er.

«Und vor Eurem Vater?», fragt der Mönch.

«Dessen Vater!», ruft der König.

Der Mönch nickt. «Aha», sagt er, «und doch habt Ihr gesagt, dieses Gebäude, in dem die Menschen nur für kurze Zeit leben, bevor sie weitergehen, sei *kein* Hotel.»

Diese Geschichte beleuchtet die Illusion der Dauerhaftigkeit, in der wir alle leben. In jüngerer Zeit wirft Marie Kondo in der Netflix-Serie *Aufräumen mit Marie Kondo* einen Blick darauf. Sie hilft Menschen, ihre Wohnungen aufzuräumen, und am Ende der einzelnen Folgen sieht man immer wieder, wie die Betroffenen vor Erleichterung und Freude darüber, dass sie so viel ausgemistet haben, in Tränen ausbrechen. Sie sind erleichtert, weil sie soeben die Zahl der Dinge, an denen sie hängen, stark reduziert haben. Anhaftung verursacht Schmerz. Wenn du glaubst, dass dir etwas gehört oder dass du eine Persönlichkeit bist, schmerzt es dich, wenn dir der Gegenstand oder dein Glaube genommen wird.

Ein Zitat ungeklärter Herkunft erklärt sehr gut, was die Mönche unter Loslösung verstehen: «Alles loszulassen bedeutet nicht, dass du nichts mehr besitzen sollst, sondern dass dich nichts mehr besitzen soll.»[23] Ich finde es wunderbar, wie das Loslassen hier auf so ungewöhnliche Weise erläutert wird. Normalerweise versteht man den Begriff als ein Sich-Abwenden von allem, als Gleichgültigkeit. Marie Kondo sagt ihren Kundinnen aber nicht, dass sie ihren Klamotten gegenüber gleichgültig sein sollen, sondern sie rät ihnen, nur das zu behalten, was ihnen Freude macht. Die größte Loslösung besteht darin, allem nah zu sein, ohne sich dabei von irgendetwas in Besitz nehmen zu lassen. Das ist wahre Stärke.

Wie die meisten Bestrebungen im mönchischen Leben sind

auch Distanzierung und Loslösung kein Ziel, das man erreicht, sondern ein stetiges, bewusstes Bemühen. Selbst in einem Aschram, in dem die Mönche außer ihren Vorstellungen und ihrer Identität fast nichts besitzen, ist es schwer, sich von allem zu lösen. In der modernen Welt können wir diese Loslösung anstreben, insbesondere wenn wir mit einer Herausforderung wie einem Streit oder einer Entscheidung konfrontiert sind. Mit etwas Distanz lassen sich solche Probleme meistens besser bewältigen.

NICHTS FÜR ZU HAUSE

Mönche unternehmen extreme Anstrengungen, um Nicht-Anhaftung zu erreichen. Das erwarte ich von dir nicht, aber wir wollen uns ihre Methoden wenigstens ansehen und anschließend überlegen, wie man ganz praktisch und sogar mit Vergnügen mit der Loslösung und ihrem Nutzen experimentieren kann.

Übungen wie fasten, schweigen, in Hitze oder Kälte meditieren und andere, über die wir gesprochen haben, helfen uns dabei, uns vom Körper zu lösen, weil sie uns zeigen, wie viel von diesen Unannehmlichkeiten sich im Kopf abspielt. Eine andere Methode, mit der wir Mönche unsere Loslösung auf die Probe stellten, bestand darin, mit nichts zu reisen. Ohne Essen, ohne Unterkunft, ohne Geld. Wir mussten uns ohne alles durchschlagen und erkannten, dass wir nur sehr wenig brauchten, um klarzukommen. Außerdem verstärkte es unsere Dankbarkeit für das, was wir hatten. Solche Übungen halfen uns, geistig und körperlich an unsere Grenzen zu gehen und so Entschlusskraft, Widerstandsfähigkeit und Durchhaltevermögen aufzubauen. Auch fiel es uns dadurch leichter, unsere Gedanken zu kontrollieren.

Als ich das erste Mal einen ganzen Tag lang fastete und weder Nahrung noch Wasser zu mir nahm, war ich in den ersten Stunden sehr hungrig. Während wir fasteten, sollten wir keine Nickerchen halten, weil wir die Erfahrung nicht durch Schlafen ausblenden sollten. Ich musste meinen Verstand einsetzen, um mich zu beruhigen. Um die hungrigen Gedanken loszulassen, musste ich mich in etwas Höheres versenken.

Im Laufe des Tages wurde mir klar, dass mir in gewisser Hinsicht mehr Energie zur Verfügung stand, weil mein Kopf nicht darüber nachzudenken brauchte, was der Körper kochen, zu sich nehmen und verdauen sollte.

Wenn wir fasten, lösen wir uns vom Körper und können die Zeit, die wir sonst für die Erfüllung seiner Ansprüche aufwenden, anders nutzen. Sobald wir das Essen aufgeben, können wir Hunger und Sattsein, Schmerz und Vergnügen loslassen. Wir richten unsere Energie und Aufmerksamkeit ganz auf den Geist. Ich gewöhnte mir an, meine Energie an Fastentagen zum Studieren, Forschen, Notizenmachen oder zur Vorbereitung eines Vortrags zu nutzen. Die Fastentage wurden so zu einer kreativen, ablenkungsfreien Zeit.

Am Ende einer Fastenperiode fühlte ich mich körperlich zwar müde, geistig aber gestärkt. Indem ich ohne etwas auskam, auf das mein Körper angewiesen war, hatte ich in meinem Kopf eine Grenze überschritten. Ich gewann Flexibilität, Anpassungsfähigkeit und Einfallsreichtum. Die Erfahrung mit dem Fasten übertrug sich auf mein übriges Leben.

Fasten ist eine physische Herausforderung, die vom Intellekt gesteuert wird. Über lange Perioden zu schweigen, warf ganz andere Probleme für mich auf. Wer war ich, wenn ich mich von anderen Menschen loslöste?

Es ist der neunte Tag von dreißig Tagen im Schweigen, und ich habe das Gefühl, verrückt zu werden. Vor dieser Erfahrung habe ich niemals auch nur einen Tag lang den Mund gehalten, und schon gar nicht einen ganzen Monat lang. Jetzt schweige ich zusammen mit den Mönchen, die gleichzeitig mit mir in den Aschram gekommen sind. Schon seit über einer Woche sprechen wir nicht, beobachten uns nicht gegenseitig und kommunizieren auch nicht auf andere Weise. Ich bin redselig. Ich teile mich gern mit und höre gern, was andere zu sagen haben. Wenn ich schweige, spielen meine Gedanken verrückt. In rascher Folge denke ich an

Rap-Songs, die ich länger nicht gehört habe,

alles, was ich für die Mönchsschule lesen und lernen muss,

die anderen und wie sie das bloß aushalten,

ein Gespräch, das ich mal mit einer Exfreundin hatte,

das, was ich in diesem Moment tun würde, wenn ich einen Job hätte und nicht Mönch werden wollte und die Tage zählen würde, bis ich wieder sprechen darf.

Das alles denke ich innerhalb von zehn Minuten.

In diesem einmonatigen Schweige-Retreat gibt es kein Ventil. Ich habe nur die Möglichkeit, nach innen zu gehen. Ich muss meinem Affengeist gegenübertreten und Unterhaltungen mit ihm beginnen. Ich stelle mir Fragen: Warum habe ich das Bedürfnis zu reden? Warum kann ich nicht einfach in meinen Gedanken bleiben? Was kann ich in der Stille finden, was sonst nirgends zu finden ist? Sobald meine Gedanken abschweifen, kehre ich zu meinen Fragen zurück.

Anfangs stelle ich fest, dass das Schweigen und die Stille mir helfen, in meinem vertrauten Alltag neue Details zu entdecken. Weitere Offenbarungen folgen, aber nicht in Worten, sondern als Erfahrungen: Ich stelle fest, dass ich jeden Teil meines Körpers spüre. Ich fühle, wie die Luft über meine Haut streicht und wie mein Atem durch den Körper wandert. Mein Geist wird leer.

Mit der Zeit tauchen weitere Fragen auf: Ich möchte an - einer Unterhaltung teilnehmen. Warum? Ich möchte mich mit anderen Menschen verbinden. Warum? Ich brauche Freundschaft, um mich heil und ganz zu fühlen. Warum empfinde ich Freundschaft als unmittelbares Bedürfnis und nicht als langfristige Stärkung? Antwort: Mein Ego instrumentalisiert Freundschaft, um sich in seinen Entscheidungen sicher zu fühlen. Und da erkenne ich, dass ich an meinem Ego arbeiten muss.

Im Stillen wiederhole ich mir oft: «Schließe Freundschaft mit deinem Geist», und ich stelle mir vor, dass mein Geist und ich auf einem Networking-Event sind. Es ist laut und hektisch, viel Trubel, aber die einzige Möglichkeit, Freundschaft zu schließen, besteht darin, ein Gespräch zu beginnen. Und das tue ich.

Fasten und andere Enthaltsamkeitsübungen, die Mönche praktizieren, erinnern uns daran, dass wir größere Entbehrungen ertragen können, als wir für möglich gehalten hatten, dass wir mit Selbstbeherrschung und Entschlusskraft die Forderungen der Sinne überwinden können. Unabhängig von ihrer Religion leben die meisten Mönche zölibatär, ernähren sich sehr spartanisch und leben von der breiten Masse getrennt. Es gibt auch Extreme: Der jainistische Mönch Shri Hansratna Vijayji Maharaj Saheb fastete mit nur wenigen Unterbrechungen 423 Tage lang.[24] *Sokushinbutsu* ist der Name für eine japanische Form der Selbstmumifizierung. Bevor sie im 19. Jahrhundert verboten wurde, aßen die Mönche, die sie praktizierten, jahrelang nur noch Kiefernnadeln, Baumrinde und Harz, bis sie das Essen und Trinken schließlich ganz einstellten. Dabei sangen sie Mantras, solange sie konnten. Nach dem Tod waren viele von ihnen mumifiziert und verwesten nicht.[25]

Du brauchst kein Gelübde abzulegen und auch keine Kiefernnadeln zu essen, um deine Grenzen zu erkunden. Häufig hält uns vom Erreichen des Unmöglichen lediglich die Überzeugung ab, dass es unmöglich ist. Zwischen 1850, als die ersten exakt ausgemessenen Laufbahnen angelegt wurden, und 1954 sank der Weltrekord für eine Meile nicht unter vier Minuten. Niemand hatte diese Entfernung in kürzerer Zeit geschafft, und man nahm allgemein an, dass das auch gar nicht möglich war. Doch 1954 lief der britische Mittelstreckenläufer und Neurologe Roger Bannister die Meile in 3:59,4 min und durchbrach damit erstmals die Vier-Minuten-Grenze.[26] Seitdem stellen die Läufer in immer rascherer Folge neue Weltrekorde auf. Als die Leichtathleten einmal erkannt hatten, dass es keine zeitliche Grenze gab, wurden sie immer schneller.

Nicht nur Mönche, sondern auch ganz normale Menschen nutzen im Alltag Entbehrungen, um ihre Leistungen zu verbessern. Immer wieder wird berichtet, dass das Experimentieren mit extremen Erfahrungen hilft, im Alltag umsichtiger und optimistischer zu sein. Wir wollen erkunden, wie Entbehrungen uns bei der Loslösung helfen können.

LOSLÖSEN FÜR ZU HAUSE

Sämtliche bisher besprochenen Methoden zur Erziehung des Geistes beinhalten das Distanzieren und das Loslösen: Wir werden zum objektiven Beobachter der Stimmen im Kopf, führen neue Gespräche mit dem Geist, um Gedanken umzudeuten, wecken Mitgefühl mit uns selbst und bleiben im Jetzt. Statt unmittelbar auf unsere Wünsche zu reagieren, bewerten wir Situationen vorausschauend und tun dann das Richtige.

Stell dir Entbehrungen wie ein Trainingslager für den Geist vor. Löse dich von den Vorstellungen, die dich einengen, und öffne dich für neue Möglichkeiten. Wie ein Soldat, der für den Kampf trainiert, wirst du feststellen, dass dein Intellekt stärker wird. Du wirst merken, dass du mehr kannst, als du je für möglich gehalten hast.

Es gibt unzählige Arten, wie wir Enthaltsamkeit üben oder uns Herausforderungen stellen können: Verzichte auf Fernsehen oder Smartphone, Süßigkeiten oder Alkohol, nimm eine körperliche Herausforderung an, verzichte auf Klatsch und Tratsch, auf Gejammer und Vergleiche. Für mich war die größte Herausforderung, in Kälte oder Hitze zu meditieren. Der Kälte konnte ich nur entkommen, indem ich mich nach innen wandte. Ich musste lernen, mich von dem körperlichen Unbehagen abzulenken, indem ich mit meinem Geist sprach. Diese Technik verwende ich immer noch im Fitnessstudio. Wenn ich Crunches mache, gehe ich mit der Aufmerksamkeit in einen Teil meines Körpers, der nicht schmerzt. Bei psychischen Schmerzen empfehle ich diese Methode nicht – ich bin ja kein Stoiker! Aber die Fähigkeit, sich von physischen Schmerzen zu distanzieren, hilft uns, sie zu ertragen. Wenn du weißt, dass der Schmerz einen Wert hat, weil du im Fitnessstudio kräftiger wirst oder weil du an einem sehr heißen Tag Kindern etwas zu essen bringst, bist du mental und physisch leistungsfähiger. Du kannst dich dann auf das Wichtige konzentrieren, statt dich von deinen Beschwerden ablenken zu lassen.

Wir beginnen mit der Aufmerksamkeit. Entdecke, wo du verhaftet bist. Wann erlebst du das? Wann bist du dafür am empfänglichsten? Sagen wir mal, du möchtest dich von der modernen Technik lösen. Verwendest du sie aus Langeweile oder aus

Trägheit? Aus Angst, etwas zu verpassen, oder aus Einsamkeit? Wenn du mit dem Trinken aufhören möchtest, schau dir an, wie oft und wann du Alkohol zu dir nimmst. Benutzt du ihn, um dich zu entspannen, Kontakt zu finden, dich zu belohnen oder um Probleme auszublenden?

Nachdem wir die Anhaftung untersucht haben, ist der nächste Schritt, innezuhalten und sie neu zu überdenken. Was möchtest du hinzufügen und was entfernen? Wie viel Zeit möchtest du der Technik widmen, und in welcher Form? Gibt es bestimmte Apps, die du ganz löschen möchtest, oder willst du einfach die Zeit, die du am Smartphone verbringst, einschränken? Wenn du trinkst, könntest du überlegen, ob du ganz damit aufhören solltest oder ob du deinen Alkoholkonsum reduzieren möchtest. Du könntest auch den Versuch machen, einen Monat lang gar nichts zu trinken, um zu sehen, was du dabei über dich lernst.

Der dritte Schritt besteht darin, die alte Verhaltensweise gegen die neue auszutauschen. Es gibt zwei Methoden, die ich empfehlen kann – suche dir die Methode aus, die am besten zu deiner Persönlichkeit passt. Der Mönch geht aufs Ganze. Wenn totale Versenkung und Extreme dir liegen, dann entschließt du dich vielleicht, eine Woche oder einen Monat lang ganz auf die sozialen Medien zu verzichten. Oder, wenn es um Alkohol geht, einen ganzen Monat lang abstinent zu sein. Wenn es für dich aber besser ist, langsam und Schritt für Schritt vorzugehen, nimm eine kleine Veränderung vor und baue darauf auf. Für den Verzicht auf Technologie könnte das heißen, dass du die Zeit, die du online bist, einschränkst oder die Verwendung bestimmter Apps begrenzt, ohne sie aber ganz zu löschen.

Entscheide, wie du deine neu gewonnene Zeit verbringst. Wenn du deine Zeit auf YouTube minimierst, suche nach einer anderen Möglichkeit, dich zu entspannen oder Druck abzubauen. Für mich ist Meditation die erste Wahl. Wenn du den Gebrauch der sozialen Medien einschränkst, möchtest du dich dann mit deinen Freunden im realen Leben treffen statt online? Oder du könntest schauen, welche deiner Instagram-Fotos einen Platz im Fotoalbum oder an deiner Wand verdienen. Nutze frei gewordene Zeit, um die gleichen Bedürfnisse zu befriedigen wie vorher oder um Projekte anzugehen, die du immer auf die lange Bank geschoben hast.

Anfangs kann der Geist gegen solche Veränderungen rebellieren. Suche nach Möglichkeiten, dir den Übergang zu erleichtern. Wenn ich weniger Zucker zu mir nehmen möchte, kann ich Untersuchungen lesen, in denen ein Zusammenhang zwischen Zuckerkonsum und Krebs festgestellt wurde. Das stärkt meinen Verstand und motiviert mich durchzuhalten. Gleichzeitig richtet meine Frau «die schlimmste Snack-Schublade aller Zeiten» ein, wie ich das nenne. Sie enthält nichts «Schlechtes», kein Junk-Food. Meine Sinne haben keinen Zugang zu Snacks. Außerdem suche ich nach gesunden Gewohnheiten, die mein Verlangen dämpfen. Mir fällt auf, dass ich nach einem Besuch im Fitnessstudio weniger Zucker esse. Sport weckt meinen inneren Wagenlenker. Wenn mir klarwird, dass ich Zucker konsumiere, um meine Energie zu erhöhen und meine Stimmung zu verbessern, suche ich nach anderen, gesünderen Aktivitäten, die eine ähnliche Wirkung haben.

Wenn die ersten Anfälle von Verlangen nachlassen, spürst du allmählich den Nutzen der Entsagung. Du findest eine neue Klarheit und neue Sichtweisen. Du kannst den Affengeist besser unter Kontrolle halten. Der Geist wird still, und du triffst Entscheidungen, ohne dass Angst, Ego, Neid oder Gier eine Rolle spielen. Du bist zuversichtlich und frei von Illusionen. Das Leben ist zwar nach wie vor nicht perfekt, aber du akzeptierst es so, wie es ist, und siehst deinen Weg deutlich vor dir.

Loslösung bedeutet nicht, dass wir Körper und Geist völlig ignorieren. Der Körper ist ein Gefäß. Er beherbergt uns, daher ist er wichtig. Wir müssen für ihn sorgen, müssen ihn ernähren und gesund erhalten, aber er bleibt ein Gefäß. Das eigentlich Wertvolle ist der Inhalt dieses Gefäßes. Und der Geist stellt, wie wir gesehen haben, ein wichtiges Gegengewicht zum kontrollierenden, einschränkenden Intellekt dar. Ohne Wagen, Pferde und Zügel hat der Wagenlenker nur begrenzte Möglichkeiten. Er ist langsam, und zu Fuß kommt er nicht weit. Er kann müde Wanderer nicht mitnehmen, um ihnen auf ihrer Reise zu helfen. Wir wollen weder die Stimmen im Kopf auslöschen noch den Körper, in dem sie wohnen – wir wollen den Wagen nur in die richtige Richtung lenken. Das aber heißt, dass der Wagenlenker unentwegt gefordert ist.

Wir wachen morgens mit schlechtem Atem und Körpergeruch auf und sind müde. Aber jeden Morgen akzeptieren wir, dass wir uns die Zähne putzen und duschen müssen. Wir kritisieren uns nicht, weil wir uns waschen müssen. Wenn wir Hunger haben, sagen wir nicht zu uns: «Oh Gott, ich bin wirklich schrecklich. Warum bin ich denn schon wieder hungrig?» Die gleiche Geduld und das gleiche Verständnis kannst du aufbringen, wenn deine Motivation auf dem Tiefpunkt ist, wenn du unkonzentriert, ängstlich oder durcheinander bist und der Wagenlenker gerade schwächelt. Ihn aufzuwecken ist, wie duschen und essen, eine tägliche Übung.

Matthieu Ricard, der «glücklichste Mann der Welt», sagte im Gespräch mit mir, dass wir den inneren Frieden kultivieren sollten. «Wenn du über Traurigkeit und Pessimismus nachgrübelst», erklärte er, «verstärkst du damit die Traurigkeit und den Pessimismus. Aber wenn du Mitgefühl, Freude und innere Freiheit kultivierst, baust du eine Art Widerstandskraft auf und kannst dem Leben voller Zuversicht begegnen.» Als ich ihn fragte, wie man diese Fähigkeiten denn kultiviert, sagte er: «Wir trainieren unser Gehirn. Letzten Endes ist es der Geist, der die Außenwelt in Glück oder in Elend übersetzt.»[27]

Die gute Nachricht ist, dass es uns umso leichter fällt, den Geist entsprechend umzustimmen, je mehr Übung wir darin haben. Wenn wir diese Fähigkeit wie einen Muskel regelmäßig trainieren, wird sie größer und zuverlässiger. Wenn wir jeden Tag daran arbeiten, unsere Gedanken zu reinigen, und dabei diejenigen, die uns nicht dienen, sanft umlenken, wird unser Geist rein und still und kann wachsen. Dann können wir neue Herausforderungen bewältigen, bevor sie sich vervielfachen und unüberschaubar werden.

Kultiviere deinen Intellekt, um wahres Wissen zu erkennen. Übe dich in Klugheit, damit du Wahrheit und Unwahrheit, Realität und Illusion, die göttlichen und die dämonischen Eigenschaften, Wissen und Unwissen voneinander unterscheiden kannst. Unwissen verschleiert deine Weisheit und hält dich gefangen. Wahres Wissen erleuchtet und befreit.

Häufig hält das Ego uns davon ab, wahres Wissen zu erwerben, indem es dem Geist erlaubt, auf Impulse und Eindrücke zu reagieren. Im nächsten Kapitel werden wir untersuchen, wie das Ego den Geist beeinflusst und wie wir es in seine Schranken verweisen können.

KAPITEL 8

EGO

Catch Me If You Can

Jemand, der alle Wünsche nach Sinnenbefriedigung aufgegeben hat, der frei von Wünschen ist, allen Anspruch auf Besitz aufgegeben hat und frei von falschem Ego ist – er allein kann wirklichen Frieden erlangen.

Bhagavad Gita, 2:71

Das malabarische Wort *vinayam* bedeutet «Demut» oder «Bescheidenheit». Wer demütig ist, ist bereit zu lernen, denn ihm ist klar, wie viel er nicht weiß. Daraus folgt, dass das größte Hindernis fürs Lernen darin besteht, sich als Alleswisser zu betrachten. Dieses falsche Selbstvertrauen wurzelt im Ego.

Die Bhagavad Gita unterscheidet zwischen dem falschen Ego und dem Selbst.[1] Das Selbst ist unsere Essenz. Das falsche Ego ist eine Identität, die wir bilden, um unsere Vorstellung aufrechtzuerhalten, dass wir bedeutend und wichtig sind und alles wissen. Wenn du dich darauf verlässt, dass das falsche Ego dich schützt, ist es, als würdest du glauben, eine Rüstung aus Stahl zu tragen, die aber tatsächlich nur aus Papier besteht. Du marschierst aufs Schlachtfeld und vertraust darauf, dass deine Rüstung dich schützt, doch schon ein Buttermesser kann dich verwunden. Einigen Kommentaren zum Samaveda wird der Satz zugeschrieben: «Der Stolz auf den Reichtum vernichtet den Reichtum, der Stolz auf die Kraft vernichtet die Kraft, und auf gleiche Weise vernichtet der Stolz auf das Wissen das Wissen.»[2]

Ein unkontrolliertes Ego schadet uns. In dem Bemühen, uns als Größte und Klügste darzustellen, verbergen wir unsere wahre Natur. Ich habe bereits von der Rolle gesprochen, in der wir uns der Welt präsentieren. Sie ist eine komplexe Mischung aus dem, was wir sind, dem, was wir sein wollen, und dem, als was wir gesehen werden möchten (siehe Kapitel 1), sowie unseren Gefühlen im jeweiligen Moment. Allein zu Hause bist du eine andere Person, als wenn du dich der Welt draußen zeigst. Idealerweise besteht der einzige Unterschied zwischen diesen beiden Persönlichkeiten darin, dass wir uns in der Öffentlichkeit größere Mühe geben, rücksichtsvoll, aufmerksam und großzügig zu sein. Doch manchmal mischt sich das Ego ein. Unsicherheit kann dazu führen, dass wir uns selbst und alle anderen davon überzeugen wollen, dass wir etwas Besonderes sind. Um klüger, tüchtiger und selbstbewusster zu erscheinen, erfinden wir daher eine unaufrichtige Version von uns selbst. Dieses aufgeblasene Ego führen wir dann anderen vor, und wir tun, was wir können, um es zu schützen. Evagrius Ponticus, ein Mönch, der im 4. Jahrhundert lebte und zu den Wüstenvätern gezählt wird, beschrieb den Stolz als Todsünde, als Grund für den schwersten Sturz der Seele.[3]

Eitelkeit und Ego gehen Hand in Hand. Wir geben uns ungeheure Mühe, die Person, die wir der Welt zeigen, aufzupolieren. Wenn wir uns anziehen und zurechtmachen, geht es uns darum, dass wir uns wohlfühlen und angemessen auftreten können (eine «Alltagsuniform» vereinfacht das sehr), und vielleicht gefällt uns auch die Farbe oder der Stil eines bestimmten Kleidungsstücks. Aber das Ego will mehr – es möchte, dass wir mit unserem Aussehen Aufmerksamkeit wecken, dass wir auffallen und gelobt werden. Andere zu beeindrucken, gibt ihm Selbstvertrauen und macht ihm Freude. Im Internet kursiert ein Foto von Warren Buffett und Bill Gates, das untertitelt ist: «162 Milliarden Dollar und kein Gucci-Gürtel». Ich habe nichts gegen Gucci-Gürtel, aber hier geht es darum, dass man niemandem seinen Wert beweisen muss, wenn man mit sich selbst zufrieden ist.

Wenn du den Unterschied zwischen dir selbst und deiner Rolle herausfinden willst, denke darüber nach, wie du dich verhältst, wenn du allein bist, wenn niemand dich kritisiert und du niemandem imponieren willst. Nur du weißt, ob du dich dann für eine Meditation oder für einen Film auf Netflix entscheidest, ob du ein Nickerchen machst oder Laufen gehst, ob du Jogginghosen oder Designerklamotten trägst. Nur du weißt, ob du einen Salat isst oder eine ganze Packung Kekse verdrückst. Denke über das Ich nach, das auftaucht, wenn niemand anders dabei ist, niemand, den du beeindrucken kannst oder der dir etwas bieten könnte. So bekommst du eine Ahnung davon, wer du wirklich bist. **Du bist, wer du bist, wenn dich niemand beobachtet.**

DAS EGO MACHT UNS ZUM LÜGNER

Manchmal strengt das Ego sich so an, um anderen zu imponieren, dass es noch mehr tut, als sich aufzublasen: Es drängt uns zum Lügen. Das ist kontraproduktiv, denn in diesem Fall führen alle Bemühungen nur dazu, dass wir in den Augen der anderen schlecht dastehen. Der US-amerikanische Comedian und Produzent Jimmy Kimmel schickte für seine «Lie Witness News», ein Segment seiner Late-Night-Show *Jimmy Kimmel Live!*, ein Kamerateam auf das Musikfestival Coachella. Eine Interviewerin sollte zufällig ausgewählte Besucher nach ihrer Meinung zu komplett erfundenen Bands fragen. Sie spricht zwei jungen

Frauen an: «Eine meiner Lieblingsbands ist in diesem Jahr *Dr. Schlomo and the GI Clinic.*»

«Ja, die sind immer unglaublich», sagt eine der beiden.

«Ich freue mich total darauf, die live zu sehen», fügt die andere hinzu. «Die gehören bestimmt zu diesen Bands, die live richtig toll sind.»

«Hast du sie gehört, als sie auf dem Lollapalooza aufgetreten sind?»

«Nein, leider nicht. Das ärgert mich wahnsinnig.»

Dann fragt die Interviewerin drei junge Männer: «Findet ihr die *Obesity Epidemic* auch so geil wie ich?»

Einer antwortet begeistert: «Ich liebe einfach den ganzen Stil, alles, was die machen. Sie sind irgendwie innovativ, und sie sind neu.»

Das Ego sehnt sich nach Bestätigung, Anerkennung und Lob. Es möchte recht haben, mehr sein, andere abwerten und sich selbst erhöhen. Das Ego möchte nicht besser werden, sondern besser wirken. Wenn wir uns durchs Leben bluffen und vortäuschen, jemand zu sein, die oder der wir nicht sind, stehen wir am Ende schlechter da, als wenn wir uns offen gezeigt hätten.

Die Geschichte von Frank Abagnale Junior, die in dem Film *Catch Me If You Can* und in der gleichnamigen Autobiographie von Abagnale erzählt wird, ist ein Paradebeispiel für das Ego in Aktion. Abagnale war ein genialer Hochstapler, der sich mit schauspielerischem Talent Jobs als Pilot und als Chirurg erschlich, ohne die Ausbildung zu diesen Berufen absolviert zu haben. Er nutzte seine natürlichen Fähigkeiten zu niedrigen, egoistischen Zwecken und verlor sich selbst. Doch nachdem er aus dem Gefängnis entlassen worden war, setzte er die gleichen Fähigkeiten und Talente dazu ein, ein ehrliches Leben als Sicherheitsberater zu führen. Ein realistisches Selbstbild entsteht, wenn man dem Dharma folgt und ihn als höchstes Ziel anstrebt.

Vermutlich gab der Aufenthalt im Gefängnis Abagnale Zeit, nachzudenken und bescheiden zu werden, wodurch er schließlich den Weg zu einem höheren Lebensziel fand.

DAS EGO STELLT FALSCHE HIERARCHIEN AUF

Eine Fassade aus Selbstvertrauen und Wissen aufzubauen, ist nicht die einzige Strategie, die das Ego einsetzt, um uns und alle anderen von unserer Großartigkeit zu überzeugen. Es kann sich auch große Mühe geben, andere Menschen herabzusetzen, denn wenn andere «weniger» sind als wir, dann müssen wir etwas Besonderes sein. Dieses Erniedrigen gelingt dem Ego, indem es Rangordnungen aufstellt, zum Beispiel aufgrund von körperlichen Eigenschaften, Ausbildung, Vermögen, ethnischer Herkunft, Religion, Nationalität, dem Auto, das wir fahren, oder unseren Klamotten – wir finden zahllose Möglichkeiten, Menschen negativ zu beurteilen, bloß weil sie anders sind.

Stell dir vor, wir würden Menschen nach der Zahnpasta bewerten, die sie benutzen. Das wäre eindeutig lächerlich. Genauso falsch ist es, andere wegen körperlicher Eigenschaften oder wegen ihres Geburtslandes zu diskriminieren. Warum sollte die Hautfarbe eine größere Rolle spielen als die Blutgruppe? Der Dalai Lama sagt: «Unter der hellen Sonne sind hier viele von uns zusammengekommen, mit unterschiedlichen Sprachen, unterschiedlichen Kleidungsstilen und sogar unterschiedlichen Glaubensrichtungen. Doch wir gleichen einander alle, indem wir Menschen sind, uns allen ist der Ich-Gedanke gemeinsam, und wir alle wünschen uns Glück und möchten Leid vermeiden.»

In Kapitel 5 haben wir über die Zweckentfremdung des Begriffs der *varnas* im indischen Kastensystem gesprochen. Die Vorstellung, dass Brahmanen durch ihre Geburt höhergestellt sind als andere, ist eine vom Ego gelenkte Interpretation der *varnas*. Der bescheidene Weise betrachtet jedes Wesen als gleichermaßen wertvoll. Deswegen essen Mönche keine Tiere. In der Bhagavad Gita heißt es: «O Arjuna, ein vollkommener Yogi ist, wer durch Vergleich mit seinem eigenen Selbst die wahre Gleichheit aller Wesen sieht – sowohl in ihrem Glück als auch in ihrem Leid.»[4]

Wenn uns Erfolg zu Kopf steigt, vergessen wir, dass alle Menschen gleich sind. Unabhängig davon, wer du bist oder was du geleistet hast, solltest du darauf achten, ob du wegen deiner vermeintlichen höheren Stellung eine besondere Behandlung erwartest oder verlangst. Im Theater des Lebens verdient niemand einen besseren Sitzplatz. Du kannst am Abend, bevor der Kartenverkauf losgeht, stundenlang Schlange stehen, du kannst für einen Platz weiter vorn mehr Geld auf den Tisch legen oder als Förderer des Theaters einen Platz mit besonders guter Sicht bekommen. Oder du hältst es wie die meisten von uns und hoffst einfach auf einen der besseren Plätze. Wenn du aber das Gefühl hast, du hättest *ein Anrecht* auf einen besseren Platz, solltest du dir dieses Gefühl genau anschauen. Was macht dich besser als die anderen Zuschauer? **Das arrogante Ego fordert Respekt, während der bescheidene Arbeiter Respekt einflößt.**

Ich frage mich oft, was passieren muss, damit wir uns alle als gleiche Bürger dieser Welt betrachten. Im Rahmen der Kampagne «Love Has No Labels» habe ich für die gemeinnützige Werbeagentur Ad Council ein paar Videos aufgenommen. Nach dem Anschlag auf den Nachtclub Pulse in Orlando sprach ich mit verschiedenen Menschen und hörte ihre Geschichten, wie sie nach dieser Tragödie zusammenfanden. Ich traf mich mit Reverend Terri Steed Pierce, dem Pfarrer einer Kirche in der Nähe des Clubs, die von vielen LGBTQ+-Gemeindemitgliedern besucht wird, und Pastor Joel Hunter, dessen Gemeinde vor allem weiß und heterosexuell ist. Seit dem Anschlag arbeiten sie zusammen und sind Freunde geworden. «Irgendjemand wird Hoffnung schöpfen, einfach weil wir uns jetzt hier unterhalten», sagte Reverend Pierce. «Und das ist entscheidend, wenn wir in Zukunft etwas verändern wollen», fügte Dr. Hunter hinzu. Die beiden Geistlichen waren, wie Reverend Pierce es ausdrückt, «zwei Gleichgesinnte, die in der Welt etwas verändern» wollten.

Die Frage, die diese schöne Freundschaft aufwirft, lautet: **Warum brauchen wir Tragödien, um zusammenzukommen?** Unser Ego steuert uns einen Pfad entlang, auf dem wir uns selbst und denen, die wir als «Gleiche» anerkennen, einen höheren Wert beimessen. Warum halten wir uns an diesen Weg, bis eine Katastrophe ihn unpassierbar macht? Davon auszugehen, dass alle Menschen gleich sind, hält das Ego in Schach. Wenn du glaubst, jemand stünde unter dir oder wäre weniger wert als du, dann schaue dich selbst an und überlege, warum dein Ego sich bedroht fühlt. Ein Hauptanliegen der Mönche ist es, alle Menschen mit gleicher Ehrerbietung und gleichem Respekt zu behandeln.

KRITIK

Auch ohne dass wir andere ausgrenzen, ausschließen oder uns selbst höher einstufen als sie, versuchen wir häufig, etwas Besseres zu sein, indem wir andere, darunter auch Kollegen, Freunde und Verwandte, kritisieren.

Eine Zen-Geschichte erzählt von vier Mönchen, die das Gelübde abgelegt haben, sieben Tage lang schweigend zu meditieren. Der erste Tag verläuft gut, aber als der Abend kommt, wird der erste Mönch ungeduldig, weil der, der die Lampen anzünden soll, immer noch reglos dasitzt. Endlich platzt der erste Mönch heraus: «Was machst du denn da? Zünde die Lampen an!»

Der zweite Mönch dreht sich zu ihm um. «Du sollst doch nicht sprechen!», ruft er.

Der dritte Mönch springt auf. «Idioten! Wir dürfen doch nicht reden!»

Der vierte Mönch schaut seine Freunde an. «Ha!», ruft er, «ich bin der Einzige, der still geblieben ist.»

Alle vier Mönche in dieser Geschichte tadeln einander laut und brechen damit das Schweigen. Das ist das Wesen der Kritik: Auf irgendeine Weise fällt sie fast immer auf uns selbst zurück. Wenn wir andere dafür kritisieren, dass sie ihren Maßstäben nicht gerecht werden, werden wir selbst unseren eigenen Maßstäben nicht gerecht.

In vielen Fällen urteilen wir negativ, um andere von unseren eigenen vermeintlichen Schwächen abzulenken. Der psychologische Begriff für die Tendenz, anderen Fehler vorzuwerfen, die wir bei uns selbst erkennen (vielleicht auch nur unterbewusst), lautet Projektion. Und Projektionen kommen häufig vor! Bevor du also andere kritisierst, halte einen Moment inne und frage dich: *Finde ich hier Fehler, um mich oder andere von meinen eigenen Mängeln abzulenken? Projiziere ich meine eigene Schwäche auf die anderen? Und wenn nicht, bin ich denn besser als der Mensch, den ich kritisiere?* Wie die Antwort auf die ersten beiden Fragen jeweils lautet, weiß ich nicht. Aber die Antwort auf die dritte Frage ist immer: «Nein!»

DAS EGO BEHINDERT DAS WACHSTUM

All diese Tricks und Kniffe sorgen dafür, dass wir unwissend bleiben. Wie Frank Abagnale, der sich nicht bemühte, sich tatsächlich als Pilot oder Arzt zu qualifizieren, lenken auch wir uns mit unseren Bestrebungen, eine imponierende Fassade aufzubauen, vom Lernen und vom Wachsen ab. Das gilt auch für diejenigen unter uns, die keine Hochstapler sind. Wenn du in einer Gruppe sitzt und darauf wartest, dass jemand endlich mit seinem Beitrag fertig ist, damit du deine eigene tolle Geschichte erzählen oder eine witzige Bemerkung machen kannst, nimmst du das, was gerade gesagt wird, nicht richtig auf. Dein Ego scharrt mit den Hufen, weil es zeigen will, wie schlau und interessant du bist.

In unserem Wunsch, uns selbst und anderen zu beweisen, dass wir alles wissen, ziehen wir voreilig Schlüsse, hören unseren Freunden nicht zu und verpassen vielleicht wertvolle neue Sichtweisen. Und wenn wir einmal einen Standpunkt eingenommen haben, ist es unwahrscheinlich, dass wir ihn ändern. In ihrem berühmten TED-Talk «Warum man glaubt, dass man recht hat, auch wenn man sich irrt» bezeichnet Julia Galef, die den Podcast *Rationally Speaking* moderiert, diese Starrköpfigkeit als «Denkweise des Soldaten». Der Soldat hat die Aufgabe, seine Seite zu schützen und zu verteidigen. Im Gegensatz dazu steht die «Denkweise des Kundschafters». Galef sagt: «Wie ein Kundschafter zu denken heißt, die Gegebenheiten so genau anzuschauen wie möglich, auch wenn sie nicht angenehm sind.» Soldaten haben sich bereits einer Sache verpflichtet, daher schätzen sie die Kontinuität. Kundschafter aber erforschen Möglichkeiten, daher schätzen sie die Wahrheit. Die Denkweise des Soldaten wurzelt in ihrer Aufgabe, die eigenen Leute zu verteidigen, und der damit einhergehenden Abwehrhaltung, während die Denkweise des Kundschafters ihre Wurzeln in Neugier und Interesse hat. Soldaten schätzen es, auf der richtigen Seite zu stehen; Kundschafter schätzen es, objektiv zu sein. Ob wir Soldat oder Kundschafter sind, hängt laut Galef weniger von unserem IQ und unserer Ausbildung ab als vielmehr von unserer Einstellung zum Leben.[5]

Schämen wir uns oder sind wir dankbar, wenn wir feststellen, dass wir uns geirrt haben? Wehren wir ab oder sind wir interessiert, wenn wir auf Informationen stoßen, die widerlegen, was wir für richtig halten? Nur wenn wir aufgeschlossen sind, haben wir die Möglichkeit zu lernen, zu wachsen und uns zu verändern.

AUCH INSTITUTIONEN KÖNNEN EIN EGO HABEN

Nicht nur Einzelpersonen werden von ihrem Ego zu eingeschränkten Sichtweisen verleitet. Auch Regierungen, Schulen und Organisationen unter engstirniger Leitung schaffen es nicht, über den Tellerrand zu blicken, und bauen schließlich eine vom Ego bestimmte Kultur auf. Gewählte Amtsinhaber kämpfen um ihre Wähler oder ihre Geldgeber, ohne die Welt außerhalb ihres Unterstützerkreises zu berücksichtigen und an jene zu denken, die nach uns kommen. Schulbücher schildern historische Ereignisse aus der Perspektive des Siegers. Organisationen sind in der Denkweise gefangen, dass alles seinen gewohnten Gang gehen sollte, und reagieren nicht auf die ringsum stattfindenden Veränderungen. Als Reed Hastings, der Mitbegründer von Netflix, im Jahr 2000 Blockbuster 49 Prozent seines Unternehmens anbot, lehnte Blockbuster ab.[6] Zehn Jahre später war Blockbuster pleite, Netflix hingegen ist heute mindestens einhundert Milliarden Dollar wert. Die Worte «So haben wir das immer gemacht» oder «Das weiß ich doch schon» sind gefährlich.

Die Geschichte von Netflix und Blockbuster ist in der Hightech-Welt gut bekannt. Als ich sie bei einer Tagung vor siebzig Marketingchefs erzählte, fragte ich daher anschließend: «Wie viele von Ihnen hatten das Gefühl, dass sie schon wussten, was ich sagen würde, als ich mit der Geschichte anfing?» Etwa die Hälfte von meinen Zuhörern hob die Hand. Ich erklärte ihnen, eben die Überzeugung, dass sie schon wüssten, was sie wissen müssten, sei das Problem ihrer Unternehmen. Wenn man glaubt, man wüsste schon, wie es weitergeht, richtet man eine unüberwindliche Barriere auf und verpasst eine potenzielle Möglichkeit zu lernen. Was, wenn die Geschichte nun noch eine unerwartete Wendung genommen hätte? (Hier war meine Erklärung diese unerwartete Wendung.) Man kann das Wohlbekannte abtun, oder man kann es zu tiefergehenden Überlegungen nutzen. Selbst wenn du glaubst, dass du eine Geschichte schon kennst, versuche jedes Mal, so hinzuhören, als wäre sie eine ganz neue Erfahrung.

Nan-in, ein Zenmeister, empfing einen Universitätsprofessor, der etwas über Zen lernen wollte. Nan-in servierte Tee. Er füllte die Tasse seines Besuchers und schenkte ihm immer weiter ein. Der Professor beobachtete, wie der Meister die Tasse zum Überlaufen brachte, bis er sich nicht mehr zurückhalten konnte. «Die Tasse ist randvoll, da passt nichts mehr hinein!»

«Genau wie diese Tasse», sagte Nan-in, «bist auch du randvoll mit deinen eigenen Meinungen und Überzeugungen. Wie kann ich dich Zen lehren, wenn du deine Tasse nicht geleert hast?»[7] Man kann Wissen und lohnenswerte Erfahrungen nur aufnehmen, wenn man sich gestattet, leer zu sein.

DAS EGO ISOLIERT UNS

Wenn im alten Rom ein siegreicher Feldherr von einer Schlacht zurückkehrte, trug er beim Triumphzug traditionell ähnliche Kleidung wie die Statue des Gottes Jupiter. Daher stand ein

Sklave hinter ihm, der ihm angeblich immer wieder ins Ohr flüsterte: «Denke daran, dass auch du (nur) ein Mensch bist.»[8] Ganz gleich, wie gut er sich geschlagen hatte und wie sehr man seine Führungskunst lobte, der Feldherr blieb ein Mensch wie alle anderen. Wenn du ganz oben angekommen bist, hüte dich. Das Ego isoliert dich. Pass auf, dass du nicht anfängst zu glauben, manche Menschen wären deine Zeit wert, andere aber nicht.

Der Schauspieler Robert Downey Junior beschreibt in einem Interview eine moderne Variante dieser Weisheit. Zu Hause ist er nicht mehr Iron Man. Er sagte: «Sobald ich ins Haus komme, ruft niemand ‹Wow!› Susan sagt etwas wie ‹Hast du den Kater rausgelassen?› Ich sage: ‹Weiß nicht.› Sie: ‹Ich glaube, er ist nicht im Haus – geh und such ihn.›»[9] Das erinnert Downey (und uns) daran, dass selbst ein Filmstar zu Hause nur ein Mensch ist. Wenn du glaubst, du wärst Iron Man, solltest du auch tatsächlich wie Iron Man handeln können. Wenn Menschen dich schätzen, behandeln sie dich mit besonderem Respekt, aber wenn du diesen Respekt einforderst oder glaubst, du hättest ein Anrecht darauf, dann hast du ihn nicht verdient.

DAS ZWEISCHNEIDIGE EGO

Das falsche Ego, das uns aufbaut, kann uns ebenso leicht vom Sockel reißen. Wenn unsere Schwächen bloßgestellt werden, kann sich das Ego, das uns gesagt hat, wir wären genial und erfolgreich, nicht wehren. Ohne unsere Rollen, unsere Lügen und unsere Vorurteile sind wir nichts. So muss Frank Abagnale sich gefühlt haben, als er verhaftet wurde. Häufig dient Geltungsbedürfnis als Tarnung für ein schwaches Selbstwertgefühl. Wir sind zu sehr mit uns selbst beschäftigt und damit, wie andere uns wahrnehmen.

Du kannst den Mythos von deiner eigenen Wichtigkeit nur eine gewisse Zeit lang aufrechterhalten. **Wenn du dein Ego nicht zertrümmerst, wird das Leben es für dich tun.**

Ich bin seit drei Jahren im Aschram, und ich habe Probleme mit meiner Gesundheit. Auch wenn ich nicht dieser Körper bin, muss ich doch in ihm leben. Erschöpft, ausgezehrt und ratlos lande ich im Krankenhaus.

Ich werde in dieser Klinik zwei Monate lang ayurvedisch behandelt. Die Mönche besuchen mich und lesen mir vor, aber sonst bin ich allein, und in der Einsamkeit werden mir zwei Dinge klar.

Das erste ist, dass mein Körper für das Leben, das ich zu führen versuche, nicht gemacht ist. Das zweite, das mich noch mehr verstört, ist, dass ich vielleicht nicht dazu berufen bin, in diesem Aschram zu leben. Mein Wunsch, Weisheit zu verbreiten, passt nicht ganz in das System der Mönche. Ich fühle mich genötigt, Ideen und philosophische Gedanken auf modernere Arten zu teilen. Vielleicht ist das mein Dharma, aber es ist nicht das Ziel des Mönchseins. Es ist keine heilige Praxis.

Ich weiß nicht, ob dieser Weg der richtige für mich ist.

Dieser Gedanke trifft mich wie ein Schlag und erschüttert mich tief. Ich kann mir nicht vorstellen, den Aschram zu verlassen. Und ich frage mich, ob meine Zweifel vielleicht einfach mit meinem körperlichen Zustand zusammenhängen. Bin ich in der richtigen geistigen Verfassung, um jetzt so eine Entscheidung zu treffen?

Nachdem ich das Krankenhaus verlassen habe, reise ich zur weiteren Behandlung nach London. Radhanath Swami und ich unterhalten uns. Ich berichte ihm von meinen Überlegungen. Er hört eine Weile zu, stellt Fragen, denkt nach. Dann sagt er: «Manche Studenten werden Professoren, und manche Studenten werden Unternehmer. Was ist besser?»

«Keins von beiden», sage ich.

«Du hast deine Ausbildung im Aschram abgeschlossen. Ich glaube, für dich ist es das Beste, wenn du jetzt etwas anderes machst.»

Ich bin sprachlos. Ich hatte nicht damit gerechnet, dass er sich so schnell und so eindeutig für eine der beiden Alternativen entscheiden würde. Ich spüre, dass er mich nicht als Versager betrachtet, aber ich kann nicht anders, als mich selbst als Versager zu sehen. Ich habe versagt, und der Swami trennt sich von mir. Es ist, als würde er sagen: «Es liegt nicht an dir, sondern an mir.»

Die Vorstellung, meine Lehrer zu verlassen und meine Pläne und Träume aufzugeben, verunsichert mich nicht nur total, sondern sie ist auch ein schwerer Schlag für mein Ego. Ich habe in diesen Ort, in diese Welt, so viel investiert, und meine Zukunftspläne beruhen auf meiner Entscheidung für dieses Leben. Aber ich weiß jetzt, dass es nicht der richtige Weg für mich ist, und auch meine Lehrer wissen das. Ich werde nicht erreichen, was ich mir vorgenommen habe. Hinzu kommt, dass ich den ungeheuren Schritt gewagt und meiner Familie und meinen Freunden und Bekannten meine Absicht, Mönch zu werden, verkündet hatte. Mein Ego war also nur noch damit beschäftigt, was sie von mir denken würden, wenn ich jetzt das Handtuch schmiss. In den Aschram zu gehen, war die schwerste Entscheidung meines Lebens. Doch ihn zu verlassen, ist noch schwerer.

Ich ziehe wieder bei meinen Eltern ein, ohne Ziel, gebrochen, psychisch am Boden und mit fünfundzwanzigtausend Dollar College-Schulden. Es ist zwar irgendwie aufregend, Schokolade kaufen zu können, aber in meiner existenziellen

Krise ist das nur ein schwacher Trost. Als ich nach Indien ging, dachte ich, ich würde die Welt verändern. Hier in London versteht niemand, was ich gemacht habe oder welchen Wert das hatte. Meine Eltern wissen nicht so recht, wie sie mit mir umgehen oder was sie ihren Freunden sagen sollen. Meine Verwandten fragen meine Eltern, ob ich wieder zur Vernunft gekommen sei. Meine Freunde vom College möchten wissen, ob ich mir jetzt eine «richtige» Arbeit suche. Sie stellen Fragen wie: «Was, du hast es nicht geschafft, Mönch zu werden? Du hast es nicht geschafft, über nichts nachzudenken?»

Mein größter Traum ist geplatzt, und ich spüre deutlich, wie sehr das meinem Ego zusetzt. Es ist eine der schwersten, demütigendsten, vernichtendsten Erfahrungen meines Lebens. Und eine der wichtigsten.

Obwohl die Mönche mich optimal unterstützten und meine Entscheidung befürworteten, stellte die Tatsache, dass ich den Aschram verließ, mein Vertrauen zu mir selbst und meinem Handeln gründlich in Frage. Als meine Welt erschüttert wurde, brach mein Selbstwertgefühl vollkommen zusammen. Ein schwaches Selbstwertgefühl ist die Kehrseite eines aufgeblasenen Egos. Wenn wir nicht alles sind, sind wir gar nichts. Wenn ich nicht mehr der Mann mit den großen Vorhaben und der tiefen Spiritualität war, war ich ein Versager. Wenn ich nicht großartig bin, bin ich gar nichts wert. Beide Extreme sind gleichermaßen problematisch. Manchmal muss das Ego in sich zusammenfallen, damit man erkennt, wie eingebildet und aufgeblasen es war. Ich wurde demütig.

DEMUT IST DAS GEGENGIFT GEGEN DAS EGO

Das Ego denkt in Extremen. Wenn wir nicht in allem großartig sind, taugen wir gar nichts, sagt es. In jedem Fall macht es uns blind dafür, wer wir wirklich sind. Wahre Demut bedeutet, dass man sich selbst ehrlich betrachtet. *In manchen Dingen bin ich toll und in anderen nicht so gut. Ich habe gute Absichten, aber ich bin nicht perfekt.* Im Gegensatz zum Alles-oder-Nichts des Ego erlaubt die Demut, dass wir unsere Schwächen verstehen und besser werden wollen.

In einem Vortrag in London schilderte mein Lehrer Radhanath Swami eine Szene zwischen Brahma, dem Gott der Schöpfung, und Krishna, dem mächtigsten Gott. Brahma bittet Krishna um Vergebung, weil er vergessen hat, wie mächtig der Gott ist, und sich selbst für ein großes Licht hielt. Brahma vergleicht sich in dieser Szene mit einem Glühwürmchen, das stolz darauf ist, wie hell es leuchtet. Sobald aber die Sonne aufgeht, ist das Glühwürmchen nicht mehr zu sehen, und es erkennt seine Bedeutungslosigkeit. Ebenso erkennt Brahma, dass er glaubte, die Welt zu erhellen, doch als Krishna die Sonne aufgehen lässt, wird ihm klar, dass er selbst nicht mehr als ein Glühwürmchen ist.[10]

In der Dunkelheit des Ego halten wir uns für etwas Besonderes, für mächtig und bedeutend. Sobald wir uns jedoch im Zusammenhang des großen Universums betrachten, sehen wir, wie klein unsere Rolle darin ist. Wie das Glühwürmchen müssen wir uns im Sonnenschein betrachten, um wahre Demut zu erlangen.

DEMUT PRAKTIZIEREN

Im Aschram war der direkteste Weg zur Demut einfache, untergeordnete Arbeit, die keinen der Tätigen ins Zentrum der Aufmerksamkeit stellte. Wir spülten riesengroße Kochtöpfe mit Schläuchen, jäteten im Gemüsegarten Unkraut und spritzten die Hocktoiletten ab – das war das Schlimmste! Es ging dabei nicht nur darum, die Arbeit, die gemacht werden musste, zu erledigen, sondern diese Tätigkeiten sollten uns auch davor bewahren, überheblich zu werden. Ich habe bereits erwähnt, wie ungeduldig mich diese Arbeit zum Teil machte. Habe ich studiert, um jetzt Müll zu sammeln? Die Mönche erklärten mir, dass ich den Sinn dieser Arbeiten nicht verstand. Manche Aufgaben führen zu größerer Kompetenz, und andere formen den Charakter, sagten sie. Die hirnlosen Aktivitäten ärgerten mich, aber mit der Zeit lernte ich, dass eine mental anspruchslose Arbeit Raum zum Nachdenken und zur Selbstbeobachtung ließ. Insofern lohnten sich diese Tätigkeiten dann doch.

Die alltäglichen Arbeiten in einem Aschram lassen sich nicht ohne weiteres auf die moderne Welt übertragen. Doch jeder kann die einfache mentale Übung ausprobieren, die uns täglich half, unser Ego bewusster wahrzunehmen. Wir lernten, dass es zwei Dinge gibt, an die man sich erinnern, und zwei, die man möglichst vergessen soll.

Erinnern sollten wir uns an das Schlechte, das wir anderen angetan hatten, und an das Gute, das sie für uns getan hatten. Wenn wir uns auf das Schlimme konzentrieren, das wir anderen zugefügt haben, ist unser Ego gezwungen, an unsere Schwächen zu denken und zu bereuen. Dadurch bleiben wir geerdet. Wenn wir an das Gute denken, das andere für uns getan haben, werden wir demütig, denn wir spüren, dass wir andere Menschen brauchen, und wir sind dankbar für die Gaben, die wir erhalten haben.

Vergessen sollten wir das Gute, das wir für andere getan hatten, und das Schlechte, das andere uns angetan hatten. Wenn wir uns auf unsere guten Taten konzentrieren und uns etwas darauf einbilden, wächst das Ego, also schieben wir diese Taten beiseite. Und wenn andere uns schlecht behandelt haben, müssen wir auch das loslassen. Es bedeutet nicht, dass jemand, der uns verletzt hat, unser bester Freund sein muss, aber wenn wir Wut und Groll in uns tragen, sind wir auf uns selbst fixiert und nicht frei für eine umfassendere Perspektive.

Als Radhanath Swami im Tempel in London einen Vortrag über die Qualitäten hielt, die für die Selbstverwirklichung nötig sind, erfuhr ich von einer weiteren Sichtweise. Er sagte, wir sollten wie Salz sein, und erklärte, dass wir Salz nur wahrnehmen, wenn in unserem Essen zu viel oder zu wenig davon ist. Niemand sagt: «Toll, dieses Gericht ist genau richtig gesalzen.» Wurde Salz richtig angewendet, bemerkt man es nicht. Salz ist so demütig, dass es die Schuld auf sich nimmt, wenn etwas schiefgeht, aber kein Lob beansprucht, wenn alles gut läuft.

1993 war Laramiun Byrd zwanzig Jahre alt. Nach einem Streit auf einer Party tötete der sechzehnjährige Oshea Israel ihn mit einem Kopfschuss. Für seine Tat saß Israel über fünfzehn Jahre im Gefängnis. Mary Johnson, die Mutter des getöteten Jungen, hatte wohl den triftigsten Grund, den man sich denken kann, Israel zu hassen, und sie hasste ihn von ganzem Herzen. Irgendwann jedoch wurde ihr klar, dass nicht nur sie großen Kummer hatte; auch die Familie Israel hatte einen Sohn verloren. Mary Johnson beschloss daher, eine Selbsthilfegruppe zu gründen, die sie *From Death to Life* nannte, vom Tod zum Leben. Diese Gruppe war für Mütter gedacht, deren Kinder getötet worden waren, und auch für Mütter, deren Kinder einem Menschen das Leben genommen hatten. Doch Johnson hatte das Gefühl, sie könne mit den Müttern von Mördern nur umgehen, wenn sie Oshea Israel aufrichtig vergab. Also nahm sie Kontakt mit ihm auf. Als sie sich trafen, fragte Oshea, ob er sie in die Arme nehmen dürfe. Sie berichtet: «Als ich aufstand, spürte ich, wie etwas von meinen Fußsohlen aufstieg und mich verließ.» Von da an trafen die beiden sich regelmäßig, und als Oshea aus dem Gefängnis entlassen wurde, fragte Mary Johnson ihren Vermieter, ob der junge Mann in das Mietshaus einziehen könnte, in dem sie wohnte. «Nicht zu verzeihen ist wie Krebs. Es frisst dich von innen heraus auf», sagte Johnson. Sie trägt eine Halskette mit einem Medaillon, das zwei Seiten hat: Auf der einen ist ein Bild von ihr und ihrem Sohn, auf der anderen ein Bild von Oshea. Oshea Israel sagt, er versuche immer noch, sich selbst zu verzeihen. Die beiden, die jetzt Tür an Tür wohnen, besuchen Gefängnisse und Kirchen, wo sie über ihre Geschichte und die Kraft der Vergebung sprechen.[11]

Sich an die eigenen Fehler zu erinnern und die guten Taten zu vergessen, hält das Ego in Schach und erhöht die Dankbarkeit – ein simples, wirksames Rezept, um Demut zu erlangen.

BEHALTE DEIN EGO IM AUGE

Mit zunehmender Achtsamkeit sehen wir immer deutlicher, in welchen Momenten oder unter welchen Umständen das Ego sich aufbläht.

Einmal machte ich mit einer Gruppe aus dem Aschram eine Rucksackreise durch Skandinavien. Unterwegs leiteten wir in den Städten spontan organisierte Meditationen. Die meisten Menschen, denen wir begegneten, waren sehr herzlich, interessierten sich für Gesundheit und standen dem Meditieren aufgeschlossen gegenüber. In einer Stadt in Dänemark ging ich auf einen Herrn zu und fragte: «Haben Sie schon mal etwas von Meditieren gehört? Wir würden es Ihnen gerne beibringen.»

Er sagte: «Wissen Sie nichts Besseres mit Ihrem Leben anzufangen?»

Mein Ego loderte auf. Am liebsten hätte ich gesagt: «Ich bin nicht blöd! Ich bin klug! Ich habe ein wirklich gutes College abgeschlossen. Ich könnte eine sechsstellige Summe im Jahr verdienen. Ich muss das hier nicht machen – aber ich habe mich dafür entschieden!» Ich hätte diesem Mann nur allzu gern den Kopf zurechtgerückt.

Stattdessen sagte ich: «Ich wünsche Ihnen einen wunderbaren Tag. Wenn Sie meditieren lernen möchten, kommen Sie bitte wieder.»

Ich spürte, wie mein Ego reagierte. Ich nahm es wahr, gab ihm jedoch nicht nach. So behalten wir unser Ego unter Kontrolle. Es verschwindet zwar nicht, aber wir können es beobachten und seine Macht über uns beschränken. Wahre Demut ist noch mehr, als einfach das Ego zu unterdrücken, so wie ich es in diesem Beispiel getan habe. In einem Kurs im Tempel in London waren einige meiner Mönchsbrüder unhöflich. Sie lachten über die Übung, die wir machten, und redeten, obwohl sie schweigen sollten. Ich schaute Sutapa an, unseren Lehrer, der in London der oberste Mönch war. Ich erwartete, dass er die anderen zur Ordnung rufen würde, aber er schwieg. Nach dem Unterricht fragte ich ihn, warum er dieses Verhalten geduldet habe.

«Du siehst dir an, wie sie sich heute benehmen», sagte er. «Ich sehe mir an, welchen Weg sie schon zurückgelegt haben.»

Sutapa erinnerte sich an die Fortschritte, die meine Mitschüler gemacht hatten, und vergaß ihr schlechtes Benehmen. Er betrachtete ihr Verhalten nicht als Spiegel für sich selbst oder als Ausdruck von mangelndem Respekt, sondern er sah es langfristig und nahm es nicht persönlich.

Wenn jemand dich schlecht behandelt, rate ich dir nicht, das wie mein Lehrer Sutapa zu erdulden. Manchmal ist so etwas einfach inakzeptabel. Aber es ist nützlich, über den jeweiligen Moment hinauszublicken und sich die Gesamtsituation der anderen anzuschauen. Sind sie erschöpft? Frustriert? Haben sie schon Fortschritte gemacht? Man sollte berücksichtigen, was zu diesem Fehlverhalten geführt hat, bevor man das Ego eingreifen lässt. Jeder Mensch hat seine Geschichte – eine Tatsache, die das Ego gerne mal ignoriert. Nimm nicht alles persönlich. Normalerweise geht es gar nicht um dich.

DISTANZIERE DICH VON DEINEM EGO

Sutapa und ich nutzten die gleiche Methode, um unser Ego zum Schweigen zu bringen. Wir nahmen Abstand von einer Reaktion und wurden zu objektiven Beobachtern. Wir glauben, wir wären all das, was wir leisten. Wir glauben, wir wären unser Job. Wir glauben, wir wären unser Zuhause. Wir glauben, wir wären Jugend und Schönheit. Erinnere dich daran, dass alles, was du hast – Fähigkeiten, Wissen, Besitz, Prinzipien –, dir gegeben wurde, und wer auch immer es dir gegeben hat, hat es von jemand anders bekommen. Das stammt nicht direkt aus der Bhagavad Gita, aber um zusammenzufassen, wie die Gita diese Loslösung sieht, sagt man häufig: **Was heute dir gehört, gehörte gestern einem anderen und wird morgen wiederum einem anderen gehören.**[12] Ganz gleich, welchen Glauben du hast, wenn du das einmal erkannt hast, verstehst du, dass du ein Gefäß bist, ein Instrument, ein Verwalter, ein Kanal für die größten Kräfte in der Welt. Du kannst deinem Lehrer danken und seine Gabe für einen höheren Zweck einsetzen.

Loslösung befreit. Wenn wir uns nicht mehr über unsere Leistungen definieren, nehmen wir uns den Druck. Wir müssen nicht mehr die oder der Beste sein. Ich muss nicht der beste reisende Mönch in Dänemark sein. Mein Lehrer ist nicht darauf angewiesen, dass seine Schüler in jedem Moment wortlos staunend vor ihm sitzen.

Loslösung weckt Dankbarkeit. Wenn wir uns nicht mehr als Besitzer betrachten, erkennen wir, dass alle unsere Leistungen nur mit der Hilfe von anderen zustande gekommen sind – dank unserer Eltern, Lehrer und Trainer, Chefinnen und Bücher. Selbst das Wissen und die Fähigkeiten von Autodidakten haben ihre Wurzeln in der Arbeit von anderen. Wenn wir dankbar für das sind, was wir erreicht haben, lassen wir es uns nicht zu Kopf steigen. Idealerweise regt diese Dankbarkeit uns dazu an, auf unsere eigene Weise zu Lehrern und Mentoren zu werden und das, was wir erhalten haben, in irgendeiner Form weiterzugeben.

AUFGABE: *DAS EGO VERWANDELN*

Achte auf folgende Gelegenheiten, dich von deinem Ego zu distanzieren und wohlüberlegt und produktiv zu handeln.

1. *Du wirst beleidigt.* Beobachte dein Ego, betrachte die Negativität des anderen in größerem Zusammenhang und reagiere auf die Situation, nicht auf die Beleidigung.
2. *Du wirst gelobt oder ausgezeichnet.* Nutze diese Gelegenheit, um dankbar für den Lehrer zu sein, der dich gefördert hat.
3. *Du streitest dich mit deiner Partnerin oder deinem Partner.* Der Wunsch, recht zu haben und zu gewinnen, entsteht daraus, dass das Ego Schwächen nicht zugeben will. Denke daran, dass du entweder recht haben oder die Sache auf sich beruhen lassen kannst. Sieh den

Standpunkt des anderen. Gib dich geschlagen. Warte einen Tag und spüre, wie es sich dann anfühlt.
4. *Du willst andere übertreffen.* In Unterhaltungen versuchen wir oft, andere mit Geschichten zu übertreffen. Zum Beispiel wollen wir zeigen, dass wir es besser haben oder dass wir schlechter dran sind als unsere Gesprächspartner. Höre stattdessen gut zu und versuche, den anderen zu verstehen und zu bestätigen. Sei neugierig. Erzähle nichts von dir.

SICH VOM VERSAGEN LÖSEN

Wenn wir uns unsicher fühlen, etwa weil wir im Beruf, in der Beziehung oder auf dem Weg zu einem Ziel, das wir uns gesetzt haben, nicht an dem Punkt sind, an dem wir eigentlich sein wollen, springt entweder das Ego ein und verteidigt uns, oder aber unser Selbstwertgefühl sackt in den Keller. In jedem Fall geht es dabei um uns selbst. In seinem Buch *Der Seele Raum geben* schreibt der Psychotherapeut und frühere Mönch Thomas Moore: «Die ständige Beschäftigung mit dem Versagen ist eine Art ‹negativer Narzissmus› [...]. Misserfolg mit Hilfe der Imagination wertzuschätzen heißt, ihn wieder mit dem Erfolg zu verbinden. Ohne diese Verknüpfung zerfällt Arbeit in übergroße narzisstische Erfolgsphantasien einerseits und trostlose Versagensgefühle andererseits.»[13] Demut entsteht, wenn du akzeptierst, *wo* du bist, ohne das als Zeichen dafür zu interpretieren, *wer* du bist. Dann kannst du deine Imagination einsetzen, um erfolgreich zu sein.

Sara Blakely wollte Jura studieren, aber obwohl sie die Zulassungsprüfung wiederholte, bekam sie nicht die nötige Punktzahl. Statt Rechtsanwältin zu werden, zog sie sieben Jahre lang von Tür zu Tür und verkaufte Faxgeräte. Doch dabei vergaß sie nie, was ihr Vater sie gelehrt hatte. Jeden Abend beim Essen hatte ihr Vater sie und ihren Bruder nicht gefragt: «Was habt ihr heute in der Schule gemacht?», sondern: «Was habt ihr heute nicht gekonnt?» Dass die Kinder versagt hatten, bedeutete, dass sie sich bemüht hatten, und das war wichtiger als ein unmittelbares Ergebnis. Als Sarah die Idee kam, selbst eine Firma zu gründen, war ihr klar, dass sie nur versagen konnte, wenn sie es gar nicht erst versuchte. Daher investierte sie fünftausend Dollar von ihrem eigenen Geld und gründete die Firma, die sie schon fünfzehn Jahre später zur Milliardärin machte – Spanx.[14] Häufig packen wir Gelegenheiten nicht beim Schopf, weil wir uns vor dem möglichen Scheitern fürchten. Der Grund dafür ist oft, dass unser Ego Angst hat, verletzt zu werden. Wenn wir die Vorstellung aufgeben können, dass wir gebrochene Menschen sind, sobald nicht alles gleich wie geplant verläuft, wachsen unsere Fähigkeiten exponentiell an.

Meine eigene Version von Blakelys Erkenntnis kam mir in London etwa eine Woche, nachdem ich den Aschram verlassen hatte.

> *Ich hatte geglaubt, es sei mein Dharma, als Mönch zu dienen, Weisheit zu verbreiten und zu helfen. Wieder in meinem Elternhaus angekommen, möchte ich mich nicht mit einem geringeren Ziel zufriedengeben. Was kann ich tun? Meine Familie ist nicht wohlhabend. Ich kann nicht einfach relaxen und auf Antworten warten. Ich habe Angst, bin nervös und unruhig. Ich habe zwar gelernt, diese Gefühle abzuschalten, aber jetzt überfallen sie mich wieder.*
>
> *Eines Abends schaue ich beim Abwaschen aus dem Fenster über der Spüle. Draußen ist der Garten, aber weil er im Dunkeln liegt, kann ich nur mein eigenes Spiegelbild sehen.*

Da überlege ich: Was würde ich zu diesem Zeitpunkt im Aschram tun? *Es ist sieben Uhr abends. Wahrscheinlich würde ich lesen, studieren, oder ich wäre zu einem Vortrag unterwegs. Einen Moment lang visualisiere ich, wie ich im Aschram einen Weg entlanggehe, zur Bibliothek, in der abends die Kurse stattfinden. Dann denke ich:* Jetzt ist es hier sieben Uhr. Ich habe in diesem Moment die Wahl. Wenn ich meine Zeit klug nutze, kann ich den Abend sinnvoll und zielgerichtet gestalten, genauso, wie ich es im Aschram tun würde, oder aber ich vergeude ihn mit Selbstmitleid und Bedauern.

In diesem Moment lasse ich mein erschlafftes Ego los und mache mir bewusst, dass ich als Mönch gelernt habe, mit Angst, Schmerz und Druck umzugehen. Ich bin nicht mehr im Aschram, wo es natürlich und leicht ist, diese Ziele zu erreichen, aber ich kann alles, was ich gelernt habe, hier in einer lauteren, komplizierteren Welt testen. Der Aschram war wie eine Schule. Das hier ist die Abschlussprüfung. Ich muss Geld verdienen und werde nicht mehr so viel Zeit auf meine Praxis verwenden können, doch welche Qualität sie haben wird, liegt an mir. Ich kann nicht mehr zwei Stunden am Tag heilige Schriften studieren, aber ich kann jeden Tag einen Vers lesen und ihn in die Praxis umsetzen. Ich kann nicht mehr Tempel säubern, um mein Herz zu reinigen, aber ich kann Demut finden, indem ich mein Zuhause putze. Wenn ich mein Leben als sinnlos ansehe, wird es sinnlos sein. Wenn ich aber Möglichkeiten finde, meinen Dharma zu leben, wird es erfüllt sein.

Ich fange an, mich jeden Tag ordentlich anzuziehen, so als hätte ich einen Job. Den größten Teil meiner Zeit verbringe ich in der Bibliothek, wo ich breit gefächert Texte über Persönlichkeitsentwicklung, Geschäftsleben und Technologie lese. Ich bin demütig geworden und wieder ein Student des Lebens. Es ist eine kraftvolle Art, in die Welt zurückzukehren.

Sich als Opfer zu fühlen, ist die Kehrseite des Ego. Du bist überzeugt, dass dir die allerschlimmsten Dinge auf der Welt zustoßen. Du kriegst immer die allerschlechtesten Karten.

Suhle dich nicht in dieser Opferhaltung, wenn dir etwas misslingt, sondern betrachte den Moment als Anker der Demut, der dich am Boden hält. Dann frage dich: «Was kann mein Selbstvertrauen wieder aufbauen?» Dieser Faktor wird nicht aus der Außenwelt kommen, denn darüber hast du keine Macht. Ich konnte nicht bestimmen, ob mir jemand einen Job geben würde, aber ich suchte konzentriert nach einer Möglichkeit, ich selbst zu sein und zu tun, was ich liebte. Ich wusste, dass ich damit auch mein Selbstvertrauen zurückgewinnen würde.

STÄRKE DEIN SELBSTVERTRAUEN, NICHT DEIN EGO

Es ist paradox: Wenn du jemals Wissen oder Fähigkeiten nur vorgetäuscht hast, ist dir wahrscheinlich aufgefallen, dass man, um selbstbewusst zu erscheinen und die eigene Eitelkeit zu nähren, genauso viel Energie braucht, als wenn man arbeiten, üben und echtes Selbstvertrauen aufbauen würde.

Demut erlaubt dir, deine eigenen Stärken und Schwächen deutlich zu erkennen, sodass du arbeiten, lernen und wachsen kannst. Selbstvertrauen und eine hohe Selbstachtung helfen dir, dich so anzunehmen, wie du bist: nichts Besonderes und nicht perfekt, aber du gibst dir Mühe. Verwechsle ein aufgeblasenes Ego nicht mit gesunder Selbstachtung.

Das Ego möchte, dass alle dich gernhaben. Mit hoher Selbstachtung hingegen bist du auch dann zufrieden, wenn das nicht der Fall ist. Das Ego glaubt, es würde alles wissen. Mit Selbstachtung weißt du, dass du von jedem Menschen lernen kannst.

EGO	SELBSTACHTUNG
• DU FÜRCHTEST DICH DAVOR, WAS DIE LEUTE SAGEN	• DU FILTERST, WAS DIE LEUTE SAGEN
• DU VERGLEICHST DICH MIT ANDEREN	• DU VERGLEICHST DICH MIT DIR SELBST
• DU MÖCHTEST DICH BEWEISEN	• DU MÖCHTEST DU SELBST SEIN
• DU WEISST ALLES	• DU KANNST VON JEDEM LERNEN
• DU TUST SO, ALS WÄRST DU STARK	• DU DARFST VERLETZLICH SEIN
• DU MÖCHTEST RESPEKTIERT WERDEN	• DU RESPEKTIERST DICH UND ANDERE

Das Ego möchte sich beweisen. Mit Selbstachtung möchtest du dich ausdrücken.

Die Darstellung oben zeigt die Unterschiede zwischen einem aufgeblasenen Ego und einem gesunden Selbstwertgefühl, und du kannst sie auch als Anleitung verwenden, um dein Selbstvertrauen zu stärken. Wenn du genau hinschaust, wirst du sehen, dass die Selbstwahrnehmung, die du entwickelt hast, dazu dient, die miteinander verschränkten Eigenschaften Demut und Selbstachtung auszubilden. Statt dir Gedanken zu machen, was die Leute sagen werden, filterst du ihre Kommentare. Statt dich mit anderen zu vergleichen, reinigst du deinen Geist und bemühst dich, besser zu werden. Statt dich vor anderen zu beweisen, willst du du selbst sein, das heißt, dass du dich nicht von äußeren Wünschen ablenken lässt. Du lebst zielgerichtet deinen Dharma.

KLEINE SIEGE

Kleine Siege zu sammeln, baut das Selbstvertrauen auf. Olympia-Schwimmerin Jessica Hardy hat gesagt: «Meine langfristigen Ziele würde ich als meine ‹Träume› betrachten. Meine kurzfristigen Ziele kann ich täglich oder monatlich erreichen. Ich setze mir kurzfristige Ziele gern so, dass sie meine Stimmung heben und mir helfen, meine langfristigen Ziele besser vorzubereiten.»[15]

AUFGABE: ***SCHREIBE LEBENSBEREICHE AUF, IN DENEN DU DIR SELBSTVERTRAUEN WÜNSCHST***

Gesundheit, Beruf, Beziehung – suche dir einen Bereich davon aus.

Schreibe auf, was dir in diesem Lebensbereich Selbstvertrauen geben kann. Es soll realistisch und machbar sein.

Teile dein Vorhaben in kleine Siege auf, in Ziele, die du jeweils an einem Tag erreichen kannst.

FEEDBACK ERBITTEN

Selbstvertrauen bedeutet, dass du entscheiden kannst, wer du sein möchtest, ohne dass du überlegst, was andere Leute denken. Es bedeutet aber auch, dass du dich von anderen inspirieren und leiten lässt, um das Beste aus dir zu machen. Verbringe Zeit mit geheilten, weisen, dem Dienen verpflichteten Menschen, und du wirst bescheidener werden – und dich motiviert fühlen, auf Heilung, Weisheit und Dienst an anderen hinzuarbeiten.

Überlege dir gut, wen du um Feedback bittest. Wenn wir uns Rückmeldung wünschen, machen wir häufig einen von zwei Fehlern: Entweder bitten wir alle möglichen Leute wegen eines einzigen Problems um Rat, oder wir wenden uns wegen aller möglichen Probleme an eine einzige Person. Wenn du zu viele Menschen um Rat fragst, bekommst du siebenundfünfzig verschiedene Meinungen und bist am Ende erschöpft, verwirrt und ratlos. Wenn du andererseits alle deine schwierigen Fragen einem einzigen Menschen stellst, wird dieser überwältigt sein, sich nicht allem gewachsen fühlen und es irgendwann satthaben, deine Lasten mitzutragen.

Suche dir stattdessen kleine Gruppen von Ratgebern für jeweils bestimmte Bereiche. Achte darauf, dass du die richtigen Leute für die entsprechenden Aufgaben wählst. Wir werden uns in Kapitel 10 genauer ansehen, wie man Menschen findet, die kompetent und charakterfest, fürsorglich und beständig sind. Fürs Erste stelle dir folgende Fragen, bevor du jemanden um Feedback bittest: Ist die Person fachkundig? Ist sie so klug und erfahren, dass sie hilfreiche Ratschläge geben kann? Wenn du dir deine Berater gut aussuchst, bekommst du bei Bedarf die richtige Hilfe, ohne dass du die Hilfsbereitschaft überstrapazierst.

Der Mönch sucht Rat bei seinem Guru (seinem religiösen Lehrer), einem Sadhu (heiligen Mann) und in Shastras (Lehrbüchern oder heiligen Texten). Diese drei Quellen geben uns Orientierung. In der heutigen Welt haben viele von uns keine «Lehrer» mehr, und wenn doch, bekommen wir von diesen Lehrern häufig nicht die Führung, die ein religiöser Lehrer bietet. Und wir sind auch nicht alle Fans von religiösen Schriften. Die Mönche jedoch finden hier Rat aus vertrauenswürdigen Quellen, die ihr Bestes wollen, aber eine andere Sichtweise bieten. Suche Menschen aus, denen dein emotionales Wohlbefinden am Herzen liegt (häufig sind es Freunde und Verwandte, die als Gurus dienen), die dein intellektuelles Wachstum und deine Erfahrung fördern (das können Mentoren oder Lehrer sein, die als Sadhus dienen), und Menschen, die deine Wertvorstellungen und Intentionen teilen (religiöse Lehrer und/oder wissenschaftliche Texte, die als Shastras dienen).

Achte immer aufmerksam auf Rückmeldungen, die von ungewohnter Seite kommen. Oft ist unerbetenes oder sogar unbeabsichtigtes Feedback am nützlichsten. Zügle dein Ego und beobachte genau, wie Menschen nonverbal auf dich reagieren. Zeigt ihr Gesichtsausdruck Faszination oder Langeweile? Sind sie irritiert, aufgeregt, müde? Auch hier lohnt es sich wieder, nach Übereinstimmungen zu suchen. Dämmern viele ganz unterschiedliche Menschen weg, sobald du über ein bestimmtes Thema sprichst? Dann könnte es an der Zeit sein, dieses Thema fallenzulassen.

Wenn andere uns ihre Überlegungen mitteilen, müssen wir sorgsam und klug entscheiden, was wir davon annehmen. Das Ego möchte gern glauben, dass es alles am besten weiß, daher verwechselt es Ratschläge leicht mit Kritik und weist sie zurück. Das entmutigte Ego sieht manchmal Kritik, wo sie gar nicht geäußert wurde. Wenn du als Antwort auf deine Bewerbung einen Schemabrief erhältst, in dem nur steht: «Bei der Vielzahl der Bewerbungen können wir leider nicht alle berücksichtigen», ist das kein nützliches Feedback, denn es sagt nichts über dich persönlich aus.

Derartige Hindernisse umgeht man, wenn man das Feedback filtert. Denke nach, statt zu urteilen. Sei neugierig. Gib nicht vor, gleich alles zu verstehen. Stelle klärende Fragen. Stelle Fragen, die dir helfen, praktische Schritte zu planen.

Wenn du prüfen möchtest, ob jemand dich in bester Absicht kritisiert, finde heraus, ob die Person bereit ist, in dein Wachstum zu investieren. Benennt dein Kritiker nur ein Problem oder eine Schwäche? Oder möchte er dir wirklich helfen, etwas zu verändern, wenn auch vielleicht nicht durch eigenes Handeln, dann aber doch mit Vorschlägen, wie du weitermachen kannst?

Wenn du um Feedback bittest und es bekommst, sorge dafür, dass du weißt, *wie* du wachsen möchtest. Oft sagt ein Feedback dir nicht, in welche Richtung du gehen sollst, sondern es treibt dich einfach an. Du musst also selbst die Entscheidungen treffen und entsprechend handeln.

Um Feedback bitten, es auswerten und dann handeln – diese drei Schritte werden dein Selbstvertrauen und deine Selbstwahrnehmung stärken.

AUFGABE: *PRODUKTIV FEEDBACK ERHALTEN*

Wähle einen Bereich, in dem du dich verbessern möchtest. Das kann auf finanziellem, mentalem, emotionalem oder körperlichem Gebiet sein.
Suche jemanden, der auf diesem Gebiet Experte ist, und bitte ihn um Rat. Stelle Fragen zur Klärung und zur praktischen Anwendung der Ratschläge in deiner individuellen Situation.
Beispielfragen:

Glaubst du, dass das ein realistischer Weg für mich ist?
Hast du eine Empfehlung für das Timing?
Meinst du, dass andere das auch an mir bemerkt haben?
Sind noch Nachbesserungen nötig (zum Beispiel eine Entschuldigung oder eine Korrektur oder Veränderung), oder ist das schon eine Empfehlung für meinen nächsten Schritt?
Welche Risiken gibt es bei dem, was du mir empfiehlst?

LASS DICH VON DEM HYPE UM DEINE PERSON NICHT TÄUSCHEN

Wenn du das Glück hast, erfolgreich zu sein, dann erinnere dich an die Worte, die die römischen Feldherrn gesagt bekamen: «Denke daran, dass auch du nur ein Mensch bist.» Lass dir das Erreichte nicht zu Kopf steigen, sondern löse dich davon. Sei dankbar für deine Lehrer und für das, was du bekommen hast. Erinnere dich daran, wer du bist und warum du die Arbeit machst, die dir Erfolg verschafft.

Erinnere dich an das Schlechte und vergiss das Gute, um dich selbst und deinen Erfolg zu relativieren. Auf der Highschool wurde ich drei Mal vom Unterricht ausgeschlossen, weil ich etwas Dummes angestellt hatte. Ich schäme mich für meine Vergangenheit, aber das bringt mich auf den Boden zurück. Ich kann zurückblicken und denken: *Egal was die Leute heute über mich oder über meine Entwicklung reden, ich habe Anker, die mich demütig machen. Sie erinnern mich daran, wer ich war und was vielleicht aus mir geworden wäre, wenn ich nicht Menschen kennengelernt hätte, die mich zu Veränderungen inspirierten.* Ich bin, so wie alle anderen auch, durch eine Kombination aus richtigen Entscheidungen, günstigen Gelegenheiten und Arbeit dahin gekommen, wo ich jetzt bin.

Du bist weder dein Erfolg noch dein Versagen.

Bleibe auch dann in dieser Demut, wenn du etwas erreicht hast. Wenn du gelobt, weiterempfohlen oder ausgezeichnet wirst, berausche dich nicht daran, weise es aber auch nicht ab. Bleibe einfach im Moment und denke anschließend daran, wie hart du gearbeitet und welche Opfer du gebracht hast. Dann frage dich, wer dir geholfen hat, die gepriesene Fähigkeit zu entwickeln. Denke an deine Eltern, deine Lehrer, deine Mentoren. Jemand musste Zeit, Geld und Energie investieren, um dich zu dem zu machen, der du heute bist. Bedanke dich bei den Menschen, die dich unterstützt haben. Wenn du den Erfolg mit ihnen teilst, bleibst du demütig.

WAHRE GRÖSSE

Im Vergleich mit anderen solltest du dich nicht klein fühlen, wohl aber im Hinblick auf deine Ziele. Um auch bei Erfolg bescheiden zu bleiben, verschiebe ich den Zielpfosten immer weiter. Der Maßstab für Erfolg sind nicht Zahlen, sondern Tiefgang. Mönche lassen sich nicht davon beeindrucken, wie lange du meditierst, sondern sie fragen, wie tief deine Meditation war. Bruce Lee hat gesagt: «Ich fürchte nicht den Mann, der zehntausend Kicks einmal geübt hat, aber ich fürchte mich vor dem, der einen Kick zehntausendmal geübt hat.»

Ganz gleich, was wir erreichen, wir können immer auf einen größeren Maßstab und mehr Tiefgang hinarbeiten. Facebook-Likes und die Anzahl meiner Follower auf Instagram interessieren mich nicht. Ich sage oft, dass ich Weisheit viral machen möchte, aber sie soll sinnvoll sein. Wie kann ich viele Menschen erreichen, ohne dabei den engen Kontakt zu ihnen zu verlieren? Meine Arbeit ist erst getan, wenn die ganze Welt geheilt und glücklich ist. Wenn wir uns immer größere Ziele setzen – über das persönliche Umfeld hinaus in unserer Stadt, unserem Land, auf der ganzen Erde – und erkennen, dass das letzte Ziel nicht erreichbar ist, bleiben wir demütig und bescheiden.

Sogar unser Ziel, demütig zu bleiben, ist letztlich unerreichbar.

Sobald du das Gefühl hast, angekommen zu sein, beginnst du die Reise von neuem. Dieses Paradox gilt häufig: Wenn du dich sicher fühlst, bist du am angreifbarsten; wenn du dich unfehlbar fühlst, bist du am schwächsten. André Gide wird der Ausspruch zugeschrieben: «Glaube denen, die die Wahrheit suchen, und zweifle an denen, die sie gefunden haben.» Allzu oft kommt gerade dann ein Absturz, wenn alles gut läuft, wenn du dich gut fühlst, ein gutes Leben hast und sagen kannst: «Ich hab's geschafft.» Würde ich von mir sagen, ich hätte kein Ego mehr, wäre das eine komplette Lüge. Das Ego zu überwinden ist ein Ziel, das man ständig anstrebt, aber nie erreicht.

Wahre Größe heißt, dass man das, was man erreicht hat, anderen beibringt, die dann wiederum andere unterrichten, sodass deine Größe sich exponentiell vervielfacht. Statt eine Leistung als Statussymbol anzusehen, solltest du die Rolle, die du im Leben anderer Menschen spielst, als deine wertvollste Währung betrachten. Wenn du dein Blickfeld erweiterst, erkennst du, dass selbst Menschen, die alles haben, die größte Befriedigung aus dem Dienst an anderen ziehen.

Ganz egal, wie sehr du anderen vielleicht hilfst, sei nicht stolz darauf, denn es gibt immer noch viel mehr zu tun. Kailash Satyarthi ist ein Kinderrechtsaktivist, der sich dafür einsetzt, Kinder vor Ausbeutung zu bewahren. Seine NGOs haben Zehntausende von Kindern gerettet, aber als er gefragt wurde, was seine erste Reaktion war, als er 2014 den Friedensnobelpreis erhielt, antwortete er: «Die erste Reaktion? Also, ich habe mich gefragt, ob ich genug getan hatte, um diese Auszeichnung zu verdienen.»[16] Satyarthis Bescheidenheit rührt daher, dass er weiß, wie viel mehr es noch zu tun gibt. Es ist die kraftvollste, bewundernswerteste, faszinierendste Eigenschaft eines Menschen, wenn er Großes geleistet hat, aber weiterhin demütig und bescheiden bleibt und sich selbst nicht wichtig nimmt.

Wir haben gründlich erforscht, wer du bist, wie du ein sinnvolles Leben führen kannst und was du verändern möchtest. Du wirst nicht über Nacht in all das Neue hineinwachsen. Als Unterstützung empfehle ich dir, dass du Visualisierungsübungen in deine Meditationspraxis aufnimmst. Visualisieren ist eine perfekte Methode, um die Vergangenheit zu heilen und dich auf die Zukunft vorzubereiten.

MEDITATION

Visualisieren

Mönche arbeiten beim Meditieren mit Visualisierungen. Wenn wir die Augen schließen und uns im Geiste an einen anderen Ort und in eine andere Zeit begeben, ist es uns möglich, die Vergangenheit zu heilen und uns auf die Zukunft vorzubereiten. In den nächsten drei Kapiteln werden wir uns auf eine Reise begeben, um die Art, wie wir uns selbst und unsere einzigartige Aufgabe im Leben sehen, zu verwandeln. Die Kraft des Visualisierens wird uns dabei helfen.

Mit Hilfe von Visualisierungen können wir in die Vergangenheit zurückgehen und die Geschichte, die wir uns über uns selbst erzählen, umschreiben. Vielleicht bereust du, was du deiner Mutter oder deinem Vater bei eurer letzten Begegnung vor ihrem Tod gesagt hast. Wenn du dir jetzt vorstellst, dass du ihnen gesagt hast, wie lieb du sie hast, verändert das zwar die Vergangenheit nicht, aber im Gegensatz zu Nostalgie oder Reue leitet es einen Heilungsprozess ein. Und wenn du dir deine Hoffnungen, Träume und Ängste in Bezug auf die Zukunft vergegenwärtigst, kannst du solche Gefühle schon im Vorhinein verarbeiten und dich für neue Herausforderungen stärken. Bevor ich einen Vortrag halte, visualisiere ich häufig, wie ich auf die Bühne gehe. Du kannst es dir folgendermaßen vorstellen: Alle von Menschenhand hergestellten Objekte, sei es nun ein Buch, ein Tisch oder eine Uhr, existierten bereits im Geist des Herstellers, bevor sie im Außen Gestalt annahmen. Um etwas zu schaffen, müssen wir es vor unserem inneren Auge sehen. Deswegen ist Visualisieren so wichtig. Was wir im Innern kreieren, kann im Außen verwirklicht werden.

Im Alltag visualisieren wir alle. Die Meditation ist eine Möglichkeit, diese Neigung absichtsvoll und produktiv einzusetzen. Ob es vergangene oder zukünftige, kleine oder große Ereignisse oder Situationen sind, mit Hilfe von Visualisierungen kannst du Kraft daraus schöpfen und diese Kraft für deine gegenwärtige Realität nutzen. Wenn du zum Beispiel in deiner Meditation an einen Ort gehst, an dem du dich glücklich und entspannt fühlst, verändern sich dein Atem und dein Herzschlag, deine Energie verwandelt sich, und du nimmst dieses neue Gefühl mit in deinen Alltag.

Beim Visualisieren werden im Gehirn die gleichen Bereiche aktiviert wie bei der tatsächlichen Ausführung der Tätigkeit. Wissenschaftler an der Cleveland Clinic zeigten, dass Menschen, die sich zwölf Wochen lang vorstellten, einen Muskel im kleinen Finger anzuspannen, diesen Muskel nahezu genauso stark kräftigten wie die Vergleichsgruppe, die in der gleichen Zeit Kraftübungen mit dem Finger machte.[1] Visualisierungen führen also zu echten Veränderungen im Körper.

Meditieren kannst du, wie schon gesagt, überall. Egal was für ein Chaos gerade um dich herum herrscht, das Visualisieren kann dir helfen, dich in einen entspannten Zustand zu versetzen. Ich bin einmal mit dem Zug von Mumbai nach Südindien gefahren – zwei oder drei Tage Fahrt in einem überfüllten, schmutzigen Eisenbahnwagen. Ich fand es schwierig zu meditieren und sagte zu meinem Lehrer: «Ich meditiere jetzt nicht, lieber später, wenn wir anhalten oder wenn es ruhiger ist.»

Mein Lehrer fragte: «Warum?»

«Weil wir das im Aschram auch so machen», sagte ich. Ich war es gewohnt, im stillen Aschram zu meditieren, der an einem See liegt und von Sitzbänken und Bäumen umgeben ist.

«Glaubst du, dass du Ruhe haben wirst, wenn du im Sterben liegst?», fragte mein Lehrer. «Wenn du jetzt nicht meditieren kannst, wie willst du denn dann auf dem Sterbebett meditieren?»

Mir wurde klar, dass die Mönche uns beibrachten, in friedlicher Stille zu meditieren, damit wir uns auch im Chaos in die Stille versenken konnten. Seitdem habe ich im Flugzeug meditiert, mitten in New York City und in Hollywood. Natürlich gibt es Ablenkungen, die wir nicht abstellen können, aber wir können in der Meditation damit umgehen.

Wenn ich eine Meditation anleite, sage ich zu Beginn oft: «Wenn deine Gedanken abschweifen, achte wieder auf deine gleichmäßige Atmung. Sei nicht frustriert oder ärgerlich, sondern lenke deine Aufmerksamkeit zurück auf deine Atmung, auf deine Visualisierung oder dein Mantra.» Die Meditation wird durch Ablenkung nicht zwangsläufig unterbrochen. Unterbrochen wird sie, wenn du den ablenkenden Gedanken weiterverfolgst oder dich nicht mehr konzentrierst, sondern denkst: *Ach, ich kann einfach nicht richtig meditieren.* Ein Teil der Meditationspraxis besteht darin, solche Gedanken zu beobachten, sie loszulassen und sich erneut auf den Gegenstand der Meditation zu konzentrieren. Wenn das nicht schwierig ist, machst du es nicht richtig.

Eine wichtige Bemerkung: Wir suchen uns positive Visualisierungen. Negative Visualisierungen verstricken uns in schmerzhafte Gedanken und Bilder. Ja, in der Meditation kommt auch das «Schlechte» in uns hoch, aber es hat keinen Sinn, sich vorzustellen, man wäre in einem finsteren Labyrinth gefangen. Stattdessen geht es darum, einen Weg aus der Dunkelheit heraus zu visualisieren.

Es gibt zwei Arten von Visualisierungen: Solche, bei denen etwa der Ort, den du visualisierst, vorgegeben ist, und solche, bei denen du individuelle Bilder und Situationen visualisierst. Bei einer vorgegebenen Visualisierung bekommst du eine genaue Anleitung: *Du bist am Strand. Du spürst den Sand unter den Füßen. Du siehst den blauen Himmel und hörst die Möwen und die Brandung.* Bei einer freien Visualisierung findest du die Details selbst. Wenn ich Klienten in der Meditation bitte, sich einen Ort vorzustellen, an dem sie sich besonders wohlfühlen, sieht die eine sich vielleicht an einer Küste entlangradeln, während der andere sich in ein Baumhaus aus seiner Kindheit zurückdenkt.

AUFGABE: *VISUALISIEREN*

Hier sind ein paar Visualisierungsübungen, die du ausprobieren kannst. Ich empfehle dir auch, dir eine App aus dem Internet herunterzuladen oder ein Meditationszentrum zu besuchen – es gibt viele Möglichkeiten, wie du dich bei deiner Praxis unterstützen lassen kannst.

Beginne die Visualisierungsübungen, die ich gleich beschreibe, immer mit folgenden Schritten:

1. Finde eine bequeme Haltung. Du kannst dich auf einen Stuhl oder auf ein Meditationskissen setzen oder dich hinlegen.
2. Schließe die Augen.
3. Senke deinen Blick.
4. Richte deine Aufmerksamkeit auf Ruhe, Ausgeglichenheit, Gelöstheit, Stille und Frieden.
5. Wenn die Gedanken abschweifen, bringe sie einfach sanft zu Ruhe, Ausgeglichenheit, Gelöstheit, Stille und Frieden zurück.

Bodyscan

1. Richte deine Aufmerksamkeit auf deinen natürlichen Atemfluss. Atme ein und aus.

2. Richte deine Aufmerksamkeit auf deinen Körper. Spüre, wo er den Boden oder die Sitzfläche berührt. Vielleicht stellst du fest, dass deine Fersen auf dem Boden aufliegen, deine Fußgewölbe aber nicht, oder dass dein unterer Rücken das Bett oder den Teppich berührt, dein mittlerer Rücken aber leicht gewölbt ist. Nimm diese Feinheiten wahr.

3. Jetzt beginne, deinen Körper zu scannen. Wandere mit deiner Aufmerksamkeit von den Zehen über den Mittelfuß und die Ferse bis zu deinen Knöcheln. Nimm die verschiedenen Empfindungen wahr, die du spürst. Vielleicht fühlst du dich entspannt, vielleicht empfindest du Schmerz, Druck, Kribbeln oder auch etwas ganz anderes. Nimm es wahr und visualisiere, dass du positive, aufbauende, heilende Energie einatmest und alle negativen, schädlichen Energien ausatmest.

4. Nun wandere mit deiner Aufmerksamkeit hinauf zu deinen Beinen, zu Waden, Schienbeinen und Knien. Nimm wieder einfach wahr und beobachte deine Empfindungen.

5. Wenn deine Gedanken abschweifen, bringe sie sanft zu deinem Körper zurück. Ohne Kraft und ohne Druck und ohne Beurteilung.

6. Vielleicht spürst du an manchen Stellen Schmerzen, die dir bis dahin nicht bewusst waren. Bleibe bei dem Schmerz. Beobachte ihn. Atme drei Mal in den Schmerz hinein.

7. Während des Bodyscans kannst du dich auch bei verschiedenen Körperteilen bedanken.

8. Gehe auf diese Weise bis zu deiner Schädeldecke hinauf. Du kannst so langsam oder so schnell scannen, wie du möchtest, aber hetze nicht.

Einen heiligen Ort schaffen

1. Visualisiere dich an einem Ort, an dem du dich ruhig und entspannt fühlst. Das kann zum Beispiel ein Strand, ein Weg in der Natur, ein Garten oder ein Berggipfel sein.
2. Während du an diesem Ort umhergehst, spürst du den Boden, den Sand oder das Wasser unter deinen Füßen.
3. Ohne die Augen zu öffnen, wendest du den Blick nach links. Was siehst du? Beobachte es und gehe dabei weiter.
4. Schaue nach rechts. Was siehst du? Beobachte es und gehe dabei weiter.
5. Nimm die Farben, die Strukturen und die Entfernungen zu den Dingen um dich herum wahr.
6. Was kannst du hören? Vogelrufe? Wasser? Wind?
7. Spüre die Luft und den Wind in deinem Gesicht.
8. Suche dir einen stillen, bequemen Platz und setze dich hin.
9. Atme die Ruhe, die Ausgeglichenheit, die Gelöstheit, die Stille und den Frieden ein.
10. Atme Stress, Druck und Negativität aus.
11. Kehre immer dann an diesen Ort zurück, wenn du dich entspannen möchtest.

Präsenz und mentales Bild

Oft haben wir bestimmte mentale Bilder, weil wir eine Aktivität häufig wiederholt haben, nicht aber, weil wir uns diese Bilder bewusst ausgesucht hätten. Mit Hilfe von Visualisierungen können wir einen Moment absichtlich zu einer Erinnerung machen. Verwende die folgende Visualisierung, um dir eine schöne Erinnerung zu schaffen oder um Freude, Glück oder ein Ziel festzuhalten. Du kannst diese Übung auch nutzen, um dich tief mit einer alten Erinnerung zu verbinden und zu einem Zeitpunkt oder an einen Ort zurückzukehren, der für dich mit Freude, Glück oder Sinn verbunden war. Wenn du eine Erinnerung kreierst, halte dabei die Augen geöffnet. Wenn du dich mit der Vergangenheit verbindest, schließe die Augen.

1. Suche dir fünf Dinge, die du an diesem positiven Ort oder in dieser positiven Situation sehen kannst. Schenke ihnen nacheinander Aufmerksamkeit. Wandere mit deiner Konzentration von einem zum nächsten.
2. Nun suche dir in der visualisierten Situation vier Dinge, die du berühren kannst. Stelle dir vor, wie du sie berührst, sie spürst. Nimm die unterschiedlichen Oberflächen wahr. Wandere mit deiner Aufmerksamkeit von einem zum nächsten.
3. Suche drei Dinge, die du hören kannst. Wandere mit deiner Aufmerksamkeit von einem zum nächsten.
4. Suche zwei Dinge, die du riechen kannst. Sind es Blumen? Ist es Wasser? Gehe mit deiner Aufmerksamkeit vom einen zum anderen.
5. Suche etwas, das du schmecken kannst, und koste den Geschmack aus.
6. Jetzt hast du alle deine Sinne eingesetzt. Atme die Freude und das Glück in der vorgestellten Situation ein. Nimm sie in deinen Körper auf. Spüre, wie als Reaktion darauf ganz von selbst ein Lächeln in dir aufsteigt.
7. Du hast diesen Moment nun für immer festgehalten und kannst über eine Visualisierung jederzeit zu ihm zurückkehren.

DRITTER TEIL

GEBEN

KAPITEL 9

DANKBARKEIT

Die wirksamste Medizin der Welt

Würdige alles, auch das Einfache und Schlichte.
So zaubert man Fröhlichkeit oder Heiterkeit herbei.

Pema Chödrön[1]

Wenn wir den Geist dazu erzogen haben, nach innen zu schauen, sind wir bereit, uns anzusehen, wie wir in der Außenwelt mit anderen interagieren. Heute wird überall davon geredet, dass wir mehr Dankbarkeit empfinden sollen (#blessed), aber es ist ein Unterschied, ob wir einfach an einen bestimmten Moment ein Hashtag anhängen oder ob wir uns gründlich anschauen, was uns alles geschenkt wird, und jeden Tag aufrichtig und absichtsvoll für unser Leben dankbar sind.

Der Benediktinermönch Bruder David Steindl-Rast definiert Dankbarkeit als Gefühl der Würdigung, das entsteht, wenn «du erkennst, dass etwas für dich wertvoll ist, ganz unabhängig von seinem Geldwert».[2]

Worte eines Freundes, eine freundliche Geste, eine Möglichkeit, eine Lektion, ein neues Kopfkissen, die Genesung eines geliebten Menschen, die Erinnerung an einen glückseligen Moment, eine Packung vegane Pralinen – wenn du deinen Tag mit Dankbarkeit beginnst, öffnest du dich für neue Möglichkeiten statt für Hindernisse. Du konzentrierst dich auf deine Kreativität, nicht auf Klagen. Du findest neue Wege zu wachsen, statt dich von negativen Gedanken vereinnahmen zu lassen, die deine Möglichkeiten nur einschränken.

In diesem Kapitel werden wir unser Bewusstsein für Dankbarkeit schärfen und erforschen, warum sie uns guttut. Dann werden wir üben, täglich Gründe zu finden, warum wir dankbar sein können, und wir werden lernen, wann und wie wir unsere Dankbarkeit sowohl für die kleinen Gaben als auch für die bedeutsamen großen Geschenke zum Ausdruck bringen können.

DANKBARKEIT TUT GUT

Kaum zu glauben, dass Dankbarkeit tatsächlich einen messbaren Nutzen hat, aber die Wissenschaft hat es bestätigt: Dankbarkeit geht mit besserer psychischer Gesundheit, höherem Selbstbewusstsein, besseren Beziehungen und einem Gefühl der Erfüllung einher.

In einem der Experimente, mit dem Wissenschaftler den Nutzen von Dankbarkeit maßen, wurden die Teilnehmer in zwei Gruppen eingeteilt und gebeten, täglich Tagebuch zu führen. Die erste Gruppe sollte festhalten, wofür sie dankbar war, die Teilnehmer der zweiten Gruppe sollten aufschreiben, wann sie unter Druck standen oder gereizt waren. Die Teilnehmer der ersten Gruppe berichteten, dass sie abends weniger gestresst waren. In einer anderen Untersuchung sollten Studenten, die klagten, sie hätten nur wirre Gedanken und Sorgen im Kopf, vor dem Zubettgehen fünfzehn Minuten lang auflisten, wofür sie dankbar waren. Dieses Dankbarkeitstagebuch reduzierte die unerwünschten Gedanken und half den Teilnehmern, besser zu schlafen.[3]

AUFGABE: *EIN DANKBARKEITSTAGEBUCH FÜHREN*

Schreibe jeden Abend fünf Minuten lang auf, wofür du dankbar bist.

Wenn du ein Experiment mit dir selbst machen möchtest, halte in der Woche vorher jeden Morgen fest, wie du in der vergangenen Nacht geschlafen hast. Das Gleiche machst du dann auch während der Woche, in der du Tagebuch führst. Vergleiche anschließend deine Notizen. Zeigt sich eine Verbesserung?

DANKBARKEIT UND DER GEIST

Wenn der Affengeist, der negative Gedanken verstärkt, uns einreden will, dass wir nutzlos und wertlos sind, hält der vernünftigere Mönchsgeist dagegen, dass andere Menschen uns ihre Zeit, Energie und Liebe geschenkt haben. Sie haben sich für uns angestrengt. Für diese Güte dankbar zu sein, stärkt unsere Selbstachtung, denn wenn wir wertlos wären, wäre die Großzügigkeit der anderen uns gegenüber ebenfalls wertlos.

Dankbarkeit hilft uns auch, die Bitterkeit und den Schmerz zu überwinden, die wir alle mit uns herumtragen. Versuche einmal, neidisch und gleichzeitig dankbar zu sein. Klappt nicht richtig, oder? **Wenn du dankbar bist, haben die negativen Gefühle in dir keine Chance.** Der Neurowissenschaftler Alex Korb von der University of California, Los Angeles, hat bewiesen, dass wir uns nicht gleichzeitig auf ein positives und ein negatives Gefühl konzentrieren können. Wenn wir dankbar sind, setzt das Gehirn Dopamin frei (das Belohnungshormon). Das bewirkt, dass wir dieses Gefühl der Dankbarkeit wieder erleben möchten und es uns nach und nach zur Gewohnheit machen. Korb schreibt: «Wenn man einmal begonnen hat, Dinge zu sehen, für die man dankbar ist, sucht das Gehirn nach weiteren Dingen, für die man dankbar sein kann.»[4] Es ist ein Circulus Virtuosis, ein Kreis der Tugend.

Seit Jahren liefern Forscher Beweise dafür, dass Dankbarkeit bei der Überwindung von Traumen eine wichtige Rolle spielt. In einer 2006 veröffentlichten Untersuchung wurde festgestellt, dass Vietnamveteranen, die einen hohen Grad an Dankbarkeit aufwiesen, nicht so stark unter posttraumatischen Belastungsstörungen litten.[5] Wenn du eine Trennung durchgemacht oder einen geliebten Menschen verloren hast, wenn dich irgendein schwerer emotionaler Schlag getroffen hat – Dankbarkeit ist die Lösung.

Dankbar zu sein, hat nicht nur auf geistiger und emotionaler, sondern auch auf körperlicher Ebene Vorteile. Durch Dankbarkeit werden schädliche Emotionen abgeblockt, die sonst zu Entzündungen führen können, welche wiederum viele chronische Krankheiten, darunter auch Herzleiden, auslösen können.

Untersuchungen zeigen, dass dankbare Menschen sich nicht nur gesünder fühlen, sondern dass sie auch eher an gesundheitsfördernden Aktivitäten teilnehmen und sich in Behandlung begeben, wenn sie krank sind.

Die gesundheitlichen Vorteile von Dankbarkeit sind so umfassend, dass Dr. P. Murali Doraiswamy, Leiter der Abteilung für biologische Psychologie am Duke University Medical Center, auf ABC News sagte: «Wenn [Dankbarkeit] ein Medikament wäre, wäre sie überall auf der Welt das meistverkaufte Präparat, denn sie hat eine Indikation für die Gesunderhaltung sämtlicher wichtiger Organe.»[6]

DANKBARKEIT IM ALLTAG

Wenn Dankbarkeit gut für uns ist, muss mehr Dankbarkeit noch besser sein. Daher wollen wir überlegen, wie wir mehr Dankbarkeit in unseren Alltag bringen können. Mönche bemühen sich, stets für alles dankbar zu sein. In der Sutta Pitaka, einer Sammlung von Dialogen und Lehrvorträgen des Buddha, heißt es: «‹Erkenntlich wollen wir sein und dankbar. Auch Geringes, das man uns erwies, soll nicht verlorengehen.› So, ihr Mönche, sollt ihr euch üben.»[7]

Eine meiner unvergesslichsten Lektionen in Dankbarkeit erhielt ich wenige Tage, nachdem ich im Aschram eingetroffen war.

Ein älterer Mönch bittet uns Neuankömmlinge, über eine Erfahrung zu schreiben, von der wir meinen, dass wir sie nicht verdient haben. Schweigend kritzeln wir alle in unsere Hefte. Ich wähle einen Vorfall aus meiner Teenagerzeit, als einer meiner besten Freunde mich betrog.

Nach etwa einer Viertelstunde lesen wir vor, was wir geschrieben haben. Einer der Neulinge schildert den viel zu frühen Tod seiner Schwester, andere berichten von Unfällen oder Verletzungen, manche schreiben von enttäuschter Liebe. Als wir fertig sind, erklärt unser Lehrer, dass die Erlebnisse, die wir uns ausgesucht haben, zwar alle Beispiele für unser Thema sind, dass wir aber ausschließlich negative Situationen geschildert haben. Keiner von uns hat über etwas Wunderbares geschrieben, das ihm durch eine glückliche Fügung oder durch Güte zuteilwurde und nicht durch eigene Anstrengung – etwas Wunderbares, das er nicht verdient hat.

Wir denken gewöhnlich, dass wir Missgeschicke nicht verdient haben, dass uns aber alle Wohltaten zustehen, die das Leben uns bringt. Jetzt nehmen wir Schüler uns Zeit, um über die Glücksfälle in unserem Leben nachzudenken: über das Glück, dass wir in eine Familie hineingeboren wurden, die die Mittel besaß, uns großzuziehen; über das Glück, dass andere Menschen mehr in uns investiert haben, als wir selbst; über günstige Gelegenheiten, die unser Leben verändert haben. Nur allzu leicht verpassen wir die Chance zu erkennen, was uns geschenkt wurde, und Dankbarkeit zu empfinden und zu äußern.

Diese Übung brachte mich dazu, zum ersten Mal dankbar für mein Leben zu sein, das ich bis dahin als selbstverständlich betrachtet hatte.

Als ich etwa neun Jahre alt war, reiste ich erstmals mit meinen Eltern nach Indien. Auf dem Weg zum Hotel hielt unser Taxi an einer roten Ampel. Durchs Wagenfenster sah ich die Beine eines Mädchens, das ungefähr so alt sein musste wie ich. Mit ihrem ganzen restlichen Körper hatte sie sich tief in eine Mülltonne gebeugt. Es sah aus, als suche sie darin etwas, wahrscheinlich etwas Essbares. Als sie sich aufrichtete, sah ich voller Schrecken, dass sie keine Hände hatte. Ich wollte ihr unbedingt irgendwie helfen, konnte aber nur hilflos zu ihr hinsehen, als unser Taxi weiterfuhr. Sie bemerkte meinen Blick und lächelte, also lächelte ich zurück – das war alles, was ich tun konnte.

Wieder im Hotel, war ich wegen des Mädchens, das ich gesehen hatte, ganz niedergeschlagen. Ich wünschte, ich hätte etwas für sie getan. Ich dachte an meine Freunde zu Hause in London. Ganz viele von uns schrieben vor Weihnachten Wunschzettel, veranstalteten Geburtstagspartys und hatten Hobbys, während es hier Kinder gab, die einfach nur versuchten zu überleben. Es war eine Art Erwachen für mich.

Zum Mittagessen gingen wir in das Restaurant des Hotels. Ich hörte, wie ein Kind sich beklagte, weil es auf der Speisekarte nichts fand, was ihm schmeckte. Ich war entsetzt. Wir saßen hier und konnten uns die verschiedensten Gerichte aussuchen, und das Mädchen, das ich gesehen hatte, hatte nur eine Mülltonne als Buffet.

Damals hätte ich es wahrscheinlich nicht formulieren können, aber an diesem Tag dämmerte mir, wie viel mir geschenkt worden war. Der größte Unterschied zwischen dem Mädchen und mir waren unsere Familien und unsere Geburtsorte. Mein Vater hatte sich aus den Slums von Pune, nicht weit von Mumbai, hochgearbeitet. Mein gutes Leben war das Ergebnis von unglaublich harter Arbeit und großen Opfern.

Im Aschram begann ich meine Dankbarkeitspraxis, indem ich mir diese Erkenntnis, die ich als Neunjähriger gehabt hatte, wieder in Erinnerung rief und dankbar war für das, was ich bereits bekommen hatte: mein Leben und meine Gesundheit, meine behaglichen, gesicherten Lebensumstände und das Vertrauen, dass ich weiterhin ernährt, beschützt und geliebt werden würde. Das alles waren Geschenke.

Um sich diese Würdigung der Gaben des Universums zur Gewohnheit zu machen, beginnen Mönche jeden Tag mit Danksagungen. Buchstäblich. Wenn wir auf unseren Matten erwachen, drehen wir uns auf den Bauch und erweisen der Erde Respekt. Wir nehmen uns einen Moment Zeit und bedanken uns für alles, was sie uns schenkt – für das Licht zum Sehen, für den Boden, auf dem wir gehen, für die Luft zum Atmen.

AUFGABE: ***DANKBARKEITSÜBUNGEN FÜR JEDEN TAG***

Morgens. Lass mich raten. Morgens nach dem Aufwachen checkst du als Erstes dein Handy. Das erscheint dir vielleicht als einfache, sanfte Methode, um das Gehirn in Gang zu bringen, aber es ist, wie schon besprochen, nicht die richtige Einstimmung auf den Tag. Versuche einmal Folgendes – es dauert nur eine Minute. Wenn du so müde bist, dass du Gefahr läufst, wieder einzuschlafen, stelle deinen Wecker auf Snooze. Nimm dir im Bett einen Moment Zeit, dreh dich auf den Bauch, falte die Hände wie zum Gebet und neige den Kopf. Denke an das, was in deinem Leben gut ist: an die Luft und das Licht, die dir Schwung geben, an die Menschen, die dich lieben, an den Kaffee, der auf dich wartet.

Bei den Mahlzeiten. Einer von neun Menschen auf der Erde hat nicht jeden Tag genug zu essen. Insgesamt sind das fast 800 Millionen Menschen. Suche dir eine Mahlzeit am Tag aus und nimm dir, bevor du zulangst, einen Moment Zeit, um dich für das Essen zu bedanken. Lass dich von Gebeten der amerikanischen Ureinwohner inspirieren oder denke dir selbst etwas aus. Wenn du in einer Familie lebst, wechselt euch mit dem Danksagen ab.

Auf der ganzen Welt gibt es alte, zeitlose Danksagungen. Auch die amerikanischen Ureinwohner kennen zahllose traditionelle Rituale, um zu danken. Kinder aus dem Stamm der Onondaga versammeln sich morgens, um den Schultag mit einem Dankesritual zu beginnen. Zu Anfang sagt ein Lehrer: «Jetzt verbinden wir unseren Geist zu einem Geist, und wir geben Dank für den Großen Bruder Sonne, der jeden Tag aufgeht und uns Licht bringt, sodass wir gegenseitig unsere Gesichter sehen können, und der die Wärme bringt, die die Saaten aus der Erde hervorlockt.»[8] Ähnlich sprechen die Mohawk ein Gebet, in dem sie für die Menschen, die Mutter Erde, die Gewässer, die Fische, die Pflanzen, die Nahrungspflanzen, die Heilpflanzen, die Tiere, die Bäume, die Vögel, die vier Winde, Großvater Donner, den großen Bruder Sonne, Großmutter Mond, die Sterne, die erleuchteten Lehrer und den Schöpfer Dank darbringen.[9] Stell dir vor, wie die Welt aussehen könnte, wenn wir alle mit einem Dank für die elementarsten und wesentlichsten Gaben des Lebens in den Tag starten würden.

AUFGABE: ***DANKBARKEITSMEDITATIONEN***

Damit du jederzeit das Gefühl von Dankbarkeit wachrufen kannst, empfehle ich dir folgende Meditationen:

Om Namo Bhagavate Vasudevaya

Im Aschram haben wir dieses Mantra, das auf *S. 397, im Kapitel «Mantrasingen»*, besprochen wird, gesungen, bevor wir spirituelle Texte lasen. Es sollte uns daran erinnern, jenen dankbar zu sein, die dazu beigetragen hatten, dass diese heiligen Schriften existierten. Wir können das Mantra auf ähnliche Weise benutzen, um Dankbarkeit für die Lehrer und die Weisen auszudrücken, die uns Erkenntnisse und Belehrungen geschenkt haben.

Ich bin dankbar für ...

Wenn du dich hingesetzt hast, dich entspannt und die Atemarbeit gemacht hast, wiederhole «Ich bin dankbar für ...» und vervollständige den Satz möglichst oft auf unterschiedliche Weise. Diese Übung verschiebt sofort deinen Fokus. Wenn möglich, deute negative Gedanken um, indem du Elemente darin suchst, für die du dankbar bist. Du kannst das auch in ein Tagebuch schreiben oder als Memo aufs Handy sprechen. Dann hast du die Möglichkeit, es nachzulesen oder dir anzuhören, wenn die negativen Gedanken wiederkehren.

Glücksvisualisierung

Gehe in der Meditation zu einer Zeit und an einen Ort zurück, wo du glücklich warst. Lasse dieses Glücksgefühl wieder in dir aufsteigen. Nach der Meditation wird es dich begleiten.

Dankbarkeit in den Alltag zu integrieren, ist einfach, aber jetzt kommt eine wirkliche Herausforderung: Ich möchte, dass du jederzeit und in allen Situationen dankbar bist. Selbst wenn dein Leben nicht perfekt ist, kannst du Dankbarkeit wie einen Muskel trainieren. Wenn du jetzt gleich damit anfängst, wird sie im Laufe der Zeit immer stärker.

Mit Dankbarkeit transformieren wir auch das, was Zenmeisterin Roshi Joan Halifax als «Armutsbewusstsein» bezeichnet. Sie erläutert, dass dieses Bewusstsein «nichts mit materieller Armut zu tun hat. Wenn wir im Armutsdenken gefangen sind, konzentrieren wir uns auf das, was uns fehlt; wir haben das Gefühl, dass wir Liebe nicht verdienen; und wir ignorieren alles, was wir bekommen haben. Bewusst Dankbarkeit zu praktizieren, führt aus der Armutsmentalität heraus, die unsere Dankbarkeit und damit auch unsere Integrität aushöhlt.»[10]

Brian Acton ist ein Beispiel für diese bewusste Praxis der Dankbarkeit. Er hatte bereits elf Jahre lang für Yahoo gearbeitet, als er sich um eine Stelle bei Twitter bewarb. Doch obwohl er in seinem Job ziemlich gut war, wurde er abgelehnt. Nachdem er die Nachricht erhalten hatte, twitterte er: «Von Twitter abgelehnt, ist o.k. Wär'n langer Arbeitsweg gewesen.» Als Nächstes bewarb er sich bei Facebook. Kurze Zeit später twitterte er: «Facebook hat mir abgesagt. War eine super Möglichkeit, mit ein paar tollen Leuten in Kontakt zu kommen. Freu mich auf das nächste Abenteuer im Leben.» Er postete seine Absagen ohne zu zögern in den sozialen Medien und zeigte keinen Groll, sondern stets Dankbarkeit für die Möglichkeiten. Nach diesen Misserfolgen arbeitete er schließlich mit seinem ehemaligen Arbeitskollegen Jan Koum an einer eigenen App. Fünf Jahre später kaufte Facebook WhatsApp für neunzehn Milliarden Dollar.[11]

Die Jobs in den Unternehmen, bei denen Acton sich vergeblich beworben hatte, hätten ihm viel weniger eingebracht als die Summe, die er schließlich mit WhatsApp verdient hatte. Statt sich auf die Absagen zu fixieren und in Armutsbewusstsein zu versinken, entwickelte er neue Ideen und lotete aus, was das Leben noch für ihn bereithielt.

Beurteile momentane Ergebnisse nicht, denn sobald du etwas als schlecht abstempelst, fängt dein Geist an, dir zu glauben. Sei stattdessen auch für Rückschläge dankbar. Lasse zu, dass deine Lebensreise sich in ihrem eigenen Tempo entfaltet und auf ihren eigenen Umwegen. Das Universum hat vielleicht andere Pläne für dich, als du gerade erkennen kannst.

Es gibt eine Geschichte über einen Mönch, der in zwei Eimern Wasser vom Brunnen holte. Einer der Eimer hatte Löcher. Trotzdem verwendete der Mönch ihn jeden Tag, ohne ihn zu flicken. Eines Tages fragte ihn jemand, warum er immer wieder diesen undichten Eimer benutzte. Der Mönch wies den Mann darauf hin, dass der Wegrand auf der Seite, auf der er den heilen Eimer trug, verdorrt war, während am Wegrand auf der anderen Seite, wo der Eimer tropfte, schöne Wildblumen wuchsen. «Meine Unvollkommenheit bringt den Menschen um mich herum Schönheit», sagte er.

Helen Keller, die als kleines Kind nach einer Krankheit taubblind wurde, schrieb: «Wenn eine Tür zum Glück sich schließt, öffnet sich eine andere; aber wir schauen oft so lange auf die geschlossene Tür, dass wir die Tür, die für uns geöffnet wurde, nicht sehen.»[12]

Wenn etwas nicht so läuft, wie du es dir vorgestellt hast, sage dir: «Da draußen gibt's noch mehr für mich.» Das genügt. Du brauchst nicht zu denken: *Ich bin ja so dankbar, dass ich meinen Job verloren habe!* Wenn du sagst: «Das ist es, was ich wollte. Das war die einzige Lösung», dann geht all deine Energie in dieses «das». Sagst du hingegen: «Das hat nicht funktioniert, aber da draußen gibt's noch mehr», so richtet sich deine Energie auf eine Zukunft voller Möglichkeiten.

Je offener du für mögliche Ergebnisse bist, desto häufiger kannst du dankbar sein. Bruder David Steindl-Rast sagt: «Normalerweise denkt man, Dankbarkeit bedeutet, sich zu bedanken, so als wäre das der wichtigste Aspekt der Dankbarkeit. Der wichtigste Aspekt der Praxis des dankbaren Lebens ist aber Vertrauen ins Leben [...]. So zu leben bezeichne ich als ‹dankbares Leben›, weil man dann jeden Moment als Geschenk empfängt [...]. Dann hält man lange genug inne, um sich zu fragen: ‹Welche Möglichkeit liegt in diesem Moment?› Man sucht danach und nutzt diese Möglichkeit dann. So einfach ist das.»[13]

Wenn dein Chef dir Feedback gibt, mit dem du nicht einverstanden bist, halte kurz inne, bevor du reagierst. Überlege: *Was kann ich aus diesem Moment lernen?* Dann schaue, wofür du dankbar sein kannst: Vielleicht kannst du dankbar sein, weil dein Chef dir helfen möchte, besser zu werden? Oder weil er dir gerade noch einen weiteren Grund dafür liefert, den Job zu kündigen? Wenn du gerannt bist, um einen Bus zu erwischen, und es geschafft hast, bist du normalerweise zwar erleichtert, wendest dich aber schnell wieder deinem Alltag zu. Stattdessen halte inne. Nimm dir einen Moment Zeit und erinnere dich, wie du dich gefühlt hast, als du fürchtetest, du würdest den Bus verpassen. Greife auf diese Erinnerung zurück, um dein Glück zu würdigen. Und falls du den Bus verpasst hast, nutze die Wartezeit, um die Situation zu überdenken. Gleich kommt der nächste Bus. Du bist nicht von einem Auto angefahren worden. Es hätte viel schlimmer kommen können. Wenn wir die Situation im größeren Zusammenhang betrachten, nehmen wir sie dankbar und demütig an und gehen weiter.

AUFGABE: *NACHTRÄGLICHE DANKBARKEIT*

Denke an ein Ereignis, für das du, während es geschah, nicht dankbar warst. Ist es ein Erlebnis aus der Schulzeit? Mit einem Lehrer? Mit einem Freund oder einer Freundin? War es ein Projekt, das dich gestresst hat? Eine Arbeit für einen Verwandten, dem du böse warst? Du kannst auch ein negatives Ereignis wählen, das dich aber nicht mehr schmerzt: eine Trennung, einen Verrat, unerwünschte Nachrichten.

Jetzt nimm dir einen Moment Zeit und überlege, inwiefern diese Erfahrung Dankbarkeit wert ist. Hat sie dir auf unerwartete Weise genutzt? Hat das stressige Projekt dir geholfen, neue Fähigkeiten zu entwickeln oder den Respekt einer Kollegin zu gewinnen? Besserte sich die Beziehung zu deinem Verwandten, weil du so großzügig warst?

DANKBARKEIT ÄUSSERN

Wir haben den Begriff der Dankbarkeit erweitert und die Dankbarkeit, die wir innerlich spüren, erkundet. Nun wollen wir mit dieser Dankbarkeit nach außen gehen und sie anderen zeigen.

Häufig sind wir sehr dankbar, wissen aber nicht, wie wir das zum Ausdruck bringen sollen. Es gibt jedoch viele Möglichkeiten, Dankbarkeit zu äußern und für das Empfangene etwas zurückzugeben.

Am einfachsten ist es, danke zu sagen. Aber wer will es schon so einfach? Sei in deiner Dankesbezeigung so spezifisch wie möglich. Denk an die Dankesmails und -briefe, die du vielleicht bekommst, wenn du zu dir nach Hause zum Abendessen eingeladen hast. Mindestens ein Gast schreibt: «Danke für gestern

Abend. Das war toll!» Ein anderer schreibt vielleicht: «Danke für gestern Abend – das Essen war köstlich, und die witzige, liebevolle Tischrede, die du auf deine Freundin gehalten hast, fand ich wunderbar.» Du siehst, wie viel es ausmacht, wenn man genau beschreibt, wofür man dankbar ist. Je mehr Einzelheiten unser Gast aufführt, desto mehr freuen wir uns über seinen Dankesbrief.

Hier ist die Erklärung: Dein Gast hat sich darüber gefreut, dass er an deinem kleinen Fest teilgenommen hat, und die Mühe, die er sich bei seinem Dankesgruß gegeben hat, freut wiederum dich. Ihr seid also beide dankbar dafür, dass jemand für euch Mühe auf sich genommen hat. Es ist ein Kreislauf der Liebe.

GÜTE UND DANKBARKEIT LEBEN IN SYMBIOSE

Dieser Kreislauf der Liebe steht im Einklang mit der Lehre des Buddha, dass Güte und Dankbarkeit gemeinsam entwickelt werden und harmonisch zusammenwirken müssen.

Mit der Güte ist es so einfach und doch so schwierig: Man möchte einem anderen Menschen etwas Gutes tun, überlegt, worüber er sich freuen könnte, und bemüht sich, das für ihn auf die Beine zu stellen.

Wenn du jemals selbst für einen Mitmenschen ein Opfer gebracht hast, kannst du leicht einschätzen, wie viel Mühe und Energie andere dir schenken. Das heißt, du lernst aus deinen eigenen guten Taten, wie viel Anstrengung es kostet, gütig zu sein. Deine eigene Güte ermöglicht es dir also, anderen aufrichtig dankbar zu sein. Güte lehrt uns Dankbarkeit. Genau das geschieht in kleinem Maßstab in der wohldurchdachten Dankesmail: Die Güte, dass du zum Abendessen eingeladen hattest, weckte bei deiner Freundin Dankbarkeit. Und diese Dankbarkeit inspirierte sie wiederum zu einer freundlichen Handlung dir gegenüber.

Güte oder Freundlichkeit und die Dankbarkeit, die sie hervorrufen, ziehen Kreise. Pema Chödrön gibt den Rat: «Alles fängt mit liebevoller Güte für uns selbst an, die zu liebevoller Güte für andere wird.»[14] Bei unseren täglichen Begegnungen möchten wir gern, dass die anderen uns gegenüber freundlich, mitfühlend und freigiebig sind. Wer wünscht sich das nicht? Die beste Art, diese Eigenschaften in dein Leben zu integrieren, besteht jedoch darin, sie in dir selbst zu wecken. Schon vor längerer Zeit haben Studien gezeigt, dass Einstellungen, Verhaltensweisen und sogar Gesundheit innerhalb unseres sozialen Umfelds ansteckend wirken. Es blieb jedoch noch zu klären, ob diese «Ansteckung» nicht vielleicht einfach deswegen stattfand, weil wir uns meistens mit Menschen anfreunden, die uns ähnlich sind. Also haben zwei Forscher von den Universitäten Harvard und San Diego untersucht, ob Güte und Freundlichkeit auch zwischen Menschen ansteckend wirken, die sich nicht kennen. Die Forscher erfanden ein Spiel. Einander fremde Menschen wurden in Vierergruppen eingeteilt, und jeder Einzelne erhielt zwanzig Punkte. Jeder Spieler sollte im Stillen entscheiden, wie viele Punkte er für sich behalten und wie viele er in einen gemeinsamen Topf geben wollte, der am Ende jeder Runde zu gleichen Teilen an die Spieler verteilt wurde. Nach jeder Runde wurden die Gruppen neu zusammengesetzt, sodass die Spieler nie wussten, *wer* jeweils großzügig war, sondern nur, *wie* großzügig andere der Gruppe gegenüber gewesen waren. Im Laufe des Spiels stellte sich heraus, dass diejenigen, die von Gruppenmitgliedern großzügig bedacht worden waren, dazu neigten, in den nächsten Runden auch selbst mehr Punkte in den gemeinsamen Topf zu geben.[15] «Güte erzeugt immer Güte», wie es schon in Sophokles' *Ajax* heißt.

Nimmst du an diesem Austausch von Güte und Dankbarkeit teil, wirst auch du selbstverständlich Dank empfangen. Doch wenn sich jemand bei uns bedankt, müssen wir auf unser Ego achten. Man kann sich dann nämlich leicht in Größenphantasien verlieren. Wenn Mönche gelobt werden, distanzieren sie sich von dem Lob und erinnern sich daran, dass alles, was sie geben können, ihnen ohnehin nie gehört hat. Um in Demut Dank anzunehmen, danke dem anderen dafür, dass er deine Handlung bemerkt hat. Würdige seine Aufmerksamkeit und seine Absicht. Suche nach einer guten Eigenschaft des anderen und gib den Dank zurück.

Dann nutze die Situation als Gelegenheit, deinen Lehrern dankbar zu sein.

DIE GÜTE FREMDER MENSCHEN

Mönche praktizieren bei allen Interaktionen im Alltag Dankbarkeit. Ich bin einmal zerstreut und in Eile in einen Uber-Wagen gesprungen. Das Auto blieb ungewöhnlich lange stehen, und als ich den Fahrer schließlich fragte, ob alles okay sei, antwortete er: «Ja, ich warte bloß darauf, dass Sie mich auch begrüßen.» Das war ein Weckruf. Seitdem achte ich darauf, eine Begrüßung zu erwidern und den Menschen dahinter wahrzunehmen.

Kurz und direkt zu sein, ist vielleicht effektiver und professioneller, aber wenn wir nur automatisch handeln, versagen wir uns, die Emotionen zu erleben, die uns Menschen verbinden und nähren. In einer Studie wurden Pendler, die die U-Bahn in Chicago benutzten, ermutigt, mit fremden Personen beliebig lange über ein Thema ihrer Wahl zu sprechen. Diejenigen, die den Mut zum Gespräch aufgebracht hatten, berichteten, dass die U-Bahn-Fahrt schöner gewesen war als sonst. Dabei hatten die meisten Pendler das Gegenteil erwartet. Wie die Wissenschaftler herausfanden, war der Grund für diese negative Erwartung nicht, dass die Versuchsteilnehmer Fremde für unfreundlich hielten. Vielmehr befürchteten sie, es würde peinlich sein, ein Gespräch zu beginnen, und sie könnten abgewiesen werden. Das war jedoch nicht der Fall, und die meisten der unbekannten Gesprächspartner unterhielten sich sehr gern.[16] Wenn wir uns bemühen, mit den Menschen um uns herum Kontakt aufzunehmen, schaffen wir Möglichkeiten für Dankbarkeit, statt in der Anonymität zu verharren.

Denke an die Alltagssituationen, bei denen du mit anderen Menschen zu tun hast: auf dem Weg zur Arbeit, bei einem Projekt, beim Einkaufen, wenn du die Kinder zur Schule bringst und beim Smalltalk mit der Partnerin. Unser Leben ist voll von diesen kleinen Ereignissen. Wie viel Freude sie uns bereiten, liegt vor allem an uns selbst. Insbesondere hängt es davon ab, wie viel Güte und Freundlichkeit wir in diese Interaktionen hineinbringen und wie viel Dankbarkeit wir daraus mitnehmen.

AUFGABE: *DANKBARKEIT VISUALISIEREN*

Nimm dir jetzt sofort einen Augenblick Zeit und denke an drei Dinge, die du von anderen bekommen hast:

1. an einen kleinen Gefallen, den jemand dir getan hat
2. an ein Geschenk, das dir wichtig war
3. an etwas, das jeden Tag ein wenig schöner macht

Nun schließe die Augen. Gehe in eine Situation zurück, in der du eins dieser Dinge bekommen hast, und spüre noch einmal nach, wie es sich angefühlt hat – was du gesehen, gerochen und gehört hast. Lasse dich tief auf diese sinnlichen Wahrnehmungen ein. Wenn du die Visualisierung abgeschlossen hast, mache dir klar, dass das Leben ständig kleine Geschenke für dich bereithält.

Achte darauf und betrachte sie nicht als selbstverständlich. Als Nächstes nimm dir einen Moment Zeit und spüre, dass jemand an dich denkt, dass du umsorgt und geliebt wirst. Das sollte deinem Selbstwertgefühl und deinem Selbstvertrauen Auftrieb geben. Zum Schluss mache dir bewusst, dass das Ziel letztlich nicht darin besteht, sich einfach nur richtig gut zu fühlen. Lass dich von dieser Überlegung zu dem Wunsch inspirieren, Liebe zu erwidern, indem du denen, die dir etwas geschenkt haben, etwas zurückgibst, oder indem du ihre Liebe und Fürsorge an Menschen weitergibst, die sie sonst nicht bekämen.

DANKBARKEIT DURCH DIENST AM NÄCHSTEN

Wenn es uns nicht reicht, vom Zufall abhängig in Alltagssituationen Dankbarkeit zu spüren, können wir uns auch gezielt in Situationen begeben, die unsere Dankbarkeit verstärken. Im Allgemeinen glauben wir, dass wir mit ehrenamtlichen Tätigkeiten und Dienst am Nächsten etwas für die vom Schicksal weniger Begünstigten tun, aber womöglich tun diese Menschen genauso viel für uns wie wir für sie. Wenn wir anderen dienen, hilft uns das, negative Gefühle wie Wut, Stress, Neid und Enttäuschung in Dankbarkeit zu verwandeln. Das gelingt, indem wir solche Gefühle relativieren.

Ein unglücklicher junger Mann sucht einen alten Meister auf. Er erzählt, dass sein Leben sehr traurig ist, und bittet den Meister um eine Lösung. Der alte Mann weist ihn an, eine Handvoll Salz in einem Glas Wasser aufzulösen und es dann zu trinken.

«Wie schmeckt das?», fragt der Meister.

«Scheußlich», sagt der junge Mann und spuckt es aus.

Der Meister lacht in sich hinein. Dann bittet er den jungen

Mann, noch einmal eine Handvoll Salz zu nehmen und sie in den nahe gelegenen See zu streuen. Die beiden gehen schweigend ans Ufer, und der junge Mann schleudert seine Handvoll Salz ins Wasser.

Der alte Mann sagt: «Jetzt trinke aus dem See.»

Während das Wasser dem jungen Mann noch über das Kinn rinnt, fragt der Meister: «Wie schmeckt das?»

«Gut», antwortet der junge Mann.

«Schmeckst du das Salz?», fragt der Meister.

«Nein», antwortet der junge Mann.

Der Meister setzt sich neben den unglücklichen jungen Menschen, nimmt seine Hände und sagt: «Der Schmerz im Leben ist reines Salz; nicht mehr und nicht weniger. Das Quantum Salz bleibt gleich, aber wie intensiv wir es schmecken, hängt von dem Gefäß ab, in das es hineingeschüttet wird. Wenn du also Schmerzen spürst, besteht die einzige Lösung darin, dass du deine Wahrnehmung erweiterst. Sei kein Glas mehr. Werde zu einem See.»

Den Blickwinkel zu vergrößern, hilft uns, den Schmerz zu minimieren und das zu würdigen, was wir haben. Zu dieser umfassenderen Sichtweise gelangen wir ganz direkt, wenn wir geben. Eine in der Zeitschrift *BMC Public Health* veröffentlichte Untersuchung zeigt, dass ehrenamtliche Tätigkeiten depressive Verstimmungen lindern und das Gefühl von allgemeinem Wohlbefinden stärken können.[17] Als ich in New York lebte, ging ein Wohltätigkeitsverein namens *Capes for Kids* in eine Schule im Stadtteil Queens und half den Schülern, Superhero-Umhänge für Kinder aus schwierigen Verhältnissen anzufertigen. Die Kinder, die diese Umhänge herstellten, bekamen die Wirkung ihrer Geschenke zu sehen, und das wiederum half ihnen zu erkennen, wie viel sie selbst besaßen. Wenn wir erfahren, wie sehr andere kämpfen müssen, und unsere Begabungen nutzen, um ihre Welt zu verbessern, spüren wir sofort eine Welle der Dankbarkeit.

AUFGABE: *MIT EHRENAMTLICHEM ENGAGEMENT DIE EIGENE DANKBARKEIT STÄRKEN*

Der Dienst am Nächsten vergrößert deinen Blickwinkel und lindert negative Emotionen. Probiere es mit ehrenamtlicher Tätigkeit – das kann einmal in der Woche oder einmal im Monat sein. Nichts wird dir besser und schneller helfen, Dankbarkeit zu entwickeln und zu zeigen.

TIEFE DANKBARKEIT

Manchmal fällt es uns am schwersten, den Menschen, die uns am meisten bedeuten, Dankbarkeit zu zeigen – seien es Verwandte, Freundinnen, Lehrer oder Mentorinnen, die in unserem Leben wirklich etwas verändert haben oder es immer noch tun.

Zeige deine Liebe und Wertschätzung, wenn irgend möglich, persönlich. Geht das nicht, dann verfasse einen Brief, eine SMS oder rufe an und beschreibe genau, was du an diesem Menschen schätzt. Damit machst du nicht nur dem anderen eine Freude, sondern auch dir selbst.

Manchmal lehnen Menschen, die du liebst, diese Nähe ab und weisen dich zurück. Lass dich dadurch nicht entmutigen. Um Dankbarkeit annehmen zu können, müssen wir verletzlich und offen sein. Wer Angst hat, verletzt zu werden, blockt solche Gefühle ab. Wenn du also auf Abwehr stößt, könntest du versuchen, deine Vorgehensweise zu ändern. Überlege dir, welche Form der Dankbarkeit der Empfänger am meisten schätzen würde. Oft ist es in solchen Fällen für beide Seiten das Einfachste, wenn man sich schriftlich bedankt. Das gibt dem Empfänger Raum und Zeit, seine Gefühle zu verarbeiten.

Wenn du Dankesbriefe an Menschen schreibst, die dir viel bedeuten, versuche, ihnen das gleiche Gefühl des Umsorgtwerdens und der Liebe zu geben, das sie dir durch ihre Hilfe geschenkt haben. Ein Dankschreiben würdigt ihre Großzügigkeit dauerhafter als ein mündliches Dankeschön. Es vertieft eure Verbundenheit und regt euch beide an, im Umgang miteinander rücksichtsvoll und großzügig zu sein – und das zieht, wie wir bereits gesehen haben, in eurem Umfeld Kreise.

AUFGABE: *EINEN DANKESBRIEF SCHREIBEN*

Suche eine Person aus, der du zutiefst dankbar bist und die es dir leichtmacht, dankbar zu sein.
Erstelle eine Liste der Eigenschaften und Besonderheiten, die du an diesem Menschen schätzt. Ist er hilfsbereit? Liebevoll? Integer? Erinnere dich an spezifische Aussagen und an Momente, die ihr gemeinsam erlebt habt. Schaue auch nach vorn und schreibe auf, was du tun und sagen wirst, wenn ihr euch wiederseht. (Bei Verstorbenen könntest du es so formulieren: «Wenn ich dich wiedersehen würde, würde ich dir sagen ...»)
Nun schreibe einen Dankesbrief und verwende dabei die Notizen, die du dir gemacht hast.

DANKBARKEIT NACH VERGEBUNG

Vielleicht denkst du: *Meine Eltern haben es mir nicht leichtgemacht. Warum sollte ich denen denn dankbar sein?* In unserem Leben gibt es immer unvollkommene Menschen, und unsere Gefühle ihnen gegenüber können gemischt und unbewältigt sein. In diesem Fall fällt es uns schwer, ihnen dankbar zu sein. Aber bei Dankbarkeit geht es nicht um alles oder nichts. Wir müssen nicht für alle Verhaltensweisen eines Mitmenschen dankbar sein. Wenn deine Beziehungen kompliziert sind, akzeptiere ihre Vielschichtigkeit. Versuche, deinen Eltern ihre Fehler zu vergeben und dann für ihre Bemühungen dankbar zu sein.

Ich empfehle dir jedoch keineswegs, einer Person, die dir in irgendeiner Weise Gewalt angetan hat, dankbar zu sein. Du musst nicht allen Menschen in deinem Leben dankbar sein. Mönche haben zum Thema Trauma keine offizielle Haltung, aber der Fokus liegt immer darauf, erst das Innere zu heilen, bevor man sich mit dem Außen beschäftigt. Lass diesen Heilungsprozess in deiner eigenen Zeit und in deinem eigenen Tempo geschehen.

Wir neigen dazu, Dankbarkeit als Würdigung dessen anzusehen, was uns geschenkt wurde. Genauso betrachten auch Mönche die Dankbarkeit. Und wenn du einen Mönch fragst, was er geschenkt bekommen hat, antwortet er: Alles. Unser reiches, vielschichtiges Leben ist voller Geschenke und Lehren, die wir manchmal auf den ersten Blick gar nicht richtig erkennen können. Warum also sollen wir nicht dankbar sein für das, was ist, und für das, was möglich ist? Mache dir durch tägliche Praxis eine dankbare Grundeinstellung zu eigen, sowohl im Inneren, bei der Betrachtung des Lebens und deiner Umwelt, als auch im Äußeren, in deinem Handeln. Dankbarkeit erzeugt Güte, und dieser Geist wird sich in deinem Umfeld fortpflanzen und den Menschen um dich herum deine höchsten Ziele nahebringen.

Dankbarkeit ist die Mutter aller guten Eigenschaften. So wie eine Mutter Kinder zur Welt bringt, bringt Dankbarkeit alle anderen guten Eigenschaften hervor: Mitgefühl, Widerstandsfähigkeit, Selbstvertrauen, Leidenschaft – positive Charakterzüge, die uns helfen, Sinn im Leben zu finden und mit anderen in Kontakt zu treten. Daraus folgt logischerweise, dass wir uns im nächsten Kapitel mit Beziehungen befassen werden. Wir werden ergründen, wer wir im Umgang mit anderen Menschen zu sein versuchen, wen wir in unserem Leben begrüßen möchten und wie wir sinnvolle Beziehungen aufrechterhalten können.

KAPITEL 10

BEZIEHUNGEN

Andere und sich selbst beobachten

Jeder Mensch ist eine Welt,
die es zu erforschen gilt.

Thich Nhat Hanh[1]

Häufig begegnet man der Vorstellung, Mönche wären Eremiten, die ganz allein leben, abgesondert von der übrigen Menschheit. Doch gerade meine Erfahrungen als Mönch haben meinen Umgang mit anderen Menschen für immer verändert. Als ich nach meiner Entscheidung, den Aschram zu verlassen, nach London zurückkam, stellte ich fest, dass ich viel besser darin geworden war, Beziehungen zu führen. Das galt sogar für Liebesbeziehungen – was mich ein bisschen überraschte, weil wir Mönche doch zölibatär lebten und ich während meiner Zeit im Aschram keine Liebesverhältnisse hatte.

ERWARTUNGEN KORRIGIEREN

Der Aschram ähnelt einem Dorf. Er fördert Kameradschaft. Die Mönche sind füreinander da und dienen einander. *Blue Zones* ist eine Organisation, die auf der ganzen Welt Gegenden untersucht, in denen Menschen außergewöhnlich lange und gesund leben. Dan Buettner, einer der Mitbegründer von *Blue* Zones, erkannte den weltweiten Bedarf an derartigen Gemeinschaften. Er stellte fest, dass nicht nur Lebensstil und Ernährung für ein langes Leben wichtig sind, sondern dass auch die Gemeinschaft zur Langlebigkeit beiträgt: enge Familienbeziehungen (die Familie kümmert sich, wenn man Hilfe braucht) und eine Umgebung mit gleichen Überzeugungen und gesundem Sozialverhalten.[2]

Wie diese «Blauen Zonen» ist auch der Aschram ein selbständiges Gemeinwesen, das eine Atmosphäre von Zusammenarbeit und Dienst am Nächsten fördert. Alle sind angehalten, sich nicht nur um ihre eigenen Bedürfnisse, sondern auch um die der anderen zu kümmern. Erinnerst du dich an die Bäume der Biosphäre 2, deren Wurzeln nicht so tief reichten, sodass sie ab einer bestimmten Höhe einfach umkippten? Ein anderer Fall sind die Mammutbäume. Bei ihrer berühmten Höhe sollte man denken, dass sie zum Überleben tiefe Wurzeln brauchen, aber sie wurzeln eher flach. Ihre Widerstandskraft erhalten diese Baumriesen dadurch, dass ihr Wurzelwerk sich weit ausbreitet. Mammutbäume gedeihen am besten in Baumgruppen. Dann verweben sie ihre Wurzeln miteinander, sodass die starken und die schwachen Bäume den Naturkräften gemeinsam Widerstand leisten.

DER KREIS DER LIEBE

Anfangs hatte ich erwartet, dass in einer Gemeinschaft, in der jeder sich um jeden kümmert, die Mönche, für die ich etwas getan hatte, sich persönlich bei mir revanchieren würden. Doch die Realität erwies sich als komplizierter.

Während meines ersten Jahres im Aschram wurde ich traurig und wandte mich ratsuchend an einen meiner Lehrer. «Ich bin traurig», sagte ich, «ich habe das Gefühl, dass ich viel Liebe gebe, sie aber nicht entsprechend zurückbekomme. Ich bin liebevoll und fürsorglich und kümmere mich um andere, aber sie tun das nicht für mich. Das verstehe ich nicht.»

Der Mönch fragte: «Warum gibst du Liebe?»

Ich sagte: «So bin ich eben.»

Der Mönch fragte: «Warum erwartest du dann, dass du sie zurückbekommst? Aber nun höre gut zu. Wenn du eine Energie gibst – Liebe, Hass, Wut, Güte –, bekommst du sie stets wieder zurück. Das Problem liegt in deinen Erwartungen. Du nimmst an, dass du die Liebe von dem gleichen Menschen zurückerhalten müsstest, dem du sie geschenkt hast. Aber du bekommst sie nicht immer von diesem Menschen wieder. Und ähnlich gibt es Leute, die dir Liebe schenken, ohne dass du diese Liebe auf die gleiche Weise erwiderst.»

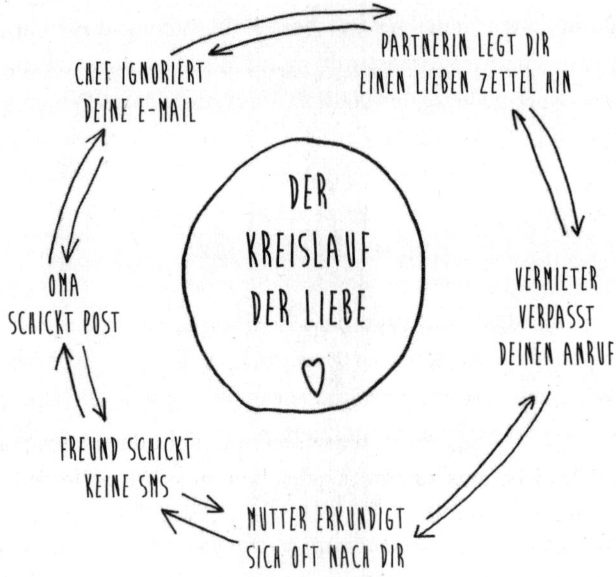

Mein Lehrer hatte recht. **Allzu oft lieben wir Menschen, die uns nicht lieben, aber die Liebe der Menschen, die uns lieben, erwidern wir nicht.**

Ich dachte an meine Mutter, die immer alles stehen und liegen ließ, wenn ich anrief. Und wenn sie selbst zum Telefon griff, meldete sie sich immer als Erstes bei mir oder meiner Schwester. Es war ihr Herzenswunsch, ganz oft mit mir zu telefonieren. So wie ich manchmal enttäuscht war, wenn ich keine Antwort auf eine SMS bekam, saß meine Mutter da und dachte: *Ich wünschte, mein Sohn würde anrufen!*

Das Wissen um den Kreislauf der Liebe, den mein Lehrer mir erklärte, veränderte mein Leben. Wir fühlen uns ungeliebt, weil wir nicht dankbar sind. Wenn wir glauben, niemand habe uns lieb, dann müssen wir innehalten und uns bewusst machen, dass wir die Liebe, die wir geben, aus unterschiedlichen Quellen zurückerhalten. Allgemein gesagt: Alles, was du gibst, kommt zu dir zurück. Das ist ein Beispiel für Karma, also die Vorstellung, dass Gutes oder Böses, das man anderen Menschen tut, einem selbst widerfahren wird. Wenn wir uns ungeliebt fühlen, müssen wir uns fragen: *Biete ich meine Hilfe so oft an, wie ich selbst um Hilfe bitte? Wer gibt mir etwas, ohne dass er dafür etwas zurückbekommt?*

EIN NETZWERK DES MITGEFÜHLS

Es ist sinnvoll, dass die Mönche im Aschram sich als Teil eines Netzwerks des Mitgefühls begreifen und nicht davon ausgehen, dass sich Liebe eins zu eins ausgleichen muss. Mönche sind der Überzeugung, dass Menschen unterschiedliche Aufgaben haben und dass jede Rolle auf ihre eigene Weise zu unserem Wachstum beiträgt. Wir sind mit Gleichaltrigen befreundet, unterrichten unsere Schüler und lernen von unseren Mentoren. Diese Rollen sind nicht unbedingt an Alter und Erfahrung gebunden und daher nicht festgelegt. Jeder Mönch befindet sich stets in jeder Phase dieses Kreislaufs. Wer heute dein Lehrer ist, kann morgen dein Schüler sein. Manchmal kamen ältere Mönche zu uns jungen Mönchen in den Unterricht, setzten sich mit uns auf den Fußboden und hörten zu, wenn ein neuer Mönch sprach. Sie kamen nicht, um uns zu kontrollieren, sondern um selbst etwas zu lernen.

AUFGABE: ***LERNEN UND LEHREN***

Mache eine Liste von deinen Schülern und deinen Lehrern, und dann schreibe auf, was die Schüler dich lehren und die Lehrer von dir lernen könnten.

DIE VIER VERTRAUENSWÜRDIGEN EIGENSCHAFTEN

Im Aschram war ich traurig, weil ich das Gefühl hatte, dass meine liebevolle Fürsorge nicht erwidert wurde. Wenn wir kein klares Ziel im Leben haben, erwarten wir häufig zu viel von anderen. Wir wollen jetzt vier Eigenschaften betrachten, nach denen wir bei den Menschen, die wir in unser Leben lassen, suchen. Diese Eigenschaften werden dir bekannt vorkommen – die meisten von uns kennen zumindest eine Person, die eine dieser Eigenschaften besitzt.

Kompetenz. Wenn wir den Meinungen und Empfehlungen einer Person vertrauen wollen, muss sie kompetent sein. Sie hat die nötigen Fähigkeiten, um dein Problem zu lösen. Sie ist Experte oder Autorität auf ihrem Gebiet. Sie hat Erfahrung, wird empfohlen und/oder hat eine hohe Bewertung auf Yelp.

Fürsorglichkeit. Wenn wir einem Menschen unsere Gefühle anvertrauen, müssen wir sicher sein, dass wir ihm viel bedeuten. Echte Fürsorge heißt, dass der andere sich überlegt, was für dich am besten ist, und nicht, was für ihn am besten ist. Dabei geht es ihm um dein Wohlbefinden, nicht um deinen Erfolg. Er glaubt an dich. Er würde mehr als nur seine Pflicht tun, um dich zu unterstützen: Er würde dir beim Umzug helfen, dich zu einem wichtigen Arzttermin begleiten und dir helfen, ein Geburtstagsfest oder eine Hochzeit zu planen.

Charakterstärke. Manche Leute haben einen unbeirrbaren moralischen Kompass und unumstößliche Werte. An diese Personen wenden wir uns, wenn wir Hilfe brauchen, um etwas klar zu sehen und sicherzugehen, dass das, was wir uns wünschen oder was wir glauben, richtig ist. Besonders wichtig ist Charakterstärke in einer Partnerschaft, in der beide aufeinander angewiesen sind, ob nun im privaten oder im geschäftlichen Bereich. Menschen mit Charakterstärke praktizieren, was sie predigen. Sie haben einen guten Ruf, feste Meinungen und geben praktikable Ratschläge.

Beständigkeit. Beständige Menschen sind vielleicht keine Topexperten, haben weder den stärksten Charakter, noch sind sie besonders fürsorglich, aber sie sind zuverlässig und für dich da, wenn du sie brauchst. Sie sind mit dir durch Höhen und Tiefen gegangen.

Niemand hat ein Schild um den Hals, auf dem steht, was sie oder er uns anbieten kann. Beobachte deine Mitmenschen: Stehen ihre Absichten mit ihren Handlungen im Einklang? Leben sie ihre angeblichen Werte? Stimmen ihre Werte mit deinen überein? Von Verhaltensweisen lernen wir mehr als von Versprechungen. Versuche, mit Hilfe der Übersicht über die vier

vertrauenswürdigen Eigenschaften zu verstehen, warum du dich von einem Menschen angezogen fühlst. Daraufhin kannst du entscheiden, ob du mit ihm gern eine freundschaftliche, eine geschäftliche oder eine romantische Beziehung eingehen möchtest. Frage dich: *Was ist meine ehrliche Absicht, wenn ich diese Beziehung beginne?*

Die vier vertrauenswürdigen Eigenschaften sind grundlegende Qualitäten, die wir instinktiv in anderen suchen, weil wir sie brauchen. Aber du wirst kaum jemanden finden, der dich liebevoll umsorgt, auf jedem Gebiet kompetent ist, einen hervorragenden Charakter hat und immer Zeit für dich erübrigen kann. Zu den wichtigsten Menschen in meinem Leben zählen mein Swami, also mein hinduistischer Lehrer, und meine Mutter. An den

Swami wende ich mich in spirituellen Dingen. Ich habe größtes Vertrauen in seine Charakterstärke. Als ich ihm jedoch mitteilte, ich wolle das Unternehmen Accenture verlassen und im Medienbereich arbeiten, sagte er: «Ich weiß nicht, was für dich richtig ist.» Er ist mir ein hochgeschätzter Berater, aber es war dumm von mir, zu erwarten, dass er eine Meinung zu meinem Berufsleben haben könnte. Zum Glück war er so klug, nicht so zu tun, als könne er etwas dazu sagen. Auch meine Mutter ist bei Karrierefragen nicht die beste Ansprechpartnerin. Wie vielen Müttern geht es ihr vor allem um mein Wohlbefinden. Sie will wissen, wie es mir geht, ob ich gut esse, ob ich genügend Schlaf bekomme. Sie ist mit ihrer liebevollen Fürsorge immer für mich da, aber sie gibt mir keinen Rat, wie ich meine Firma managen soll. Ich brauche mich nicht darüber zu ärgern, dass meine Mutter sich nicht um jeden Aspekt meines Lebens kümmert. Stattdessen spare ich mir lieber die Zeit, Energie, Aufmerksamkeit und den Schmerz, die solcher Ärger kosten würde, und würdige einfach das, was sie mir schenkt.

Wir erwarten oft, dass jeder Mensch die vier vertrauenswürdigen Eigenschaften vollständig in sich trägt und uns alles gibt, was wir brauchen. Doch damit legen wir die Latte viel zu hoch. So ein Mensch zu sein, ist genauso schwer, wie so einen Menschen zu finden. Das Wissen um die vier vertrauenswürdigen Eigenschaften hilft uns, im Kopf zu behalten, was wir von einer Person erwarten können und was nicht. Selbst deine Partnerin oder dein Partner können dir nicht zu jedem Zeitpunkt und in gleichem Maße Fürsorglichkeit, Charakterstärke, Kompetenz und Beständigkeit bieten. Niemand ist auf allen Gebieten kompetent, und auch wenn dein Partner oder deine Partnerin zuverlässig ist, ist doch niemand immerzu so verfügbar, wie du es vielleicht brauchst. Wir erwarten, dass unsere Lebensgefährten alles für uns sind und uns «vervollständigen» (danke, Jerry Maguire).

Doch selbst in dieser tiefen, lebenslangen Verbindung kannst nur du selbst alles für dich sein.

Im Aschram mit Menschen zusammenleben, mit denen wir ausschließlich durch unser spirituelles Streben verbunden waren, gab uns eine realistische Sichtweise. Dort war ganz klar, dass niemand alle Rollen übernehmen konnte oder sollte. Interessanterweise wurde ich darauf aufmerksam gemacht, dass der Psychologe Colonel Patrick J. Sweeny in einer Feldstudie zu militärischer Führung im Irak drei der vier vertrauenswürdigen Eigenschaften fand: Kompetenz, Fürsorglichkeit und Charakterstärke. Allerdings beobachtete er, dass ein Vorgesetzter alle drei Eigenschaften aufweisen muss, damit Soldaten ihm vertrauen.[3] Sowohl in der Armee als auch im Aschram bestimmen Routine und Prinzipien den Alltag, doch Mönche folgen keinem Vorgesetzten und bringen sich auch nicht in Lebensgefahr. Um Beziehungen wie ein Mönch zu betrachten, solltest du realistische Erwartungen an Menschen stellen, die darauf beruhen, was diese Menschen dir wirklich geben können, nicht darauf, was du von ihnen haben möchtest. Auch wenn sie nicht alle vier vertrauenswürdigen Eigenschaften in sich vereinen, können sie trotzdem ein Gewinn für dein Leben sein.

Mindestens genauso aufmerksam solltest du dir ansehen, was du anderen bieten kannst. Mache es dir zur Gewohnheit, dich im Umgang mit Freunden und Kollegen zu fragen: *Welchen Dienst kann ich diesem Menschen leisten? Bin ich hier Lehrer, Freundin oder Schüler? Welche der vier vertrauenswürdigen Eigenschaften kann ich ihm oder ihr bieten?* Unsere Beziehungen sind sinnvoller, wenn wir unsere Stärken einbringen und, dem Beispiel des Swami folgend, nicht Fachwissen vortäuschen, das wir nicht haben.

AUFGABE: *DIE VERTRAUENSWÜRDIGEN EIGENSCHAFTEN ERKENNEN*

Suche dir drei verschiedene Menschen in deinem Leben aus – vielleicht eine Kollegin, ein Familienmitglied und einen Freund – und entscheide, welche der vier vertrauenswürdigen Eigenschaften sie in dein Leben bringen. Sei dankbar dafür. Bedanke dich bei ihnen.

Übungen wie die Aufgabe, vertrauenswürdige Eigenschaften zu erkennen, sind nicht dazu gedacht, Menschen Etiketten anzuheften. Ich bin, wie schon gesagt, gegen Etiketten, weil sie die vielen verschiedenen Nuancen des Lebens auf Schwarz und Weiß reduzieren. Ein Mönch bemüht sich um Verstehen und nimmt auf, was er braucht, um Fortschritte zu machen. Er fährt sich nicht in Urteilen fest. Doch wenn wir Filter wie die vier vertrauenswürdigen Eigenschaften anwenden, können wir prüfen, ob unser Netzwerk des Mitgefühls breit genug gefächert ist, um uns durch die Komplexität und das Chaos des Lebens zu führen.

Auch wenn wir alle vier vertrauenswürdigen Eigenschaften in uns nahestehenden Menschen gefunden haben, können wir innerhalb dieser Kategorien noch von verschiedenen Ausprägungen profitieren. Die Fürsorglichkeit einer Mutter drückt sich anders aus als die Fürsorglichkeit eines Mentors. Der eine charakterfeste Freund gibt vielleicht Rat in Liebesdingen, während ein anderer bei Familienstreitigkeiten hilft. Und eine beständige Freundin ist vielleicht nach einer Trennung für dich da, während eine andere immer für einen ausgedehnten Spaziergang zu haben ist.

SCHAFFE DIR SELBST EINE FAMILIE

Um Vielfalt zu finden, müssen wir offen für neue Kontakte sein. Zum Erwachsenwerden gehört häufig, immer wieder zu akzeptieren, dass unsere Ursprungsfamilie uns niemals alles geben kann, was wir brauchen. Es ist okay, wenn wir einfach akzeptieren, was wir von den Menschen, die uns aufgezogen haben, bekommen und was nicht. Und es ist okay, ja sogar notwendig, dass wir uns vor Verwandten, die nicht gut für uns sind, schützen. Wir sollten unsere Familienangehörigen mit den gleichen Maßstäben messen wie alle anderen Menschen auch. Ist die Beziehung belastet, können wir die Angehörigen aus sicherer Entfernung liebhaben und achten und gleichzeitig die Familie, die wir brauchen, aus der ganzen Welt zusammenholen. Das heißt nicht, dass wir unsere Ursprungsfamilie vernachlässigen sollten. Aber Vergebung und Dankbarkeit entstehen leichter, wenn wir akzeptieren, dass wir Freunde und Verwandte haben – und Freunde, die zu Verwandten geworden sind. Sich auf einer Ebene mit der ganzen Menschheit verbunden zu fühlen, kann für diejenigen, deren Ursprungsfamilien ihnen das Leben schwer gemacht haben, eine therapeutische Wirkung haben.

DIE MENSCHHEITSFAMILIE

Wenn du in eine neue Gemeinschaft eintrittst – so wie ich in den Aschram eingetreten bin –, fängst du ganz von vorn an. Du hast keine Erwartungen, wie sie zwischen Freunden oder Familienmitgliedern bestehen. Höchstwahrscheinlich kennt dich niemand aus der Vergangenheit. In solchen Situationen beeilen wir uns meistens, «unser Rudel» zu finden. Im Aschram jedoch lernte ich, einen anderen Weg zu gehen. Ich brauchte keine Ersatzfamilie, brauchte mir keinen kleinen Kreis von Menschen zu schaffen, bei denen ich mich geborgen fühlte und denen ich vertraute, denn alle Mönche im Aschram gehörten zu meiner Familie. Und während wir reisten und Kontakte zu Menschen in Indien und Europa knüpften, wurde mir klar, dass nicht nur die Mönche, sondern alle Menschen auf der Welt zu meiner Familie gehören. Gandhi hat einmal gesagt: «Der goldene Weg ist, mit der ganzen Welt befreundet zu sein und alle Menschen als eine Familie zu betrachten.»[4]

Die Gruppen, in denen wir lernen, wachsen und gemeinsam Erfahrungen sammeln – wie Familien, Schulklassen und Kirchengemeinden –, helfen uns, Menschen einzuordnen. Mit *diesen* Menschen lebe ich zusammen. Mit *diesen* Menschen lerne ich gemeinsam. Mit *diesen* Menschen bete ich. *Diesen* Menschen möchte ich helfen. Aber ich wollte niemanden ignorieren oder gar abwerten, bloß weil er in keine dieser Gruppen passte. Ich bin nicht der Ansicht, dass manche Menschen meine Aufmerksamkeit, Fürsorglichkeit und Hilfe eher verdienen als andere.

Es ist leichter, alle Menschen als zur eigenen Familie gehörig zu betrachten, wenn man sich nicht vorstellt, dass *jeder* Mensch in *jedem* Moment ein Familienmitglied ist. Ein bekannter Spruch lautet: «Menschen tauchen in deinem Leben auf, aus einem bestimmten Grund, für eine gewisse Zeit oder für ein ganzes Leben.» Diese drei Kategorien basieren auf der Dauer einer Beziehung. Manchmal ist es eine willkommene Abwechslung, einen neuen Menschen kennenzulernen. Eine Zeitlang kann er dich begeistern und faszinieren und neue Energie in dein Leben bringen. Aber irgendwann ist eure gemeinsame Zeit zu Ende. Dann lernst du vielleicht aus einem bestimmten Grund jemand anders kennen. Er hilft dir zu lernen und zu wachsen oder unterstützt dich in einer schwierigen Zeit. Es kann dir vorkommen, als wäre er dir geschickt worden, um dir beizustehen oder um dich durch eine bestimmte Erfahrung zu leiten. Danach nimmt seine zentrale Bedeutung in deinem Leben wieder ab. Doch es gibt auch Menschen, die dich ein Leben lang begleiten. Sie sind in guten wie in schlechten Zeiten an deiner Seite und lieben dich auch dann, wenn du ihnen nichts wiedergibst. Denke an den Kreislauf der Liebe, wenn du diese drei verschiedenen Kategorien betrachtest. Am besten sollte man Liebe bedingungslos verschenken. Das beinhaltet auch, dass nicht alle Beziehungen mit gleicher Intensität für immer andauern müssen. Denke daran, dass auch du im Leben mancher Menschen nur für eine gewisse Zeit oder aus einem bestimmten Grund auftauchst, während du mit anderen lebenslang befreundet bist. Die Rolle, die du im Leben der anderen spielst, entspricht dabei nicht immer der Rolle, die sie in deinem Leben spielen.

Gegenwärtig gibt es eine kleine, gleichbleibende Gruppe von Menschen, mit denen ich am engsten verbunden bin, doch das ändert nichts an meinem Gefühl der Verbundenheit mit der gesamten Menschheit. Ich bitte dich also, deine Komfortzone zu verlassen und nicht nur auf die Menschen zu schauen, die du kennst, sondern auch auf Fremde und auf Menschen, die du nicht verstehst. Du musst dich nicht mit allen anfreunden, aber betrachte sie als ebenbürtig, als Gleiche auf der Seelenebene, und erkenne, dass sie das Potenzial haben, dein Wissen und deine Erfahrung mit ganz neuen Aspekten zu bereichern. Sie alle gehören in den Kreis derer, für die du Sorge trägst.

AUFGABE: *BETRACHTE DEINE FREUNDSCHAFTEN REALISTISCH*

Mache dir eine Tabelle mit drei Spalten. In der ersten Spalte listest du die Freunde und Bekannten auf, mit denen du dich in den vergangenen Wochen getroffen hast. Nun notiere in der zweiten Spalte, ob sie Freunde aus einem bestimmten Grund, für eine gewisse Zeit oder für das ganze Leben sind. Das heißt natürlich, dass du sie in Schubladen packst, wovor ich dich ja gewarnt hatte. Wir dürfen solche Zuschreibungen also nicht in Stein meißeln. Doch wenn du deine gegenwärtigen Freunde und Bekannten ganz grob auf diese Weise einteilst, kannst du erkennen, ob du von einer ausgewogenen Gruppe von Menschen umgeben bist, ob es in dieser Gruppe also Menschen gibt, die dich begeistern, die dich unterstützen und die dir dauerhafte Liebe schenken. In der dritten Spalte notierst du nun, welche Rollen du selbst im Leben dieser Menschen spielst. Gibst du so viel, wie du bekommst? Wo und wie könntest du mehr geben?

VERTRAUEN VERDIENT MAN SICH

Wenn du deine Erwartungen an eine Beziehung geklärt hast, ist es leichter, Vertrauen aufzubauen und aufrechtzuerhalten. Vertrauen ist für jede Beziehung ein zentraler Punkt. Vertrauen ist die Überzeugung, dass der andere es ehrlich mit uns meint, dass ihm unser Wohlergehen am Herzen liegt, dass er seine Versprechen hält und verschwiegen ist. Das heißt nicht, dass die andere Person immer recht haben oder jedes Problem perfekt bewältigen muss. Du vertraust ihr wegen ihrer guten Absichten, nicht wegen ihrer Fähigkeiten.

STUFEN DES VERTRAUENS

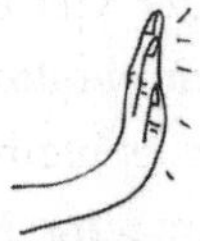

NULL VERTRAUEN
POSITIVE EIGENSCHAFTEN SIND VORHANDEN, REICHEN ABER NICHT AUS FÜR VERTRAUEN

SITUATIVES VERTRAUEN
EIN KLAR DEFINIERTER AUSTAUSCH FINDET STATT

GEGENSEITIGES VERTRAUEN
BEIDERSEITIGE HILFE, AUCH IN ZUKUNFT SEID IHR FÜREINANDER DA

UNBEDINGTES VERTRAUEN
EGAL WAS PASSIERT, IHR STEHT EUCH ZUR SEITE

Wenn ein wichtiger Mensch uns im Stich lässt und unser Vertrauen enttäuscht, stellen wir auch unser Vertrauen zu allen anderen in Frage. Doch selbst Menschen mit den besten Absichten verändern sich oder gehen nicht den gleichen Weg wie wir. Andere haben uns vielleicht viele Zeichen gegeben, dass ihre Absichten mit unseren nicht in Einklang standen, aber wir haben diese Zeichen ignoriert. Und manchen Menschen hätten wir, wenn wir von Anfang an aufmerksamer gewesen wären, niemals vertraut. Wir können das Verhalten anderer nicht kontrollieren – wie also können wir überhaupt jemandem vertrauen?

Wir können vielen Menschen Vertrauen schenken, von der Taxifahrerin über den Geschäftspartner bis zur Geliebten, aber wir vertrauen natürlich nicht jedem in gleichem Maß. Es ist wichtig, dass wir darauf achten, wie groß unser Vertrauen jeweils ist und ob der andere dieses Maß an Vertrauen verdient hat.

Der Psychologieprofessor John Gottman, der viel über Ehe und Beziehungen geforscht und publiziert hat, wollte herausfinden, warum Paare in einem Konflikt steckenbleiben, statt ihn zu lösen und hinter sich zu lassen. Er untersuchte Paare mit unterschiedlichem sozioökonomischem und ethnischem Hintergrund und in verschiedenen Lebenslagen, von frisch verheirateten Paaren über werdende Eltern bis hin zu Paaren, in denen ein Partner als Soldat oder Soldatin in der Ferne stationiert war. Für alle diese Paare war Vertrauen und Betrug das wichtigste Thema. Sie formulierten ihre Probleme in dieser Hinsicht zwar unterschiedlich, aber die zentrale Frage war immer die gleiche: Kann ich darauf vertrauen, dass du treu bist? Kann ich darauf vertrauen, dass du bei der Hausarbeit hilfst? Kann ich darauf vertrauen, dass du zuhörst, dass du für mich da bist?[5]

Die Paare hatten gute Gründe, Vertrauen in der Beziehung an die erste Stelle zu setzen. Die Untersuchungen der Sozialwissenschaftlerin Dr. Bella DePaulo ergaben, dass Menschen bei einem Fünftel ihrer Interaktionen nicht ehrlich sind. Siebenundsiebzig Studenten und siebzig Personen von außerhalb der Universität wurden angewiesen, sieben Tage lang ihre sozialen Interaktionen zu beobachten. Dazu sollten sie sämtliche Gespräche aufnehmen und sich notieren, wie oft sie gelogen hatten. Ich weiß, was du jetzt denkst: Was ist, wenn sie über ihre Lügen gelogen haben? Um die Teilnehmer zu Aufrichtigkeit zu ermutigen, sagte man ihnen, dass keine Beurteilung stattfinden würde und dass die Ergebnisse helfen sollten, grundlegende Fragen über das Lügen zu klären. Außerdem machten die Versuchsleiter den Teilnehmern die Studie schmackhaft, indem sie diese als eine Chance darstellten, sich selbst besser kennenzulernen. Ergebnis war, dass die Studenten berichteten, sie würden bei einem

Drittel ihrer Aktionen mehr oder weniger stark lügen, während die anderen Versuchsteilnehmer angaben, in einer von fünf Interaktionen zu lügen.[6] Kein Wunder, dass es so vielen von uns schwerfällt zu vertrauen.

Aus dem Kapitel über das Ego wissen wir, dass wir lügen, um anderen zu imponieren, um uns als «besser» darzustellen, als wir wirklich sind.[7] Doch wenn diese Lügen aufgedeckt werden, richtet der Betrug auf beiden Seiten viel größeren Schaden an, als Ehrlichkeit es getan hätte. Wenn nicht von Anfang an die Saat des Vertrauens gesät wird, sprießt in uns das Unkraut des Misstrauens und der Angst vor Betrug.

Wir denken nicht darüber nach, wie und wann wir vertrauen. Entweder schenken wir anderen zu leicht Vertrauen, oder aber wir vertrauen niemandem. Doch beide Extreme sind uns nicht dienlich. Wenn wir jedem vertrauen, laufen wir Gefahr, betrogen und enttäuscht zu werden. Vertrauen wir jedoch niemandem, bleiben wir argwöhnisch und allein. Unser Maß an Vertrauen sollte von den Erfahrungen abhängen, die wir mit dem jeweiligen Menschen gemacht haben, und sich in vier Stufen entwickeln.

Null Vertrauen. Wenn du jemanden kennenlernst, hast du null Vertrauen zu ihr oder ihm. Du findest die Person vielleicht witzig und bezaubernd und bist gern mit ihr zusammen, doch das reicht noch nicht, um Vertrauen aufzubauen. Es heißt bloß, dass sie oder er aus deiner Sicht cool ist. Wir neigen dazu, Menschen zu vertrauen, die wir nett finden. Als man untersuchte, wie Richter Sachverständige wahrnehmen, stellte sich heraus, dass die Richter jene Sachverständigen, die ihnen sympathischer waren, auch als vertrauenswürdiger einschätzten.[8] Außerdem neigen wir dazu, Menschen zu vertrauen, die wir attraktiv finden. Rick Wilson, Co-Autor des 2006 erschienenen Buches *Judging a Book by Its Cover: Beauty and Expectations in the Trust Game* («Ein Buch nach dem Cover beurteilen: Schönheit und Erwartungen im Spiel des Vertrauens»), sagt: «Wir haben festgestellt, dass attraktive Menschen insofern einen ‹Schönheitsbonus› erhalten, als man ihnen größeres Vertrauen schenkt, dass sie aber mit einer ‹Schönheitsstrafe› rechnen müssen, wenn sie den Erwartungen nicht gerecht werden.»[9]

Setzen wir Beliebtheit oder Anziehungskraft mit Vertrauenswürdigkeit gleich, sollten wir uns also auf große Enttäuschungen gefasst machen.

Situatives Vertrauen. Diese Art des Vertrauens beruht auf der wechselseitigen Einhaltung von Versprechen in ganz bestimmten Situationen. Wenn ich im Restaurant unser Essen bezahle und du versprichst, mir das Geld wiederzugeben, vertraue ich darauf, dass ich das Geld von dir erhalten werde. Wenn du etwas geplant hast, kannst du dich darauf verlassen, dass der andere kommt – weitere Erwartungen hast du nicht. Dieses situative Vertrauen ist nützlich. Die meisten von uns vertrauen der Mehrheit der Menschen, die unseren Weg kreuzen, in dieser Weise, und wir haben auch unausgesprochen die Erwartung, dass die anderen uns dieses Vertrauen entgegenbringen. Im Herzen wünschen wir uns vielleicht eine tiefere Verbindung, doch wir müssen differenzieren. Von einer Person, die dir nur situatives Vertrauen entgegenbringt, mehr zu erwarten, ist bestenfalls unreif und schlimmstenfalls gefährlich.

Gegenseitiges Vertrauen. Auf dieser Stufe des Vertrauens helfen wir anderen und erwarten dabei, dass sie etwas Ähnliches höchstwahrscheinlich auch für uns tun werden, zu einem unbekannten Zeitpunkt in der Zukunft. Während sich das situative Vertrauen auf einen klar definierten Austausch bezieht, auf den beide Parteien sich vorher geeinigt haben, ist das gegenseitige Vertrauen viel unbestimmter. Wir alle möchten diese Stufe erreichen, und in guten Freundschaften geschieht das normalerweise auch.

Unbedingtes Vertrauen. Die höchste Stufe des Vertrauens ist erreicht, wenn du weißt, dass der andere dir zur Seite steht, egal was passiert, und umgekehrt. Der Basketballtrainer Don Meyer gab seinen Spielern ein Blatt Papier, auf dem sie einen Kreis zeichnen sollten, der ihre schützende Höhle darstellte. In den Kreis schrieben sie jeweils ihren Namen. Dann zeichneten sie Linien nach rechts, nach links und nach unten. Auf jede Linie schrieben sie den Namen eines Mitspielers, den sie in ihrem schützenden Bau bei sich haben wollten. Je nach Position erhielten diese Mitspieler eine bestimmte Anzahl Punkte. Die Spieler, die auf diese Weise insgesamt die höchste Punktzahl erreichten, waren die geeigneten Teamchefs.[10] Suche dir klug aus, wen du in schwierigen Situationen bei dir haben möchtest.

Wenn du in einer Graphik darstellen solltest, wie vielen Menschen du auf den einzelnen Stufen Vertrauen schenkst, würde das Ergebnis wahrscheinlich einer Pyramide ähneln. Die Basis bilden die vielen Menschen, denen du gar nicht vertraust. Darüber gibt es eine ganze Anzahl, denen du situatives Vertrauen schenkst, dann kommt ein kleiner Kreis von Menschen, zu denen du auf Gegenseitigkeit beruhendes Vertrauen hast. An der Spitze der Pyramide steht nur eine Handvoll Menschen, die dein unbedingtes Vertrauen genießen.

Ganz gleich, wie unzufrieden du mit deiner Pyramide bist, lasse niemanden ohne Grund zur nächsten Stufe aufsteigen. Das würde nur zu Enttäuschungen führen. Anzunehmen, dass alle Menschen genauso funktionieren wie wir, ist der größte Fehler, den wir machen können. Wir glauben, dass andere das schätzen, was wir selbst schätzen. Wir glauben, dass andere sich in einer Beziehung das wünschen, was wir uns selbst wünschen. Wenn jemand sagt: «Ich liebe dich», gehen wir davon aus, dass sie oder er genau das Gleiche meint wie wir, wenn wir «Ich liebe dich» sagen. Aber wenn wir jeden Menschen als Spiegelbild betrachten, sehen wir nicht, wie er wirklich ist, sondern wie *wir* sind.

Gegenseitiges Vertrauen erfordert Geduld und Verbindlichkeit. Es basiert darauf, dass wir den anderen Menschen wirklich verstehen, obwohl er eine andere Person ist und die Welt anders sieht. Um nicht in die Falle der Vermutungen und Annahmen zu tappen, sollten wir die Worte und das Verhalten der anderen genau beobachten. Wenn sie dir zeigen, auf welcher Stufe du ihnen vertrauen kannst, dann glaube ihnen.

Ich möchte, dass du dankbar für die Menschen bist, denen du vertrauen kannst, und dass du dich von jenen, die dir vertrauen, geehrt fühlst. Es ist aber vollkommen okay, wenn du zu jemandem null Vertrauen hast. Indem du Menschen akzeptierst, wie sie sind, gibst du ihnen die Chance zu wachsen und zu beweisen, dass sie mehr sein können.

VERTRAUEN IST EINE TÄGLICHE ÜBUNG

Nur selten kommt in Beziehungen der Zeitpunkt, an dem beide Partner sagen können: «Wir kennen einander in- und auswendig.» Wie eine Kurve, die sich einer Geraden annähert, ohne sie jemals zu erreichen, wirst auch du nie an den Punkt gelangen, an dem du behaupten kannst: «Ich vertraue der anderen Person vollkommen, und sie vertraut mir vollkommen, für immer und ewig.» Vertrauen kann in wichtigen und unwichtigen Dingen enttäuscht werden, und man muss es täglich neu aufbauen und stärken.

- Stärke das Vertrauen anderer in dich täglich:
- Gib und halte Versprechen (situatives Vertrauen).
- Mache den Menschen, die du gernhast, aufrichtige Kom-

plimente und übe konstruktive Kritik. Nimm Mühe auf dich, um sie zu unterstützen (gegenseitiges Vertrauen).
- Stehe Freunden bei, auch wenn es ihnen schlechtgeht, wenn sie einen Fehler gemacht haben oder wenn sie Hilfe brauchen, die dich viel Zeit kostet (unbedingtes Vertrauen).

EINE LIEBESBEZIEHUNG FÜHREN

Wir besitzen jetzt einige Werkzeuge, mit deren Hilfe wir einschätzen können, welche Rollen andere Personen in unserem Leben spielen. Nun wollen wir uns ansehen, wie wir bestehende Beziehungen vertiefen und neue Beziehungen aufbauen können. Nicht an traditionellen Familienrollen festzuhalten, erlaubte uns Mönchen, unsere Verbundenheit mit der ganzen Menschheit zu erweitern. Genauso setzte unser zölibatäres Leben die Energie und die Aufmerksamkeit frei, die durch Liebesbeziehungen gebunden gewesen war. Bevor du dieses Buch jetzt durchs Zimmer schleuderst, möchte ich betonen, dass ich das Zölibat außerhalb des Aschrams nicht empfehle. Es ist eine ungeheure Selbstverpflichtung und nicht für jeden wichtig, mir aber hat es Einsichten gebracht, die ich gerne weitergeben möchte.

Keinen Alkohol mehr trinken? Das fiel mir leicht. Glücksspiele aufgeben? Ich hatte ohnehin nie viel gespielt. Und Fleisch esse ich schon seit meinem sechzehnten Lebensjahr nicht mehr. Für mich bestand das größte Opfer darin, auf Liebesbeziehungen zu verzichten. Das klang lachhaft, ja unmöglich. Mir war jedoch klar, welches Ziel damit verfolgt wurde: Wir sollten die Mühe und Energie, die wir in Liebesbeziehungen steckten, darauf verwenden, eine Beziehung zu uns selbst aufzubauen. Es ist ähnlich, als wenn man dazu aufgefordert wird, seinen Zuckerkonsum stark einzuschränken. Welcher vernünftige Mensch verzichtet denn gerne auf Eiscreme? Aber wir alle wissen, dass es einen guten Grund dafür gibt: Wir möchten gesünder sein und länger leben. Als ich mir die Mönche so ansah, erkannte ich, dass sie etwas richtig machten. Erinnerst du dich an Matthieu Ricard, den «glücklichsten Mann der Welt»? Alle Mönche, die ich kennenlernte, sahen jung aus und wirkten sehr glücklich. Meine romantischen Techtelmechtel hatten mir keine Erfüllung gebracht, daher war ich bereit, mich auf dieses Experiment einzulassen und mich in Selbstbeherrschung und Disziplin zu üben.

Als ich Mönch wurde, fragte mich ein Studienfreund: «Worüber sollen wir denn dann noch sprechen? Wir haben doch immer nur über Frauen geredet.» Er hatte recht. Einen großen Teil meines Lebens hatte ich damit verbracht, Liebesbeziehungen zu bewältigen. Es gibt einen Grund dafür, dass wir uns zahllose Sitcoms und Filme über Liebesabenteuer ansehen – sie sind immer wieder unterhaltsam. Aber wie alles Unterhaltsame rauben sie dir Zeit für ernsthaftere Beschäftigungen. Wenn ich drei Jahre lang Dates gehabt oder in einer verbindlichen Beziehung gelebt hätte, statt mich im Aschram aufzuhalten, wäre ich heute nicht da, wo ich bin. Ich würde nach wie vor meine Stärken nicht kennen und immer noch nicht wissen, wer ich bin.

Ein Sanskritwort für Mönch ist *brahmacharya*, es lässt sich übersetzen mit «mit Energie haushalten». Wenn du auf der Suche nach einer Frau bist, gehst du in eine Bar und guckst, wen du attraktiv findest. Oder du suchst online nach möglichen Partnern, ohne auch nur einen Gedanken daran zu verschwenden, wie viel Zeit solche Kontaktversuche kosten. Stelle dir einmal vor, wie es wäre, wenn du dir diese Zeit zurückkaufen könntest, wenn du dir die ganze Energie, die du für nicht geglückte Beziehungen aufgewendet hast, zurückholen könntest. Diese Aufmerksamkeit und Konzentration könntest du dann für Kreatives, Freundschaften, Selbstwahrnehmung und deinen Beruf verwenden. Das soll aber nicht bedeuten, dass jede missglückte Beziehung Zeitverschwendung ist. Im Gegenteil, wir lernen aus jedem Fehler. Doch denke daran, wie viel Zeit im Rahmen von Beziehungen für unnütze Dinge draufgehen kann. Du wartest auf eine SMS, fragst dich, ob er dich noch mag, versuchst, ihn so zu verändern, dass er der Mensch wird, den du dir wünschst. Wenn wir uns aber über unsere Bedürfnisse und Erwartungen im Klaren sind, können wir unsere Zeit und Energie viel besser nutzen.

Sexuelle Energie hat nicht nur mit Lust zu tun. Sie ist heilig, denn sie hat die Kraft, ein Kind zu schaffen. Stelle dir vor, was sie in uns schaffen kann, wenn sie gezügelt wird. Die Sexualpädagogin Mala Madrone sagt: «Bewusst gewählte Enthaltsamkeit ist eine kraftvolle Methode, um mit der eigenen Energie zu arbeiten und die Potenz der Lebensenergie für sich nutzbar zu machen. Sie kann dir auch helfen, deine Intuition und deine Grenzen zu stärken und besser zu verstehen, was Einverständnis wirklich bedeutet und wie man unterscheidet, welche Art des Kontakts und der Interaktion dein Leben bereichern und deinem Körper wirklich willkommen sind.»[11] Du verschleuderst deine Energie, wenn du sie darauf verwendest, dem Idealbild einer anderen Person gerecht zu werden, dich ihren vermeintlichen Wunschvorstellungen anzupassen oder sie zu verdächtigen, dass sie dich betrügt. Die Partnersuche ist mit so vielen Ängsten behaftet, mit so viel Negativität und Druck, «die Richtige» oder «den Richtigen» zu finden – ganz unabhängig davon, ob wir zu einer langfristigen Beziehung überhaupt fähig oder bereit sind.

Als ich aufhörte, einer Liebesbeziehung nachzujagen und meiner Lust nachzugeben, bemühte ich mich nicht mehr, mich als potenziellen Partner anzupreisen, toll auszusehen, einen guten Eindruck auf Frauen zu machen. Ich stellte fest, dass meine Beziehungen zu Freundinnen – und auch zu Freunden – intensiver wurden. Ich hatte körperlich und geistig mehr Raum und Energie für ihre Seelen. Meine Zeit und meine Aufmerksamkeit wurden so besser genutzt.

Wieder rate ich nicht dazu, Sex aufzugeben (auch wenn das natürlich eine Möglichkeit ist). Aber was wäre, wenn du dir erlauben würdest, single zu sein und dich auf deinen Beruf, deine Freunde und deinen Seelenfrieden zu konzentrieren? Der Theologe und Philosoph Paul Tillich sagte einmal: «Die Sprache hat verschiedene Worte für diese beiden Arten des Alleinseins geschaffen. Sie bezeichnet mit dem Wort ‹Verlassenheit› das Leid des Alleinseins und mit dem Wort ‹Einsamkeit› beides, sein Leid und seine Größe.»[12]

Ich habe drei Jahre als Mönch verbracht, habe drei Jahre lang meine Selbstwahrnehmung geschult und war daraufhin in der Lage, mir die richtigen Fragen zu einer Beziehung zu stellen. Ich wusste, wo ich sein wollte und wie sich das anfühlte. Ich hatte die Möglichkeit, zu dem Menschen zu werden, mit dem ich gern eine Beziehung eingehen würde. Statt nach anderen zu suchen, die mich glücklich machen sollten, war ich fähig, mich selbst glücklich zu machen.

ANZIEHUNGSKRAFT VERSUS VERBUNDENHEIT

Unsere wachsende Zielgerichtetheit lässt uns immer deutlicher erkennen, warum wir uns von Menschen angezogen fühlen und ob diese Gründe unseren Wertvorstellungen entsprechen. Es gibt fünf Hauptmotive für eine Verbindung. Beachte, dass sie nicht nur für Liebesbeziehungen gelten.

1. *Physische Anziehung.* Dir gefällt das Aussehen der Person. Du wirst von ihrer äußeren Erscheinung, ihrem Stil oder Auftreten angezogen, oder dir gefällt die Vorstellung, mit ihr gesehen zu werden.
2. *Materielle Anziehung.* Dir gefallen die Macht und/oder der Besitz der Person.
3. *Intellektuelle Anziehung.* Dir gefällt, wie der Mensch denkt. Das Gespräch mit ihm und seine Ideen regen dich an.
4. *Emotionale Anziehung.* Ihr habt guten Kontakt. Die Person versteht deine Gefühle und erhöht dein Wohlbefinden.
5. *Spirituelle Anziehung.* Die Person teilt deine höchsten Ziele und Werte.

Wenn du herausfindest, was dich an einem Menschen anzieht, wird klar, ob du dich von dem ganzen Menschen angezogen fühlst oder nur von einem Aspekt. Meiner Erfahrung nach nennen die meisten Leute, wenn man sie danach fragt, eine Kombination aus den drei Eigenschaften, die ganz oben auf der Prioritätenliste stehen: gutes Aussehen, Erfolg und scharfer Verstand. Diese Eigenschaften allein sind aber keine Garanten für langfristige, stärkende Beziehungen.

Mönche sind der Überzeugung, dass unser Aussehen wenig darüber aussagt, wer wir sind. Der Körper ist nur ein Gefäß für die Seele. In ähnlicher Weise gehört uns auch unser Besitz nicht, und mit Sicherheit verrät er nichts über den Charakter des Besitzers! Und selbst wenn man sich zu einer Person hingezogen fühlt, weil sie einen scharfen Verstand hat, gibt es keine Garantie dafür, dass das zu einer sinnvollen Verbindung führen wird. Aussehen, Besitz und Verstand korrelieren also nicht notwendig mit langfristigen, stärkenden Beziehungen, aber sie zeigen dir, worauf du bei der anderen Person reagierst. Die letzten beiden Arten der Anziehung, die emotionale und die spirituelle, weisen auf eine tiefere, dauerhafte Verbindung hin. Sie zeigen, ob ihr zueinanderpasst.

AUFEINANDER REAGIEREN UND ZUEINANDERPASSEN

Das, was man als Chemie zwischen zwei Menschen bezeichnet, macht den «Zauber» einer Beziehung aus. Die emotionale Verbindung geht über das Verständnis und die Fürsorge füreinander hinaus. Du fühlst dich leidenschaftlich zu dem anderen hingezogen und sehnst dich danach, mit ihm zusammen zu sein. Ihr habt zwar vielleicht nicht den gleichen Geschmack oder die gleichen Interessen, aber ihr habt Spaß zusammen.

Erst wenn ihr sowohl auf der emotionalen als auch auf der spirituellen Ebene übereinstimmt, passt ihr wirklich zueinander. Das bedeutet auch, dass ihr euch beide in gleicher Weise auf die Beziehung einlasst und bereit seid, alles Nötige zu tun, damit sie funktioniert.

Wenn in einer Beziehung die Chemie nicht stimmt und auch die Übereinstimmung nur schwach ausgeprägt ist, dann gibt es wenig oder gar keine Nähe und keine Gespräche. Ist die spontane Reaktion auf den anderen zwar stark, die Übereinstimmung jedoch schwach, kann das Zusammensein zwar toll sein, aber man passt nicht zusammen. Der eine bleibt gern zu Hause, die andere geht gern raus. Der eine ist ehrgeizig, die andere antriebslos. Und wenn es in einer Beziehung nur selten knistert, die Partner aber gut zusammenpassen, dann sind sie gute Gefährten. Sie sind sich meistens einig, aber die Beziehung ist langweilig.

Wie du wohl schon vermutest, entsteht die ideale Beziehung,

wenn eine hohe Anziehungskraft mit hoher Übereinstimmung verbunden ist.

Die gute Nachricht ist, dass es, wenn entweder die Anziehungskraft groß oder die Übereinstimmung hoch ist, Entwicklungsmöglichkeiten für die Beziehung gibt, aber eigentlich sollte die Übereinstimmung das Fundament der Beziehung bilden.

Dass zwei Menschen zusammenpassen, bedeutet nicht, dass sie genau gleich sind. Vielleicht mögen wir jemanden, weil sie oder er ganz anders ist als wir – Gegensätze ziehen sich an. Unterschiede im Aussehen, im materiellen Erfolg oder in den intellektuellen Fähigkeiten sind häufig unproblematisch. In unseren Emotionen und unserer spirituellen Denkweise jedoch müssen wir eine gemeinsame Basis finden. Wenn du dich von einer erfolgreichen Person angezogen fühlst, aber den Grundsatz, unentwegt zu arbeiten, nicht teilst, wirst du dich ärgern, weil dein Partner nie zu Hause ist und keine Zeit für dich hat. Wenn ein Mensch erfolgreich und klug wirkt, sagt das nichts darüber aus, ob ihr beide gemeinsam Lösungen erarbeiten könnt, wenn in der Beziehung Probleme auftauchen. Sinnvolle Beziehungen beruhen auf gemeinsamen Werten und emotionaler Verbindung. Unterschiede können anziehend sein, denn sie inspirieren uns oder geben uns Einblick in eine andere Welt. Wenn du allerdings nicht akzeptierst, dass diese Unterschiede tatsächlich einen Teil des anderen ausmachen, wirst du immer wieder versuchen, deine Partner so zu verändern, dass sie dir gleichen.

Ich kenne übrigens viele Paare, die sich bei ehrenamtlichen Tätigkeiten kennengelernt haben. Möchtest du also einen Partner finden, der gut zu dir passt, dann suche dir eine Tätigkeit, die dir am Herzen liegt. Wenn ihr euch in einem derartigen Umfeld kennenlernt, habt ihr von Anfang an große Gemeinsamkeiten und baut voraussichtlich eine entsprechend tiefe Verbindung auf.

Noch wichtiger als Gemeinsamkeiten ist jedoch etwas anderes: die Frage, wie der andere dein Energielevel beeinflusst. Denke an frühere Beziehungen, in denen du irgendwann zu dir selbst gesagt hast: «Ich kann nicht mehr. Diese Beziehung saugt mich aus.» Vielleicht gibt es gar kein offensichtliches Problem, aber die Beziehung absorbiert deine Energie, statt sie zu nähren. **Zusammenpassen bedeutet, dass du umso mehr Energie bekommst, je mehr Energie du in die Beziehung hineingibst.**

Wenn es um die Energie geht, dir wir in Beziehungen geben und bekommen, liegt der Fokus nicht auf der Anzahl der gemeinsam verbrachten Stunden. Von schuldbewussten Eltern (meistens Müttern) höre ich oft, dass sie ein schlechtes Gewissen haben, weil sie Überstunden machen müssen und ihnen daher Zeit für ihre Kinder fehlt. In der ersten großen Untersuchung, die der Frage nachging, welche Bedeutung die Zeit von Müttern für ihre Kinder hat, zeigte sich, dass es auf die Qualität der mit den Kindern verbrachten Zeit ankommt, nicht auf die Quantität.[13] (Das heißt, dass du, wenn du mit der Familie Zeit verbringst, dein Handy weglegen solltest.) Ich bin zwar nicht selbst Vater, aber ich weiß, dass ich als Kind immer die Energie meiner Mutter gespürt habe. Ich habe nie gemessen, wie viel Zeit sie mit mir verbracht hat. Meine Mutter hat gearbeitet, und als kleines Kind wurde ich in die Kita gebracht. Ich habe keine einzige Erinnerung an die Kita und auch nicht daran, dass ich unter der Abwesenheit meiner Mutter gelitten hätte. Aber ich erinnere mich sehr gut daran, wie sie kam, um mich abzuholen. Sie hat immer gelächelt und gefragt, wie mein Tag war.

Das gilt für alle Beziehungen. Niemand möchte mit dir am Esstisch sitzen, während du telefonierst. Gemeinsam Zeit zu verbringen, dürfen wir nicht mit Energie schenken gleichsetzen. Du kannst eine ganze Stunde mit einem Menschen verbringen, ihm aber nur zehn Minuten Energie schenken. Ich habe nicht viel Zeit für meine Familie, aber wenn ich dort bin, bin ich hundertprozentig anwesend. Lieber verbringe ich konzentriert und engagiert zwei Stunden mit meinen Verwandten, als ein ganzes Wochenende lang nur zerstreut Energie zu geben.

Ein Mönch zeigt seine Liebe durch Präsenz und Aufmerksamkeit. Im Aschram wurde die Zeit, die wir in irgendetwas investierten, nie als zuverlässiger Maßstab für Fürsorge oder Engagement betrachtet. Wie bereits erwähnt, wurden wir nach einer Meditation nicht gefragt, wie lange wir meditiert hatten, sondern wie tief die Meditation gewesen war. Wenn ihr jeden Abend zusammen esst, ist das toll, aber wie gehaltvoll ist euer Gespräch? Denke wie ein Mönch, betrachte dein Energiemanagement, nicht dein Zeitmanagement. Schenkst du den Menschen, mit denen du zusammen bist, deine ungetrübte Gegenwart und deine ganze Aufmerksamkeit?

AUFGABE: *DEN AUFMERKSAMKEITSRÄUBERN HANDFESSELN ANLEGEN*

Heutzutage wird unsere Aufmerksamkeit von vielen Seiten heiß umkämpft. Die Gewinner sind meistens unsere Bildschirme. Wenn wir einem Menschen für eine bestimmte Zeit unsere volle Aufmerksamkeit schenken wollen, müssen wir Bildschirme und Displays ausschalten. Möchtest du dich so auf jemanden konzentrieren, wie er es verdient, dann setzt euch zusammen und einigt euch auf Regeln über den Umgang mit Smartphone, Laptop und Fernsehgerät. Sucht bestimmte Tätigkeiten für eure Qualitätszeit aus und lasst euch nicht ablenken. Einigt euch darauf, die Handys auszuschalten, in ein anderes Zimmer zu legen oder zu Hause zu lassen. Anfangs ist das möglicherweise gar nicht so einfach. Vielleicht gerät das Gespräch ins Stocken, oder Freunde und Kollegen sind frustriert, weil sie euch nicht erreichen. Doch solche Grenzen zu setzen, führt auf beiden Seiten zu Lernprozessen: Bald wird es euch nicht mehr peinlich sein, wenn eure Unterhaltung ins Stocken gerät, und Freunde und Kollegen werden akzeptieren, dass ihr nicht Tag und Nacht erreichbar seid.

SECHS MÖGLICHKEITEN DES LIEBEVOLLEN AUSTAUSCHS

Die wenigsten Paare setzen sich zusammen hin, stellen eine Liste von Werten auf und schauen sich dann an, welche davon sie beide wichtig finden. Doch wenn wir uns einmal über uns selbst im Klaren sind, können wir den Kontakt zu anderen bewusster und zielgerichteter gestalten. Im Sri Upadesamṛta, dem «Nektar der Unterweisung», werden sechs Arten des liebevollen Austauschs beschrieben, die die Bindung und das gemeinsame Wachsen verstärken. Sie helfen uns, eine Beziehung aufzubauen, die auf Großzügigkeit, Dankbarkeit und Unterstützung basiert.[14]

Gaben verschenken und Gaben annehmen. Wir erweisen Wohltaten und empfangen Gegengeschenke. Das erscheint uns selbstverständlich oder sogar materialistisch – schließlich wollen wir uns die Zuneigung des anderen ja nicht erkaufen. Aber überlege einmal, was es bedeutet, einen anderen Menschen bewusst zu beschenken. Kaufst du deiner Partnerin am Valentinstag Blumen? Das ist eine sehr konventionelle Geste, überlege also, ob sie deiner Partnerin wirklich so große Freude macht oder ob du etwas anderes verschenken möchtest. Falls du dich dann für Blumen entscheidest, könntest du ein paar Wochen vorher mit ihr an einem Blumenladen vorbeispazieren und sie über ihre Vorlieben aushorchen. Oder aber du könntest mit einer SMS heim-

lich bei ihrer besten Freundin nachfragen. Beides erfordert viel mehr Überlegung und Planung, als wenn du online ein paar Rosen bestellst – was aber immerhin noch besser wäre, als den Tag ganz zu vergessen. Ist der Valentinstag ein guter Zeitpunkt, um deine Liebe zu zeigen, oder hätte eine unerwartete Geste sogar noch größere Bedeutung für deine Partnerin? Hast du dir Zeit genommen, um zu überlegen, worüber sich ein kranker Freund wirklich freuen würde? Vielleicht ist das gar kein Gegenstand, sondern eine Handlung, ein Dienst, deine Zeit. Du könntest sein Auto waschen, einen Konzertbesuch organisieren, ihm bei Verpflichtungen helfen oder einen Ausflug mit ihm machen.

Auch wenn du ein Geschenk erhältst, kannst du Überlegungen dazu anstellen: Bist du dankbar, dass die Schenkende sich so viel Mühe damit gemacht hat? Verstehst du, warum du dieses Geschenk bekommst und was es der Schenkenden bedeutet?

Sich vertraulich mitteilen und vertrauliche Fragen stellen. Zuhören ist eins der kostbarsten Geschenke, die wir machen können. Es gibt keine schönere Art, dem anderen zu zeigen, wie wichtig seine Erfahrungen uns sind. Bewusst zuzuhören bedeutet, dass wir auf die Gefühle hinter den Worten achten, dass wir zum besseren Verständnis Fragen stellen und das, was wir erfahren, in unser Wissen über den anderen Menschen integrieren. Es bedeutet auch, dass wir unser Bestes tun, um das Gesagte im Gedächtnis zu behalten, und später gegebenenfalls noch einmal nachfragen. Zuzuhören heißt auch, eine Atmosphäre von Vertrauen zu schaffen, in der unser Gegenüber sich willkommen und sicher fühlt.

Genauso wichtig ist es, dass du anderen deine persönlichen Gedanken und Träume, Hoffnungen und Sorgen offenbarst. Indem du dich durch diese Offenheit ungeschützt und angreifbar zeigst, schenkst du deinem Gegenüber Vertrauen und signalisierst, dass du seine Meinung respektierst. Deine Offenheit versetzt den anderen in die Lage, deine Erfahrungen und deine Überzeugungen zu verstehen.

AUFGABE: *EIN GESPRÄCH IN EIN GESCHENK VERWANDELN*

Idealerweise versuchst du das bei jedem Gespräch, aber diesmal konzentrierst du dich ganz besonders darauf. Wähle dazu eine gemeinsame Aktivität mit einem Menschen, der dir wichtig ist – mit einem Freund, einer Verwandten oder deinem Partner. Vielleicht esst ihr zusammen oder macht einen Spaziergang. Schalte während dieser Zeit dein Handy aus. Schenke der anderen Person deine volle Aufmerksamkeit. Statt einfach einen Themenkatalog durchzugehen, sei neugierig. Wenn gerade kein Thema auftaucht, dann stelle offene Fragen, damit dein Freund über etwas sprechen kann, das ihm wichtig ist: Was geht dir in letzter Zeit so durch den Kopf? Wie geht's dir in deiner Beziehung mit X? Höre aufmerksam zu und frage nach. Erzähle von deinen eigenen Erfahrungen, ohne aber das Gespräch auf dich zu lenken. Schreibe deinem Freund ein paar Tage später eine Mail oder eine SMS und beziehe dich darin auf euer Gespräch.

Prasada-Annehmen und Prasada anbieten. Prasada oder Prasad ist die geweihte Opferspeise der Hindus. Sie zu geben oder anzunehmen, ist eine liebevolle Geste nicht nur der Mönche untereinander. Wir können diesen Austausch von geweihter Speise als Austausch von Nahrung im weitesten Sinne deuten: Es kann jeder greifbare Ausdruck von Fürsorge und Dienen sein, der Körper oder Geist nährt. Zum Beispiel kannst du deiner Partnerin eine Massage geben, ihr zu Hause einen Ort der Entspannung schaffen oder Musik auflegen, die sie liebt. Aber es kann auch ein viel größerer Liebesbeweis sein: Meine Frau hat sich von ihrer geliebten Familie getrennt und ist nach New York gezogen, um mit mir zusammenzuleben. Dieser Ausdruck ihrer Fürsorge und Großzügigkeit hat mich mehr genährt, als ich in Worte fassen kann. Als wir dann in New York wohnten, habe ich meinerseits sie anderen Frauen vorgestellt, um ihr zu helfen, in der fremden Stadt Anschluss zu finden. Es ist nicht nötig, dass solche Liebesbezeugungen genau aufeinander abgestimmt sind, wir sollten vielmehr schauen, was die andere Person am meisten braucht.

Diese sechs Arten des Austauschs können wahre Tiefe und Bedeutung haben, sie können aber auch eher banal sein. Beurteile die Bemühungen anderer Menschen jedoch nicht, ohne dass du ihnen die Chance gegeben hast, es besser zu machen. Niemand kann Gedanken lesen. Wenn deine Mitbewohnerin oder deine Partnerin deinen Wunsch nach einer Geburtstagsparty nicht errät, ist das nicht ihre Schuld. Du solltest ihr deutlich und ehrlich zu verstehen geben, was du brauchst.

AUFGABE: *BITTE UM DAS, WAS DU DIR WÜNSCHST*

Sage den Menschen, die dir wichtig sind, in welcher Form du dir von ihnen Liebe wünschst. Wenn wir unsere Wünsche nicht äußern, erwarten wir von unseren Mitmenschen, dass sie unsere Gedanken lesen, und kritisieren sie dann oft, wenn ihnen das nicht gelingt. Bitte deine Nächsten in dieser Woche offener als sonst um Hilfe. Warte nicht darauf, dass sie von selbst darauf kommen, was du brauchst.

1. Denke an ein Verhalten eines geliebten Menschen, über das du dich beklagst. Suche aber nicht zu sehr nach Fehlern der anderen! Wenn dir nicht gleich etwas einfällt, ist das ein großartiges Zeichen. In diesem Fall solltest du die gesamte Übung überspringen.
2. Gehe dem Problem an die Wurzel. Was ist der tatsächliche Grund für deinen Unmut? Vielleicht stellst du fest, dass dein Bedürfnis sich mit einer Form des liebevollen Austauschs befriedigen lässt. Wünschst du dir mehr Zeit, um dich im *Gespräch* auszutauschen und zu verbinden? Fühlst du dich nicht genügend gewürdigt und wünschst dir daher *Geschenke*? Wünschst du dir mehr Unterstützung, etwa durch *Essengehen* oder andere hilfreiche Aktivitäten?
3. Artikuliere diese Wünsche, ohne zu kritisieren. Sage «Das würde mir helfen, mich geliebt und geschätzt zu fühlen» statt «Du machst das verkehrt».

Auf diese Weise gibst du dir nahestehenden Menschen die Möglichkeit, sich mit dir zu verbinden. Du machst es ihnen leichter, und für dich ist es erfüllender.

Die sechs Arten des liebevollen Austauschs legen das Fundament für jede enge Beziehung. Doch die meisten von uns suchen nach der oder dem «Richtigen». Die an der Harvard Medical School durchgeführte Grant Study beobachtete über einen Zeitraum von fünfundsiebzig Jahren 268 Studenten und sammelte große Datenmengen über die ausschließlich männlichen Teilnehmer. Bei der Sichtung der Daten stellte sich heraus, dass ein Faktor für die Lebensqualität der Männer entscheidend war: liebevolle Beziehungen. Die Untersuchung zeigte, dass nicht nur der finanzielle Erfolg größer, sondern auch die psychische Gesundheit besser war, wenn die Männer liebevolle Beziehungen pflegten.[15]

Wir alle gehen mit unterschiedlich guten Fähigkeiten zur Selbstwahrnehmung Beziehungen ein. Online-Fragebögen und Dating-Apps fordern uns auf, die Eigenschaften aufzulisten, die wir uns an einer Partnerin oder einem Partner wünschen: Sinn für Humor, Fürsorglichkeit, gutes Aussehen. Aber wir schauen uns nicht an, was wir selbst eigentlich brauchen. Wie soll die Fürsorglichkeit aussehen? Was gibt uns das Gefühl, geliebt zu werden?

In seinem Buch *Einfach lieben* schreibt Thich Nhat Hanh: «Oft geraten wir ins Schwärmen über andere, nicht weil wir sie wirklich lieben und verstehen, sondern um uns von unserem eigenen Leid abzulenken. Lernen wir, uns selbst zu lieben und zu verstehen und wahres Mitgefühl für uns aufzubringen, können wir auch einen anderen Menschen wirklich lieben und verstehen.»[16] Als ich nach meiner Zeit im Aschram für eine Beziehung bereit war (das war nicht unmittelbar danach, wie einige Freunde annahmen), beruhten meine Wünsche an eine Partnerin auf Selbsterkenntnis. Ich wusste, welche Eigenschaften meine ergänzen würden und welche nicht. Ich wusste, was ich im Leben brauchte und was ich zu bieten hatte. Meine Fähigkeit, die richtige Partnerin zu finden, hatte sich entwickelt, weil ich mich entwickelt hatte.

Radhi Devlukia, die Frau, die meine Ehefrau werden sollte, besaß dieses Wissen über sich selbst ebenfalls. Sie hatte nicht den gleichen Weg gehen müssen wie ich, um zu erkennen, dass sie mit einem Mann zusammen sein wollte, der eine spirituelle Verbindung sowie hohe Moralvorstellungen und Werte hatte. Ich bin überzeugt, dass sie auch ohne mich gut zurechtgekommen wäre. Aber ich weiß, dass mein Leben anders, nämlich voller Schmerzen, gewesen wäre, wenn ich mir nicht die Zeit genommen hätte, an mir zu arbeiten, bevor ich mich in eine ernsthafte Beziehung stürzte.

Die Band «Massive Attack» bezeichnet lieben als Verb, als Tuwort.[17] In dem Film *Dan – Mitten im Leben!* sagt Marty, der Freund von Dans Tochter, Liebe sei kein Gefühl, sondern eine Fähigkeit.[18] Der Dalai Lama hat gesagt: «Liebe ist die Abwesenheit von Urteil.» Liebe ist geduldig. Liebe ist freundlich. Und, um es mit den Beatles zu sagen: «*Love is all you need.*» Diese vielen verschiedenen Definitionen der Liebe können durchaus verwirren. Und als ich mich damals in London zu meinem ersten Date mit Radhi auf den Weg machte, war auch ich durcheinander – trotz meiner Erfahrungen als Mönch, meiner Selbsterkundung, meiner Zielgerichtetheit und meines Mitgefühls.

Dass ich sie mag, weiß ich schon. Der Think Out Loud-*Club, den ich auf dem College ins Leben gerufen hatte, bestand nach meinem Abschluss noch einige Jahre weiter, und ich hielt Kontakt, nahm an Treffen teil und hielt Vorträge, wenn ich nach London kam. Auch Radhi gehörte dem Club an, sie war zu einigen meiner Vorträge gekommen und hatte sich mit meiner Schwester angefreundet. Jetzt haben Leute aus der Gruppe, darunter auch Radhi und ich, sich zusammengetan, um für Kinder in England eine Benefizveranstaltung gegen Rassismus und Mobbing in der Schule zu organisieren. Radhi in dieser Umgebung kennenzulernen, hat mir mehr über sie gesagt, als ich über ein Dating-Profil oder auch bei ein paar Dates erfahren hätte. Ich sehe, wie respektvoll sie mit den anderen im Team umgeht. Sie hat interessante Meinungen und coole Ideen. Ich habe die Chance, sie so zu erleben, wie sie wirklich ist. Bei einem einstündigen Date kann schließlich jede ihrem Online-Profil entsprechen und sich von ihrer besten Seite zeigen. Aber das ergibt nur ein unvollständiges Bild.*

Ich habe immer noch keinen Vollzeitjob, aber ich gebe Nachhilfe, um ein bisschen Geld zu verdienen. Diese Einnahmen habe ich einen Monat lang gespart, um Radhi in das Musical Wicked – Die Hexen von Oz *einladen zu können. Anschließend gehe ich mit ihr in das Sternerestaurant Locanda Locatelli, das ich mir eigentlich gar nicht leisten kann.*

Rhadi ist höflich, aber nicht sonderlich beeindruckt. Nach dem Essen sagt sie: «Das wäre nicht nötig gewesen», und sie gesteht, dass sie bei ihrem idealen Date mit dem Mann durch einen Supermarkt schlendern und Brot kaufen würde. Ich bin total verblüfft. Wer will denn so was?

Seit ich in den Aschram eingetreten war, hatte ich keine Beziehung mehr gehabt, und ich musste meine spirituelle Identität noch mit meinen früheren Dating-Gewohnheiten in Einklang bringen. Denn trotz meiner Ausbildung zum Mönch fiel ich sofort wieder in meine alten Beziehungsmuster zurück. Ich bemühte mich, den Frauen das zu geben, was sie sich Medien, Filmen und Musik zufolge wünschten, statt meine Wahrnehmung dafür zu schärfen, wer sie im Kern waren. Ich selbst liebe Geschenke und ausgefallene Liebesbeweise, und noch eine Weile überschüttete ich Radhi mit solchen großartigen Gesten, ohne zu begreifen, was ich da tat. Ich lag damit völlig falsch. So was beeindruckte sie überhaupt nicht. Für Extravaganz hat sie nicht viel übrig. Aber statt dass ich sorgfältig beobachtete, was ihr gefiel, ließ ich mich selbst nach meinen Jahren im Aschram noch von äußeren Einflüssen und von meinen eigenen Vorlieben leiten. Nach meinen ersten Fehlgriffen war ich dann jedoch achtsam genug, um das zu erkennen, und, Gott sei Dank, Radhi heiratete mich.

Wenn du nicht weißt, was du willst, sendest du falsche Signale und ziehst die falschen Menschen an. Wenn du dir über dich selbst nicht im Klaren bist, suchst du nach den falschen Eigenschaften und wählst die falschen Leute aus. In diesem Buch haben wir immer wieder besprochen, wie man sich Selbstwahrnehmung erarbeitet. Erst wenn du dich selbst verstehst, bist du wirklich für eine Liebesbeziehung bereit.

Manchmal stellen wir fest, dass wir immer und immer wieder die gleichen Fehler machen, dass wir die gleichen unpassenden Partner anziehen oder sie uns wider besseres Wissen selbst aussuchen. Wenn das geschieht, ist das nicht einfach Pech, sondern ein Hinweis darauf, dass wir Arbeit vor uns haben. Aus der Sicht eines Mönchs tragen wir als Menschen Schmerz. Wir versuchen, andere zu finden, die diesen Schmerz lindern, doch dazu sind nur wir selbst imstande. Wenn man sich nicht durch den Schmerz hindurcharbeitet, bleibt er bestehen und greift in unsere Entscheidungen ein. Das führt dann zu problematischen Beziehungen, in denen die Partner uns unsere ungelösten Probleme widerspiegeln. Und solche Partnerinnen und Partner werden immer wieder auftauchen, so lange, bis wir gelernt haben, was wir lernen müssen. Wie Iyanla Vanzant im Gespräch mit Oprah Winfrey sagte: «Solange du die Wunden der Vergangenheit nicht heilst, wirst du weiter bluten. Du kannst die Blutung mit Verbänden aus Essen, Alkohol, Drogen, Arbeit, Zigaretten oder Sex abdecken; aber irgendwann sickert das Blut durch und macht Flecken auf deinem Leben. Du musst die Kraft finden, die Wunden zu öffnen, mit deinen Händen hineinzugehen und den Kern des Schmerzes herauszuziehen, der dich in deiner Vergangenheit festhält, nämlich die Erinnerungen, und mit ihnen Frieden schließen.»[19]

Wenn du diese Wunde gereinigt und dich selbst geheilt hast, bist du bereit zu geben, wenn du Beziehungen eingehst. Dann erwartest du nicht mehr, dass deine Partnerin oder dein Partner deine Probleme löst oder ein Loch füllt. Niemand kann dich vervollständigen, denn du bist keine Hälfte. Du brauchst nicht perfekt zu sein, aber du musst geben können. Nur so kannst du aufhören, andere Menschen auszusaugen, und beginnen, sie zu nähren.

DIE LIEBE LEBENDIG ERHALTEN

Als wir über den Geist sprachen, haben wir gesagt, dass das Glück sich einstellt, wenn wir lernen, Fortschritte machen und etwas leisten. Und doch sehnen wir uns, wenn eine Beziehung in die Jahre kommt, häufig nach der Zeit der ersten Verliebtheit und den Flitterwochen zurück. Wie oft hast du dir in einer Beziehung schon gesagt «Ich wünschte, ich könnte wieder solche Gefühle haben» oder «Ich wünschte, wir könnten uns in diese Zeit zurückversetzen». Aber wieder in dem gleichen Restaurant zu essen oder dorthin zu fahren, wo ihr euch zum ersten Mal geküsst habt, wird den Zauber des Anfangs nicht wiederbringen. Viele von uns sind so süchtig danach, die gleichen Erlebnisse zu wiederholen, dass sie keinen Raum für neue Erfahrungen schaffen. Dabei hast du dich doch zu Beginn deiner Beziehung voller

Energie und Offenheit auf *neue* Erfahrungen eingelassen. Die Liebe bleibt lebendig, wenn ihr neue erinnerungswürdige Erlebnisse schafft, indem ihr weiter zusammen lernt und wachst. Neue Erfahrungen bringen Freude in euer Leben und stärken eure Verbundenheit. Ich kann viele Aktivitäten empfehlen, denen Paare sich gemeinsam widmen können. Hier möchte ich euch einige meiner Lieblingsvorschläge vorstellen. Ich habe sie aus den Prinzipien der Mönche abgeleitet.

1. *Im Alten das Neue suchen.* Erinnerst du dich daran, wie wir Mönche auf dem Weg, den wir jeden Tag gemeinsam gingen, nach einem besonderen Stein suchten? Genauso könnt ihr die Augen für die Welt öffnen, in der ihr bereits lebt. Gönnt euch mitten in der Woche ein Essen bei Kerzenschein. Lest euch vor dem Schlafengehen ein Buch vor, statt auf eure Handys zu glotzen. Spaziert zusammen durch euer Viertel und spielt dabei, wer als Erster eine bestimmte Art von Briefkasten oder einen Vogel entdeckt.
2. *Neue Möglichkeiten finden, Zeit miteinander zu verbringen.* Eine Untersuchung ergab, dass Paare ihre Bindung stärken, wenn sie neue, aufregende Aktivitäten ausprobieren.[20] Meine Frau und ich fingen an, Escape Room zu spielen. Bei diesem Spiel werden zwei oder mehr Menschen in einem Raum eingeschlossen, aus dem sie dann durch Lösen bestimmter Aufgaben den Weg nach draußen finden müssen. Die Spielleiter geben ein paar Hinweise, dann sollen die Eingeschlossenen zusammenarbeiten und das Rätsel Schritt für Schritt lösen. Das klingt vielleicht etwas unheimlich, aber es macht großen Spaß. Man lernt zusammen. Man macht zusammen Fehler. Es ist ein Spielfeld, auf dem keiner von euch mehr Erfahrung oder mehr Wissen hat als der andere. Wenn

ihr als Paar zusammen experimentiert, spürt ihr, wie ihr in allen Bereichen eures Lebens gemeinsam wachst. Ihr könntet auch etwas ausprobieren, bei dem man richtig Angst kriegen kann, wie Fallschirmspringen oder etwas anderes, das außerhalb eurer Komfortzone liegt. Erinnerst du dich, wie gut es getan hat, dass du dich deinen Ängsten genähert hast? Als Paar gemeinsam mit der Angst zu spielen, ist eine gute Übung, sich auf tieferliegende Ängste einzulassen, mit der Partnerin oder dem Partner darüber zu sprechen, die Unterstützung zu spüren und die Angst gemeinsam zu verwandeln.

3. *Gemeinsam dienen.* So wie der Dienst an anderen dem Leben Sinn gibt, so gibt in einer Partnerschaft das gemeinsame Dienen eurer Verbindung Sinn. Ihr könnt Benefizveranstaltungen organisieren, Lebensmittel für Obdachlose sammeln oder zusammen unterrichten. Als Mönch erlebte ich meine Verbundenheit mit den anderen am stärksten, wenn ich mich an gemeinsamen Projekten beteiligte – etwa bei der grässlichen zweitägigen Zugfahrt im Rahmen der Pilgerreise, von der ich berichtet habe, wenn wir Bäume pflanzten oder als wir eine Schule bauten. Statt uns auf die Herausforderungen der Beziehung zu konzentrieren, entwickeln wir eine gemeinsame Sicht auf gesellschaftliche Probleme. Wir verbinden uns zu einem höheren Zweck und empfinden Dankbarkeit, die wir dann in unsere Beziehung einbringen.
4. *Zusammen meditieren und Mantras singen.* Wenn ein Paar, das sich gerade gestritten hat, in einen Raum kommt, spürt man, wie die negative Energie zwischen ihnen vibriert. Wenn du und dein Partner zusammen Mantras singen, ist das Gegenteil der Fall, denn ihr sen-

det harmonische Schwingungen aus. Ihr seid buchstäblich aufeinander eingestimmt.

5. *Stellt euch gemeinsam vor, was ihr euch von eurer Beziehung wünscht.* Wenn euch bewusst ist, was der Partnerin oder dem Partner wichtig ist, könnt ihr euch überlegen, wie weit ihr euch aufeinander einstellen möchtet. Ideal ist es, wenn ihr euch beide bemüht, euren eigenen Dharma zu leben. In den besten Beziehungen gelingt es euch beiden.

LIEBESKUMMER ÜBERWINDEN

Es kann schwierig sein, genau zu erkennen, wann eine Trennung sinnvoll ist, aber einen Punkt möchte ich hier sehr deutlich machen: Dankbar zu sein für das, was man hat, ist etwas anderes, als sich mit weniger zufriedenzugeben, als einem zusteht. Wenn wir immer noch auf unseren kindlichen Geist hören, fühlen wir uns von Menschen angezogen, die nicht gut für uns sind, auch wenn wir uns im Moment in ihrer Gegenwart besser fühlen. Mache dein Selbstwertgefühl niemals von einem anderen Menschen abhängig. Niemand verdient verbale, emotionale oder physische Gewalt. In so einem Fall ist es besser, allein zu sein. Du solltest auch nicht zulassen, dass eine Beziehung, in der du missbraucht, manipuliert oder auf andere Weise geschädigt wirst, in eine Freundschaft übergeht. Glaub mir, die Dynamik wird sich nicht ändern.

In jeder Beziehung kannst du festlegen, welches Maß an Freude du erwartest und welches Maß an Schmerz du akzeptierst. Keine Beziehung ist perfekt. Aber wenn es niemals freudige Höhepunkte gibt oder wenn die Freude immer auf einem niedrigen Niveau bleibt, müsst ihr beide hart daran arbeiten, das zu ändern. Ähnliches gilt für das Maß an Enttäuschung, das zu ertragen du bereit bist. Eure Verbindung mag sich langsam entwickeln, denn es kann eine Weile dauern, sich gegenseitig kennenzulernen. Wenn sie allerdings nie ein zufriedenstellendes Niveau erreicht, musst du dich entscheiden, ob du dich damit abfinden willst oder ob du lieber einen Schlussstrich ziehst.

Ich weiß, dass das nicht leicht ist. Wenn du Qualitätszeit mit einem Menschen verbracht hast, wenn du viel in die Beziehung investiert hast, wenn du dich jemandem geschenkt hast, ist es sehr schwer loszulassen. Jetsunma Tenzin Palmo, eine Nonne in der Tradition des tibetischen Buddhismus, erklärt, dass wir Anhaftung oft mit Liebe verwechseln. Sie sagt: «Wir bilden uns ein, das Ergreifen und Anklammern, das wir in unseren Beziehungen erleben, wäre ein Zeichen dafür, dass wir lieben. In Wirklichkeit ist es aber lediglich Anhaftung, die Schmerz verursacht. Denn je fester wir zugreifen, desto größer wird unsere Angst vor dem Verlust, und wenn wir den anderen dann tatsächlich verlieren, leiden wir natürlich.»[21] An der falschen Person festzuhalten, verursacht letztlich größere Schmerzen, als sie loszulassen.

Die Strategien, die ich empfehle, um Liebeskummer zu überwinden, hängen damit zusammen, wie die Mönche sich das Selbst und den Weg zu Frieden und zu unserer Bestimmung vorstellen. Ganz gleich, welche Gedanken wir haben, wir laufen nicht davor weg. Wir geben uns Raum, um sie zu bewerten und zu verändern. **SPOT, STOP, SWAP – BEMERKEN, BREMSEN, BESSERMACHEN.**

Spüre jede Emotion. Du kannst dich zwar von Liebeskummer ablenken, aber das hilft immer nur vorübergehend, denn wenn du deine Gefühle leugnest, leidest du auf andere Weise. Studien konnten das belegen. Forscher begleiteten Erstsemester, um zu sehen, wie gut sie sich an die neuen Gegebenheiten anpassten. Sie stellten fest, dass Studenten, die dazu neigten, ihre Gefühle zu unterdrücken, weniger enge Beziehungen hatten und sich weniger unterstützt fühlten.[22] Spüre daher nach einer Trennung lieber deinen Gefühlen nach. Vielleicht möchtest du sie ausdrücken, indem du sie aufschreibst oder aufnimmst. Lies, was du geschrieben hast, oder höre dir deine Aufnahmen objektiv an. Erkennst du wiederkehrende Muster?

Du kannst auch über Fragen zu deinem Verlust meditieren. Wir erleben vergangene Gefühle gern immer wieder nach: wie perfekt es war, wie es hätte sein können, wie wir glaubten, dass es werden würde. Statt zu überlegen, wie die Liebesbeziehung war, bevor sie zerbrach, konzentriere dich auf die Realität. Welche Hoffnungen wurden enttäuscht? Was hast du verloren? Bist du enttäuscht darüber, wie dein Partner war, oder darüber, wie er nicht war? Erforsche deine Gefühle, bis du die Wurzeln des Schmerzes und die Gründe für die Trennung findest.

Lerne aus der Situation. Filme, Musik und andere Medien vermitteln uns beschränkte und häufig falsche Botschaften darüber, wie Liebe aussehen sollte. Nutze die reale Trennung, um realistische Erwartungen zu entwickeln. Was steht dir in einer neuen Beziehung zu? Was brauchst du? Denke daran, dass deine Erwartungen möglicherweise nicht mit denen deines Ex oder der Person, mit der du die nächste Beziehung eingehen wirst, übereinstimmen. Was war die größte Erwartung deinerseits, die nicht erfüllt wurde? Was war dir wichtig? Was war in der Beziehung gut, was schlecht? Welche Rolle hast du beim Scheitern der Beziehung gespielt? Anders als die obigen Fragen, die vergangene Gefühle wieder hochholen, helfen diese Fragen dir, dich von deinem Kummer zu lösen und zu erkunden, wie die Beziehung funktioniert hat. So erkennst du, was du dir von deiner nächsten Beziehung wünschst und woran du vielleicht bei dir selbst arbeiten musst.

Verliere niemals den Glauben an dich selbst. Nach einer

Trennung setzt du dich möglicherweise selbst herab, dabei hängt dein Wert nicht davon ab, ob jemand anders dich richtig würdigen kann. Wenn du deine Identität von einer Beziehung abhängig machst, leidest du bei einer Trennung unter anderem darunter, dass du einen Teil deiner Identität verlierst. Hast du erwartet, dass deine Partnerin alle deine Bedürfnisse erfüllt, dann entsteht natürlich eine Leere, wenn sie fort ist. Nutze die Phase, in der du single bist, um eine Gemeinschaft aus Menschen aufzubauen, die deine Interessen teilen und die du für immer in deinem Leben haben möchtest. Werde ganz. Du selbst musst der Mensch sein, der dich glücklich macht.

Warte, bevor du wieder auf die Suche gehst. Denke daran: Wenn du alten Schmerz nicht geheilt hast, könntest du die Gelegenheit zu einer unglaublich schönen Beziehung mit einem unglaublich tollen Menschen verpassen. Gehe nicht überstürzt oder aus Rache eine neue Beziehung ein. Daraus würden nur neue Verletzungen und Reue entstehen, die sich dann weiter ausbreiten wie ein Schmerzvirus. Nimm dir stattdessen Zeit, um dich selbst besser kennenzulernen. Arbeite an deinem Selbstwertgefühl und an deinem inneren Wachstum. **Wenn du dich in der Beziehung verloren hast, finde dich im Trennungsschmerz wieder.**

Die Methode der Mönche besteht darin, sich etwas bewusst zu machen, es festzuhalten und es dann positiv zu verändern. In einer Beziehung, oder auch bevor wir eine Beziehung beginnen, treten wir einen Schritt zurück, um sie zu beurteilen und sicherzugehen, dass wir uns über unsere Absichten im Klaren sind. Dann können wir uns auf Partnersuche begeben oder mit neugewonnener Selbstwahrnehmung und Liebe in unsere Beziehung zurückkehren. **SPOT, STOP, SWAP – BEMERKEN, BREMSEN, BESSERMACHEN.**

Wir haben unsere Aufmerksamkeit nach außen gerichtet, um uns mit den Liebesbeziehungen in unserem Leben zu beschäftigen. Jetzt kommen wir zu unserer Beziehung mit der ganzen Welt. Ich habe bereits erwähnt, dass ich im Aschram eine Verbundenheit spürte, die über meine Bindung an meine Familie hinausging, eine viel größere Kraft, die alle Menschen vereint. Der Astrophysiker Neil deGrass Tyson hat angeblich gesagt: «Wir sind alle verbunden; untereinander auf biologischer Ebene. Mit der Erde auf chemischer Ebene. Und mit dem übrigen Universum auf atomarer Ebene.» In diesem Bewusstsein müssen wir auf das Universum blicken, um wahrhaft Sinn im Leben zu finden.

KAPITEL 11

DIENEN

Pflanze Bäume, in deren Schatten du nicht sitzen wirst

Im Gegensatz zu den Unwissenden, die ihre Pflichten mit Anhaftung an Ergebnisse erfüllen, sollten die Gelehrten ohne jede Anhaftung handeln, um somit die Menschen auf den rechten Pfad zu führen.

Bhagavad Gita, 3,25

Ich bin noch neu im Aschram. Wir wurden ohne Geld und ohne Lebensmittel in einem Dorf abgesetzt und haben die Aufgabe, dreißig Tage lang allein unseren Weg zu finden.

Das Wetter ist einigermaßen gut, und als Schutz dient uns ein Lagerhaus. Dort lassen wir unsere Matten, dann wagen wir uns ins Dorf. Aus einfachen Hütten werden Lebensmittel, Gewürze und alles mögliche andere verkauft. Zwischen den Hütten hängt Wäsche. Die meisten Leute sind mit dem Fahrrad oder zu Fuß unterwegs. Einige Kinder gehen barfuß.

Ungebunden und ohne Plan spüren wir als Erstes Angst. Sie führt dazu, dass wir tun, was zum Überleben nötig ist: Wir bitten um Almosen. In Indien sind die Menschen großzügig und schenken Männern in Mönchskleidung oft Brot, Obst oder Münzen. Wir besuchen den Tempel, in dem Pilger kostenlos Nahrung, das sogenannte Prasad, erhalten. Das sind Opferspeisen, die erst einer Gottheit geweiht und dann ver-

teilt werden. Da wir um unser Leben fürchten, werden wir egoistisch und horten Vorräte.

In der zweiten Woche sind wir in besserer Verfassung. Wir haben uns überlegt, dass wir uns Lebensmittel verdienen können, indem wir den Dorfbewohnern helfen. Wir beginnen damit, unsere Hilfe beim Tragen schwerer Lasten anzubieten und Händler beim Schieben ihrer Karren zu unterstützen. Bald machen wir die Erfahrung, dass wir, wenn wir unsere Herzen und Seelen öffnen, andere ermutigen, das ebenfalls zu tun. Die Spenden, die wir erhalten, unterscheiden sich nicht groß von dem, was wir gleich nach unserer Ankunft geschenkt bekamen. Aber weil wir jetzt dafür arbeiten, spüren wir etwas wie gemeinschaftliches Mitgefühl und Großzügigkeit, und ich glaube, dass ich die Lehre unseres Aufenthalts hier verstanden habe. Wir dachten, wir hätten nichts, und wir besaßen ja auch tatsächlich keine materiellen Dinge. Doch wir waren immer noch in der Lage, anderen unsere Bemühungen zu schenken.

In der letzten Woche unseres Aufenthalts sind wir satt und fühlen uns sicher genug, um etwas Tiefergehendes zu bemerken: Wir sind zwar mit Nichts hergekommen, besitzen aber trotzdem einen gewissen Reichtum – wir sind kräftiger und leistungsfähiger als viele der Dorfbewohner. Auf den Straßen begegnen wir alten Menschen, Kindern und behinderten Menschen, die alle in größerer Not sind als wir.

«Ich habe ein schlechtes Gewissen», sagt ein Mönch. «Für uns ist das hier vorübergehend. Aber für die Dorfbewohner ist es für immer.»

«Ich glaube, wir haben etwas übersehen», füge ich hinzu. «Wir können in diesem Dorf mehr tun als bloß überleben.» Wir erinnern uns an einen Ausspruch des persischen Dichters Mulish-uddin Sa'di Shirazi: «Ich habe geweint, weil ich keine Schuhe hatte, bis ich einen traf, der keine Füße hatte.» Leider

ist das keine Übertreibung. In Indien begegnet man häufig Menschen, die Gliedmaßen verloren haben.

Mir wird klar, dass wir unseren Weg gefunden haben: Wir können das Essen und das Geld, das wir bekommen haben, mit Menschen teilen, die nicht so leistungsfähig sind wie wir. Gerade als ich glaube, ich hätte die Lektion unseres Aufenthalts hier gelernt, stoße ich also auf eine Erkenntnis, die mich tiefgreifend beeinflusst: Jeder, und sogar diejenigen unter uns, die dem Dienst am Nächsten bereits ihr Leben gewidmet haben, kann immer noch mehr geben.

Diese drei Stufen der Verwandlung scheinen mir die gesamte Erfahrung des Mönchslebens zusammenzufassen: Zuerst lassen wir alles Äußere und das Ego los. Im zweiten Schritt erkennen wir unseren Wert und lernen, dass wir nichts brauchen, um anderen zu dienen. Der dritte Schritt besteht schließlich darin, dass wir beständig danach trachten, noch mehr zu dienen. Auf dieser Reise erkannte ich, dass es immer Luft nach oben gibt, dass wir immer noch mehr geben können. Schwester Christine Vladimiroff, Äbtissin eines Benediktinerklosters, wird in dem Buch *The Monastic Way* («Der klösterliche Weg») wie folgt zitiert: «Die Spiritualität im Kloster lehrt uns, dass wir auf einer Reise sind. Die Reise führt nach innen, um Gott im Geben und in der Stille zu suchen. Wenn wir nur diesen Aspekt unseres Lebens sehen, können wir ihn romantisch verklären [...]. Aber wer im Kloster lebt, ist gleichzeitig auch auf einer Reise nach außen. Wir leben in Gemeinschaft, um sensibler für die Bedürfnisse anderer zu werden [...]. Das Kloster ist also ein Zentrum, aus dem wir herauskommen und in das wir andere einladen. Der Schlüssel ist immer, beide Reisen gleichermaßen fortzusetzen – die nach innen und die nach außen.»[1]

DIE HÖCHSTE BESTIMMUNG

Bei einem Vortrag in meinem College inspirierte Gauranga Das mich nachhaltig, als er sagte: «Pflanzt Bäume, in deren Schatten ihr nicht sitzen werdet.» Dieser Satz fesselte mich und stieß bei mir eine ungeahnte Entwicklung an. Und jetzt muss ich etwas beichten. Ich habe dir nämlich etwas vorenthalten. Wir haben darüber gesprochen, wie man die Beeinflussung durch äußeren Lärm, Angst, Neid und falsche Ziele loslässt. Wir haben erkundet, wie man wachsen kann, indem man den Geist, das Ego und die tägliche Praxis nutzt, um seinen Dharma zu leben. Das alles dient dem Ziel, ein erfüllendes, sinnvolles Leben zu führen – das ist ein würdiger Weg. Aber ich habe bisher weder in diesem Buch noch in den sozialen Medien oder in meinen Kursen die wichtigste Lektion enthüllt, die ich als Mönch gelernt habe und die ich an jedem Tag meines Lebens beherzige. Jetzt bitte einen Trommelwirbel:

Unsere höchste Bestimmung ist es, anderen zu dienen.

Ich habe die Bedeutung des Dienens zwar nicht verschwiegen, ganz im Gegenteil, ich spreche oft darüber. Aber ich habe bis jetzt gewartet, um zu betonen, dass Dienen meiner Ansicht nach für jeden von uns eine zentrale Rolle spielen sollte. Ich vermute nämlich, offen gesagt, dass die meisten von uns erst einmal Widerstände gegen diese Vorstellung haben. Klar, wir wollen Menschen in Not helfen und suchen vielleicht auch schon nach Möglichkeiten dazu, aber der Druck und die Notwendigkeiten von Arbeit und Alltag ziehen uns Grenzen. Wir möchten erst unsere eigenen Probleme lösen. «Jay, ich brauche doch selbst Hilfe!», sagst du jetzt. «Ich muss noch so viel auf die Reihe kriegen, bevor ich mich darauf einlassen kann, anderen zu helfen.» Das stimmt. Es ist schwer, Selbstlosigkeit zu üben, wenn wir gerade selbst zu kämpfen haben. Und doch ist es genau das, was ich als Mönch lernte. Selbstlosigkeit ist der sicherste Weg zu innerem Frieden und einem sinnvollen Leben. **Selbstlosigkeit heilt das Selbst.**

Mönche widmen ihr Leben dem Dienst am Nächsten, und wie ein Mönch zu denken, bedeutet letztlich zu dienen. In dem bereits erwähnten Buch *The Monastic Way* wird der Benediktinermönch Dom Aalred Graham zitiert: «Der Mönch glaubt vielleicht, dass er [ins Kloster] eingetreten ist, um etwas für sich selbst zu gewinnen: Frieden, Geborgenheit, Stille, ein von Beten, Studieren oder Lehren bestimmtes Leben; aber wenn er wirklich berufen ist, stellt er fest, dass er nicht gekommen ist, um zu nehmen, sondern um zu geben.»[2]

Wir bemühen uns, einen Ort sauberer, Menschen glücklicher und die Welt besser zu verlassen, als wir sie vorgefunden haben.

Wir Menschen sind Teil der Natur, und wenn wir unsere natürliche Umgebung aufmerksam beobachten, stellen wir fest, dass die Natur stets dient. Die Sonne spendet Wärme und Licht. Bäume schenken uns Sauerstoff und Schatten. Wasser löscht unseren Durst. Wir können – so wie die Mönche es tun – alles in der Natur als Dienst betrachten. Im Srimad-Bhagavatam, in etwa «Das alte Buch von Gott», heißt es: «Betrachte diese vom Schicksal begünstigten Bäume. Sie leben einzig und allein zum Wohle anderer. Sie ertragen Wind, Regen, Hitze und Schnee, und trotzdem geben sie Schutz, uns zum Wohl.»[3] Die einzige Möglichkeit, eins mit der Natur zu sein, ist also der Dienst an anderen. Daraus folgt auch, dass das Dienen der einzige Weg ist, im Einklang mit dem Universum zu leben, denn das Universum tut nichts anderes als dienen.

Im sechzehnten Jahrhundert sprach der Guru Rupa Goswami über *yukta-vairagya,* was bedeutet, alles für einen höheren Zweck zu tun.[4] Das ist wahre Loslösung, äußerste Entsagung, Perfektion. Manche Mönchsorden wenden diesen Maßstab streng auf ihre Praxis an. Sie legen jeglichen materiellen Besitz ab. Aber wir anderen müssen arbeiten, um unseren Lebensunterhalt zu verdienen. Wir besitzen irgendwann alles Mögliche. Allerdings können wir entscheiden, wie wir diese Besitztümer nutzen. In unserem Zuhause können wir Gemeinschaft pflegen. Mit unserem Geld und anderen Mitteln können wir Anliegen unterstützen, die wir für wichtig halten. Unsere Talente können wir ehrenamtlich für bedürftige Menschen einsetzen. Es ist nicht verkehrt, etwas zu besitzen, wenn wir diesen Besitz für gute Zwecke verwenden.

Die Bhagavad Gita betrachtet die Welt als eine Art Schule, als ein Bildungssystem, das so strukturiert ist, dass wir die Wahrheit erkennen: Wir werden genötigt zu dienen, und nur im Dienst am Nächsten können wir glücklich sein. So wie das Feuer heiß und die Sonne hell und warm ist, ist die Essenz des menschlichen Bewusstseins dienend. Erkenne die Realität der Welt, in der du lebst. Erkenne, dass sie nicht von Dauer ist, dass sie unwirklich ist und die Quelle für dein Leid und deine Enttäuschung. Wenn man den Sinn des Lebens in der Befriedigung der Sinne sieht, also darin, sich gut zu fühlen, führt das zu Schmerzen und Unzufriedenheit. Betrachtet man dagegen das Dienen als Sinn des Lebens, dann führt das zur Erfüllung.

DIENEN IST GUT FÜR KÖRPER UND SEELE

Dienst am Nächsten erfüllt uns auf vielen Ebenen. Ich bin davon überzeugt, dass wir von Natur aus das Bedürfnis haben, uns um andere zu kümmern, und dass Dienen uns daher guttut. Diesen Instinkt sieht man am deutlichsten in Kindern, weil noch nichts anderes ihre Zeit und Aufmerksamkeit beansprucht. Ein Foto, das um die ganze Welt ging, zeigt ein kleines Mädchen, wohl etwa zwei Jahre alt, das im japanischen Fernsehen einen Politiker weinen sieht. Die Kleine nimmt ein Taschentuch, geht zum Fernsehgerät und versucht, ihm die Tränen abzuwischen. Die Szene verbreitete sich so schnell, weil wir das Mitgefühl des kleinen Mädchens für jemand anders, ja, sogar für einen Fremden erkennen – und vielleicht selbst vermissen.

In seiner Autobiographie *Der lange Weg zur Freiheit* schreibt Nelson Mandela: «Niemand wird geboren, um einen anderen Menschen wegen seiner Hautfarbe, seiner Lebensgeschichte oder seiner Religion zu hassen. Menschen müssen zu hassen lernen, und wenn sie zu hassen lernen können, dann kann man sie auch lehren zu lieben, denn Liebe empfindet das menschliche Herz viel natürlicher als ihr Gegenteil.»[5] So wie Mandela davon überzeugt war, dass die Menschen zum Lieben geboren, aber zum Hass erzogen werden, glauben die Mönche, dass wir zum Dienen geboren werden. Die Ablenkungen der Außenwelt lassen uns unsere Bestimmung jedoch vergessen. Wir müssen diesen Instinkt in uns wiederfinden, um zu spüren, dass das Leben einen Sinn hat.

Ich habe Joseph Campbells Konzept der mythischen Heldenreise bereits erwähnt. Campbell beschreibt damit die Schritte, die ein Held geht, wenn er Abenteuer unternimmt, Hindernissen begegnet, Prüfungen durchmacht und siegreich zurückkehrt. Eines der Schlüsselelemente der Heldenreise übersehen wir häufig – es ist die letzte Phase, die Rückkehr mit dem Elixier. Der Held hat seine Aufgabe erst erfüllt, wenn er sicher nach Hause zurückkehrt und das, was er erlangt hat (das Elixier), mit anderen teilt.[6] In der klassischen Struktur von Geschichten ist das Element des Dienens für einen glücklichen Ausgang unverzichtbar.

Seane Corn lebt eine Heldinnenreise. Sie hat sich als Yogalehrerin einen Namen gemacht. Weltweit war und ist sie auf

Yogatagungen und -festivals als Lehrerin gefragt. Irgendwann erkannte sie jedoch, dass sie mit ihrer Internetplattform noch sinnvoller auf die Welt einwirken konnte, daher konzentrierte sie sich darauf, Menschen aus Risikogruppen zu dienen. Sie entschied sich, Atem- und Meditationstechniken zu lehren, und begann mit Kindern, die sexuell ausgebeutet worden waren. Dann dehnte sie ihren Unterricht auch auf andere Menschen aus, die von der Gesellschaft als Außenseiter betrachtet werden, wie Prostituierte und Drogenabhängige. Von da aus wandte Seane Corn sich wieder an die Yogapraktizierenden und gründete gemeinsam mit anderen «Off the Mat, Into the World» («Von der Matte hinaus in die Welt»), eine gemeinnützige Organisation, die Yoga mit Aktivismus verbindet. Obwohl Seane Corn sich ganz dem Dienen verschrieben hat, erklärt sie, dass sie mehr bekommt, als sie gibt. «Finde jemanden, der in die dunkelsten Tiefen seines Charakters herabgestiegen ist, wo er ganz dicht an der eigenen Selbstzerstörung war, und dann einen Weg gefunden hat, um wieder hoch und da rauszukommen», schreibt sie und spricht den Menschen, der ganz unten war, dann direkt an: «[A]uf Knien [werde ich mich] vor dir verbeugen [...]. Du bist mein Lehrer.»[7]

Untersuchungen zeigen, dass wir, wenn wir «mitfühlende Ziele» verfolgen, also andere unterstützen oder helfen, die Welt zu einem besseren Ort zu machen, seltener Symptome von Angst und Depression entwickeln, als wenn wir uns darauf konzentrieren, unseren Status oder unseren Ruf zu schützen oder zu verbessern.[8] Anderen etwas zu geben aktiviert das Lustzentrum im Gehirn. Es ist eine Win-win-win-Situation. Vielleicht ist das der Grund, warum Menschen, die anderen helfen, oft länger leben, gesünder sind und sich insgesamt wohler fühlen.[9]

Mönche sind überzeugt, dass der Dienst am Nächsten unser Leben in vielerlei Hinsicht verbessert.

Dienen verbindet uns. Wenn du anderen dienst, ist es schwer, einsam zu sein, denn um anderen zu helfen, musst du normalerweise aus deinem stillen Kämmerlein raus in die Welt.

Dienen fördert die Dankbarkeit. Der Dienst an anderen zeigt dir, wie viel du selbst besitzt.

Dienen stärkt das Mitgefühl. Beim Dienen erkennst du, was die Welt braucht.

Dienen steigert das Selbstwertgefühl. Anderen zu helfen zeigt dir, dass du etwas verändern kannst. Es gibt dir das Gefühl, einen Sinn und eine Bestimmung im Leben zu haben.

Der Aschram wurde mit der Absicht errichtet, das Dienen zu fördern. Natürlich ist es leichter, dieses höchste Ziel zu verfolgen, wenn alle anderen ringsherum sich ebenfalls darum bemühen. In unserer modernen Welt stellt ein Leben im Dienst an anderen eine viel größere Herausforderung dar als im Aschram, und wir können dieses Ziel nicht Tag und Nacht verfolgen. Aber die Praxis der Mönche zeigt uns, warum und wie wir eine dienende Haltung annehmen sollten.

DIE DIENENDE HALTUNG

Das Wort *seva* stammt aus dem Sanskrit und bedeutet «selbstloses Dienen». In der Bhagavad Gita heißt es dazu: «Jene Gabe, die man aus Pflichtgefühl, zur rechten Zeit und am rechten Ort einem würdigen Menschen gibt, ohne etwas dafür zu erwarten, gilt als Wohltätigkeit in der Erscheinungsweise der Tugend.»[10] Die einzige Motivation der Mönche ist, dass sie selbstlos dienen möchten. Wir wollten anderen Menschen Möglichkeiten verschaffen, die wir hatten und sie nicht; wir wollten ihr Leben und das Leben der ganzen Menschheit verbessern. Diese Aufgabe lag uns im Kleinen und im Großen am Herzen. Innerhalb des Aschrams bemühten wir uns, einander täglich zu dienen. Mönche sind nicht für große

Gesten. Liebe zeigt sich in Kleinigkeiten. Wenn jemand Probleme hatte, morgens pünktlich aufzuwachen, halfen wir ihm. Wenn jemand bis spät abends arbeitete, hoben wir ihm Essen auf. Wir sind beständig und handeln absichtsvoll. Wir denken daran, dass wir nie wissen, was jemand anders gerade durchmacht, daher behandeln wir ihn so behutsam wie jemanden, der Schmerzen hat, so großzügig wie jemanden, der hungrig ist, und so mitfühlend wie jemanden, der missverstanden wurde.

Diese innere Haltung verbreiteten wir auch außerhalb des Aschrams. Wenn wir auf Reisen gingen, nahmen wir immer zusätzliche Lebensmittel mit, um sie zu verschenken. Damit konnten wir zwar den Hunger in der Welt nicht besiegen, aber einem hungrigen Menschen zu helfen heißt, die Samen des Mitgefühls zu begießen.

Ein Beispiel für Dienen in größerem Maßstab war unsere Mitarbeit in einem Projekt namens Annamrita, das täglich über eine Million Mahlzeiten an unterprivilegierte indische Kinder ausgibt. Wir fuhren oft nach Mumbai, um dort zu kochen oder in den Schulen Essen auszuteilen. Die Schüler bekamen Kitchari, ein indisches Gericht aus Reis, Mungbohnen und Gemüse. Es wird mit Ghee (geklärter Butter) zubereitet, einem Grundnahrungsmittel in der ayurvedischen Küche. Zum Nachtisch erhielten die Kinder einen süßen Milchreis namens Kheer. Als ich zum ersten Mal einem kleinen Mädchen den Nachtisch reichte, war ihre Dankbarkeit so offensichtlich, dass ich ganz demütig wurde. Und so war es bei jedem Kind, jedes Mal. Alle Gesichter strahlten vor Freude. Ich hasse kochen, die heiße Küche voller Menschen, die riesigen Töpfe, mit denen man hantieren muss. Aber die Kindergesichter – und die traurige Wahrheit, die sie verkündeten, nämlich dass Essen etwas Rares und Besonderes für sie war – machten es mir leicht, dankbar für diese Möglichkeit des Dienens zu sein.

Im Aschram fragen wir nicht: «Wie war die Arbeit?», sondern eher: «Wem hast du heute gedient?» Wenn du dich gefragt hast, worüber Mönche nebenbei so reden – jetzt weißt du es. Schieb die Hindernisse für einen Moment zur Seite und stell dir vor, wie es wäre, wenn wir uns alle eine dienende Haltung zu eigen machten. Dann würden wir uns neue Fragen stellen: *Inwiefern dient das einem größeren Zweck? Wie diene ich den Menschen um mich herum – im Job, zu Hause, in der größeren Gemeinschaft? Wie kann ich meine Begabungen einsetzen, um anderen zu dienen und etwas zu verändern?* Denke an Emma Slade, die ihr finanzielles Fachwissen für ihre wohltätige Arbeit nutzt, und frage dich: «Welche von meinen Kenntnissen könnten für andere nützlich sein?»

Wir haben gesehen, dass Glück und Dankbarkeit im sozialen Umfeld ansteckend wirken. Das gilt auch für das Dienen. Wenn du jemandem einen Dienst erweist, erwähnst du es deinen Freunden gegenüber. Vielleicht bringst du auch jemanden mit, und dann kommt noch jemand dazu, und beide erzählen es ihren Freunden. Auf diese Weise tust du etwas, um die Wertschätzung des Dienens in unserer Kultur zu verbreiten.

Die meisten Menschen denken nur an eine einzige Person, nämlich an sich selbst. Oder ihr Kreis der Fürsorge ist ein bisschen größer und umfasst auch noch ihre engere Familie. Das sind dann vielleicht fünf bis zehn Menschen, die sich umeinander kümmern. Wenn du diesen Kreis vergrößerst, bekommen auch andere das zu spüren, davon bin ich überzeugt. Und wenn andere dich in ihren Kreis der Fürsorge mit einschließen, spürst du das, auch da bin ich mir sicher. Jetzt stellen wir uns einmal vor, dass alle so handeln. Dann gäbe es 7,7 Milliarden Menschen, die an dich denken, und umgekehrt. Ich finde, wir sollten ruhig große Träume haben.

AUFGABE: ***ERWEITERE DEINEN KREIS DER FÜRSORGE***

Denke an einen oder mehrere Menschen, für die du alles stehen und liegen lassen würdest, falls sie Hilfe brauchten. Wie oft denkst du an diese Menschen? Hast du jemals die Gelegenheit, ihnen deine Fürsorglichkeit zu zeigen? Kannst du jetzt damit beginnen?

Nun denke an zwanzig Menschen, denen du bereitwillig helfen würdest, falls sie dich darum bitten. Bevor du aufgibst, möchte ich es dir leichter machen: Du kannst auch an eine *Gruppe* mit mindestens zwanzig Menschen denken, der du helfen würdest. Das kann ein Teil deines sozialen Umfelds sein oder eine Gruppe, die bereits von einer Wohlfahrtsorganisation betreut wird. Diese Menschen wollen wir in einen engeren Kreis der Fürsorge aufnehmen.

Wenn du sie noch nicht kennst, besorge dir die Namen von zwanzig Menschen aus dieser Gruppe oder finde eine andere Möglichkeit, mindestens zwanzig Namen auf eine Liste zu schreiben. Klebe dir die Liste auf den Spiegel über dem Waschbecken, an dem du dir die Zähne putzt. Jetzt denkst du mindestens zweimal am Tag an diese Menschen. (Das hoffe ich jedenfalls!) Beobachte, wie sich deine Motivation, ihnen zu dienen, dadurch verändert.

WANN BIST DU BEREIT ZU DIENEN?

In der heutigen Welt lenkt der Wunsch nach finanzieller Sicherheit und emotionaler Geborgenheit uns von der dienenden Haltung ab. Wenn du nicht weiterweißt und dir selbst entfremdet bist, wird dein Dienen mühsam und weniger erfüllend sein. Aber wann ist der richtige Zeitpunkt? Gibt es ihn überhaupt? Das innere Sich-Erforschen endet nie. Es ist eine kontinuierliche Praxis. Deine Probleme werden niemals völlig gelöst sein.

Ja, sorge für dich selbst. Aber warte nicht, bis du genug Zeit und Geld hast, um anderen zu dienen. Es wird nie genug sein. Es gibt drei einfache Begriffe, um unsere Beziehung zu Geld und materiellem Reichtum zu beschreiben. Der erste ist «Selbstsucht»: Ich will mehr, ich will so viel, wie ich kriegen kann, und ich will alles für mich behalten. Der zweite ist «Auskommen»: Ich habe gerade genug, um durchzukommen. Ich leide keine Not, aber ich habe nichts zu verschenken. Der dritte ist «Dienen»: Ich möchte geben, was ich habe, und ich will mehr, damit ich mehr geben kann.

Den Schritt vom Auskommen zum Dienen ist nur möglich, wenn wir unsere Beziehung zum Eigentum verändern. Je distanzierter wir unsere Zeit und unser Geld betrachten, desto leichter fällt es uns, beides loszulassen.

Manchmal machten wir Mönche Ausflüge zu heiligen Flüssen. Ich habe im Ganges, im Yamuna und im Kaveri gebadet. Wir sind in diesen heiligen Gewässern weder geschwommen, noch haben wir darin gespielt. Stattdessen vollzogen wir Rituale. Zum Beispiel schöpften wir mit den Händen so viel Wasser wie möglich und ließen es dann in den Fluss zurückfließen. Wir nahmen vom Wasser und gaben dem Wasser zurück, als Erinnerung daran, dass wir nichts besitzen. Wohltätigkeit bedeutet nicht, etwas von sich selbst zu geben, denn man nimmt ja etwas, das bereits auf dieser Erde war, und gibt es der Erde zurück. **Du brauchst nichts zu besitzen, um geben zu können.**

Sindhutai Sapkal wurde mit zwölf Jahren an einen dreißig Jahre alten Mann verheiratet. Mit zwanzig hatte sie drei Söhne und war im neunten Monat schwanger. Ihr Mann schlug sie und warf sie in einen Kuhstall. Dort gebar sie ihr Kind und durchtrennte die Nabelschnur mit einem scharfen Stein. Da sie von den Bewohnern ihres Heimatdorfes gemieden wurde, lebte sie mit dem Neugeborenen auf der Straße. Sie bettelte und sang und bekam dafür ein bisschen Geld. Dabei fiel ihr auf, wie viele Waisenkinder auf der Straße lebten. Sie nahm diese Kinder unter ihre Fittiche und bettelte auch für sie. Sindhutai Sapkal setzte sich mehr und mehr für die Waisenkinder ein und wurde schließlich als «Mutter der Waisen» bekannt. Inzwischen haben ihre Organisationen mehr als vierzehnhundert indische Waisenkinder betreut, sie untergebracht und ihnen auf andere Weise geholfen. Sindhutai Sapkal hat diesen Kindern nicht gedient, weil sie etwas zu geben gehabt hätte, sondern weil sie ihr Leid sah.[11]

In einer Reihe von Experimenten haben Forscher an der University of California in Berkeley herausgefunden, dass Menschen mit weniger Geld dazu neigen, mehr zu spenden. In einer Untersuchung bekamen die Teilnehmer jeweils zehn Dollar und konnten sich dann aussuchen, wie viel davon sie mit einem anonymen Fremden teilen wollten. Menschen mit niedrigerem sozioökonomischem Status waren großzügiger als wohlhabendere Teilnehmer.[12] Diese Ergebnisse werden von einer weiteren Untersuchung bestätigt, die 2011 in den USA durchgeführt wurde. Sie zeigte, dass Amerikaner in der untersten Einkommensgruppe im Schnitt drei Prozent ihres Verdienstes für wohltätige Zwecke gaben, während die oberen zwanzig Prozent der Einkommenspyramide weniger als die Hälfte davon spendeten, nämlich nur ein Prozent.[13]

Dass Menschen, die weniger besitzen, mehr geben, hängt möglicherweise damit zusammen, dass sie Notlagen kennen. Folgt man dem Psychologen Dacher Keltner, Professor an der University of California in Berkeley, dann neigen Menschen mit geringeren finanziellen Mitteln dazu, sich auf andere – Verwandte, Freunde, ihr soziales Umfeld – zu stützen, wenn sie Hilfe brauchen. Im Gegensatz dazu können wohlhabendere Menschen sich Hilfe «kaufen» und haben daher mehr Abstand zu diesem alltäglichen Kampf.[14] Vielleicht haben ärmere Menschen daher größeres Mitgefühl mit anderen Notleidenden. Einige reiche Philanthropen, wie etwa Oprah Winfrey, haben berichtet, dass ihre eigenen früheren Erfahrungen mit der Armut sie zum Spenden motivierten.[15]

Jetzt stelle ich dir die Frage: Wer ist reicher, ein Mensch mit Geld oder ein Mensch, der dient?

BEWUSST UND ZIELGERICHTET DIENEN

Ich war in den Aschram gekommen, um zu dienen, und als ich mich verabschiedete, nahm mich ein Mönch beiseite, der wie ein großer Bruder für mich gewesen war. Er sagte: «Wenn du das Leben als Mönch gesundheitlich nicht verträgst, heißt das nicht, dass du nicht dienen kannst. Wenn du das Gefühl hast, du kannst besser dienen, wenn du verheiratet bist, Koch wirst oder für bedürftige Menschen Socken stopfst, dann musst du das tun. Der Dienst an der Menschheit ist das übergeordnete Ziel.» Seine Worte beruhigten mich. Dass ich den Aschram verließ, hieß also nicht, dass ich meine Absichten ändern musste.

Man kann mit einer Mischung aus Absichten dienen, egoistischen und selbstlosen. Wir können dienen, damit andere oder wir selbst uns mögen, damit wir gut wirken, um Kontakte zu knüpfen oder um auf irgendeine Weise belohnt zu werden. Aber wenn du deinen Freunden beim Umzug hilfst, für sie kochst, sie feierst und dich dann fragst *Warum hilft mir denn keiner?* oder *Warum haben alle meinen Geburtstag vergessen?*, hast du etwas falsch verstanden. Dann siehst du dich nämlich als den Gebenden und sie als die Nehmenden und gehst davon aus, dass sie in deiner Schuld stehen, wenn du etwas für sie getan hast. Wahres Dienen erwartet keine Gegenleistung, es wünscht sich gar keinen Ausgleich. Allein das Dienen selbst macht häufig glücklich, sagen sowohl die Bhagavad Gita als auch die Wissenschaft. Wenn ich dir einen Dienst erweise und du dich darüber freust, freue ich mich auch.

Aber ist Dienen nicht eigennützig, wenn es dir Freude bereitet? Ist es nicht selbstsüchtig, wenn es deine Kinder etwas lehrt? Natürlich nicht! Wenn eine bestimmte Art des Gebens dich glücklich macht oder dir in irgendeiner Weise nützt, ist das für den Anfang wunderbar. Nachdem ich den Aschram verlassen hatte, leitete ich von London bis Mumbai Retreats, bei denen Menschen aus Großbritannien und anderen europäischen Ländern die Möglichkeit hatten, für Annamrita Mittagessen auszuteilen. Ein Mann brachte seine beiden dreizehn- und vierzehnjährigen Kinder mit. Sie erlebten, wie dankbar Kinder waren, die nicht viel besaßen. Nach der Reise war der Vater über die Veränderung, die in seinen Kindern vorgegangen war, begeistert. Seine Reise war also nicht vollkommen selbstlos gewesen, denn er hatte sich gewünscht, dass seine Kinder etwas lernen und wachsen würden. Trotzdem hatte er richtig gehandelt. Diese Möglichkeit zu lernen, die er für seine Kinder organisierte, ist ein Beispiel dafür, dass das Dienen beiden Seiten zugutekommt.

Einige von uns haben Probleme auf der mentalen Ebene, sie leiden unter Angst, Niedergeschlagenheit oder Einsamkeit. Viele hilfsbedürftige Menschen hingegen haben ganz elementare Nöte: Sie brauchen Nahrung, Kleidung und ein Dach über dem Kopf. Wir können unsere mentalen Leiden lindern, indem wir anderen bei der Bewältigung ihrer physischen Not helfen. Auch hier ist der Dienst am Nächsten ein Austausch. Beide Seiten profitieren davon. Vielleicht rettest du durch deine Hilfe jemandem das Leben – aber auch du selbst brauchtest Hilfe.

Wenn wir dienen, sind wir Werkzeuge der Gnade und des Mitgefühls. Das spüren wir, und manchmal steigt es uns auch zu Kopf. Aber denke immer daran, dass alles, was du gibst, dir geschenkt wurde. Dass du es weitergibst, kannst du dir nicht als Verdienst anrechnen.

DIENE DEINEM DHARMA FOLGEND

Da Dienen natürlicherweise zum Menschsein gehört, ist es leichter, als du glaubst. **Diene einfach.** Wir können immer – jeden Tag und selbst in diesem Augenblick! – Wege finden, um mit dem, was wir ohnehin schon tun, zu dienen. Wenn du Musikerin bist, diene. Wenn du Programmierer bist, diene. Wenn du Unternehmerin bist, diene. Du brauchst deinen Beruf nicht zu wechseln. Du brauchst nicht einmal deinen Terminplan umzustellen. Du kannst aus jeder Situation heraus dienen.

Wenn du dich umschaust, wirst du überall Gelegenheiten für den Dienst am Nächsten finden: in Schulen, in religiösen Institutionen, auf der Straße und in Wohltätigkeitsorganisationen. Es gibt Sammelaktionen für Lebensmittel und Schulbasare. Du kannst einen Benefizlauf selbst mitlaufen oder am Rand einen Limo-Stand organisieren. Du kannst einer Freundin helfen, Toilettenartikel zu sammeln, um sie Katastrophenopfern zu spenden. Du kannst eine kranke oder alte Verwandte besuchen. Wenn du in einer Großstadt lebst, kannst du häufig die Reste deines Essens aus einem Restaurant einpacken lassen und sie einem Obdachlosen anbieten. Du kannst deiner Familie dienen oder Menschen, die niemanden haben – es gibt zahllose Möglichkeiten. Du brauchst weder jeden Tag für einen gemeinnützigen Verein zu arbeiten noch dein ganzes Geld zu verschenken. Mache dir einfach eine dienende Haltung zu eigen und überlege, wie du das, was du ohnehin tust, mit deinem höheren Ziel verbinden kannst. Genauso, wie du deinen Dharma zur Arbeit mitbringst, bringe das Dienen in deinen Dharma ein. Die Arbeit an sich verändert sich dadurch nicht, aber du verrichtest sie mit einer anderen Einstellung. Du kannst die Welt entweder mit Liebe und Engagement betrachten oder durch die Brille der Notwendigkeit und des Zwangs. Liebe und Engagement führen dich eher zum Glück.

AUFGABE: *MÖGLICHKEITEN DES DIENENS*

Schreibe eine Woche lang auf, wo du Zeit verbringst. Mach die Augen auf und suche in jeder Situation nach Möglichkeiten, anderen zu helfen. Vielleicht entdeckst du eine Notlage oder ein schon bestehendes Projekt, in das du mit einsteigen kannst. Vielleicht stößt du auf eine geplante Benefizveranstaltung für ein Projekt, an dem du bereits mitwirkst, oder es ergibt sich die Gelegenheit, eine Freundin bei ihren Hilfeleistungen zu unterstützen. Am Ende der Woche suche dir die drei Möglichkeiten aus, die dich am meisten interessieren, und setze eine davon in die Tat um.
Hier sind einige Beispiele, wo du nach Möglichkeiten suchen kannst:

Arbeit
Schule
Treffen im Freundeskreis
Online-Community
Religiöse oder andere Gruppen
Fitnessstudio

Wohltätigkeitsorganisationen, die du in der Vergangenheit bereits unterstützt hast

Die größte Lehre der drei Wochen, die wir Mönche uns allein in dem Dorf durchschlagen mussten, war für mich, dass es immer noch eine andere Ebene des Dienens gibt. Das lernte ich, als ich nicht nur unsere eigenen Bedürfnisse betrachtete, sondern auch die Nöte der Menschen um uns herum sah und spürte.

Ich begreife Mitgefühl als *aktive* Empathie, als Mitleid – wohlgemerkt ohne die oft negative Konnotation. Wir sind nicht nur bereit, das Leid des anderen zu sehen, nachzuempfinden und zu erleichtern, wir übernehmen auch einen Teil dieses Leids. Es gibt eine Zen-Geschichte über einen jungen Mann, der seiner selbst überdrüssig und von sich enttäuscht war. Er reiste in ein Kloster und sagte dem Abt, er wolle ein neuer Mensch werden.

«Darf ich ins Kloster eintreten?», fragt er.

«Vielleicht», sagt der Abt. «Aber dazu musst du dich konzentrieren können. Hast du irgendwelche besonderen Fähigkeiten?»

Der junge Mann zuckt die Achseln. «Na ja, im Schach bin ich nicht schlecht.»

Der Abt ruft einen älteren Mönch zu sich und sagt: «Ich möchte, dass du mit diesem jungen Mann eine Partie Schach spielst. Gebt euch Mühe, denn dem Verlierer lasse ich den Kopf abschlagen.»

Dem jungen Mann bricht der Schweiß aus. Er wird um sein Leben spielen! Anfangs spielt er schlecht, doch bald ist er ganz konzentriert. Er vertieft sich in das Spiel, und es sieht aus, als würde er den alten Mönch besiegen.

Da blickt er auf und sieht das weise, ruhige Gesicht des alten Mannes. Er denkt: «Ich kann die Verantwortung für den Tod dieses Mannes nicht auf mich nehmen. Sein Leben ist mehr wert als meins.» Der junge Mann ändert seine Spielweise und beginnt, absichtlich zu verlieren.

Daraufhin stößt der Abt den Tisch um, sodass die Schachfiguren durcheinanderfliegen. «Heute gibt es keinen Gewinner und keinen Verlierer», verkündet er. Dann wendet er sich an den jungen Mann und sagt: «Du besitzt die Fähigkeit, dich zu konzentrieren, und du bist willens, für einen anderen Menschen dein Leben zu geben. Das ist Mitgefühl. Du bist bereit, Mönch zu werden.»

Es gibt auf der Welt etwa 152 Millionen Kinder, die als Arbeitskräfte ausgebeutet werden. Kailash Satyarthi nimmt große Schmerzen auf sich, um die Kinderarbeit zu beenden. 2016 rief der Friedensnobelpreisträger die Kampagne «100 Million» ins Leben, um einhundert Millionen Jugendliche dafür zu gewinnen, sich für Kinderrechte und gegen die Kinderarbeit einzusetzen. Im Laufe seiner Arbeit wurde er oftmals bedroht und verprügelt. Er sagt: «Die Welt ist fähig, die Kinderarbeit zu beenden. Wir besitzen die nötige Technik. Wir haben die finanziellen Mittel. Wir haben die entsprechenden Gesetze und internationale Abkommen. Alles ist vorhanden. Was fehlt ist, dass wir Mitgefühl mit anderen haben. Ich kämpfe für die Globalisierung des Mitgefühls.»[16]

Wenn wir die Menschheit als eine Familie betrachten, dann sind wir, wie Satyarthi, motiviert, ihr zu dienen. Du würdest alles tun, damit dein Kind nicht versklavt wird oder deine Eltern nicht obdachlos werden. Warum solltest du hinnehmen, dass anderen Kindern oder Eltern solches Leid widerfährt? Wenn du dich in deiner Welt einschließt und nicht siehst, wie andere Menschen leben, kommst du gar nicht auf den Gedanken, dass deine Hilfe gebraucht wird. Wenn wir jedoch Zeuge werden, wie Mitmenschen leiden, dann wird unser Mitgefühl geweckt und damit auch die Motivation zu handeln.

Für Helden wie Satyarthi und für Mönche – und idealerweise für uns alle – gibt es keine Trennung in «wir» und «die anderen».

Zahllose Menschen benötigen in diesem Moment unsere Hilfe. Alle Menschen auf der Welt werden zum Helfen gebraucht. Sowohl die Bedürftigen als auch die Helfer profitieren unmittelbar.

Wenn wir Menschen in Notlagen sehen, sollten wir ihnen niemals unsere Hilfe verweigern. Wir sollten uns aber im Klaren darüber sein, auf welchem Gebiet wir am besten Unterstützung leisten können, und uns darauf konzentrieren. Wohin ruft dich dein Mitgefühl? Die Religionswissenschaftlerin, Buddhistin und Umweltaktivistin Joanna Macy schreibt: «Du brauchst nicht alles zu tun. Tu das, wozu dein Herz sich gerufen fühlt; effektives Handeln entsteht aus Liebe. Sie lässt sich nicht aufhalten und sie genügt.»[17]

AUFGABE: *LINDERE DEN SCHMERZ, DEN DU AM BESTEN KENNST.*

Eine Möglichkeit des Dienens ist, den Schmerz zu lindern, den wir am besten kennen. Schreibe drei Momente in deinem Leben auf, in denen du dich ratlos oder in Not gefühlt hast. Vielleicht warst du deprimiert und hättest Unterstützung gebrauchen können. Vielleicht hättest du gern eine Ausbildung gemacht, die du dir nicht leisten konntest. Vielleicht brauchtest du eine Anleitung, hattest aber nicht den richtigen Lehrer. Jetzt suche für jede dieser schmerzvollen Erfahrungen eine passende Hilfestellung. Eine Hotline für Jugendliche. Ein Ausbildungsstipendium. Ein Mentorenprogramm. Und nun überlege, ob du in einem dieser Hilfsangebote Möglichkeiten des Dienens siehst, die zu deinem Dharma passen.

Zu dienen und den Schmerz zu heilen, der dir vertraut ist, indem du deinen Dharma lebst – diese Herangehensweise ist im Einklang mit der Philosophie der Bhagavad Gita, die dich dort abholen möchte, wo du bist, dich aber ermutigt, nach höheren Zielen zu streben. In meiner Zeit als Mönch habe ich bei Annamrita für die Kinder Essen gekocht, habe Tempel geputzt und hatte immer etwas zu essen dabei, um es Fremden zu schenken. Auch auf andere Weise habe ich geholfen, so, wie es zu jener Zeit sinnvoll für mich war. Inzwischen diene ich auf einer anderen Ebene. Ich konnte im Rahmen einer YouTube-Kampagne helfen, fast 150 000 Dollar für die *Kailash Satyarthi Children's Foundation of America* aufbringen. Meine Facebook-Community hat über 60 000 Dollar für *Pencils of Promise* gesammelt, eine gemeinnützige Organisation, die Schulen baut und Kindern Bildung ermöglicht (Für 75 Dollar kann ein Kind ein Jahr lang zur Schule gehen). Mein Weg des Gebens entfaltet sich weiter. Ich habe stets das Gefühl, dass ich etwas Sinnvolles tue, und bin voller Dankbarkeit.

Hier kommt der ultimative Tipp für alle Lebenslagen: Dienen ist immer die Lösung. Damit retten wir einen schlechten Tag. Damit erleichtern wir uns das Päckchen, das wir zu tragen haben. Wenn wir dienen, helfen wir sowohl unseren Mitmenschen als auch uns selbst. Wir erwarten zwar keine Gegenleistung, aber uns wird die Freude am Dienen geschenkt. Wir geben Liebe und bekommen Liebe zurück.

Wenn du dich dem Dienst am Nächsten widmest, hast du keine Zeit für Klagen und Kritik.

Wenn du dich dem Dienst am Nächsten widmest, verschwinden deine Ängste.

Wenn du dich dem Dienst am Nächsten widmest, bist du dankbar. Deine Anhaftungen an materielle Dinge lassen nach.

Dienen ist der direkte Weg zu einem sinnvollen Leben.

MEDITATION

Mantrasingen

Wir haben untersucht, wie wir durch Dankbarkeit, Beziehungen und Dienen mit den Menschen um uns herum in Kontakt treten können. Daher ist jetzt der richtige Zeitpunkt, das Mantrasingen in unsere Praxis aufzunehmen, denn das bringt uns in Kontakt mit der Energie des Universums.

Melodien führen uns in andere Welten. Ein Lied kann uns in eine Situation aus der Schulzeit zurückversetzen, oder es kann bewirken, dass wir tanzen möchten oder plötzlich energiegeladen und begeistert sind. Auch Worte allein sind kraftvoll. Sie sind in der Lage, unsere Sicht auf die Welt zu verändern und unserem Wachstum eine neue Richtung zu geben. Wenn wir Mantras singen, können wir eine Energie erzeugen, die es uns erlaubt, uns mit unserer Seele und mit dem Universum zu verbinden.

In alten spirituellen Texten wie dem Agni Purana und dem Vayu Purana wird dargelegt, warum und wie Mantras gesungen werden. Man nimmt an, dass die Wiederholung der Wörter und der Melodien uns reinigt.[1] Wir tauchen in die Klänge ein, so als badeten wir die Seele darin. Wenn du dich säubern möchtest, reicht es nicht, dich mit ein paar Wassertropfen zu bespritzen, sondern du musst richtig ins Wasser eintauchen.

Auch in der heutigen Zeit ist uns bewusst, wie wertvoll Klänge für uns sind. Der legendäre Erfinder Nikola Tesla sagte einmal: «Wenn du die Geheimnisse des Universums aufdecken möchtest, betrachte Energien, Frequenzen und Schwingungen.» Tesla machte umfangreiche Experimente mit Geräten, die durch

Schwingungen heilende Felder erzeugten.[2] Das klingt vielleicht ein bisschen sehr nach New-Age-Spinnerei, aber tatsächlich beschäftigt sich auch die Wissenschaft heute wieder mit Teslas Forschungen zum Heilen mit Schwingungen. Ebenso findet die Hirnforschung zunehmend wissenschaftliche Erklärungen für die heilende Kraft alter schamanischer Rituale. Zum Beispiel wird erforscht, wie Trommeln und Singen Wege zum Unterbewussten öffnen können.[3]

Mönche nutzen die Kraft der Klänge, indem sie während der Meditation Affirmationen oder Mantras wiederholen. Eine Affirmation ist ein Wort oder ein Satz, das oder der eine Absicht formuliert. Fast alles, was dich inspiriert, kann als Affirmation dienen. Die Lieblingsaffirmation einer meiner Klientinnen lautet: «In deiner eigenen Geschwindigkeit, zu deiner eigenen Zeit.» Eine Freundin hat das Buch *Brave, Not Perfect* («Mutig, nicht perfekt») von Reshma Saujani gelesen und diesen Titel für eine Weile zu ihrer Affirmation gemacht. Außerdem gefällt mir: «Auch das geht vorbei.» Oder man nimmt einen Vers von einem Dichter, wie Rilkes «Du musst dein Leben ändern»[4], ein Zitat von einem Sportler, wie «Dieser Moment gehört dir»[5] (vom Eishockeytrainer Herb Brooks), eine Textzeile aus einem Song, wie «Brush your shoulders off»[6] (von Jay-Z), oder einen Ausdruck aus einem Film, wie «Wusa»[7] (aus *Bad Boys II*). Alles, was dich mit der Energie oder der Vorstellung verbindet, die du in deinem Leben stärken möchtest, kann wirksam sein. Ich empfehle dir, solche Affirmationen in deine Morgen- und/oder Abendmeditation zu integrieren. Es ist schön, zum Klang der eigenen Stimme aufzuwachen oder einzuschlafen.

Mit Affirmationen sprichst du dich selbst an, während du dich mit Mantras an das Universum wendest. Ein Mantra ist ein spiritueller Spruch, der einen Gedanken ausdrückt und eine Macht anruft, die größer ist als wir selbst. Mantras können rezitiert oder gesungen werden. Wir meditieren, um zu lauschen und Klarheit zu finden. Wir beten, um mit einer höheren Macht in Kontakt zu treten. Mantras zu rezitieren oder zu singen, ist beides – ein Dialog mit dem Universum, die Transzendenz des Geistes.

Das älteste, gebräuchlichste und heiligste Mantra ist «Om». In den Veden hat diese Silbe viele Bedeutungsnuancen, von unendlichem Wissen über die Essenz von allem, was existiert, bis hin zur gesamten Veda. Der Laut Om trägt auch den Namen *pranava* («das, womit dem Höchsten gepriesen wird»). Beim meditativen Singen hat Om drei Silben, sodass es wie A-U-M klingt. In der vedischen Tradition ist das wichtig, denn jeder Laut steht für - einen anderen Zustand (Wachen, Träumen und Tiefschlaf) oder für eine andere Zeitebene (Vergangenheit, Gegenwart und Zukunft).[8] Man könnte sagen, dass in der Silbe Om das ganze Universum mitschwingt.

Man hat nachgewiesen, dass die Schwingungen des Om den Vagusnerv anregen, was zum Abklingen von Entzündungen führt. Auch Depressionen werden durch Stimulation des Vagusnervs behandelt, und Forscher untersuchen, ob meditatives Singen möglicherweise einen direkten Einfluss auf die Stimmung hat. (Es ist bereits bewiesen, dass es die emotionalen Zentren im Gehirn beruhigt.)[9]

Wenn ein Mantra vertont wird, nennt man es Kirtan. Kirtans sind oft Wechselgesänge, und wir haben sie im Aschram häufig gesungen. Wenn man sich den Alkohol und die schmutzige Sprache wegdenkt, könnte man sie mit dem Gebrüll der Fans in einem Stadion vergleichen. In beiden Fällen kann eine energiegeladene, gemeinschaftsstiftende Atmosphäre entstehen.

Als ich aus gesundheitlichen Gründen vorübergehend meine Stimme verlor, wandte ich mich an einen Guru. «Ich kann keine Mantras mehr singen», brachte ich mit Mühe hervor. «Wie soll ich denn dann meditieren?»

Er antwortete: «Du hast nie mit dem Mund gesungen. Das Mantra kam immer aus deinem Herzen.» Damit meinte er, dass die Absicht zählt. Die Hingabe und Liebe im Herzen sind wichtiger als das perfekte Befolgen von Anweisungen.

AUFGABE: *SEHEN DURCH KLANG*

Als Vorbereitung auf das Mantrasingen, das ich unten beschreibe, dienen folgende Schritte:

1. Nimm eine bequeme Haltung ein – setze dich auf einen Stuhl, aufrecht auf ein Kissen oder lege dich hin.
2. Schließe die Augen.
3. Senke den Blick.
4. Überprüfe noch einmal, ob deine Haltung bequem ist.
5. Richte deine Aufmerksamkeit auf Ruhe, Gelassenheit, Gelöstheit, Stille und Frieden.
6. Wenn deine Gedanken abschweifen, bringe sie sanft zurück zu Ruhe, Gelassenheit, Gelöstheit, Stille und Frieden.
7. Singe jedes Mantra drei Mal. Achte dabei auf jede einzelne Silbe. Sprich die Silben deutlich aus, damit du die Schwingungen hörst. Du solltest das Mantra richtig spüren, daher wiederhole es mit ganzer Aufmerksamkeit und visualisiere dabei, wie dein Leben mehr und mehr von Erkenntnis, Segen und Dienen erfüllt wird.

1. Om Namo Bhagavate Vasudevaya

«Ich preise die alles durchdringende Gottheit, die in jedem Herzen wohnt, als Verkörperung von Schönheit, Intelligenz, Kraft, Reichtum, Ruhm und Loslösung.»

Dieses Mantra wird seit Jahrtausenden von Yogis und Heiligen gesungen. Es wirkt sowohl reinigend als auch stärkend und verbindet uns mit dem Göttlichen in allen Daseinsformen. Du kannst es insbesondere dann rezitieren, wenn du Einsicht und Führung suchst.

2. Om Tat Sat

«Die absolute Wahrheit ist ewig.»

Dieses Mantra wird in der Bhagavad Gita erwähnt.[10] Es weist auf die höchste Wahrheit hin und erbittet machtvollen Segen. Jegliche Arbeit wird als Gabe der Liebe und des Dienens dargeboten. Man rezitiert das Mantra vor allem, wenn man eine wichtige Arbeit beginnt, um die eigenen Absichten zu vervollkommnen und zu reinigen und um Gleichgewicht und Ganzheit zu schaffen.

3. Lokah Samastah Sukhino Bhavantu

«Mögen alle Wesen glücklich und frei sein, und mögen meine eigenen Gedanken, Worte und Taten zu diesem Glück und dieser Freiheit für alle beitragen.»

Dieses Mantra wurde im Westen durch die Schule des Jivamukti-Yoga bekannt. Es ist ein weitverbreitetes Segensmantra, das uns darauf hinweist, dass wir von uns selbst absehen und uns an unseren Platz im Universum erinnern sollten.

ZUM SCHLUSS

Ich hoffe, dieses Buch konnte dich inspirieren und du planst vielleicht nach der Lektüre einen Neuanfang. Vielleicht überlegst du, wie du deine Routineabläufe verändern, auf neue Weise deinen Gedanken zuhören oder mehr Dankbarkeit in dein Leben bringen kannst. Doch wenn du morgen früh aufstehst, läuft wieder etwas schief. Vielleicht verschläfst du trotz deines Weckers. Etwas geht kaputt, oder ein wichtiger Termin platzt. Das Universum schaltet nicht plötzlich auf deinem Weg zur Arbeit alle Ampeln auf Grün. Es ist ein Fehler, wenn wir glauben, wir müssten nur ein Buch lesen oder einen Kurs besuchen und etwas verändern, und schon wäre alles perfekt. In der Außenwelt wird nie alles perfekt sein, und das ist auch gar nicht das Ziel. Das Leben wird sich nicht nach deinen Vorstellungen richten, sondern du musst deinen Weg gehen und das Leben mitnehmen. Das zu verstehen, wird dir helfen, auf alles vorbereitet zu sein, was auch kommen mag.

Es gibt keinen allgemeingültigen Plan, dem wir bloß zu folgen brauchen, um inneren Frieden zu erlangen und unserer Bestimmung nachzukommen. Wir erreichen diese Ziele, wenn wir unseren Geist darauf ausrichten, so zu reagieren und sich so zu verhalten, dass es unseren Vorhaben dient. Wenn das Leben dann aus dem Gleis gerät, konzentrieren wir uns wieder auf diese Ausrichtung. Hast du dich entschlossen, freundlich zu sein, und jemand ist grob zu dir, weißt du, wie du darauf reagieren solltest. Wenn du mit dem Entschluss aufwachst, dich bei der Arbeit auf deinen Dharma zu konzentrieren, und dein Chef dir dann eine Aufgabe zuteilt, die deinen Stärken nicht entspricht, liegt es an dir, eine Möglichkeit zu finden, wie du deinen Dharma einsetzen kannst. Falls dir das nicht gelingt, verurteile weder dein Vorgehen noch dich selbst. Gib dir den Raum, dich zu erholen, und fokussiere dich wieder auf das, was du dir vorgenommen hast. Die Welt ist weder für dich noch gegen dich. Du schaffst dir deine Realität in jedem Moment selbst.

In diesem Buch sind wir immer wieder Paradoxen begegnet. Wir nähern uns der Angst, um uns von ihr zu entfernen. Wir suchen das Neue in der Alltagsroutine. Wir sind voller Selbstvertrauen und gleichzeitig demütig, und wir sind selbstsüchtig, um selbstlos zu sein. Wir leben zwar in einer Welt voller Widersprüche, aber das Schöne ist, dass zwei entgegengesetzte Ideen gleichzeitig darin Platz haben. Das Leben ist kein Computerprogramm, sondern ein Tanz. In *Karate Kid* warnt Mr. Miyagi davor, einem spirituellen Lehrer zu vertrauen, der nicht tanzen kann. Beim Tanzen gibt es keine Regeln. Wir müssen uns für den Song öffnen, der gerade aufgelegt wird. Wir haben Stärken und Schwächen. Wir stolpern vielleicht, zögern mit dem nächsten Schritt oder sind einen Moment lang allzu enthusiastisch, aber wir bleiben im Flow und gestatten uns, chaotisch und schön zu sein. Der Geist eines Mönchs gleicht einem Tänzer – er ist geschmeidig und beherrscht und immer auf das Jetzt konzentriert.

DIE METHODE DER MÖNCHE

Ich kenne kein besseres Instrument, um Geschmeidigkeit und Selbstbeherrschung zu erlernen, als die Meditation. Meditieren hilft dir herauszufinden, welche Bewegung deinem Tanz Schönheit verleiht. In der Meditation finden wir Klarheit darüber, wer wir sein müssen, um uns in einem bestimmten Moment von unserer besten Seite zu zeigen. Unser Atem verbindet sich mit dem Geist, die Seele wird emporgetragen, und in dieser Energie und diesem Einssein finden wir Antworten.

Ich habe dir drei verschiedene Arten der Meditation vorgestellt. Jetzt gebe ich dir eine Übung für jeden Tag, die alle drei Arten enthält: die Atemarbeit, das Visualisieren und das Mantrasingen. Ich selbst praktiziere diese Übung täglich in irgendeiner Form. Beginne mit einundzwanzig Minuten am Tag. Benutze einen Wecker, damit du für Atemarbeit, Visualisieren und Mantrasingen jeweils sieben Minuten Zeit hast. Wenn du weitergehen möchtest, machst du die Übung zwei Mal am Tag. Ich empfehle dir, sie morgens nach dem Zähneputzen und Duschen als Erstes zu machen und abends vor dem Schlafengehen als Letztes. Beginne immer mit der Atemarbeit. Sie ist mit dem Aufwärmen im Sport vergleichbar und sollte nicht übersprungen werden!

1. Nimm eine bequeme Haltung ein – setze dich auf einen Stuhl oder aufrecht auf ein Kissen oder lege dich hin.
2. Schließe die Augen und senke den Blick. Richte deine Aufmerksamkeit auf Ruhe, Gelassenheit, Gelöstheit, Stille und Frieden. Es ist ganz natürlich, dass das unentwegte Geschwätz in deinem Kopf erst einmal weitergeht. Wenn deine Gedanken abschweifen, bring sie einfach sanft zu Ruhe, Gelassenheit, Gelöstheit, Stille und Frieden zurück.
3. Nimm die Schultern zurück, dehne den Nacken und finde auch körperlich zu Ruhe, Gleichgewicht, Gelöstheit, Stille und Frieden.
4. Jetzt nimm deinen natürlichen Atemrhythmus wahr. Atme durch die Nase ein und durch den Mund aus.
5. Atme tief ein. Zähle dabei im Stillen von eins bis vier. Zähle auch beim Ausatmen still von eins bis vier.

6. Bringe Körper und Atem in Einklang, indem du genauso lange ausatmest wie einatmest.
7. Mache das fünf Minuten lang. Anfangs möchtest du dir vielleicht einen Wecker mit einem angenehmen Klingelton stellen, der dir anzeigt, dass die fünf Minuten um sind, später machst du es nach Gefühl.
8. Frage dich: «Wofür bin ich heute dankbar?» Atme Dankbarkeit ein und negative, schädliche Energie aus.
9. Jetzt visualisiere eine Erinnerung voller Freude, Glück und Dankbarkeit. Denke dabei an fünf Dinge, die du sehen kannst, vier Dinge, die du berühren kannst, drei Dinge, die du hören kannst, zwei Dinge, die du riechen kannst, und eins, das du schmecken kannst. Nimm die Liebe, die Freude und das Glück in dich auf. Stelle dir vor, wie die Liebe, die diesen Moment erfüllte, durch deinen ganzen Körper strömt, von den Füßen über die Beine, die Hüften, den Bauch, den Brustkorb, die Arme, den Rücken und den Hals bis hinauf zum Kopf. Atme in jeden Teil deines Körpers Liebe, Freude und Dankbarkeit hinein. Praktiziere das fünf Minuten lang.
10. Frage dich: «Welche Absicht habe ich heute?» Möchtest du freundlich sein? Selbstbewusst? Konzentriert? Nimm es dir jetzt vor.
11. Wiederhole innerlich drei Mal hintereinander die folgenden Sätze: «Ich freue mich über die/den, die/der ich werde. Ich bin für alle Chancen und Möglichkeiten offen. Ich bin liebenswert. Ich bin bereit, mit allem, was ich habe, zu dienen.»
12. Beende diese Übung, indem du drei Mal das dritte Mantra sprichst: *Lokah Samastah Sukhino Bhavantu* *(siehe Seite 398, im Kapitel «Mantrasingen»)*.

WOHER WEISST DU, OB ES FUNKTIONIERT?

Ein Schüler ging zu seinem Lehrer und sagte: «Meine Meditationen sind schrecklich! Entweder bin ich total abgelenkt, oder meine Beine tun weh, oder ich schlafe dauernd ein. Es ist einfach schlimm!»

«Das geht vorbei», sagte der Lehrer sachlich.

Eine Woche später kam der Schüler wieder zu seinem Lehrer: «Meine Meditationen sind wunderbar! Ich fühle mich so bewusst, so friedvoll, so lebendig! Es ist einfach wunderbar!»

«Das geht vorbei», sagte der Lehrer sachlich.

Der Erfolg der Meditationspraxis lässt sich nicht messen, es gibt dabei kein Ziel und auch kein Ende. Mach einfach weiter. Übe vier bis zwölf Wochen lang ohne Unterbrechung, dann wirst du die ersten Wirkungen bemerken.

Das erste Zeichen dafür, dass du richtig meditierst, ist, dass du das Meditieren vermisst, wenn du damit pausierst. Wer jeden Tag isst, denkt nicht viel über Nahrung und Energiebedarf nach, aber sobald man einen Tag lang fastet, merkt man schnell, welche Kraft das Essen schenkt. Das gilt auch für die Meditation. Erst wenn deine Praxis dir zur Gewohnheit geworden ist, kannst du spüren, was dir fehlt, wenn du sie aufgibst.

Als Zweites wird dir auffallen, dass du bewusster wahrnimmst, was in deinem Kopf vor sich geht. Wenn du beim Meditieren deine Müdigkeit spürst, verstehst du, dass die Meditation dir sagt, du brauchst mehr Schlaf. Die Meditation kann dir Zeichen geben oder dich spiegeln. Wenn du dich beim Meditieren nicht konzentrieren kannst, erkennst du, dass dein Leben voller Ablenkungen ist und du Ordnung, Gleichgewicht und Einfachheit hineinbringen musst. Wenn es dir nicht gelingt, fünfzehn Minuten mit deinen Gedanken zu sitzen, ist das ein deutliches Zeichen für die Arbeit, die du zu tun hast.

Der dritte und wichtigste Nutzen der Meditation besteht darin, dass du langfristig lernst, dein Selbst zu beherrschen, auch wenn du dich nicht nach jeder Meditation ruhig und gut fühlen wirst. Grüne Säfte schmecken nicht immer gut. Ein Glas kühle Orangenlimo sieht besser aus und ist auch leckerer. Aber auf lange Sicht ist der weniger köstliche Saft besser für dich. Wenn du das Meditieren eine Weile geübt hast, wirst du spüren, wie deine gesamte Einstellung sich verändert. Deine Intuition wird gestärkt. Du kannst dein Leben objektiver betrachten und bist weniger ichbezogen. Deine erweiterte Wahrnehmung wird dir Frieden und Zielstrebigkeit schenken.

JETZT UND IN EWIGKEIT

Das Leben beginnt mit dem ersten Atemzug, der Atem trägt dich durch alle deine Tage, und Leben und Atem enden gemeinsam. Mönche bemühen sich, im Moment zu leben, aber wir sind uns unserer Endlichkeit bewusst. Wir messen unser Leben nicht daran, wie groß oder wie klein unsere Wirkung ist, sondern daran, ob wir anderen Gutes getan haben. Wir nutzen unsere Zeit, um unser Weiterleben zu gestalten. Das tun wir, indem wir Liebe und Fürsorge schenken, Unterstützung geben, kommunizieren, schaffen – indem wir Gutes für die ganze Menschheit bewirken.

Wie wird man uns in Erinnerung behalten? Was werden wir zurücklassen?

Letztlich ist die Tatsache, dass wir sterben müssen, ein großartiger Anlass, das eigene Leben zu überdenken. Wenn du dir deine letzten Lebensmomente vorstellst, kannst du deinen Weg dorthin aus der Vogelperspektive betrachten.

Wenn Menschen am Ende ihres Lebens zurückblicken, äußern sie manchmal Bedauern. Als wichtigste Gründe dafür nennen sie unter anderen:[1]

- Ich wünschte, ich hätte den Menschen, die mir wichtig sind, meine Liebe gezeigt.
- Ich wünschte, ich hätte nicht so viel gearbeitet.
- Ich wünschte, ich hätte mich mehr am Leben gefreut.
- Ich wünschte, ich hätte mehr für andere getan.

Beachte, dass die Sterbenden vor allem bedauern, bestimmte Dinge *nicht* getan zu haben. Mönche sind der Ansicht, dass man sich auf den Tod vorbereiten sollte. Wir wollen nicht in dem Bewusstsein sterben, dass unser Leben weder zielgerichtet noch sinnvoll und auch nicht dem Dienst am Nächsten gewidmet war.

Denke an die Themen, die wir in diesem Buch besprochen haben. Im Sterben sollte man vollkommen rein sein, nicht mehr an irgendwelche Aufgaben denken, keine Vergleiche mehr anstellen, keine Kritik mehr üben. Man sollte sich mit der Wurzel seiner Angst auseinandergesetzt haben, keine materiellen Wünsche mehr haben, seinen Dharma leben. Man sollte das Gefühl haben, seine Zeit gut genutzt zu haben, den Forderungen des Affengeistes nicht nachgegeben zu haben, frei von Ego zu sein, mehr gegeben zu haben, als man genommen hat, und das, was man genommen hat, weitergegeben zu haben. Man sollte keine Ansprüche mehr stellen, falsche Verbindungen aufgegeben haben und keine Erwartungen mehr hegen. Stelle dir vor, wie erfüllend es sein wird, auf ein Leben zurückzuschauen, in dem du Lehrer warst und gleichzeitig Schüler geblieben bist.

Das Wissen, dass wir eines Tages sterben werden, zwingt uns, die Zeit, die wir haben, wertzuschätzen und unsere Energie klug einzusetzen. Das Leben ist zu kurz, als dass wir ziellos in den Tag leben oder unsere Chance zu dienen nicht wahrnehmen sollten.

Wir wollen unsere Träume und Bestrebungen nicht mit in den Tod nehmen. Vor allem aber bitte ich dich, Menschen und Orte besser und glücklicher zu verlassen, als du sie vorgefunden hast.

Die Arbeit an uns selbst endet nie. Hab Geduld. Ein Schüler der Kampfkünste ging zu seinem Lehrer und fragte: «Ich möchte mich dem Studium Eurer Kampfkunst widmen. Wie lange werde ich brauchen, um sie zu meistern?»

Der Lehrer sagte: «Zehn Jahre.»

Der Schüler erwiderte ungeduldig: «Aber ich will sie schneller meistern. Ich werde sehr hart arbeiten. Ich werde jeden Tag zehn oder mehr Stunden üben, wenn das nötig ist. Wie lange werde ich dann brauchen?»

Der Lehrer überlegte einen Moment. «Zwanzig Jahre.»

Allein die Tatsache, dass der Schüler seine Ausbildung beschleunigen wollte, zeigte dem Lehrer, dass er zehn Jahre länger dafür brauchen würde.

Wie bereits erwähnt, wurde ein Mönch in meinem Orden *brahmacharya* genannt, was sowohl Schüler als auch «richtiger Gebrauch der Energie» bedeutet. Wenn du einmal denkst wie ein Mönch, heißt das nicht, dass du plötzlich alles durchschaust. Nein, Mönche akzeptieren, dass sie ihre Energie dann richtig nutzen, wenn sie Schüler bleiben. Du darfst nie aufhören zu lernen. Du lässt dir ja auch nicht nur einmal die Haare schneiden oder mähst deinen Rasen nur ein einziges Mal. Du musst dranbleiben. Um dauerhaft wie ein Mönch zu denken, brauchst du Selbstwahrnehmung, Disziplin, Fleiß, Konzentration und ständige Übung. Es ist harte Arbeit, doch das Werkzeug dafür hast du jetzt im Kopf, im Herzen und in den Händen.

Du hast alles, was du brauchst, um wie ein Mönch zu denken.

AUFGABE: *RÜCKBLICK VOM STERBEBETT*

Wenn du dir deinen eigenen Tod vorstellst, betrachtest du dein Leben aus der Vogelperspektive. Verwende eine dieser beiden Meditationen, wenn du dich fragst, ob du zu diesem Zeitpunkt in deinem Leben etwas Bestimmtes tun solltest – eine tiefgreifende Veränderung vornehmen, etwas Neues lernen, eine Reise machen. Ich empfehle, eine dieser Meditationen immer zu Beginn eines neuen Jahres zu machen, um für das kommende Jahr neue Wege anzudenken.

1. Wenn du dir das Unvermeidliche vorstellst, bekommst du alle Lektionen, die du brauchst, um ein erfüllendes Leben zu führen. Spule dein Leben vor, bis du achtzig oder neunzig bist, je nachdem, wie lange du leben möchtest, und dann male dir aus, wie du auf dem Sterbebett liegst. Beantworte folgende Fragen:

> Was hätte ich gern getan?
> Welche Erlebnisse hätte ich gern gehabt?
> Welchen Menschen oder Erfahrungen hätte ich gern mehr Aufmerksamkeit geschenkt?
> An welchen Fähigkeiten hätte ich gern mehr gearbeitet?
> Wovon hätte ich mich gern gelöst?
>
> Verwende deine Antworten, um dich zu motivieren. Statt auf dem Sterbebett Versäumnisse zu bedauern, solltest du deine Wünsche gleich heute in die Tat umsetzen.

2. Stelle dir dein eigenes Begräbnis vor und überlege, wie die Trauergäste dich in Erinnerung behalten sollen. Konzentriere dich nicht darauf, was die Leute von dir gedacht haben, wer dich geliebt hat und wie traurig sie über deinen Tod sind. Stattdes-

sen denke darüber nach, was du bewirkt hast. Dann stelle dir vor, wie man dich in Erinnerung behalten würde, wenn du heute sterben müsstest. Wo liegen die Unterschiede zwischen diesen beiden Vorstellungen? Auch das sollte dich dazu motivieren, aufzuspringen und sofort an deinem Vermächtnis zu arbeiten.

Um unseren Weg durch das Universum zu finden, müssen wir aufrichtige Fragen stellen. Vielleicht machst du eine Reise an einen unbekannten Ort oder kommst irgendwohin, wo niemand dich kennt. Schalte deinen Autopiloten aus, um dich und die Welt um dich herum mit neuen Augen zu sehen. Erziehe deinen Geist dazu, die Kräfte zu beobachten, die dich beeinflussen, sich von Illusionen und falschen Überzeugungen zu lösen und ständig danach Ausschau zu halten, was dich motiviert und was dir sinnvoll erscheint.

Was würde ein Mönch tun?

Diese Frage solltest du dir stellen, wenn du eine Entscheidung triffst, wenn du dich mit jemandem streitest, wenn du dein Wochenende planst, wenn du Angst hast, wenn du traurig, wütend oder ratlos bist. In 99 Prozent der Fälle wirst du eine Lösung finden.

Und wenn du dann irgendwann dein wahres Selbst entdeckt hast, wirst du dich gar nicht mehr fragen müssen, was ein Mönch tun würde. Stattdessen kannst du dann einfach fragen: «Was mache *ich* jetzt?»

ANHANG

DER VEDISCHE PERSÖNLICHKEITSTEST

Wer bist du im Kern – unabhängig davon, wozu Freunde, Verwandte oder die Gesellschaft dich in deinem Leben gedrängt haben? Spüre nach und wähle jeweils eine Antwort aus.

1. Welche der folgenden Begriffe beschreiben dich am besten?

a. Werte und Weisheit
b. Integrität und Perfektion
c. Hart arbeiten, kräftig feiern
d. Stabilität und Ausgeglichenheit

2. Welche Rolle spielst du in deinem Freundeskreis/in deiner Familie?

a. Ich schlichte gern Konflikte und helfe dabei, Kompromisse zu finden. Meine Rolle ist die des Mediators.
b. Ich kümmere mich darum, dass für alle und alles gesorgt wird. Meine Rolle ist die der Beschützerin.
c. Ich helfe meiner Familie, die Bedeutung von Arbeitsmoral und den Wert von finanziellen Mitteln zu verstehen. Meine Rolle ist es, materielle Unterstützung zu bieten.
d. Mein Schwerpunkt liegt auf dem Umsorgen, denn ich wünsche mir eine gesunde und zufriedene Familie. Meine Rolle ist es, emotionale Unterstützung zu bieten.

3. Was ist dir an einer Partnerin/einem Partner am wichtigsten?

a. Aufrichtigkeit und Klugheit

b. Starke Präsenz und Power
c. Witz und Dynamik
d. Zuverlässigkeit und Respekt

4. Was guckst du im Fernsehen am häufigsten?

a. Dokumentarfilme, Biographien, Sendungen über Menschen
b. Unterhaltung, Politik, Tagesgeschehen
c. Kabarett, Sport, Drama, inspirierende Geschichten
d. Seifenopern, Reality-TV, Familie, Gossip, Tagesfernsehen

5. Welche Wortgruppe beschreibt dich am besten, wenn du im Stress bist?

a. Ruhig, gefasst, ausgeglichen
b. Gereizt, frustriert, wütend
c. Launisch, laut, unruhig
d. Träge, deprimiert, besorgt

6. Was schmerzt dich am meisten?

a. Das Gefühl, dass ich meinen eigenen Erwartungen nicht gerecht werde
b. Der Zustand der Welt
c. Das Gefühl, zurückgewiesen zu werden
d. Von Freunden und Familie getrennt zu sein

7. Wie arbeitest du am liebsten?

a. Allein, aber mit Mentoren und Anleitung
b. In einem Team als Leiter
c. Selbständig, aber mit einem guten Netzwerk
d. In einem Team als Mitglied

8. Wie würde dein ideales Selbst seine Freizeit verbringen?

a. Mit Lesen, tiefgehenden Gesprächen und Nachdenken
b. Mit der Einarbeitung in bestimmte Themen und/oder dem Besuch politischer Veranstaltungen
c. Freizeit habe ich nicht! Netzwerken, Kontakte knüpfen, arbeiten
d. Mit Familie und Freunden

9. Wie würdest du dich selbst in drei Worten beschreiben?

a. Idealistisch, introvertiert, scharfsinnig
b. Ehrgeizig, engagiert, entschlossen
c. Leidenschaftlich, motiviert, freundlich
d. Fürsorglich, liebevoll, loyal

10. In welcher Umgebung arbeitest du am besten?

a. Abgeschieden, still und ruhig
b. In einem Konferenzsaal oder Versammlungsraum
c. Überall (auf dem Weg zur Arbeit, im Café, in meinem Schlafzimmer)
d. An einem Ort, der zu meiner Arbeit passt: zu Hause, im Büro, im Labor

11. Wie ist dein Arbeitsstil?

a. Langsam und reflektierend
b. Konzentriert und organisiert
c. Schnell und eilig
d. Gezielt und überlegt

12. Auf welche Weise möchtest du in der Welt etwas verändern?

a. Durch Verbreitung von Wissen
b. Durch Politik und Aktivismus

c. Durch ein Unternehmen und/oder eine Führungsposition
d. Über mein soziales Umfeld

13. Wie bereitest du dich auf einen Urlaub vor?
a. Ich suche mir entsprechende Lektüre.
b. Ich mache mir einen Plan, welche Sehenswürdigkeiten ich besuchen möchte.
c. Ich mache mir eine Liste der besten Bars, Klubs und Restaurants.
d. Ich gehe das ganz locker an.

14. Wie verhältst du dich in schwierigen Gesprächen?
a. Ich suche nach einem Kompromiss.
b. Ich kämpfe um die objektive Wahrheit.
c. Ich will beweisen, dass ich recht habe.
d. Ich vermeide Konfrontationen.

15. Was tust du, wenn jemand in deinem Umfeld eine schlechte Woche hat?
a. Ich gebe Rat und Anleitung.
b. Ich schütze den Betreffenden und ermutige ihn, sich zu verbessern.
c. Ich versuche, die Person zu einem Drink oder einem Spaziergang zu überreden.
d. Ich besuche die Betroffene und leiste ihr Gesellschaft.

16. Wie empfindest du Ablehnung?
a. Sie gehört zum Leben dazu.
b. Sie ist eine Herausforderung, der ich mich stellen kann.
c. Sie ist frustrierend, aber ich mache weiter.
d. Sie ist ein richtiger Schlag.

17. Wie verbringst du auf einer Veranstaltung/Party deine Zeit?

a. Ich führe mit ein oder zwei Leuten ein tiefergehendes Gespräch.
b. Normalerweise spreche ich mit einer Gruppe von Leuten.
c. Irgendwie werde ich immer zum Mittelpunkt.
d. Ich helfe bei allem, was zu tun ist.

18. Wie fühlst du dich, wenn du einen Fehler machst?

a. Ich habe ein schlechtes Gewissen und schäme mich.
b. Ich muss es allen erzählen.
c. Ich möchte es verstecken.
d. Ich suche mir Unterstützung.

19. Was machst du, wenn du eine wichtige Entscheidung treffen musst?

a. Ich überlege still für mich.
b. Ich frage meine Mentoren und Lehrer.
c. Ich wäge das Für und Wider ab.
d. Ich spreche mit Verwandten und Freunden.

20. Wie lässt sich dein Alltag am besten beschreiben?

a. Er verändert sich von Moment zu Moment.
b. Er ist sehr konzentriert und organisiert.
c. Ich nehme die beste Möglichkeit wahr, die sich bietet.
d. Er ist einfach und durchgeplant.

LÖSUNGSSCHLÜSSEL

Nun zähle deine Antworten aus. Der Buchstabe, den du am häufigsten angekreuzt hast, gibt dein *varna* an.

A. Lehrer
B. Leiter
C. Erzeuger
D. Gestalter

DANK

Ich bin demütig und dankbar, weil ich diese zeitlose, transformierende Wahrheit mit dir teilen kann, aber allein hätte ich das nicht geschafft. Die Bhagavad Gita wurde durch die Arbeit vieler Menschen zusammengestellt, bewahrt, vermittelt und wieder öffentlich gemacht – bei diesem Buch war das nicht anders. Ich möchte Dan Schawbel dafür danken, dass er mich vor drei Jahren seinem großartigen Agenten James Levine vorgestellt hat. Jim ist ein wunderbarer Mensch und glaubt fest an alle Projekte, an denen er arbeitet. Seine Anleitung, seine Strategie und seine Freundschaft haben die Entstehung dieses Buches zu einer sehr fröhlichen Reise gemacht. Ich danke Trudy Green für ihre uneingeschränkte Freundlichkeit, für ihre schlaflosen Nächte und ihr unglaubliches Engagement für dieses Buch. Ich danke Eamon Dolan, der bereits den Mönchsgeist besitzt und unerbittlich zu Perfektion drängt. Mein Dank geht an Jon Karp, weil er an mich glaubt und während des gesamten Prozesses präsent war, an Hilary Liftin für die gemeinsamen Gespräche und die lebhaften Diskussionen, an Kelly Madrone für ihre grenzenlose Begeisterung und ihre positive Einstellung, an Rula Zaabri, weil sie dafür gesorgt hat, dass ich sämtliche Abgabetermine einhielt, und an Ben Kalin, der voller Engagement alle Fakten nachgeprüft hat. Außerdem danke ich Christie Young dafür, dass sie diese zeitlosen Konzepte durch ihre schönen Illustrationen zum Leben erweckt hat, und dem Oxford Center for Hindu Studies, insbesondere an Shaunaka Rishi Das, weil sie Quellen und Namen auf ihre Richtigkeit überprüft hat. Ein großes Dankeschön an Laurie

Santos, weil sie mich freundlicherweise auf Forschungsarbeiten führender Wissenschaftler über Mönche hingewiesen hat, an das gesamte Team von Simon & Schuster, das alles getan hat, um meine Vision in die Realität umzusetzen, an Oliver Malcolm und sein Team bei HarperCollins UK für ihre Begeisterung, ihren Einsatz und ihre harte Arbeit von Anfang an.

Ich danke Thomas Power, der mich dazu gebracht hat, mein Potenzial zu erkennen, als ich nicht an mich glaubte, Ellyn Shook, weil sie an meine Leidenschaft geglaubt und meine Arbeit Arianna Huffington vorgestellt hat; Danny Shea und Dan Katz, die mir beim Start meiner Mitarbeit bei der *Huffington Post* geholfen haben; Karah Preiss, dem ersten Menschen, dem ich 2016 von der Idee zu diesem Buch erzählte und die meine Partnerin bei der Ideenfindung und in den USA meine größte Stütze wurde; Savannah, Hoda, Craig, Al und Carson dafür, dass sie mir in der *TODAY Show* auf NBC gemeinsam Aufmerksamkeit geschenkt haben; Ellen, die an mich geglaubt und mir ihre Plattform zur Verfügung gestellt hat, sodass ich ihr Publikum erreichen konnte; Jada Pinkett Smith, Willow Smith und Adrienne Banfield-Norris, die mich zu ihrem *Red Table Talk* geholt haben.

Die letzten Jahre waren wahrhaftig wunderbar, aber alles, was du online gesehen hast, ist den Menschen zu verdanken, die offline in mich investiert haben. Ich bedanke mich bei Seiner Heiligkeit Radhanath Swami dafür, dass er mich immer an die wahre Bedeutung des Lebens erinnert; bei Gauranga Das, der alles miterlebt hat und vom ersten Tag an für mich da war; bei meinem Mentor Srutidharma Das, der immer, in jeder Situation, alle erstrebenswerten Eigenschaften in diesem Buch in Vollendung zeigt; bei Sutapa Das, der mich stets zum Schreiben ermutigt hat, obwohl ich sagte, ich wollte nur sprechen; bei den Lehrern, die ich so gern persönlich kennenlernen würde, um mich bei ihnen zu bedanken, Seiner Heiligkeit dem Dalai Lama und Thich Nhat Hanh; bei allen, die mir gestattet haben, ihr Mentor zu sein, denn dabei haben sie mich viel mehr gelehrt, als ich mir je hätte vorstellen können.

Ohne die Veden, die Bhagavad Gita und die Lehrer, die beides unermüdlich auf der Welt verbreiten, würde dieses Buch nicht existieren. Mein Dank geht an Srila Prabhupada und Ekanath Easwaran, deren Fassung und Übersetzung der Bhagavad Gita heute am weitesten verbreitet ist; an alle meine Lehrer im Aschram und auf der ganzen Welt, von denen viele gar nicht wissen, wie viel sie mir geschenkt haben.

Ich danke meiner Mutter, die die Verkörperung von selbstlosem Dienen ist; meinem Vater, der zuließ, dass ich der wurde, der ich werden wollte; meiner Schwester, die meine verrückten Entscheidungen immer unterstützt und mich unter allen Umständen lieb hat.

Und natürlich danke ich euch allen, die ihr dieses Buch gelesen habt. Ihr habt bereits wie Mönche gedacht – jetzt wisst ihr's.

ANMERKUNGEN

Ich habe in diesem Buch aus der Weisheit vieler Religionen, Kulturen, inspirierender Lehrer und Wissenschaftler geschöpft. In jedem Fall habe ich mein Bestes getan, um die ursprünglichen Quellen der Zitate und Gedanken anzumerken. Allerdings sind mir wunderbare Zitate oder Ideen begegnet, die mehreren verschiedenen Quellen zugeschrieben oder häufig auch ganz ohne Beleg zitiert werden, oder die angeblich aus alten Schriften stammen, in denen ich die entsprechenden Verse jedoch nicht finden konnte. In diesen Fällen hat mir jemand bei den Nachforschungen geholfen, und ich habe mich bemüht, meinen Leserinnen und Lesern so viel nützliche Information über die Quelle des Materials zu geben, wie ich konnte.

Einleitung

1 Wes Henderson, *Under Whose Shade: A Story of a Pioneer in the Swan River Valley of Manitoba*, Nepean (Ontario): W. Henderson & Associates 1986.

2 Daniel Goleman / Richard J. Davidson, *Altered Traits: Science Reveals How Meditation Changes Your Mind, Brain, and Body*, New York: Penguin Random House 2017; Antoine Lutz / Lawrence L. Greischar / Nancy B. Rawlings / Matthieu Ricard / Richard J. Davidson, «Long-Term Meditators Self-Induce High-Amplitude Gamma Synchronicity During Mental Practice», *Proceedings of the National Academy of Sciences*, Bd. 101, Nr. 46 (16. November 2004), S. 16 369–16 373, https://doi.org/10.1073/pnas.0407401101.

3 Frankie Taggart, «This Buddhist Monk Is the World's Happiest Man», *Business Insider*, 5. November 2012, https://www.businessinsider.com/how-scientists-figured-out-who-the-worlds-happiest-man-is-2012-11 (abgerufen am 4. Januar 2020); Goleman / Davidson, *Altered Traits* (siehe Anm. 2); Lutz / Greischar / Rawlings / Ricard / Davidson, «Long-Term Meditators Self-Induce High-Amplitude Gamma Synchronicity During Mental Practice» (siehe Anm. 2).

4 Fabio Ferrarelli / Richard Smith / Daniela Dentico / Brady A. Riedner / Corinna Zennig / Ruth M. Benca / Antoine Lutz / Richard J. Davidson / GuilioTononi, «Experienced Mindfulness Meditators Exhibit Higher Parietal-Occipital EEG Gamma Activity During NREM Sleep», *PLOS One*, Bd. 8, Nr. 8 (28. August 2013), e73 417, https://doi.org/10.1371/journal.pone.0073417.

5 Lutz / Greischar / Rawlings / Ricard / Davidson, «Long-Term Mediators Self-Induce High-Amplitude Gamma Synchronicity During Mental Practice» (siehe Anm. 2).

6 David Steindl-Rast, *Ich bin durch Dich so ich. Lebenwege.* Münsterschwarzach: Vier-Türme Verlag, 2016, S. 88.

7 *Die Bhagavad Gita: Die Quelle der indischen Spiritualität,* eingeleitet und übersetzt von Eknath Easwaran, aus dem Amerikanischen von Peter Kobbe, München: Goldmann 2012. Originaltitel: *The Bhagavad Gita,* Tomales (CA): Nilgri Press, 2007.

8 Zitiert nach Watson, Peter: *Ideen: Eine Kulturgeschichte von der Entdeckung des Feuers bis zur Moderne.* München: Bertelsmann 2006, S. 949.

Kapitel 1: *Identität*

1 Charles Horton Cooley, *Human Nature and the Social Order*, New York: Charles Scribner's Sons 1902, S. 152.

2 Daniel Day-Lewis' Filmographie auf IMDb, https://www.imdb.com/name/nm0000358/?ref_=fn_al_nm_1 (abgerufen am 4. Januar 2020).

3 Chris Sullivan, «How Daniel Day-Lewis's Notorious Role Preparation Has Yielded Another Oscar Contender», *Independent*, 1. Februar 2008, https://www.independent.co.uk/arts-entertainment/films/features/how-daniel-day-lewis-notoriously-rigorous-role-preparation-has-yielded-another-oscar-contender-776563.html (abgerufen am 4. Januar 2020).

4 Krishnadasa Kaviraja Goswami, *Śrī Caitanya-caritāmṛta*, Antya, 20.21, The Bhaktivedanta Book Trust International, Inc. 1977, http://www.prabhupada-books.de/cc/Sri_Caitanya-caritamrta_Antya-lila_Teil_2.pdf (abgerufen am 7. Februar 2020).

5 «Social and Institutional Purposes: Conquest of the Spiritual Forces of Evil», *Encyclopaedia Britannica*, https://www.britannica.com/topic/

monasticism/Social-and-institutional-purposes (abgerufen am 8. November 2019).

6 Timothy D. Wilson / David A. Reinhard / Erin C. Westgate / Daniel T. Gilbert / Nicole Ellerbeck / Cheryl Hahn / Casey L. Brown / Adi Shaked, «Just Think: The Challenges of the Disengaged Mind», *Science*, Bd. 345, Nr. 6192 (4. Juli 2014), S. 75–77, https://doi.org/10.1126/science.1250830.

7 Gemma Curtis, «Your Life in Numbers», https://www.dreams.co.uk/sleep-matters-club/your-life-in-numbers-infographic/ (abgerufen am 4. Januar 2020).

8 Ebd.

9 Verse 16.1–5 der *Bhagavad Gita* (siehe Anm. 7 und 100).

10 James H. Fowler / Nicholas A. Crhstakis, «Dynamic Spread of Happiness in a Large Social Network: Longitudinal Analysis over 20 Years in the Framingham Heart Study», *BMJ*, Bd. 337, Nr. a2338 (5. Dezember 2008), https://doi.org/10.1136/bmj.a2338.

Kapitel 2: *Negativität*

1 Vers 4.50 des *Dhammapada*. Ins Deutsche übersetzt von Munish B. Schiekel, *Dhammapada. Die Weisheitslehren des Buddha*, mit einem Vorwort von Thich Nhath Hanh, Freiburg i. Br.: Herder 2016.

2 Emily M. Zitek / Alexander H. Jordan / Benoît Monin / Frederick R. Leach, «Victim Entitlement to Behave Selfishly», *Journal of Personality and Social Psychology*, Bd. 98, Nr. 2 (2010), S. 245–255, https://doi.org/10.1037/a0017168.

3 Eliot Aronson / Joshua Aronson, *The Social Animal*, New York: Worth Publishers 2018.

4 Zhenyu Wei / Zhiying Zhao / Yong Zheng, «Neural Mechanisms Underlying Social Conformity», *Frontiers in Human Neuroscience*, Bd. 7 (2013), S. 896, https://doi.org/10.3389/fnhum.2013.00896.

5 Brad J. Bushman, «Does Venting Anger Feed or Extinguish the Flame? Catharsis, Rumination, Distraction, Anger, and Aggressive Responding», *Personality and Social Psychology Bulletin* (1. Juni 2002), https://doi.org/10.1177/0146167202289002.

6 Robert M. Sapolsky, «Why Stress Is Bad for Your Brain», *Science*,

Bd. 273, Nr. 5276 (9. August 1996), S. 749 f., https://doi.org/10.1126/science.273.5276.749.

7 Thomas Keating, *Invitation to Love 20th Anniversary Edition: The Way of Christian Contemplation*, London: Bloomsbury Continuum 2012.

8 Thich Nhat Hạnh, *Das Herz von Buddhas Lehre*, ins Deutsche übersetzt von Irene Knauf, Freiburg im Br.: Herder 2004, S. 82. Originaltitel: *The Heart of the Buddha's Teaching: Transforming Suffering into Peace, Joy, and Liberation*, New York: Harmony 1999.

9 Arthur Jeon, *City Dharma: Keeping Your Cool in the Chaos*, New York: Crown Archetype 2004, S. 120.

10 Hannah Ward / Jennifer Wild (Hg.), *The Monastic Way: Ancient Wisdom for Contemporary Living: A Book of Daily Readings*, Grand Rapids (MI): Wm. B. Eerdmans 2007, S. 183.

11 William Buck, *Mahabharata*, Delhi: Motilal Banarsidass Publishers 2004, S. 341. Eine deutsche Zusammenfassung des Epos bietet Biren Roy (Hg. und Übers.), *Mahabharata. Indiens großes Epos*, Köln: Diederichs 1998.

12 Vers 17.15 der *Bhagavad Gita* (siehe Anm. 7 und 100).

13 *Anguttara Nikāya*, A. V. 198, «Das wohlgesprochene Wort», http://palikanon.de/angutt/a05_181-200.html (abgerufen am 13. Februar 2020).

14 Bridget Murray, «Writing to Heal: By Helping People Manage and Learn from Negative Experiences, Writing Strengthens Their Immune Systems as Well as Their Minds», *Monitor on Psychology*, Bd. 33, Nr. 6 (Juni 2002), S. 54.

15 Susan David, «3 Ways to Better Understand Your Emotions», *Harvard Business Review*, 10. November 2016, https://hbr.org/2016/11/3-ways-to-better-understand-your-emotions (abgerufen am 4. Januar 2020).

16 Radanath Swami, Interview mit Jay Shetty, *#FollowTheReader with Jay Shetty, HuffPost*, 7. November 2016, https://www.youtube.com/watch?v=JW1Am81L0wc (abgerufen am 4. Januar 2020).

17 Verse 14.5–9 der *Bhagavad Gita* (siehe Anm. 7 und 100).

18 Loren L. Toussaint / Amy D. Owen / Alyssa Cheadle, «Forgive to Live: Forgiveness, Health, and Longevity», *Journal of Behavioral Medicine*, Bd. 35, Nr. 4 (August 2012), S. 375–386, https://doi.org/10.1007/s10865-011-9362-4.

19 Kathleen A. Lawler / Jarred W. Younger / Rachel L. Piferi / Rebecca L. Jobe / Kimberly A. Edmondson / Warren H. Jones, «The Unique Effects of Forgiveness on Health: An Exploration of Pathways», *Journal of Behavioral Medicine*, Bd. 28, Nr. 2 (April 2005), S. 157–167, https://doi.org/10.1007/s10865-005-3665-2.

20 Peggy A. Hannon / Eli J. Finkel / Madoka Kumashiro / Caryl E. Rusbult, «The Soothing Effects of Forgiveness on Victims' and Perpetrators' Blood Pressure», *Personal Relationships*, Bd. 19, Nr. 2 (Juni 2012): S. 279–289, https://doi.org/10.1111/j.1475-6811.2011.01356.x.

21 Pema Chödrön, «Why I Became a Buddhist», Sounds True, 14. Februar 2008, https://www.youtube.com/watch?v=A4slnjvGjP4&t=117s (abgerufen am 4. Januar 2020); Pema Chödrön, «How to Let Go and Accept Change», Interview mit Oprah Winfrey, *Super Soul Sunday*, Oprah Winfrey Network, 15. Oktober 2014, https://www.youtube.com/watch?v=S-gJ1xfhJneA (abgerufen am 4. Januar 2020).

22 Anne-Marie O'Neill, «Ellen DeGeneres: ‹Making People Feel Good Is All I Ever Wanted to Do›», *Parade*, 27. Oktober 2011, https://parade.com/133518/annemarieoneill/ellen-degeneres-2/ (abger. am 9. 1. 2020).

Kapitel 3: *Angst*

1 «Tom Hanks Addresses the Yale Class of 2011», Yale University, 22. Mai 2011, https://www.youtube.com/watch?v=baIlinqoExQ (abgerufen am 4. Januar 2020).

2 Gavin de Becker, *Vertraue deiner Angst. Wie unsere Intuition uns vor Gewalt schützt*, ins Deutsche übersetzt von Vera Pagin und Birgit Walter (Vorwort), München: mvg Verlag 2016, S. 19. Originaltitel: *The Gift of Fear*, New York: Dell 1998.

3 Tara Brach, «Nourishing Heartwood: Two Pathways to Cultivating Intimacy», *Psychology Today*, 6. August 2018, https://www.psychologytoday.com/us/blog/finding-true-refuge/201808/nourishing-heartwood (abgerufen am 4. Januar 2020).

4 Jimmy Chin / Elizabeth Chai Vasarhelyi, *Free Solo*, USA: Little Monster Films u. a. 2018.

5 Shantideva, *A Guide to the Bodhisattva Way of Life*, übersetzt von Vesna A. Wallace und B. Alan Wallace, New York: Snow Lion 1997.

6 Christopher Bergland, «Diaphragmatic Breathing Exercises Your Vagus Nerve», *Psychology Today*, 16. Mai 2017, https://www.psychologytoday.com/us/blog/the-athletes-way/201705/diaphragmatic-breathing-exercises-and-your-vagus-nerve (abgerufen am 6. Januar 2020).
7 Chuck Palahniuk, *Fratze*, ins Deutsche übersetzt von Werner Schmitz, Manhattan / München: Goldmann 2010, S. 216. Originaltitel: *Invisible Monsters*, London: Vintage 2000.
8 «Basic Information About Landfill Gas», Landfill Methane Outreach Program, https://www.epa.gov/lmop/basic-information-about-landfill-gas (abgerufen am 6. Januar 2020).

Kapitel 4: *Intention*

1 Karl-Friedrich Geldner (Übersetzer), *Der Rig-Veda Teil 3. Neunter bis zehnter Liederkreis.* Cambridge: Harvard University Press 1951, S. 404.
2 Bhaktivinoda Thakura, «The Nectarean Instructions of Lord Caitanya», *Hari kírtan*, 12 Juni 2010, https://kirtan.estranky.cz/clanky/philosophy---english/sri-sri-caitanya--siksamrta--the-nectarean-instructions-of-lord--caitanya.html (abgerufen am 6. Januar 2020).
3 Tara Brach, «Absolute Cooperation with the Inevitable: Aligning with what is here is a way of practicing presence. It allows us to respond to our world with creativity and compassion», *HuffPost*, 4. November 2013, https://www.huffpost.com/entry/happiness-tips_b_4213151 (abgerufen am 6. Januar 2020).
4 Kabir, «‹Of the Musk Deer›: 15th Century Hindi Poems», Zócalo Poets, https://zocalopoets.com/2012/04/11/kabir-of-the-musk-deer-15th-century-hindi-poems/ (abgerufen am 6. Januar 2020).
5 Daniel Kahneman / Angus Deaton, «High Income Improves Evaluation of Life But Not Emotional Well-Being», *Proceedings of the National Academy of Sciences of the United States of America*, Bd. 107, Nr. 38 (21. September 2010): S. 16 489–16 493, https://doi.org/10.1073/pnas.1011492107.
6 Jean M. Twenge, «The Evidence for Generation Me and Against Generation We», *Emerging Adulthood*, Bd. 1, Nr. 1 (2. März 2013), S. 11–16, https://doi.org/10.1177/2167696812466548/.
7 Brigid Schulte, «Why the U. S. Rating on the World Happiness Report Is Lower Than It Should Be – And How to Change It», *Washington Post*,

11. Mai 2015, https://www.washingtonpost.com/news/inspired-life/wp/2015/05/11/why-many-americans-are-unhappy-even-when-incomes-are-rising-and-how-we-can-change-that/ (abgerufen am 6. Januar 2020).
8 Einigen Quellen zufolge geht dies auf Kommentare zum Atharvaveda zurück.
9 Kelly McGonigal, *Glücksfaktor Stress: Warum Stress uns erfolgreich und gesund macht*, ins Deutsche übersetzt von Benjamin Schilling, Stuttgart: Trias 2018. Originaltitel: *The Upside of Stress*, New York: Avery 2016
10 John M. Darley / C. Daniel Batson, «From Jerusalem to Jericho: A Study of Situational and Dispositional Variables in Helping Behavior», *Journal of Personality and Social Psychology*, Bd. 27, Nr. 1 (1973), S. 100–108, https://doi.org/10.1037/h0034449.
11 Laurence Freeman, *Aspects of Love: On Retreat with Laurence Freeman*, Singapore: Medio Media / Arthur James 1997.
12 Benedicta Ward (Hg.), *The Desert Fathers: Sayings of the Early Christian Monks*, New York: Penguin Classics 2003.

Meditation: *Atmen*

1 Vers 3.34 des *Dhammapada – Buddhas zentrale Lehren*, eingeleitet und übersetzt von Eknath Easwaran, München: Goldmann 2006, S. 130. Originaltitel: *The Dhammapada*, Tomales (CA): Nilgri Press, 2007, S. 115.
2 Rigveda, 1.66.1; für eine Diskussion dieses Verses siehe George Burke, «The Hindu Tradition of Breath Meditation», BreathMeditation.org, https://breathmeditation.org/the-hindu-tradition-of-breath-meditation (abgerufen am 6. Januar 2020).
3 «Anapanasati Sutta: Mindfulness of Breathing», in der Übersetzung von Thanissaro Bhikkhu verfügbar unter https://www.accesstoinsight.org/tipitaka/mn/mn.118.than.html (abgerufen am 6. Januar 2020).
4 Tarun Sexana / Manjari Saxena, «The Effect of Various Breathing Exercises (Pranayama) in Patients with Bronchial Asthma of Mild to Moderate Severity», *International Journal of Yoga*, Bd. 2, Nr. 1 (Januar–Juni 2009), S. 22–25, https://doi.org/10.4103/0973-6131.53838; Roopa B. Ankad / Anita Herur / Shailaja Patil / G. V. Shashikala / Surekharani Chinagudi, «Effect of Short-Term Pranayama and Meditation on Cardio-

vascular Functions in Healthy Individuals», *Heart Views*, Bd. 12, Nr. 2 (April–Juni 2011), S. 58–62, https://doi.org/10.4103/1995-705X.86016; Anant Narayan Sinha / Desh Deepak / Vimal Singh Gusain, «Assessment of the Effects of Pranayama / Alternate Nostril Breathing on the Parasympathetic Nervous System in Young Adults», *Journal of Clinical & Diagnostic Research*, Bd. 7, Nr. 5 (Mai 2013), S. 821–823, https://doi.org/10.7860/JCDR/2013/4750.2948; ShreyashiVaksh / Mukesh Pandey / Rakesh Kumar, «Study of the Effect of Pranayama on Academic Performance of School Students of IX and XI Standard», *Scholars Journal of Applied Medical Sciences*, Bd. 4, Nr. 5D (2016), S. 1703–1705.

Kapitel 5: *Bestimmung*

1 Albert Mehrabian, *Nonverbal Communication*, London: Routledge 1972.

2 About Jane», Jane Goodall Institute, https://janegoodall.org/our-story/about-jane (abgerufen am 6. Januar 2020).

3 Rich Karlgaard, *Late Bloomers: The Power of Patience in a World Obsessed with Early Achievement*, New York: Currency 2019.

4 Andre Agassi, *Open. Das Selbstporträt*, ins Deutsche übersetzt von Charlotte Breuer u. Norbert Möllemann, München: Knaur Taschenbuch 2011. Originaltitel: *Open: An Autobiography*, New York: Vintage 2010.

5 Joan D. Chittister, *Scarred by Struggle, Transformed by Hope*, Grand Rapids (MI): Eerdmans 2005.

6 Amy Wrzesniewski / Justin M. Berg / Jane E. Dutton, «Managing Yourself: Turn the Job You Have into the Job You Want», *Harvard Business Review*, Juni 2010, https://hbr.org/2010/06/managing-yourself-turn-the-job-you-have-into-the-job-you-want (abgerufen am 6. Januar 2020); «Amy Wrzesniewski on Creating Meaning in Your Own Work», re:Work with Google, 10. November 2014, https://www.youtube.com/watch?v=C_igfnctYjA (abgerufen am 6. Januar 2020).

7 Sanjoy Chakravorty, *The Truth About Us: The Politics of Information from Manu to Modi*, Gurugram: Hachette India 2019.

8 Robert Segal, «Joseph Campbell: American Author», *Encyclopaedia Britannica*, https://www.britannica.com/biography/Joseph-Campbell-American-author (abgerufen am 6. Januar 2020); «Joseph Campbell: His Life and Contributions», Center for Story and Symbol, https://

folkstory.com/campbell/psychology_online_joseph_campbell.html (abgerufen am 6. Januar 2020).

9 Joseph Campbell in Zusammenarbeit mit Bill Moyers, *Die Kraft der Mythen*, ins Deutsche übersetzt von Hans-Ulrich Möhring, Düsseldorf: Patmos 2007, S. 146. Originaltitel: *The Power of Myth*, New York: Anchor 1991.

10 *Manusmṛti – Manus Gesetzbuch*, ins Deutsche übersetzt und herausgegeben von Axel Michaels unter Mitarbeit von Anand Mishra, Berlin: Verlag der Weltreligionen im Insel Verlag 2010, S. 151.

11 Für dieses Zitat sowie die folgenden Informationen siehe Emma Slade, «My Path to Becoming a Buddhist», TEDx Talks, 6. Februar 2017, https://www.youtube.com/watch?v=QnJIjEAE41w. (abgerufen am 6. Januar 2020); «Meet the British Banker Who Turned Buddhist Nun in Bhutan», *Economic Times*, 28. August 2017, https://economictimes.indiatimes.com/news/international/world-news/meet-the-british-banker-who-turned-buddhist-nun-in-bhutan/being-taken-hostage/slideshow/60254680.cms (abgerufen am 6. Januar 2020); «Charity Work», EmmaSlade.com, https://www.emmaslade.com/charity-work (abgerufen am 6. Januar 2020).

12 «Dona Sutta», Anguttara Nikaya, Vers 4.36, in der Übersetzung von Thanissaro Bhikkhu verfügbar unter https://www.accesstoinsight.org/tipitaka/an/an04/an04.036.than.html (abgerufen am 9. Januar 2020). Hier zitiert nach Wolfgang Kraus (Hg.), *Worte der Vollendung*, Zürich: Diogenes 2010.

Kapitel 6: *Routinen*

1 Til Roenneberg, *Wie wir ticken: Die Bedeutung der Chronobiologie für unser Leben*, Köln: DuMont 2018.

2 Maria Popova, «10 Learnings from 10 Years of Brain Pickings», Brain Pickings, https://www.brainpickings.org/2016/10/23/10-years-of-brain-pickings/ (abgerufen am 6. Januar 2020).

3 RootMetrics, «Survey Insights: The Lifestyles of Mobile Consumers», 24. Oktober 2018, http://rootmetrics.com/en-US/content/rootmetrics-survey-results-are-in-mobile-consumer-lifestyles (abgerufen am 6. Januar 2020).

4 Lev Grossman, «Runner-Up: Tim Cook, the Technologist», *TIME*, 19. Dezember 2012, http://poy.time.com/2012/12/19/runner-up-tim-cook-the-technologist/ (abgerufen am 6. Januar 2020); Michelle Obama, «Oprah Talks to Michelle Obama», Interview mit Oprah Winfrey, *O, The Oprah Magazine*, April 2000, https://www.oprah.com/omagazine/michelle-obamas-oprah-interview-o-magazine-cover-with-obama/all#ixzz5qYixltgS (abgerufen am 6. Januar 2020).

5 «Jeff Bezos explains why he thinks getting 8 hours of sleep is key to making important decisions in the workplace», *Business Insider*, 14. September 2018, https://www.businessinsider.com/jeff-bezos-why-8-hours-sleep-important-when-making-important-decisions-2018-9?r=US&IR=T (abgerufen am 13. Februar 2020).

6 Jacob A. Nota / Meredith E. Coles, «Duration and Timing of Sleep Are Associated with Repetitive Negative Thinking», *Cognitive Therapy and Research*, Bd. 39, Nr. 2 (April 2015), S. 253–261, https://doi.org/10.1007/s10608-014-9651-7.

7 M. L. Moline / T. H. Monk / D. R. Wagner / C. P. Pollak / J. Kream / J. E. Fookson / E. D. Weitzman / C. A. Czeisler, «Human Growth Hormone Release Is Decreased During Sleep in Temporal Isolation (Free-Running)», *Chronobiologia*, Bd. 13, Nr. 1 (Januar–März 1986), S. 13–19.

8 Ali Montag, «These Are Kevin O'Leary's Top 3 Productivity Hacks – and Anyone Can Use Them», CNBC, 23. Juli 2018, https://www.cnbc.com/2018/07/19/kevin-olearys-top-productivity-tips-that-anyone-can-use.html (abgerufen am 6. Januar 2020).

9 Christopher Sommer, «How One Decision Can Change Everything», Interview mit Brian Rose, London Real, 2. Oktober 2018, https://www.youtube.com/watch?v=jgJ3xHyOzsA (abgerufen am 6. Januar 2020).

10 Ward / Wild (Hg.), *The Monastic Way* (siehe Anm. 28), S. 75 f.

11 Alan D. Castel / Michael Vendetti / Keith J. Holyoak, «Fire Drill: Inattentional Blindness and Amnesia for the Location of Fire Extinguishers», *Attention, Perception, & Psychophysics*, Bd. 74 (2012), S. 1391–1396, https://doi.org/10.3758/s13414-012-0355-3.

12 Kobe Bryant, «Kobe Bryant: On How to Be Strategic & Obsessive to Find Your Purpose», Interview mit Jay Shetty, *On Purpose*, 9. September

2019, https://jayshetty.me/kobe-bryant-on-how-to-be-strategic-obsessive-to-find-your-purpose/ (abgerufen am 7. Januar 2020).

13 Thich Nhat Hạnh, *Mein Leben ist meine Lehre. Autobiographische Geschichten und Weisheiten eines Mönchs*, ins Deutsche übersetzt von Ursula Richard, München: O. W. Barth 2017, S. 44 f. Originaltitel: *At Home in the World: Stories and Essential Teachings from a Monk's Life*, Berkeley: Parallax Press 2019.

14 Aus dem Gedicht «Gruß an die Morgendämmerung», online einsehbar unter https://www.visionen.com/ausgaben/2016/ausgabe-09-2018/769-morgendaemmerung.html (*Visionen*, Bd. 10 [2016], abgerufen am 14. Februar 2020).

15 Garth Sundem, «This Is Your Brain on Multitasking: Brains of Multitaskers Are Structurally Different Than Brains of Monotaskers», *Psychology Today*, 24. Februar 2012, https://www.psychologytoday.com/us/blog/brain-trust/201202/is-your-brain-multitasking (abgerufen am 7. Januar 2020).

16 Cal Newport, *Konzentriert arbeiten: Regeln für eine Welt voller Ablenkungen*, ins Deutsche übersetzt von Jordan T. A. Wegberg, München: Redline 2017. Originaltitel: *Deep Work: Rules for Focused Success in a Distracted World*, New York: Grand Central Publishing 2016.

17 Eyal Ophir / Clifford Nass / Anthony D. Wagner, «Cognitive Control in Media Multitaskers», *Proceedings of the National Academy of Sciences of the United States of America*, Bd. 106, Nr. 37 (15. September 2009), S. 15 583–15 587, https://doi.org/10.1073/pnas.0903620106.

18 Robert H. Lustig, *The Hacking of the American Mind: The Science Behind the Corporate Takeover of Our Bodies and Brains*, New York: Avery 2017.

Kapitel 7: *Der Verstand*

1 Narayana, *Hitopadeśha oder Die freundliche Belehrung*, München: C. H. Beck 1988.

2 «How Many Thoughts Do We Have Per Minute?», Reference, https://www.reference.com/world-view/many-thoughts-per-minute-cb7fcf22ebbf8466 (abgerufen am 7. Januar 2020).

3 Ernst Pöppel, «Trust as Basic for the Concept of Causality: A Biological

Speculation», Präsentation, http://www.paralimes.ntu.edu.sg/NewsnEvents/Causality%20-%20Reality/Documents/Ernst%20Poppel.pdf (abgerufen am 12. November 2019).

4 Lisa Barrett, «Lisa Barrett on How Emotions Are Made», Interview mit Ginger Campbell, *Brain Science with Ginger Campbell, MD*, Folge 135, 31. Juli 2017, https://brainsciencepodcast.com/bsp/2017/135-emotions-barrett (abgerufen am 7. Januar 2020).

5 Vers 6.80 des *Dhammapada* (siehe Anm. 61), hier zitiert nach *Dhammapada. Des Buddhas Weg zur Weisheit und Kommentar*. Palitext, wörtliche metrische Übersetzung und Kommentar zur ältesten buddhistischen Spruchsammlung. München: Theravādanetz in der Deutschen Buddhistischen Union (DBU) 2015.

6 Vers 6.6 von A.C. Bhaktivedanta Swami Prabhupada, *Bhagavad Gita wie sie ist*, The Bhaktivedanta Book Trust International, Inc., https://apps.apple.com/us/app/bhagavad-gita-as-it-is/id1080562426 (abgerufen am 7. Januar 2020).

7 *Paperback Oxford English Dictionary*, Oxford: Oxford University Press 2012.

8 Martin V. Day / D. Ramona Bobocel, «The Weight of a Guilty Conscience: Subjective Body Weight as an Embodiment of Guilt», *PLoS ONE*, Bd. 8, Nr. 7 (Juli 2013), https://doi.org/10.1371/journal.pone.0069546.

9 Max H. Bazerman / Ann E. Tenbrunsel / Kimberly Wade-Benzoni, «Negotiating with Yourself and Losing: Making Decisions with Competing Internal Preferences», *Academy of Management Review*, Bd. 23, Nr. 2 (1. April 1998), S. 225–241, https://doi.org/10.5465/amr.1998.533224.

10 *Dhammapada. Buddhas zentrale Lehren* (siehe Anm. 61), S. 70.

11 Katha Upanishad, Dritte Valli, 3–6, *Die Upanishaden*, eingeleitet und übersetzt von Eknath Easwaran, München: Goldmann 2008.

12 Elliot Figueira, «How Shaolin Monks Develop Their Mental and Physical Mastery», BBN, https://www.bbncommunity.com/how-shaolin-monks-develop-their-mental-and-physical-mastery/ (abgerufen am 7. Januar 2020).

13 Ebd.

14 Goleman / Davidson, *Altered Traits* (siehe Anm. 2), S. 239.

15 Gene Weingarten, «Pearls Before Breakfast: Can One of the Nation's Great Musicians Cut Through the Fog of a D.C. Rush Hour? Let's Find Out», *Washington Post,* 8. April 2007, https://www.washingtonpost.com/lifestyle/magazine/pearls-before-breakfast-can-one-of-the-nations-great-musicians-cut-through-the-fog-of-a-dc-rush-hour-lets-find-out/2014/09/23/8a6d46da-4331-11e4-b47c-f5889e061e5f_story.html (abgerufen am 7. Januar 2020).

16 Gary Lupyan / Daniel Swingley, «Self-Directed Speech Affects Visual Search Performance», *Quarterly Journal of Experimental Psychology* (1. Juni 2012), https://doi.org/10.1080/17470218.2011.647039.

17 Linda Sapadin, «Talking to Yourself: A Sign of Sanity», Psych Central, 2. Oktober 2018, https://psychcentral.com/blog/talking-to-yourself-a-sign-of-sanity/ (abgerufen am 7. Januar 2020).

18 James W. Pennebaker / Janel D. Seagal, «Forming a Story: The Health Benefits of Narrative», *Journal of Clinical Psychology,* Bd. 55, Nr. 10 (30. September 1999), S. 1243–1254, 1243::AID-JCLP6>3.0.CO;2-N"> https://doi.org/10.1002/(SICI)1097-4679(199 910)55:101 243::AID-JCLP63.0.CO;2-N

19 www.krystamacgray.com sowie ein persönliches Interview am 10. Juli 2019.

20 Richard Rohr, «Living in the Now: Practicing Presence», Center for Action and Contemplation, 24. November 2017, https://cac.org/practicing-presence-2017-11-24/ (abgerufen am 7. Januar 2020).

21 Ram Dass, *Sei jetzt hier: Ein dreiteiliges Handbuch für die Reise ins Innere Zentrum,* ins Deutsche übersetzt von Stewart Coltman und Matthias Wendt, Berlin: Sadhana Verlag 1996. Originaltitel: *Be Here Now,* New York: Harmony 1978.

22 Verse 12.12 und 2.48 der *Bhagavad Gita* (siehe Anm. 7 und 100).

23 Dieses Zitat wird u. a. Ali Ibn Abi Talib zugeschrieben, dem Cousin und Schwiegersohn Mohammeds, letzter Prophet des Islam.

24 Bhavika Jain, «Jain Monk Completes 423 Days of Fasting», *Times of India,* 1. November 2015, http://timesofindia.indiatimes.com/articleshow/49616061.cms?utm_source=contentofinterest&utm_medium=text&utm_campaign=cppst (abgerufen am 7. Januar 2020).

25 Krissy Howard, «The Japanese Monks Who Mummified Themselves

While Still Alive», All That's Interesting, 25. Oktober 2016, https://allthatsinteresting.com/sokushinbutsu (abgerufen am 7. Januar 2020).
26 «Sir Roger Bannister: First Person to Run a Mile in Under Four Minutes Dies at 88», BBC, 4. März 2018, https://www.bbc.com/sport/athletics/43273249 (abgerufen am 7. Januar 2020).
27 Matthieu Ricard, Interview mit Jay Shetty, *#FollowTheReader with Jay Shetty*, *HuffPost*, 10. Oktober 2016, https://www.youtube.com/watch?v=_HZznrniwL8&feature=youtu.be (abgerufen am 7. Januar 2020).

Kapitel 8: *Ego*

1 Verse 7.4 und 16.18 der *Bhagavad Gita wie sie ist* (siehe Anm. 100).
2 Eine Übersetzung des *Samaveda* ins Deutsche erfolgte durch Theodor Benfey, *Die Hmynen des Sâma-Veda: Indische Philosophie Band 3*, Berlin: Holzinger 2018.
3 Dennis Okholm, *Dangerous Passions, Deadly Sins: Learning from the Psychology of Ancient Monks*, Grand Rapids (MI): Brazos Press 2014, S. 161.
4 Vers 6.32 der *Bhagavad Gita wie sie ist* (siehe Anm. 100).
5 Julia Galef, «Why You Think You're Right – Even If You're Wrong», TEDx PSU, Februar 2016, https://www.ted.com/talks/julia_galef_why_you_think_you_re_right_even_if_you_re_wrong/transcript#t-68800 (abgerufen am 7. Januar 2020).
6 Ken Auletta, «Outside the Box: Netflix and the Future of Television», *New Yorker*, 26. Januar 2014, https://www.newyorker.com/magazine/2014/02/03/outside-the-box-2 (abgerufen am 7. Januar 2020); Paul R. LaMonica, «Netflix Joins the Exclusive $100 Billion Club», CNN, 23. Juli 2018, https://money.cnn.com/2018/01/23/investing/netflix-100-billion-market-value/index.html (abgerufen am 7. Januar 2020).
7 Osho, *Der Vogel im Wind. Die Weisheit des Zen*, Berlin: Allegria 2010, S. 7. Originaltitel: *A Bird on the Wing: Zen Anecdotes for Everyday Life*, India: Osho Media International 2013.
8 Mary Beard, *SPQR. Die tausendjährige Geschichte Roms*, Frankfurt a. M.: S. Fischer, 3. Auflage 2016, S. 297. Originaltitel: *The Roman Triumph*, Cambridge: Harvard University Press 2009.
9 Robert Downey Jr., Interview, *Cambridge Union*, 19. Dezember 2014,

https://www.youtube.com/watch?v=Rmpysp5mWlg (abgerufen am 7. Januar 2020).

10 Radhanath Swami, «90-021 ‹If you are looking for Krishna You will find him (SB 10.14)› by Radhanath Swami, in Mumbai», Redetranskript, https://www.radhanathswami.net/yearwise/1990/90-021-if-you-are-looking-for-krishna-you-will-find-him-sb-10-14-by-radhanath-swami-in-mumbai-2 (abgerufen am 24. Januar 2020).

11 Steve Hartman, «Love Thy Neighbor: Son's Killer Moves in Next Door», CBS News, 8. Juni 2011, https://www.cbsnews.com/news/love-thy-neighbor-sons-killer-moves-next-door/; «Woman Shows Incredible Mercy as Her Son's Killer Moves In Next Door,» *Daily Mail*, 8. Juni 2011, https://www.dailymail.co.uk/news/article-2000704/Woman-shows-incredible-mercy-sons-killer-moves-door.html; «Mary Johnson and Oshea Israel», The Forgiveness Project, https://www.theforgivenessproject.com/stories/mary-johnson-oshea-israel/ (sämtliche Internetquellen abgerufen am 7. Januar 2020).

12 Kamlesh J. Wadher, *Nature's Science and Secrets of Success*, Bilaspur: Educreation Publishing 2016.

13 Thomas Moore, *Der Seele Raum geben. Wie Leben gelingen kann*, München: Claudius 2010, S. 240 f. Die deutsche Übersetzung basiert auf der Übersetzung von Alwine Heidi Schuler. Originaltitel: *Care of the Soul: A Guide for Cultivating Depth and Sacredness in Everyday Life*, New York: Harper Perennial 1992, S. 197.

14 Sarah Lewis, *The Rise: Creativity, the Gift of Failure, and the Search for Mastery*, New York: Simon & Schuster 2014, S. 111; «Spanx Startup Story», Fundable, https://www.fundable.com/learn/startup-stories/spanx (abgerufen am 7. Januar 2020).

15 «Goal Setting Activities of Olympic Athletes (And What They Can Teach the Rest of Us)», Develop Good Habits, 30. September 2019, https://www.developgoodhabits.com/goal-setting-activities/ (abgerufen am 7. Januar 2020).

16 Rajesh Viswanathan, «Children Should Become Their Own Voices», *ParentCircle*, https://www.parentcircle.com/article/children-should-become-their-own-voices/ (abgerufen am 7. Januar 2020).

Meditation: *Visualisieren*

1 Vinoth K. Ranganathan / Vlodek Siemionow / Jing Z. Liu / Vinod Sahgal / Guang H. Yue, «From Mental Power to Muscle Power – Gaining Strength by Using the Mind», *Neuropsychologia*, Bd. 42, Nr. 7 (2004), S. 944–956, https://doi.org/10.1016/j.neuropsychologia.2003.11.018.

Kapitel 9: *Dankbarkeit*

1 Pema Chödrön, *Beginne, wo du bist. Eine Anleitung zum mitfühlenden Leben,* ins Deutsche übersetzt von Thomas Mennicken, 3. Auflage, Braunschweig: Aurum 2000, S. 134. Originaltitel: *Start Where You Are: A Guide to Compassionate Living,* Boston: Shambhala 1994.

2 «What Is Gratitude?», A Network for Grateful Living, https://gratefulness.org/resource/what-is-gratitude/ (abgerufen am 7. Januar 2020).

3 Robert A. Emmons / Michael E. McCullough, «Counting Blessings Versus Burdens: An Experimental Investigation of Gratitude and Subjective Well-Being in Daily Life», *Journal of Personality and Social Psychology,* Bd. 84, Nr. 2 (2003), S. 377–389, https://doi.org/10.1037/0022-3514.84.2.377.

4 142 Alex Korb, «The Grateful Brain: The Neuroscience of Giving Thanks», *Psychology Today,* 20. November 2012, https://www.psychologytoday.com/us/blog/prefrontal-nudity/201211/the-grateful-brain (abgerufen am 7. Januar 2020).

5 Todd B. Kashdan / Gitendra Uswatte / Terri Julian, «Gratitude and Hedonic and Eudaimonic Well-Being in Vietnam War Veterans», *Behaviour Research and Therapy,* Bd. 44, Nr. 2 (Februar 2006), S. 177–199, https://doi.org/10.1016/j.brat.2005.01.005.

6 Mikaela Conley, «Thankfulness Linked to Positive Changes in Brain and Body», ABC News, 23. November 2011, https://abcnews.go.com/Health/science-thankfulness/story?id=15008148 (abgerufen am 7. Januar 2020).

7 Hellmuth Hecker, Günther Hoog (Hrsg.), *Lehrreden aus der Systematischen Sammlung des Pali-Kanons* (Samyutta-Nikaya 17–34), Hamburg: Höhme 1967, S. 25.

8 Joanna Macy, *Geliebte Erde, gereiftes Selbst. Ermutigung zum sozialen Wandel und für eine ökologische Erneuerung,* ins Deutsche übersetzt von

Norbert Gahbler, Paderborn: Junfermann 2009, S. 73–75. Originaltitel: *World as Lover, World as Self: Courage for Global Justice and Ecological Renewal*, Berkeley: Parallax Press 2007.

9 Ebd., S. 76–80.

10 Roshi Joan Halifax, «Practicing Gratefulness by Roshi Joan Halifax», Upaya Institute and Zen Center, 18. Oktober 2017, https://www.upaya.org/2017/10/practicing-gratefulness-by-roshi-joan-halifax/ (abgerufen am 7. Januar 2020).

11 Bill Murphy Jr., «Facebook and Twitter Turned Him Down. Now He's Worth $4 Billion», *Inc.*, https://www.inc.com/bill-murphy-jr/facebook-and-twitter-turned-him-down-now-hes-worth-4-billion.html; Brian Acton (@brianacton), Twitter Post, 23. Mai 2009, https://twitter.com/brianacton/status/1895942068; ders, Twitter Post, 3. August 2009, https://twitter.com/brianacton/status/3109544383 (sämtliche Internetquellen abgerufen am 7. Januar 2020).

12 «Helen Keller, Biography», https://www.biography.com/activist/helen-keller (abgerufen am 7. Januar 2020); Helen Keller, *We Bereaved*, New York: L. Fulenwider 1929.

13 Rob Sidon, «The Gospel of Gratitude According to David Steindl-Rast», *Common Ground*, November 2017, S. 42–49, http://onlinedigitaleditions2.com/commonground/archive/web-11-2017/ (abgerufen am 7. Januar 2020).

14 Pema Chödrön, *Beginne, wo du bist. Eine Anleitung zum mitfühlenden Leben*, ins Deutsche übersetzt von Thomas Mennicken, Bielefeld: Aurum 2010, S. 143. Originaltitel: *Start where you are*, Boston: Shambhala 1994.

15 James H. Fowler / Nicholas A. Christakis, «Cooperative Behavior Cascades in Human Social Networks», *PNAS*, Bd. 107, Nr. 12 (23. März 2010), S. 5334–5338, https://doi.org/10.1073/pnas.0913149107.

16 Nicholas Epley / Juliana Schroeder, «Mistakenly Seeking Solitude», *Journal of Experimental Psychology: General*, Bd. 143, Nr. 5 (Oktober 2014), S. 1980–1999, https://doi.org/10.1037/a0037323.

17 Caroline E. Jenkinson / Andy P. Dickens / Kerry Jones / Jo Thompson-Coon / Rod S. Taylor / Morwenna Rogers / Clare L. Bambra / Iain Lang / Suzanne H. Richards, «Is Volunteering a Public Health Intervention?

A Systematic Review and Meta-Analysis of the Health and Survival of Volunteers», *BMC Public Health*, Bd. 13, Nr. 773 (23. August 2013), https://doi.org/10.1186/1471-2458-13-773.

Kapitel 10: *Beziehungen*

1 Thich Nhat Hạnh, *Einfach lieben*, ins Deutsche übersetzt von Ursula Richard, München: O. W. Barth 2016, S. 85. Originaltitel: *How to Love*, Berkeley: Parallax Press 2014.

2 Dan Buettner, «Power 9: Reverse Engineering Longevity», Blue Zones, https://www.bluezones.com/2016/11/power-9/ (abgerufen am 8. Januar 2020).

3 Michael D. Matthews, «The 3 C's of Trust: The Core Elements of Trust Are Competence, Character, and Caring», *Psychology Today*, 3. Mai 2016, https://www.psychologytoday.com/us/blog/head-strong/201605/the-3-c-s-trust (abgerufen am 8. Januar 2020).

4 K. S. Baharati, *Encyclopaedia of Gandhian Thought*, Bengaluru: Anmol Publications 2006.

5 John Gottman, «John Gottman on Trust and Betrayal», *Greater Good Magazine*, 29. Oktober 2011, https://greatergood.berkeley.edu/article/item/john_gottman_on_trust_and_betrayal (abgerufen am 8. Januar 2020).

6 Bella M. DePaulo / Deborah A. Kashy / Susan E. Kirkendol / Melissa M. Wyer / Jennifer A. Epstein, «Lying in Everyday Life», *Journal of Personality and Social Psychology*, Bd. 70, Nr. 5 (Juni 1996), S. 979–995, https://doi.org/10.1037/0022-3514.70.5.979.

7 Bella DePaolo, *The Lies We Tell and the Clues We Miss: Professional Papers*, CreateSpace 2009.

8 Siehe z. B. Stanley L. Brodsky / Tess Neal / Robert J. Cramer / Mitchell H. Ziemke: «Credibility in the Courtroom: How Likeable Should an Expert Witness Be?», Journal of the Aerican Academy of Psychiatry and the Law, Bd. 37, Nr. 4, S. 525–532, https://www.researchgate.net/publication/40696364_Credibility_in_the_Courtroom_How_Likeable_Should_an_Expert_Witness_Be (abgerufen am 14. Februar 2020).

9 Dawn Dorsey, «Rice Study Suggests People Are More Trusting of Attractive Strangers», Rice University, 21. September 2006, https://news.

rice.edu/2006/09/21/rice-study-suggests-people-are-more-trusting-of-attractive-strangers/ (abgerufen am 8. Januar 2020).
10 Don Meyer, «Fox-Hole Test», https://www.coachmeyer.com/Information/Players_Corner/Fox%20Hole%20Test.pdf (abger. am 8. 1. 2020).
11 www.malamadrone.com sowie persönliches Interview am 7. 9. 2019.
12 Paul Tillich, *Religiöse Reden*, Berlin / New York: Walter de Gruyter 1987, S. 15.
13 Melissa A. Milke / Kei M. Nomaguchi / Kathleen E. Denny, «Does the Amount of Time Mothers Spend with Children or Adolescents Matter?», *Journal of Marriage and Family*, Bd. 77, Nr. 2 (April 2015), S. 355–372, https://doi.org/10.1111/jomf.12170.
14 Sri Rupa Goswami, *Der Nektar der Unterweisung*, ins Deutsche übersetzt von Christian Jansen, The Bhaktivedanta Book Trust International, Inc. 1977, S. 23–27, http://www.prabhupada-books.de/pdf/Prabhupada%20-%20Der%20Nektar%20der%20Unterweisung.pdf (abgerufen am 20. Januar 2020).
15 Joshua Wolf Shenk, «What Makes Us Happy? Is There a Formula – Some Mix of Love, Work, and Psychological Adaptation – for a Good Life?», *Atlantic*, Juni 2009, https://www.theatlantic.com/magazine/archive/2009/06/what-makes-us-happy/307439/ (abger. am 8. 1. 2020).
16 Thich Nhat Hạnh, *Einfach lieben* (siehe Anm. 156).
17 Massive Attack, «Teardrop», *Mezzanine*, Circa / Virgin, 27. April 1998.
18 Peter Hedges, *Dan in Real Life*, Touchstone Pictures, Focus Features / Jon Shestack Productions 2007.
19 Iyanla Vanzant, «How to Heal the Wounds of Your Past», Oprah's Life Class, 11. Oktober 2011, http://www.oprah.com/oprahs-lifeclass/iyanla-vanzant-how-to-heal-the-wounds-of-your-past (abger. am 8. 1. 2020).
20 Arthur Aron / Christina C. Norman / Elaine N. Aron / Colin McKenna / Richard E. Heyman, «Couples' Shared Participation in Novel and Arousing Activities and Experienced Relationship Quality», *Journal of Personality and Social Psychology*, Bd. 78, Nr. 2 (2000), S. 273–284, https://doi.org/10.1037// 0022-3514.78.2.273.
21 Tenzin Palmo Jetsunma, «The Difference Between Genuine Love and Attachment», https://www.youtube.com/watch?v=6kUoTS3Yo4g (abgerufen am 8. Januar 2020).

22 Sanjay Srivastava / Maya Tamir / Kelly M. McGonigal / Oliver P. John / James J. Gross, «The Social Costs of Emotional Suppression: A Prospective Study of the Transition to College», *Journal of Personality and Social Psychology*, Bd. 96, Nr. 4 (22. August 2014), S. 883897, https://doi.org/10.1037/a0014755.

Kapitel 11: *Dienen*

1 Ward / Wild (Hg.), *The Monastic Way* (siehe Anm. 28), S. 183.

2 Ebd., S. 190.

3 Vers 10.22.32 des *Bhagavatam*. Canto 1–10, Teil 1, sind ins Deutsche übertragen und verfügbar unter http://www.prabhupada-books.de/sb.html (abgerufen am 14. Februar 2020).

4 Vers 1.2.255 von Srila Rupa Goswami, *Bhakti Rasamrta Sindhu (In Two Volumes): With the Commentary of Srila Jiva Gosvami and Visvanatha Cakravarti Thakur*, The Bhaktivedanta Book Trust, Inc. 2009.

5 Nelson Mandela, *Der lange Weg zur Freiheit. Autobiographie*, ins Deutsche übersetzt von Günter Panske, Frankfurt a. M.: Fischer 1994, S. 833. Originaltitel: *Long Walk to Freedom: The Autobiography of Nelson Mandela*, Boston: Back Bay Books 1995.

6 Joseph Campbell, *Der Heros in tausend Gestalten*, ins Deutsche übersetzt von Karl Koehne, Leipzig: Insel 2011. Originaltitel: *The Hero with a Thousand Faces*, Novato (CA): New World Library 2008.

7 Seane Corn, «Yoga, Meditation in Action», Interview mit Krista Tippett, *On Being*, 11. September 2008, https://onbeing.org/programs/seane-corn-yoga-meditation-in-action/ (abgerufen am 8. Januar 2020).

8 M. Teresa Granillo / Jennifer Crocker / James L. Abelson / Hannah E. Reas / Christina M. Quach, «Compassionate and Self-Image Goals as Interpersonal Maintenance Factors in Clinical Depression and Anxiety», *Journal of Clinical Psychology*, Bd. 74, Nr. 4 (12. September 2017), S. 608–625, https://doi.org/10.1002/jclp.22524.

9 Stephen G. Post, «Altruism, Happiness, and Health: It's Good to Be Good», *International Journal of Behavioral Medicine*, Bd. 12, Nr. 2 (Juni 2005), S. 66–77, https://doi.org/10.1207/s15327558ijbm1202_4.

10 Vers 17.20 der *Bhagavad Gita wie sie ist* (siehe Anm. 100).

11 «About Sindhutai Sapkal (Mai) / Mother of Orphans», https://www.

sindhutaisapakal.org/about-Sindhutail-Sapkal.html (abgerufen am 8. Januar 2020).

12 Paul K. Piff / Michael W. Krauss / Stéphane Côté / Bonnie Hayden Cheng / Dacher Keltner, «Having Less, Giving More: The Influence of Social Class on Prosocial Behavior», *Journal of Personality and Social Psychology*, Bd. 99, Nr. 5 (November 2010), S. 771–784, https://doi.org/10.1037/a0020092.

13 Ken Stern, «Why the Rich Don't Give to Charity: The Wealthiest Americans Donate 1.3 Percent of Their Income; The Poorest, 3.2 Percent. What's Up with That?», The Atlantic, April 2013, https://www.theatlantic.com/magazine/archive/2013/04/why-the-rich-dont-give/309254/. Siehe auch Kate Rogers, «Poor, Middle Class and Rich: Who Gives and Who Doesn't?» FOXBusiness, April 24, 2013, https://www.foxbusiness.com/features/poor-middle-class-and-rich-who-gives-and-who-doesnt (Internetquellen abgerufen am 8. Januar 2020).

14 Michael Kraus / Dacher Keltner, «Signs of Socioeconomic Status», *Psychological Science*, Bd. 20, Nr. 1 (2009), S. 99–106. Siehe auch Daniel Goleman, *Konzentriert Euch! Eine Anleitung zum modernen Leben*, ins Deutsche übersetzt von Sebastian Vogel, München: Piper 2015, S. 160. Originaltitel: *Focus: The Hidden Driver of Excellence*, New York: HarperCollins 2013, S. 123.

15 Kathleen Elkins, «From Poverty to a $3 Billion Fortune: The Incredible Rags-to-Riches Story of Oprah Winfrey», *Business Insider*, 28. Mai 2015, https://www.businessinsider.com/rags-to-riches-story-of-oprah-winfrey-2015-5 (abgerufen am 8. Januar 2020).

16 Ryan Prior, «Kailash Satyarthi Plans to End Child Labor In His Lifetime», CNN, 13. März 2019, https://www.cnn.com/2019/02/19/world/kailash-satyarthi-child-labor/index.html (abgerufen am 8. Januar 2020).

17 Macy, *Geliebte Erde, gereiftes Selbst*, (siehe Anm. 146), S. 77.

Meditation: *Mantrasingen*

1 Agni Purana 3.293 und Vayu Purana 59.141.

2 «Tesla's Vibrational Medicine», Tesla's Medicine, https://teslasmedicine.com/teslas-vibrational-medicine/ (abgerufen am 9. Januar 2020).

3 Jennifer Tarnacki, «This Is Your Brain on Drumming: The Neuroscience Behind the Beat», Medium, 25. September 2019, https://medium.com/indian-thoughts/this-is-your-brain-on-drumming-8ed6eaf314c4 (abgerufen am 9. Januar 2020).

4 Rainer Maria Rilke, «Archaïscher Torso Apollos», *Sämtliche Werke*, Band 1, Frankfurt a. M.: Insel 1955, S. 557.

5 «29 Inspiring Herb Brooks Quotes to Motivate You», Sponge Coach, 13. September 2017, http://www.spongecoach.com/inspiring-herb-brooks-quotes/ (abgerufen am 9. Januar 2020).

6 Jay-Z, «Dirt Off Your Shoulder», *The Black Album*, Roc-A-Fella / Def Jam, 2. März 2004.

7 Michael Bay, *Bad Boys II*, Don Simpson / Jerry Bruckheimer Films 2003.

8 «Why Do We Chant Om?», Temples in India Info, https://templesinindiainfo.com/why-do-we-chant-om/ (abgerufen am 9. Januar 2020); «Om», Encyclopedia Britannica, https://www.britannica.com/topic/Om-Indian-religion (abgerufen am 9. Januar 2020).

9 Bangalore G. Kalyani / Ganesan Venkatasubramanian / Rashmi Arasappa / Naren P. Rao / Sunil V. Kalmady / Rishikesh V. Behere / Hariprasad Rao / Mandapati K. Vasudev / Bangalore N. Gangadhar, «Neurohemodynamic Correlates of ‹OM› Chanting: A Pilot Functional Magnetic Resonance Imaging Study», *International Journal of Yoga*, Bd. 4, Nr. 1 (Januar–Juni 2011), S. 3–6, https://doi.org/10.4103/0973-6131.78171 ; C. R. Conway / A. Kumar / W. Xiong / M. Bunker / S. T. Aronson / A. J. Rush, «Chronic Vagus Nerve Stimulation Significantly Improves Quality of Life in Treatment Resistant Major Depression», *Journal of Clinical Psychiatry*, Bd. 79, Nr. 5 (21. August 2018), https://doi.org/10.4088/JCP.18m12178.

10 Vers 17.23 der *Bhagavad Gita* (siehe Anm. 7 und 100).

Zum Schluss

1 Grace Bluerock, «The 9 Most Common Regrets People Have at the End of Life», mindbodygreen, https://www.mindbodygreen.com/0-23024/the-9-most-common-regrets-people-have-at-the-end-of-life.html (abgerufen am 9. Januar 2020).

Vex King

Healing Is the New High - Traumata loslassen und innere Freiheit finden

Die eigene Heilung in die Hand zu nehmen, ist einer der größten Akte der Selbstliebe. Bestsellerautor Vex King zeigt in «Healing Is the New High», wie seelische Verletzungen und selbstbehinderndes Verhalten überwunden werden können. Er erklärt, dass traumatische Erfahrungen auf mehreren Ebenen gespeichert und geheilt werden müssen – auf der körperlichen, der emotionalen und der mentalen – und wie das gelingen kann. Inzwischen hat Vex King Tausenden von Menschen weltweit geholfen, sich auf ihre eigene Reise zu innerer Heilung zu begeben.

272 Seiten